高等学校物流专业、经管专业指定教材

Logistics Economics

物流经济学

喻小贤　陆松福　编著

内 容 提 要

本书以物流经济为主线，共分14章，主要内容包括：物流经济学概论，物流系统经济分析，物流需求与物流供给，物流市场，物流成本与价格，运输经济，库存经济，装卸搬运、流通加工与包装经济，配送经济，物流信息经济，第三方物流经济，物流业管理体制，物流政策，以及物流业与可持续发展。

本书通过研究物流活动的各种经济关系，包括物流市场理论及宏观、微观物流经济体系等，试图探索物流经济的内在规律，求得物流系统运作更加优化、经济合理。其结构科学，叙述严谨，表述流畅，是高校物流管理、物流工程专业的指定教材，也可作为经管专业、外贸管理专业及广大物流从业人员的辅助教材和研究参考书。

图书在版编目（CIP）数据

物流经济学/喻小贤等编著. —北京：人民交通出版社，2007.3

ISBN 978-7-114-06426-5

Ⅰ.物... Ⅱ.喻... Ⅲ.物流-经济学-高等学校-教材 Ⅳ. F252

中国版本图书馆CIP数据核字（2007）第025861号

书　　名：物流经济学
著 作 者：喻小贤　陆松福
责任编辑：张　淼
出版发行：人民交通出版社
地　　址：(100011)北京市朝阳区安定门外外馆斜街3号
网　　址：http://www.ccpress.com.cn
销售电话：(010)85285858，85285995
总 经 销：北京中交盛世书刊有限公司
经　　销：各地新华书店
印　　刷：北京鑫正大印刷有限公司
开　　本：787×980　1/16
印　　张：22.5
字　　数：479千
版　　次：2007年3月第1版
印　　次：2008年5月第2次印刷
书　　号：ISBN 978-7-114-06426-5
印　　数：3000–6000册
定　　价：40.00元

Qianyan 前言

我国加入WTO以来,随着国民经济的持续发展,我国物流业呈快速发展的势头。2005年,我国物流业占当年GDP的6.7%,占服务业全部增加值的16.5%,物流业对经济发展作用进一步增强。同时,我国社会物流总费用与GDP比例呈逐渐下降的趋势,由2000年的19.4%下降到2005年的18.6%,表明物流经济效益逐步提高。

随着经济全球化和信息技术的迅速发展,被称为"第三利润源"的现代物流业在世界范围内广泛兴起。在西方掀起的放松管制和传统企业回归主业、集中力量于核心业务中,大量专业从事第三方物流服务的企业产生并发展起来,物流的经济性也更加充分地展示其魅力。

美国著名管理学家P.F.德鲁克把物流业称之为"黑大陆"。日本早稻田大学西泽修教授把物流看作是一座冰山,人们只看到了水面上的冰山,淹没在水下面的冰山更大。国际上,物流业已被认为是国民经济发展的动脉和基础产业,成为衡量一国现代化程度和综合国力的重要标志之一,被喻为经济发展的加速器。

我们认为,如何加快我国的物流业发展,迫切需要科学的理论来指导物流实践。在此,我们做了一定的尝试,编写了《物流经济学》一书。

物流经济学是研究一定的物流系统内,与物流活动有关的经济关系,是综合运用宏观经济学、微观经济学、产业经济学、工程经济学、物流学、运筹学等相关学科理论,研究物流资源优化配置、物流市场的供给与需求、宏观物流产业的发展等问题的一门应用科学。同时物流经济学也研究微观物流活动的经济问题,为企业微观物流活动的科学化、合理化、最优化提供理论指导。

物流经济学作为一门综合性与交叉性的应用经济学,其研究所涉及的范围和对象有国民经济增长与物流的关系,物流市场需求与供给,物流的空间价值和时间价值,物流模式的优化与选择,运输、仓储、装卸搬运、流通加工、包装、配送、物流信息化等物流运作的经济性和整个物流系统的优化和资源配置问题,物流业业态发展趋势,物流政策与体制等。

物流是国民经济的基础,同时对实现资源配置具有重要的作用。物流以本身的宏观效益支持国民经济的运行,改善国民经济的运行方式和结构。因此物流经济学科的研究必将促使国民经济向更加合理的、协调的方向发展,使物流系统更加优化,物流活动更加经济。

本书以物流经济为主线,分为四个部分:第一部分为引论,包括物流经济学概论、物流系统经济分析;第二部分为物流市场基本理论,包括物流需求与物流供给、物流市场、物流成本与价格;第三部分为微观物流经济,包括运输经济、库存经济、装卸搬运与流通加工经济、配送经济、物流信息经济、第三方物流经济;第四部分为宏观物流经济,包括物流业管理体制、物流政策、物流可持续发展。本书结构科学,叙述严谨,表述流畅。可作为高校物流管理、物流工程专业的教材,也可作为经管专业、外贸管理专业及广大物流从业人员的选用教材和研究参考书。

本书由喻小贤老师任主编,陆松福老师任副主编。全书共十四章,第一、二、六、七章由喻小贤老师撰写,第三、四、五由陆松福老师撰写,第十一章由陆松福、吴鼎新老师撰写,第八、九、十二章由罗建锋老师撰写,第十、十四章由周凌云老师撰写,第十三章由栾琨老师撰写。全书由喻小贤老师统稿并修改。

本书在编撰过程中,参阅引用了大量的文献资料,在此谨向相关的专家、学者表示衷心的感谢。

由于编写人员水平有限,时间仓促,书中缺点、错误在所难免,恳望读者批评指正。

Mulu

目录

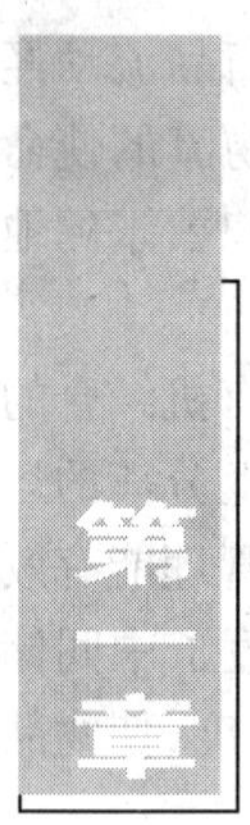

第一章　物流经济学概论

物流活动伴随着人类生产与交换而产生。生产资料和生活资料的生产与耗用往往存在时间和空间上的差异,人们需要将物品运送至特定地点存储起来以供再生产、交换和消费。从古埃及修建金字塔的宏大工程到横跨亚欧大陆的丝绸之路,人类在创造文明的过程中也不断发展着物流。

随着经济全球化和信息技术的迅速发展,被称为"第三利润源"的现代物流业在世界范围内广泛兴起。现代物流泛指原材料、产成品从起点至终点及相关信息有效流动的全过程,是运输、仓储、装卸搬运、加工、包装、配送、信息等方面有机结合,形成了完整的物料供应链,为用户提供多功能、一体化的综合性服务。现代物流业已成为21世纪的新兴产业和国民经济新的增长点。发展现代物流业对于增强综合国力,调整优化经济结构,降低物流成本,提高经济效益,增强企业的竞争力和发展电子商务具有极其重要的意义。

第一节　物流经济学的性质与特点

一、物流经济学概念

物流是"物"和"流"两个基本要素组成的。物流中的"物",是指一切可以进行物理性位置移动的那一部分物质资料。物流中的"流",是指物理性运动,这种运动又称之为位移。但物流的概念并非是"物"和"流"简单的叠加,而是具有更深广的含义,并随着人类物流活动的发展而不断深化。

最初的物流概念主要侧重于商品物质的移动,是单向的物资流通过程,即商品从制造商手中转移到客户和最终用户手中,而没有考虑商品消费后包装物或包装材料等废弃物的回收以及退货所产生的物流,物流只是作为连接生产和消费的手段,是生产销售活动的附属行为,从而忽视了物流对生产和销售在战略上的能动作用。现代物流的概念强调物流是为了实现顾客满意,连接供给主体和需求主体,克服空间和时间阻碍的有效、快速的商品流动经济活动过程。它包括供应物流,生产物流、销售物流、回收物流和废弃物流等。物流的使命是以高质量的产品和服务在准确的时间、以良好的状态(高效率、低成本)送达客户要求的地点,实现客户和企业双赢的价值贡献。

现代物流可以认为是将运输、仓储、装卸搬运、加工、包装、配送、信息等方面有机结合的供应链,是物流、信息流、资金流、技术流和业务流的有机统一。信息技术将传统上分离的运输、仓储、装卸搬运、加工、包装、配送等物流作业环节整合成一个整体,使得物流管理能有效地监控相关的一切物品在位移过程中的位置、数量和路径,提高了运输效率,缩短了中间储存的中转时间。以互联网为信息平台的信息流,极大地加快了物流信息的传递速度,使物品流通环节、方式科学化和最优化,极大地降低了物流成本和费用。

现代物流作为一门新兴的综合性学科,源自于军事。第二次世界大战期间,美英盟军为保证全球作战的需要,对军用物资的运输、补给、调配等进行全面管理,为战争的胜利提供了物资保障,第二次世界大战的胜利,是物流科学的萌芽,也是物流系统的发展和巨大成功。二战后,物流管理的方法被引入工业部门和商业部门,其范围涉及原材料的流通、分配、运输、采购与库存控制、储存、分销、顾客服务等方面。先进的工商企业愈发重视加强物流管理,并视之为"第三利润泉"。随着全球化竞争的加剧和信息技术的飞速发展,在西方掀起的放松管制和传统企业回归主业、集中力量于核心业务中,大量专业从事第三方物流服务的企业产生并发展起来。

物流经济学就是研究一定的物流系统内,与物流活动有关的经济关系,是综合运用宏观经济学、微观经济学、产业经济学、工程经济学、物流学、运筹学等相关学科理论,研究物流资源优化配置、物流市场的供给与需求、宏观物流产业的发展、物流产业组织形态演变规律、物流产业增长等问题的一门应用科学。它以宏观经济学、产业经济学和中国宏观物流问题的关注为基础,以深度分析宏观物流发展趋势及物流产业发展政策为特色,致力于探索和建立经济发展中的物流理论体系,研究物流产业发展政策及其同国家宏观经济政策的关系,对物流业发展提出决策建议;同时又以微观经济学、技术经济学等为基础,关注微观物流活动的经济问题,为企业微观物流活动的科学化、合理化、最优化提供理论指导。

二、物流经济学的特点

作为一门应用经济学,除具有一般经济学的特点外,物流经济学还有自身的一些特点,主要有:

1.综合性

物流经济学主要是从劳动消耗的观点来评价各种物流活动,而劳动消耗是经济学的研究范畴,因此物流经济学是一门经济科学;同时,物流经济学必须在物流技术开发、应用、完善中指导物流活动,使其造福于人类,因此物流经济学又有自然科学的属性。这决定了物流经济学是根据现代物流技术和国民经济发展的需要，逐渐从自然科学技术和社会经济科学的发展过程中相互交叉形成和发展起来的一门综合性学科，是现代物流学和技术经济学、微观经济学、宏观经济学等经济学理论相融合的交叉性学科。它既要研究与物流有关的各种物流活动的特征，了解相关的物流技术，掌握物流活动的过程，又要从经济的角度来研究物流活动过程，使物流系统的总成本最小，收益最大。

2.应用性

物流经济学研究大量的物流系统资源优化配置、物流市场的供给与需求、宏观物流产业的发展与增长等问题，需要综合运用相关学科的理论，包括宏观经济学、微观经济学、技术经济学、信息经济学、运筹学、物流学、物流运筹学等。这些学科相互联系、互为交叉。物流经济学强调物流市场供需均衡，物流运输、库存，装卸搬运、流通加工、包装、配送和物流信息的经济性。

3.系统性

根据现代物流学的原理，物流系统是由运输、储存、装卸搬运、流通加工、包装、配送与信息处理等物流环节组成的系统。物流经济学是用系统分析的思想和方法研究整个物流系统的经济问题，是从全局出发，通过对物流子系统的分析，追求整个物流系统的总体优化。

4.定量与定性分析相结合

定性分析和定性分析是物流经济学的主要分析方法。通过对物流系统的问题进行定性和定量分析，方案比较，实现整个物流系统的最优经济效果。

第二节　物流经济学的研究对象

物流经济学作为一门综合性与交叉性的应用经济学，其研究所涉及的范围和对象有国民经济增长与物流的关系，物流市场需求与供给，物流的空间价值和时间价值，物流模式的优化与选择，运输、仓储、装卸搬运、流通加工、包装、配送、物流信息化等物流环节运作的经济性和整个物流系统的优化和资源配置问题，物流业业态发展趋势，物流政策与体制等。

下面就主要方面作一简要介绍。

一、物流市场的需求与供应

物流需求分析是将物流需求与产生需求的社会经济活动进行相关分析的过程。由于物流活动日益渗透到生产、流通、消费整个社会经济活动过程之中，与社会经济的发展存在着密切的联系，是社会经济活动的重要组成部分，因而物流需求与社会经济发展有着密切的相关性，社会经济发展是影响物流需求的主要因素。由于物流服务的多样性、物流需求主体的广泛性和物流需求的潜在性，因此，对物流需求的分析是多层面的，包括物流需求的数量、时间、空间、结构和层次等，从物流需求的运输量、仓储量、配送量、流通加工量等方面进行多层次分析。

物流需求分析的目的在于为社会物流活动提供物流能力供给，不断满足物流需求，以保证物流服务的供给与需求之间的相对平衡，使社会物流活动保持较高的效率与效益。在一定时期内，当物流能力供给不能满足这种需求时，将对需求产生抑制作用；当物流能力供给超过这种需求时，不可避免地造成物流供给的浪费。因此，物流需求是物流能力供给的前提，物流需求分析的社会经济意义亦在于此。借助于定性和定量的分析手段，了解社会经济活动对于物流能力供给的需求强度，进行有效的物流需求管理，引导社会投资有目的地进入物流服务领域，将有利于合理规划、建设物流基础设施，改进物流供给系统，提高物流资源的配置效率和效益。

从物流的发展规律来看，现代物流服务的需求包括量和质两个方面，即从物流规模和物流服务质量中综合反映出物流的总体需求。物流规模是物流活动中运输、储存、包装、装卸搬运和流通加工等物流作业量的总和。当前在没有系统的社会物流量统计的情况下，由于货物运输是物流过程中实现位移的中心环节，用货物运输量的变化趋势来衡量社会物流规模的变化趋势最接近实际。物流服务质量是物流服务效果的综合反映，可以用物流时间、物流费用、物流效率来衡量，其变化突出表现在减少物流时间、降低物流成本、提高物流效率等方面。为了清晰地反映社会经济活动对物流活动的需求，在物流需求分析中还应考虑物流需求的地域范围、渠道特性、时间的准确性、物流供应链的稳定性以及顾客服务的可得性、作业绩效和可靠性等方面。

在当前我国经济发展水平仍然落后的情况下，在物流规模继续增长、物流服务质量需要提高、物流需求结构不断发展的条件下，要使物流需求与供给相适应，除设法提高物流服务的供给总量及质量外，还应引入物流合理化的理念，加强物流需求管理，即最大限度地控制货物的不合理流动，如通过发展区域物流系统，使区域内及区域间的物流基础布局合理，适应生产力的布局，减少原材料、制成品在产地与消费地之间的双向流动量。要加快我国西部地区的经济发展，改变目前东西部地区之间物流的不平衡和不合理现象，加快建设重要的物流基础设施，使物流的合理化组织具有功能强大的物流中心等设施为依托。重视物流需求分析、加强物流需求管理，能有效引导投资，避免物流设施建设及服务行为的一哄而上，对减少浪费现象具有现实的指导意义。

二、物流的时空价值分析

物流可以创造出时间价值和空间(场所)价值，包括物流加工作业中所创造的加工附加值。物流不是“物”和“流”的简单统一，生产、分配、交换、消费的物质运动过程是时间和空间的统一。“时间是金钱”是物流真实的反映。商品在不同时间不同地点具有不同价格，因此时间差别和场所区别给物流带来了“时间价值”和“场所价值”；物流过程中不同场所，根据专业化分工和场所优势所从事的补充性的加工作业也会形成劳动对象的附加值。另外，物流的加速一定会节约商品在流通领域里的时间，这会节约流通费用，又会加快资金周转，带来经济效益。现代科学技术在物流领域里的应用，大大加快了物流的速度，节约了时间。比如集装箱、条码、网络信息等新技术的应用和推广，加快了物流速度，使现代物流创造出了前所未有的时间价值。物流不仅存在时间特征，而且具有向高价值区流动趋向。在竞争的市场经济中，商品总是向价值高的场所流动。无论是从集中生产场所流向分散的需求场所，还是从分散生产场所流向集中需求场所的物流，追求场所价值是区域间、国际间物流发展的主要因素之一，也是物流产业链不断延伸的根本所在。

三、物流资源的优化配置

物流经济学是运用经济学、物流学原理和数学工具研究现代物流各环节的流转规律，寻求获得最大的空间时间效益的经济学科。物流资源的优化配置是物流经济学研究的核心内容，物流经济学的主要任务就是运用交易费用理论、边际成本理论、运筹学理论、技术经济学理论、物流学理论以及数学等工具，研究运输、库存、仓储、配送、等环节的经济问题，以指导物流企业缩短流通时间，减少物品库存、降低资金积压、节约运输费用，降低物流各环节的运作成本，实现物流综合成本的最小化，节约社会资源，提高社会经济效益。

从物流交易费用和物流时空价值论分析，就不难看到流通领域蕴藏着提高经济效益的无穷潜力和丰厚的利润源，发展前景十分可观，这是当今世界范围内物流蓬勃发展的基本原因。早在20世纪60年代，美国经济学家彼得·杜克拉就预言，物流业是每个国家经济增长的“黑大陆”，是“降低成本的最后边界”，是降低资源消耗、提高劳动生产率之后的“第三利润源”，是“一块未被开垦的处女地”。这是对物流潜力和效益的描述与估价。当今经济发达国家物流业的发展已充分证明了这一结论。

据美国学者估算，美国工业界每年花费的流通费用高达几千亿美元，只要能降低10%，一年就可节约流通费用几百亿美元。他们称物流业是“一块经济界的黑大陆”，是不无道理的。

物流经济学就是要研究、提示物流领域这块经济“黑大陆”，挖掘“降低成本的最后边界”和企业的“第三利润源”。

四、物流模式的经济性

现代企业生产社会化的发展趋势要求社会化的大物流与之相适应，同时为社会化的大物流创造条件。社会化的大物流已拓展到包装、配货、加工、配送、信息处理等多项增值服务，从而涉及到生产、流通和消费的全过程。应当承认，随着大机器工业的到来，工业时代精细的分工相对于早期农业、手工业式的粗放经营，是一种历史性的进步。亚当·斯密以来的许多经济学家的各种经济理论与各国经济发展的实践都证明了精细分工在提高生产效率方面所体现出的巨大优势。然而，现代生产企业却又在时效性受到制约的另一面反映这种精细分工所存在的问题。在这种分工体系下，每一组织或职能部门只是完整流程的一部分，各组织部门被限定在从事专门业务活动的特定单元之中，各单元间的联系与沟通受到各种条件的限制，其结果是各组织部门“只顾自扫门前雪，不管他人瓦上霜”。表面上看这种分工在各业务单元中是合理而高效的，但事实上一个原本应为完整的业务流程却被若干个职能部门分割得支离破碎，高额的物流成本使得企业的生产与流通存在着巨大的浪费。这些问题的存在迫使人们在社会化大生产的总体框架下，重新考虑物流模式的经济问题。

横向物流协同化，就是指同产业或不同产业的企业之间就物流管理达成协调、统一运营的机制。就产业内部而言，不同的企业之间为了有效地开展物流服务，降低高额物流成本，有必要进行相互之间的沟通，通过配送中心，使企业之间的物流管理协调配合，以共同实现规模效益。这种产业内部横向物流协同化表现为两种形式：一是承认并保留各企业原有的配送中心，通过配送中心间的沟通或联合，实行商品的集中配送和处理；二是各企业放弃自建配送中心，通过共同配送中心的建立，来实现物流管理的效率性和集中化。比较而言，不同产业间进行的物流协调，更容易被不同的企业所接受。因为这些企业分属于不同的产业，不存在直接的竞争替代性，因而既能保证物流集中处理的规模经济性，又能有效地维护各企业的经济利益以及经营战略的有效实施。

纵向物流协同，则是指处于流通渠道不同阶段的企业相互协调、相互合作，为实现共同利益链接而成的物流管理系统。其主要形式有供应商与生产商之间的物流协作，生产商与批发商之间的物流协作和批发商与零售商之间的物流协作。生产商与批发商之间的物流协作可根据二者之间的力量对比，分为生产商主导型的物流管理系统和批发商主导型的物流管理系统。在生产商力量较强的产业，为强化批发物流机能或实现批发中心的效率化，多由生产商自设批发中心，代行批发功能，或利用自己的信息网络，对批发企业多频度、小单位配送服务给予支援。批发商与零售商之间的物流协作也有不同的主导类型。当零售商力量强大时，往往建立自己的物流中心，批发商经销的商品必须经由该中心再向各商场或店铺进行配送。这种零售商主导型的物流中心，多见于大型的百货商店、购物中心及目前发展势头迅猛的巨型超市。而对于中小型零售企业而言，则通常借助于实力雄厚的批发商所建立的物流中心，实现销售商品的即时配送。

五、物流业态的演变

物流经济学主要从供求因素变化出发，结合物流发展的外部环境演变和物流业内生增长机理，来研究物流产业的业态变化，目的是为企业选择适合的物流业态提供理论依据，提高物流产业的运作效率。

需求的增长和变动是物流业态变动的最主要因素。影响物流业态的需求因素主要是顾客的特征、购买频率、购买习惯、消费偏好。当代不同物流部门(如：百货、建材等)的大型超市，正是迎合当今人们“一站式购买”、“消闲与娱乐式购买”等需求观念而发展起来的。而今后物流业的发展也依然不会偏离需求的变化，无论是企业还是居民，与其需求相关的诸多因素，如方便快捷条件、时间期限、购物环境、地区位置、偏好变动等，以及人们的收入、心理、观念乃至精神的变化，都是物流业创新和发展所应该密切关注和考虑的需求因素。

影响物流业态的另一重要因素——供给因素，主要是产品的性质、产品的技术性和复杂性、公司的特性等。从供给因素的变化看，科技新成果物化为一代又一代新产品，加快了商品结构的更新转化的步伐，各种新产品层出不穷，新科技革命推动着经济的发展和市场经济的繁荣，同时也更新着人们的消费观念和偏好，由此导致市场与消费结构以前所未有的速度、节奏和周期进行变动，并带动了物流业态的变革，从物流体系中最能体现现代物流业态变化的零售业分析看，零售业的组织结构趋向于大型化（或集团化）和大企业化。流通领域中的这种变化虽然可以用生产理论中的规模经济给予解释，但更多的是从人们需求的变化中寻找到物流业态变化的印记。零售业从过去的专业店、百货商店发展到今天的专业超级商店、超级商场、连锁店、配送中心等业态的变化，是与买方市场条件下消费者偏好和需求变动紧密相关的，现代消费者的消费重点正在从物质消费转化为时间、空间、服务和附加价值的消费。消费者不仅要求购物方便，而且要求一次购齐所需物品，要求购物环境幽雅。需求的这种变化只有零售业大型化才能做到。零售业的大型化为采取先进的管理技术提供了条件，节约了时间和空间，节省了寻找费用。向消费者提供更完全的信息，增强市场透明度，可大大提升大型市场的信誉和品牌，在节省商品的流通费用和大幅度增加市场销售额的双向变动中，在激烈竞争中获取了规模经济。但是零售组织的大型化对追求购物便利性、舒适性、高选择性和文化性相统一的消费者来说，还有不尽如人意之处，故一种把存货、超市、专业店等多种业态有机集中在一起的商业形式已经应运而生。可以预测，消费者心理个性化、消费行为多样化必然带来业态的不断推陈出新。一些流通企业为回避风险，还会开展多业态的经营，实行业态差异化的经营战略。

随着信息化的加快，物流信息化规范了物流设施的运营效率性和物流产业的竞争力。

六、物流信息的经济性

现代物流最具鲜明特点的是高新科技在物流中的应用。以电子技术、信息技术为核心的新技术改造着传统物流设施、经营手段和经营方式；计算机和网络进入物流管理，开设网址，树立网络形象，实现了实时管理，做到“瞬间反应”、“即刻决断”，使产—供—销三方信息反馈的时间差、地区差缩小到最低限度，最大限度地实现着物流的时空价值。电子导购、大型屏幕广告、价格显示器、邮电购物等各种新的推销和购物形式的出现，最大限度地节约了寻找费用、信息和交易费用，使传统的百货商店现金销售和消费形式发生了革命性的变化。实践证明，电子信息技术是现代物流生存的基础，在未来年代，谁能在物流管理中有效地使用信息技术，生成、分析处理信息，谁就能在物流竞争中获得巨大成功。

美国、日本、荷兰、新加坡等物流先进国家，早在20世纪80年代初开始对物流内部进行信息化。为了使在物流活动中所产生的许多信息的流通简单化，必须在物流运营中采用尖端通信技术和电子文件交流（EDI）等物流内部信息化，这样才能使参与物流活动的所有主体可以有效交流信息。近年来在全世界范围蓬勃兴起的“互联网络”正把世界推向“网络经济”,并把任何一个“网络经济”的参与者推向“全球性经营”的台阶。一个具有全球规模的网络社会正在加速形成。现代物流系统的全球化,将预示着国际性公司的“国家旗帜”不再鲜明,国际间的“经济距离”逐渐缩短,消费者的“国籍”已不再明显,信息化将无孔不入。由此决定了物流信息化将是构建未来物流产业竞争力的焦点,信息化已成为物流产业发展的决定性因素。物流经济学将从经济角度研究、回答物流信息化实践中提出的问题,为物流信息化提供理论指导。

七、物流体制与政策问题

物流产业的发展不仅仅要有充分的市场需求基础、活跃的市场主体以及完善的物流设施,更为重要的是要有适应物流产业发展的体制环境、政策环境,以保证市场机制能够充分发挥作用并使各种物流活动规范有序地进行,促进物流产业健康有序发展。

当前,影响我国物流产业发展的政策与体制障碍主要有条块分割的管理模式,部门、行业和地方的保护倾向,以及缺乏明确、有效的政策措施。由于各种运输方式的多头管理和相互分割,各种运输方式长期以来呈现分立发展的局面,不同运输方式在运输组织方式、服务规范、技术及装备标准等方面存在较大差距,使得物流企业很难根据市场需要选择合理的运输服务方式,许多企业只能利用单一的运输方式来开展物流服务,而以多式联运为基础的许多现代化物流服务方式还难以开展。

在条块分割、多头管理的模式下,各种基础设施的规划和建设缺乏必要的协调,一是导致大量的重复建设和过度竞争,例如公路主干网络与铁路网络的平行发展,各地争相建设港口、机场等现象;二是涉及到各种运输方式之间、国家运输系统与地方运输系统之间、不同地区运输系统之间相互衔接的枢纽设施和有关服务设施建设方面缺乏投入,对物流产业发展有重要影响的各种综合性货运枢纽、物流基地、物流中心建设发展十分缓慢。这种“重线路、轻结点”式的发展,既造成了资源的极大浪费,也影响着整个物流系统的协调发展。

在多头管理、分段管理的体制下,受部门、地方利益牵制,现行政策法规数量虽多,但相互之间有矛盾且难以协调一致。在价格政策方面,以多式联运的价格和收费政策为例,集装箱运输采取的是新线新价、优质优价的价格政策,而件杂散货运输还采用国家定价方式,故集装箱运输价格有时明显高于件杂散货的运价。如20英尺集装箱铁路运价比铁路整车运输价格高70%左右,非常不利于集装箱运输这种先进运输方式的发展,也直接影响了以多式联运为基础的各种物流服务的发展。在税收政策上也存在不利于物流企业发展的因素,如运输企业从事运输服务的营业税为3%,而物流企业或仓储企业、批发企业在转向物流服务并从事经营性运输服务时,营业税为5%。在投资政策上,政府对基础设施等硬件投入较大,但在物流教育、技术创新、开发与研究、市场宣传等方面投入和资助则明显不足。

物流产业具有高度的产业综合性、复合性,决定了物流体制、物流政策研究工作必然要顾及和协调各个产业领域的不同特点与要求。物流经济学对物流体制、物流政策的研究,就是要以物流技术、物流管理、物流服务、物流信息等物流活动所包含的理论要素、内容以及之间的相关联系为重点展开,在物流立法、市场准入、合理税收、土地利用、交通管制、鼓励第三方物流企业发展等方面的各个层面上,研究如何完善物流体制和如何制定各类配套政策,使物流经济学的学术研究与政策研究更加契合。

第三节 物流经济学的研究意义与研究方法

物流是一个过程,物流经济学的核心在于在于以最低的物流成本为用户创造最满意的效用。这就要求物流的每一项活动在为顾客创造价值的同时,也为企业自身及供应链上的合作伙伴创造价值。物流经济学所创造的价值体现在商品的时间和地点效用上,及保证顾客在需要的时候能方便地获取商品。

一、物流经济学研究意义

美国著名管理学家 P.F.德鲁克把物流业称之为“黑大陆”。其含义是:一是物流业尚未开发,是一片未开发的处女地;二是情况不明,因而尚未有正确认识。也有的学者将物流业称为“第三利润的源泉”,这是对物流潜力和效益的描述与估价。日本早稻田大学西泽修教授把物流看作是一座冰山,人们只看到了水面上的冰山,淹没在水下面的冰山更大。国际上,物流产业已被认为是国民经济发展的动脉和基础产业,成为衡量一国现代化程度和综合国力的重要标志之一,被喻为经济发展的加速器。因此,对物流经济学进行研究具有十分重要的意义,至少体现在以下几方面:

1.物流经济学有助于人们更全面地认识物流业这一块“黑大陆”,更有效地挖掘“第三利润源”

早在20世纪60年代,美国经济学家彼得·杜克拉就预言,物流业是每个国家经济增长的“黑大陆”,是“降低成本的最后边界”,是降低资源消耗、提高劳动生产率之后的“第三利润源”,是“一块未被开垦的处女地”。物流经济学理论从物流交易费用和物流时空价值分析出发,论证了物流业存在着丰厚的利润。

物流经济学认为,商品在不同时间不同地点具有不同价格,因此时间差别和场所区别给物流带来了“时间价值”和“场所价值”;物流过程中不同场所,根据专业化分工和场所优势所从事的补充性的加工作业也会形成劳动对象的附加值。另外,物流的加速一定会节约商品在流通领域里的时间,这会节约流通费用,又会加快资金周转,带来经济效益。现代科学技术在物流领域里的应用,大大加快了物流的速度,节约了时间。比如集装箱、条码、网络信息等新技术的应用和推广,加快了物流速度,使现代物流创造出了前所未有的时间价值。物流可以创造出时间价值和场所价值,包括物流加工作业中所创造的加工附加值。

物流不仅存在时间特征,而且具有向高价值区流动趋向。在竞争的市场经济中,商品总是向价值高的场所流动。无论是从集中生产场所流向分散的需求场所,还是从分散生产场所流向集中需求场所的物流,追求场所价值是区域间、国际间物流发展的主要因素之一,也是物流产业链不断延伸的根本所在。

据美国学者估算,美国工业界每年花费的流通费用高达几千亿美元,只要能降低10%,一年就可节约流通费用几百亿美元,称物流业是"一块经济界的黑大陆",是不无道理的。

表1-1为1997年IMF统计的一些国家和地区物流成本的估算。

一些国家和地区物流成本估算 表1-1

国家和地区	GDP(10亿美元)	物流总费用(10亿美元)	物流占GDP百分比(%)
中国内地	4250	718	16.9
台湾	308	40	13.1
香港	175	24	13.7
新加坡	85	12	13.9
日本	3080	351	11.4
美国	8083	849	10.5
英国	1242	125	10.1

从表中可以看到,物流成本(包括运输、仓储、库存维持等费用)占GDP的10%以上,在各国经济中均占有显著的地位。

如果某国能以较小比例的资源完成各项物流活动,则显示该国的物流效能较高。而从中也可发现,中国的物流管理水平亟待提高,2004年中国与物流相关的年总支出为19000亿元人民币,物流成本占GDP的比重为20%左右,比发达国家的平均水平(美国是9.9%,欧洲、日本是10%)高出1倍。当前中国第三方物流市场规模为600亿元人民币左右,预计今后几年年均增长率将达25%。

物流业的发展,意味着流通费用的不断降低,利润的增加。对社会生产而言,物流的发展有利于提高企业效益和社会经济效益,有利于合理调整商品的价格,有利于促进和提高经营管理水平,提高服务质量。因此,研究物流经济学,具有重要的理论意义和实践意义。

2.物流经济学有助于揭示物流业发展的内在机理

亚当·斯密在《国富论》中开宗明义,第一句话就是:"劳动生产力最大的增进,是分工的结果"。以亚当·斯密为代表的古典经济学研究的重心是分工和专业化对经济发展的影响,亚当·斯密认为分工和专业化是财富增长的原因,而市场这只看不见的手是协调和促进分工的有效手段。自马歇尔之后,新古典经济学的研究重点转向了资源配置问题,以边际分析研究供给和需求成为经济学的主流。以杨小凯为代表的新兴古典经济学运用超边际分析复活了古典经济学关于分工和专业化的高深思想，使分工和专业化问题重新成为经济学的研究重心。

新兴古典经济学的关于分工和专业化的核心命题是：分工是交换的产物，分工和专业化能够加速知识的积累，带来收益递增；但协调分工又需要成本（即交易费用），分工的深化会引起交易费用的增加，交易费用取决于交易机制的效率；分工的好处和交易费用增加之间形成两难冲突，构成分工演进的基本约束；在这个两难冲突中，分工的深化取决于交易费用与分工收益的相对比较，呈现出一个自发演进的过程。

物流经济学家将新兴古典经济学关于分工和专业化演进理论运用到物流领域，揭示了物流业的发展路径，认为在物流发展的初期阶段，物流活动以运输、仓储、包装、装卸搬运、采购等分割的形式分散在企业生产的各个环节，各个企业也基本以自给自足的方式，独立完成企业自身的各项物流活动。随着生产力的发展、管理水平和管理技术的提高，由于市场竞争的需要，企业需要改变内部的分工结构以提高效率。通过在企业内部进行分工组织实验，再加上是军事后勤的经验，企业逐步发现运输、仓储、包装、装卸搬运、采购等功能是紧密相关的，可以形成一种新的分工，实现专业化带来的收益递增。因此，从 20 世纪 50 年代开始，在企业内部开始出现物流管理一体化，通过对运输、仓储、包装、装卸搬运、采购等物流活动的集成化管理，企业提高了生产率，降低了成本和风险，提高了顾客服务水平，物流成为“第三利润源泉”。由于企业内部“市场规模”的限制，企业内部分工达到一定水平后，当分工带来的专业化报酬的边际效益等于企业内部管理成本的增加时，企业内部的分工结构趋于稳定，专业化经济的生产效率也趋于减速增长。要进一步提高分工水平和专业化报酬，就需要通过组织创新，将企业内部的分工向外部市场化，以通过市场规模的扩大，进一步深化分工，实现更高的生产效率。因此，从 20 世纪 80 年代开始，随着企业对企业核心竞争能力的重视，以及信息技术的发展和应用改变了传统的管理方式和交易方式，一种新的市场化分工组织——第三方物流企业迅速发展起来。企业将一些原本由企业自己来实施的物流活动，交给外部的专业第三方物流企业来承担，通过快速沟通的信息技术与第三方物流企业实现高效合作，企业可以专注于自己的核心业务，加速提高自己的核心竞争能力，第三方物流企业也可以通过在内部进行物流设计和物流运作等功能的进一步分工，提高专业化水平，实现物流成本的降低和更高效率的物流运作。

20 世纪 90 年代以后，一方面，随着企业对企业核心竞争能力的认识的进一步提高和管理技术的进一步发展，企业开始重视上下游企业之间的分工与合作，即供应链的管理。通过深化企业所在供应链上的成员企业之间的分工，进一步提高专业化水平，提升整个供应链的效率，从而增强供应链及其成员企业的竞争能力，这就需要物流方案设计和组织协调水平更高的物流服务。另一方面，随着第三方物流企业的发展，物流管理和物流技术的不断提高，第三方物流企业也需要将内部的物流设计和物流运作之间分工向外部市场化，以进一步提升专业化水平，提高自己的核心竞争能力。因此，作为分工进一步深化的结果，第四方物流企业应运而生。第四方物流企业主要是利用管理和设计优势,策划设计综合的供应链解决方案,组织并协调第三方物流企业进行具体实施,从而进一步提高物流运作的效率,提升供应链的竞争能力,为客户创造更大的价值。

总之,物流经济学可以运用经济学理论,揭示物流业发展的内在机理。

3.物流经济学对微观经济活动产生积极作用

顾客导向是企业参与市场竞争的指导思想,物流的本质在于创造价值,而物流系统的输出正是顾客服务,越来越多的企业将物流活动视为提高盈利能力和竞争力的关键所在。以最低的物流成本,提供最好的服务,为顾客创造最大的价值,是企业赢得竞争优势的主要途径。产品(product)、价格(price)、促销(promotion)和地点(place)是企业市场营销组合的四要素(4P)。成功的市场营销要求企业拥有优良的产品,合理的价格、有力的促销手段,以及保证产品顺利输送到正确的地点。物流活动直接服务于地点要素,保证顾客在需要的时候能方便地购买到产品。

物流总成本是指实现物流需求所必需的全部开支。考虑物流总成本是一种系统方法,它是有效管理物流过程的关键。均衡(trade-off)是物流管理的一个核心概念,物流管理的目标就是以尽可能低的成本为顾客提供最好的服务。由于物流活动成本之间经常存在此消彼长的关系,因此需要就物流的各个活动之间进行成本的权衡。例如,客户服务水平显然受库存状态影响,为提高服务水平,最好是有庞大的库存,而庞大的库存的代价却是库存成本的提高。企业为实现长期盈利最大化的目标,必须不断调整顾客服务水平,迎合顾客的需要,这就要求企业将其有限的资源在市场营销四要素以及各项物流活动中合理配置,在不断提高顾客服务水平的同时降低总成本。

企业物流受到了发达国家理论界和企业界的普遍认同和高度重视,被认为是“企业脚下的金矿”以及当前企业“最重要的竞争领域”。从中国仓储协会2000年3月对中国家电、电子、日化、食品等行业具有代表性的450家大中型企业的调查可以看出,物流费用占产品销售费用的比例较高,比例在15%以上的占总数的48.5%。根据现代物流理论中的杠杆原理,物流费用每降低2个百分点,利润将提高1倍。因此,能否降低企业的物流费用对企业经营业绩影响较大。现在,越来越多的企业正逐渐认识到物流对企业发展的重要作用。根据调查的结果,仅有9.2%的企业认为物流对企业的影响程度较低或很低,而42.1%的企业认为物流对企业发展的影响程度较高或很高。认为物流对企业发展影响一般的占总数的48.7%,说明物流在中国发展处于起步阶段,任重而道远,潜力巨大。

物流是国民经济的基础,物流不仅是国民经济的动脉系统,同时对实现资源配置具有重要的作用。物流还以本身的宏观效益支持国民经济的运行,改善国民经济的运行方式和结构,促使其优化。特定条件下,物流会成为国民经济的支柱,一个新的物流产业可以有效改善我国产业结构。因此物流经济学科的研究必将促使国民经济向更加合理的、协调的方向发展,使微观物流活动更加经济、更加优化。

4.促使物流专业分工,加快企业资金周转,提高社会资源配置效率

据有关资料,2002年,我国工业企业流动资产周转速度年平均为1.7次;到2005年,流动资金周转速度为年平均2.2次。国有商业流动资金年平均周转2.3次,而日本制造业的年周转速度为7.5~8次,非制造业(包括批发与零售业)为15~18次。跨国连锁集团沃尔玛、麦德龙、家乐福的年周转次数为20~30次。这可以说明以下问题:

(1)生产需要的原材料、半成品、外购件库存过大,依然是为库存而采购而不是按订单而采购。由于没有实行即时配送,无法做到无库存或少库存,原材料库存期普遍超过30天,从而占用了大量流动资金,并使物流成本占生产成本的30%~40%左右。这在发达的市场经济国家是不可想象的。

(2)库存率高。表现在两个方面,商品周转次数与商品库存占总销售额的比重。目前中国发达地区的经销商的商品平均年周转在15~18次之间,而库存占销售额的比重平均在17%以上,中国现代超市的库存占比大约在4.22%,美国、日本、德国三国的平均库存占比在1.14%~1.29%之间。发达国家库存商品只占国内生产总值的1%,发展中国家为5%。我国都远远落后于这些指标。

(3)许多企业大而全、小而全现象严重,拥有自己的车队,自己的仓库,投入很大,成本很高,但实际效益很低。据统计,目前我国自货自运车辆占社会运输的70%,货运空载率达到37%左右,运输平均时速只有50公里左右。仓库大量闲置,有的年久失修,商品损耗率大。

物流经济学研究,将促使中国企业自觉打破"大而全"、"小而全"的体系,代之以专业化、社会化分工,将大部分物流活动从生产和营销过程中分离出来,交给第三方物流企业来进行,从而提高整个社会的资源配置效率。

二、物流经济学的研究方法

物流经济学作为一门应用型交叉学科,其研究方法主要有:

1.多学科交叉综合运用

物流经济学是一门应用学科又是一门综合性多学科交叉学科。需要运用宏观微观经济学、数量技术经济学、运筹学、物流学理论。如在研究宏观物流产业需求时就要运用宏观经济学关于经济增长理论、产业经济学理论,发展经济学理论,在研究运输批量、配送线路、仓储等物流环节优化时就有运用运筹学、线性规划、经济数学模型等。由于物流需求是一种派生需求,在研究分析需求时就有运用经济增长理论、产业关联理论,在研究物流市场结构时,就要运用微观经济学的市场理论,在研究分析物流成本时就有运用交易费用理论和会计学原理,在研究第三方物流等物流业态演变发展时就有运用分工理论、企业资源理论,核心能力理论、博弈论等,在研究物流配送方式优化时,就要吸收物流管理研究成果。

2.局部优化与整体优化统一

物流系统符合一般系统的模式,有输入、输出及其转化机制,在运输、保管等物流环节的转化活动中,输入劳力、资金、能源、材料、设备等资源,最终按预定要求实现对象物在时间维和空间维的状态变化,即作为系统输出的物流服务。由于物流系统具有非常明显的效益背反特征,输入水平和输出水平往往是相互制约的,想要较多地达到某个方面的目的,必然会使另一方面的目的受到一定的损失,也就是说,要使系统中的任何一个要素增益必将对系统中其他要素产生损失的作用,例如,减少物流网络中仓库的数目并减少库存,必然会使库存补充变得频繁而增加运输的次数;简化包装,虽可降低包装成本,但却由于包装强度的降低,在运输和装卸的破损率会增加;将铁路运输改为航空运输,虽然增加了运费,却可提高运输速度,减少库存,降低库存费用。因此,在优化物流系统时必须把物流系统作为一个整体来研究,用系统的方法来追求最优的目标。物流经济研究就是要调整物流各要素之间的矛盾,把它们有机地结合起来,实现物流系统的整体最优。总之,物流经济学追求的整体优化,必须建立在局部优化基础上,但局部优化不等于整体优化,局部优化必须服从整体优化并以整体优化为目标。

3.理论与实际结合

物流经济学是一门应用学科,其强大生命力在于它的实践性。物流经济学的产生和社会经济实际与生产实际密切相关,其研究的出发点和归宿都在于社会经济发展的实践需要。只有从实践中提出问题,密切结合具体研究范围内的自然资源、经济基础、社会条件和技术水平,综合运用相关理论,提出正确的方法和结论,有效地改善物流系统,取得应有的经济效益和社会效益,这样物流经济学的价值才能为人们所承认、所重视。物流经济学正是以其实际应用所体现的巨大经济意义而受到人们的高度重视。

4.定量与定性结合

数学模型是研究物流经济常用的方法,如运输批量优化、配送线路优化、仓储优化等。但由于受统计数据的可获得性、准确性、有效性限制,以及数学模型本身存在的局限,有些问题只能用定性研究分析方法或必须用定性分析作为必要补充。

5.横向与纵向比较研究

我国的物流产业发展相对发达国家处于相对落后,发达国家所经历的,可能就是我们未来所要面对的,因此,通过国际国内横向比较研究,借鉴国外经验,具有现实意义。此外,通过对历史经验教训的研究总结,指明未来物流发展方向,在物流经济学研究中同样十分重要。

思考题

1.名词解释

物流经济学。

2.简答题

(1)简述物流经济学的特点。
(2)如何理解物流经济学的研究对象?
(3)简述物流经济学的研究意义。
(4)物流经济学的研究方法有哪些?

3.案例分析

【案例】 黑色的淘金地带

山东东大化工集团主导产品生产能力和原材物料用量,近两年翻了一番,但原材物料及产成品运输费用、车辆、库存不仅没增,反而大幅度下降。他们在被管理学家称为“黑色地带”的采购、仓储、运输等非生产环节,创出了不凡业绩。

(1)缺口由运输撕开,思路洞开缘于车辆拍卖

前身为张店化工厂的东大集团,建厂40年来,原材物料运输一直由公司车队承担。车队26名员工,18辆大货车,附加一个修理厂,运转费用不菲,效率却不高。司机上班拖拖拉拉,不想出车就推说车子有毛病;跑一趟上海按说五六天能打个来回,但哪辆车跑一趟都得十七八天,都知道司机借机跑了私活,一趟能赚回台彩电,但想追究,一句车在路上出了毛病,就堵得你哑口无言。

办法想了不少,成效就是寥寥。公司决定向内部招标拍卖,18辆车卖了12辆,收回75万元,14名司机中标,其余车辆报废,人员分流。拍卖车辆想承担公司运输任务,吨公里运价先是与公司以前平均运价持平;过渡两个月后降低二分,与市场价持平;紧接着又比市场价降低三分钱。

车成了自己的,每辆车运行里程比拍卖前多出两倍。半年公司节约运输费用184万元,加上人员工资、运输规费、车辆维修费一概不用负担,合计节约费用354万元。

拍卖车辆逐渐进入报废期,公司开始将运输推向社会,先是面向社会公开竞价招标,年节约运费390万元;然后又对运量相对集中的几条线路公开招标买断,吨公里运价由0.44元降到0.2元,前后节支1431万元。

(2)库存、信息、采购

东大集团是大型化工企业,使用原材物料多达2万多种,库存占用资金5228万元。具备了运输环节的优化控制这个前提,企业开始向下一个目标——合理库存挺进。

过去由于运力、运输效率有限,原料采购需提前一星期;产品到客户手中需一星期以上。现在运力、运输效率大为提高,原材料购进最多需提前2天;国内市场送货一般不超过2天。可以就近采购的物资,坚决保持"零库存"。对不易采购的,采购计划批准前必须先经仓库保管员审核签字,确认库里没有存货和替代物品。1998年企业库存比上年降低2/3,减少资金占用1800万元。1999年仅去掉危险品仓库,让危险品直接进入生产装置,就减少资金占用2200万元。

实现合理库存,信息有效流动是关键。由于能及时掌握国内外市场的大量信息,东大集团在库存的控制上始终处于主动地位。1998年二季度,预测到丙烯价格将有大的回落,提前压缩库存,等回落到最低点又大量购进,仅此增加效益100多万元。去年国家加大打私力度,东大集团分析到国内化工原料市场将有大的波动,加大产品库存,待价格上扬后集中促销,一举增收200万元。

信息的有效流动,对采购环节优化控制产生了深刻影响。由于众多原材物料的供求信息、最低价格通过互联网等渠道,在企业有关部门间实现了快捷采集传递,东大集团建立起供应公司一口采购,技术、财务、审计、设备四部门随时检查监督的高效物资采购体系,采购由暗箱操作走向彻底透明。仅1998年采购成本就降低了1910万元。生产部门提报的采购计划最迟半天就能得到落实。

东大集团的实践证明,需求产生一切。以前,所在地张店区没一家专业化的化工储运企业。但运输走向社会短短一两年时间,在企业巨大运量的刺激带动下,张店及周边一批专业化工储运公司迅速崛起,且在激烈的竞争中日渐走向成熟,专业优势发挥得越来越明显。最终受益的,还是东大集团自己。以青岛液氯运输线路的拍卖为例,运回1吨拍卖底价是190元,结果竞价竞到了90元。尽管明知谁也不会做赔本买卖,但东大集团还是有点心虚,因为怎么算中标企业都没有赚头。后来才知道,中标企业早已对线路路况、坡度、收费进行了详细考察测算,据此改装加长了车厢,花钱不多,车辆没有增加运输能力却增加近1倍,这样一来又有了赚头。

资料来源:http://www.ec56.com/field/theory-show.php? id=213

问题:

(1)东大集团采取了哪些措施降低物流成本?

(2)结合本案例,你如何理解物流是"黑色的淘金地带"?

第二章 物流系统经济分析

物流是社会经济发展到一定阶段的产物，物流与商流密切联系。从20世纪初物流概念的提出发展到今天的现代物流，物流理念也在不断发展和升华，物流已被公认为企业的第三利润源，物流业务外包正被越来越多的企业重视并付诸实施。第三方物流的快速发展促进了物流向规模化、专业化、网络化、信息化方向发展。今天，通过物流系统的整合、物流功能的整合和供应链物流的一体化运作，物流创造了巨大经济效益，越来越多的企业正在通过物流管理提高企业的竞争能力。本章主要介绍物流相关概念、物流的经济效益、物流系统、物流系统的二律背反。

第一节　物流相关概念

社会分工使社会发展到生产与消费相分离的商品经济，产生了连接生产与消费的流通功能。分工的升级和细化促使流通中的主要职能——商流和物流进一步分离。

人们对物流的最早认识是从流通领域开始的，从经济运行的角度（生产、流通和消费的关系）看，物流与流通密切相关。经济活动是一个生产和消费的综合体系，基本上由生产和消费两种功能构成。在生产和消费之间存在着社会间隔——生产者和消费者不同、空间间隔——生产地和消费地不同、时间间隔——生产时间和消费时间不同。原始社会由于经济自给自足，这些间隔很小；随着社会分工越来越细，这种间隔逐渐增大，更加需要依靠一定途径将生产和消费之间的这些社会的、空间的和时间的间隔联结起来。流通是制造产品、创造价值的生产和使用产品的消费三者之间连接的有效途径，是以货币为媒介的商品交换行为，通过购销、实物流通活动、流通信息活动和资金流通活动来实现。

消费者用与商品价值相等的货币取得商品的所有权，即购销过程，流通经济学称之为商流过程。在商品流通过程中，一般是在买卖成交以后，商流完成后，进行物流活动，即把商品运送到消费者所在地，这个过程即为物流过程。物流是从包装开始，把买到的商品按运输、保管的要求包装好,通过装卸、运输、贮存、保管等活动,将商品送到买者手中,流通活动也就结束。

除商流和物流这两项具体的流通活动外,在流通过程中,还有信息活动,包括商流信息和物流信息的生产、加工、传递、贮存等;伴随流通过程的资金流是信用证、汇票、现金、网上支付等通过银行在各个交易方之间的流动。商流、物流、信息流和资金流是商品流通的必要组成部分。

一、物流定义

据有关资料记载,物流概念的雏形最早出现在 20 世纪初叶。1918 年,英国的利费哈姆勋爵成立了"即时送货股份有限公司",旨在全国范围内把商品及时送到批发商、零售商以及用户的手中,被誉为有关"物流活动的早期文献记载"。1935 年,美国销售协会最早对物流进行了定义:"物流(Physical Distribution,简称 PD)是包含于销售之中的物质资料和服务,与从生产地到消费地点流动过程中伴随的种种活动"。在第二次世界大战期间,美国在战时供应中,首先采用了后勤管理(Logistics Management)这一名词,对军火的运输、补给等进行全面管理。这种后勤管理方法后来被引入到商业部门,被人称之为商业后勤(Business Logistics),定义为"包括原材料的流通、产品分配、运输、购买与库存控制、储存、用户服务等业务活动",其领域统括原材料物流、生产物流和销售物流。上述历史被物流界较普遍地认为是物流的早期阶段。

在 20 世纪 50 年代到 70 年代期间,人们研究的对象主要是与商品销售有关的物流活动,因此通常采用的仍是 Physical Distribution 一词。1956 年 10 月,日本生产效益本部派"流通技术专门考察团"赴美考察,归国后发表的《流通技术》首次提出"物的流通"这一概念。1965 年,日本在政府文件中正式采用"物的流通"这个术语,简称为"物流"。1981 年,日本综合研究所编著的《物流手册》(也是我国最早翻译的国外物流著作),对"物流"的表述是:"物质资料从供给者向需要者的物理性移动,是创造时间性、场所性价值的经济活动。从物流的范畴来看,包括:包装、装卸、保管、库存管理、流通加工、运输、配送等诸种活动。"

1986 年,美国物流管理协会(NCPDM,National Council of Physical Distribution Management)改名为 CLM(The Council of Logistics Management),并将 PD 改为 Logistics。CLM 对 Logistics 所做的定义是:"以适合于顾客的要求为目的,对原材料、在制品、制成品与其关联的信息,从产业地点到消费地点之间的流通与保管,为求有效率且最大的'对费用的相对效果'而进行计划、执行、控制"。在 20 世纪 80 年代末 90 年代初人们逐渐正式把"Logistics"作为物流的概念。此后,Logistics 逐渐取代 PD,成为"物流"的概念和英文名词。后来日本物流界开始使用 Logistics 读音构成的外来语作为物流的概念名称,以此和汉字表达的"物流"相区别,这是物流科学走向成熟的标志。

我国国内接触物流一词较晚,在 1979 年,我国物资工作者代表团赴日,在考察报告中才第一次引用"物流"这一术语。在计划经济年代,国家就组织过物流试点,如产供销一条龙、储运公司等形式。但由于经济体制的问题，没有显示出物流的特有优点，试点也只是流于形式。当时接受的概念是 Physical Distribution，译成“物流”。因此，我国许多文献中也是按 PD 的概念来阐述物流的，一直沿用到 20 世纪 90 年代初。我国 90 年代初以后，中文虽然仍然还叫“物流”没有变，但是翻译成英文时都一概用“Logistics”，一般不用 PD 了。

综上所述，物流即物的流通，是为消除商品从生产者到消费者之间的空间间隔和时间间隔的物理性经济活动，主要创造社会价值、时间价值、空间价值或相应的加工价值。这是物流的最直观的定义。

2001 年 8 月 1 日我国实施的《物流术语》国家标准定义：“物流是物品从供应地向接收地的实体流动过程。根据实际需要，将运输、储存、搬运、包装、流通加工、配送、信息处理等基本功能实施有机结合”。可见，物流活动提供的是一种以运输、储存为主的、多种功能相结合的服务活动。物流不只是物品的机械性流动，而是指经济活动中流通的物理性侧面。

如果从物流活动的实际运作环节来考察，物流就是由上述运输、储存等 7 项具体工作构成，即物流具有上述 7 项功能，其中运输和仓储是最主要的功能，其他功能是伴随运输和仓储过程发生的辅助性功能。

有关物流的定义方面，需要注意以下几点：

(1)物流中的“物”不单指生产的商品，而是指一切可以进行物理性位置移动的物质资料。还包括物资、物料、货物以及伴随着生产和销售的包装容器、包装材料、废弃物等。

(2)消费者也不是指一般意义上的消费者，它包括制造商、批发商、零售商等需求者。

(3)物流中的流通加工，是为了弥补生产过程加工的不足，更有效地满足用户的需要，使供需双方更好地衔接，将一些加工活动放在物流过程中完成，从而成为了物流的一个组成部分。流通加工是生产加工在流通领域中的延伸，进一步完善了物流功能，提高了物流系统的效率。

二、现代物流理念

(一)物流是市场的延伸理念

物流是物品从供应地向接收地的实物流动的过程。在 20 世纪 20 年代，物流被作为流通的附属机能。30 年代起，人们主要从有利于商品销售的意愿出发，探讨如何进行“物资的配给”和怎样加强对“物质分布过程”的合理化管理，其核心部分是：“物流被看成是市场的延伸。”其内涵主要有：通过为用户提供物流服务来开拓市场，将物流功能和物流设施的建设作为潜在的市场机会，物流被看作为市场竞争的手段和策略，物流被视为企业的核心竞争力之一。

(二)“军事后勤”与物流服务理念

在第二次世界大战期间，美国根据军事上的需要，在军火和军需品的战时供应中，运用后勤管理(Logistics Management)方法,对军火的运输、补给、屯住、调配等实物运动进行全面管理,对战争的胜利起到了保障作用。二战后,后勤管理的理念和方法,被引入到工业部门和商业部门后,其定义包括的一些业务活动有:原材料流通、产品分配、运输、购买与库存控制、贮存、用户服务等。

军事后勤为部队和战争服务,工业后勤为制造业的生产和经营服务,商业后勤为商业运行和顾客服务,总之,物流的核心是服务观念。美国物流管理协会 1984 年对物流重新定义为:“为了符合顾客的要求,将原材料、半成品、完成品以及相关的信息从发生地向消费地流动的过程,以及为保管能有效、低成本地进行而从事的计划实施和控制行为。”由此,物流也完成了从实物供应向 Logistics 的转变。

随着服务理念的深化,物流服务出现了层次性变化,从物流的基本服务延伸到增值服务、高水平的“零缺陷”服务和高投入高产出的超值服务。今天无论是对生产企业还是流通企业,都必须回答所能提供什么物流服务,物流服务平台与服务战略已成为企业物流发展的基本战略之一。

(三)物流价值与利润理念

1962 年美国著名管理学家 P.F.德鲁克在(财富)杂志上发表了题为《经济的黑色大陆》一文,他将物流比做“一块未开垦的处女地”,强调应高度重视流通以及流通过程中的物流管理。物流的价值和利润的理念在实业界产生了巨大的震动。

美国经济学家彼得·杜拉卡指出:物流是“降低成本的最后边界”。物流价值和利润的观念已经和正在被人们所接受,人们对物流价值和利润的认识不断加深,正如日本早稻田大学教授西泽修所阐述的,物流费用犹如冰山,大部分潜在海底,可见费用只是露在海面上的小部分。

根据发达国家的经验,随着市场竞争的加剧,在原材料、设备和劳动力成本压缩的空间趋于饱和后,对成本的控制将转移到物流领域。在中国,1999 年全社会物流费用支出约占 GDP 的 20%,而美国 2000 年仅为 9.9%。这就意味着若以 2000 年我国 GDP 总额 89468 亿元的 GDP 计算,如果达到美国的物流费用水平,中国物流每年存有近 9000 亿元的价值和利润空间。据估算全球每天物流费用约为 3.43 亿美元,这无疑给我们以巨大的警示。

(四)精益物流理念

精益物流是起源于日本丰田汽车公司的一种物流管理思想,其核心是追求消灭包括库存在内的一切浪费,并围绕此目标发展的一系列具体方法。物流管理学家则从物流管理的角度对比进行了大量的借鉴工作,并与供应链管理的思想密切融合起来,提出了精益物流的新概念。

作为一种新型的生产组织方式,精益制造的概念给物流及供应链管理提供了一种新的思维方式。精益物流包括以下几个方面的内容:

(1)以客户需求为中心——要从客户的立场,而不是仅从企业的立场或一个功能系统的立场,来确定什么创造价值、什么不创造价值。

(2)对价值链中的产品设计、制造和订货等的每一个环节进行分析,找出不能提供增值的浪费所在。

(3)根据不间断、不迂回、不倒流、不等待和不出废品的原则制定创造价值流的行动方案。

(4)及时创造仅由顾客驱动的价值。

一旦发现有造成浪费的环节就及时消除,努力追求完美。

作为 Just-In-Time(即时制管理)的发展,精益物流的内涵已经远远超出了 Just-In-Time 的概念。因此,精益物流的本质是通过消除生产和供应过程中的非增值的浪费,以减少备货时间,提高客户满意度。

精益物流的目标主要体现在:根据顾客需求,提供顾客满意的物流服务,同时追求把提供物流服务过程中的浪费和延迟降至最低程度,不断提高物流服务过程的增值效益。

(五)物流一体化理念

企业内部物流一体化管理是根据商品的市场销售策略和动向决定商品的生产和采购,从而保证生产、采购和销售的一致性。

物流是被看作使企业与顾客和供应商相联系的能力,这个能力的强弱直接影响着企业的发展。当来自顾客的订单、产品需求信息,通过销售活动、预测以及其他各种形式和途径在整个企业传递,然后将这种信息提炼成具体的制造计划和采购计划,依靠物流活动将最终产品的所有权转移给顾客。从企业内部作业观察,将所有涉及物流的功能和工作结合起来,形成企业内部物流一体化作业方式。

虽然内部物流一体化是企业取得成功的必要条件,但它并不足以保证厂商实现其经营目标。想在 21 世纪的竞争中实现物流一体化的效率,厂商必须将物流活动延伸到顾客和供应商,与供应链相结合,这种通过外部物流一体化的延伸被称为供应链物流一体化。

要获得供应链理论所要求的企业内外的广泛合作,需要一种与传统组织观念不一样的创新的组织定位,从而形成一套科学的、相对独立的科学体系——物流、商流、信息流的统一体系。在产品的生产和流通过程中所涉及的原材料供应商、厂商、批发商、零售商和最终用户间,通过业务伙伴之间的密切合作,以实现以最小的成本为用户提供最优质的服务,并实现最大的时间价值和空间价值。

(六)联盟与合作理念

20 世纪 80 年代至 90 年代,美国为了物流复兴,将“基于物流的联盟作为最可观的合作”理念,发展物流联盟和广泛开展合作关系的思想已成为物流实践的基础。在过去几十年的时间里,业务关系的特点是建立在权利的基础上的对手间的谈判。现在,合作最基本的形式是发展有效的企业组织间的联合作业，形成多种形式的业务伙伴关系。这种合作伙伴关系一方面从企业外部资源寻求物流服务以提高效率，降低成本；另一方面促进两个或多个物流供应商与物流需求商组织联合起来。

1.物流企业

“物流企业是指从事物流业活动的经济组织”(《中华人民共和国国家标准物流术语》GB/T 183542001)。物流业指物流企业的集合。在商品流通中商流与物流已实现分流。物流已经形成独立的组织化、系统化、规模化的新兴产业。物流企业是物流联盟的主体。我国目前物流企业主要的类型有由传统运输公司或仓储公司演变的物流企业、新兴内资跨区域的物流企业和大型外资跨区域的物流企业。

2.第三方物流

“第三方物流”(Third Party Logistics，简称 3PL 或 TPL)是 20 世纪 80 年代中期由欧美提出的。在 1988 年美国物流管理委员会的一项顾客服务调查中，首次提到“第三方服务提供者”一词。目前对于第三方物流解释很多，国外尚没有一个统一的定义，在我国 2001 年 8 月 1 日起实施的《物流术语》标准中，将第三方物流定义为“供方与需方以外的物流企业提供物流服务的业务模式”。广义的第三方是指提供物流交易双方的部分或全部物流功能的外部服务提供者。狭义(现代)的第三方物流主要是指能够提供现代的、系统的物流服务的第三方的物流活动。

第三方物流是一个新兴行业，在我国，其发展历程更短，处于刚刚起步的阶段。但社会各界，无论是学术界、企业界还是政府，都对第三方物流给予了热切关注，这种关注，从东南沿海城市开始逐步蔓延到全国，直到现在形成了一股“第三方物流热”。我国第三方物流是在一定的环境背景和基础条件下产生的，是我国的物流业发展的必然结果。进入 20 世纪 90 年代，我国企业面临的内外经济环境、政策环境都发生了重大变化，基础技术条件也日臻成熟，在这种背景之下，产生了对第三方物流的需求。

3.第四方物流

第四方物流(4PL)的概念首先是由安德森咨询公司提出的，它甚至注册了该术语的商标，并定义为“一个调配和管理组织自身的及具有互补性的服务提供商的资源、能力与技术，来提供全面的供应链解决方案的供应链集成商”。从概念上来看，第四方物流是有领导力量的物流提供商，它可以通过整个供应链的影响力，提供综合的供应链解决方案，也为其顾客带来更大的价值；它不仅控制和管理特定的物流服务，而且对整个物流过程提出解决方案，并通过电子商务将这个过程集成起来。第四方物流正日益成为一种帮助企业实现持续运作成本降低和区别于传统的外包业务的真正的资产转移。第四方物流实际上是一种虚拟物流，是依靠业内最优秀的第三方物流供应商、技术供应商、管理咨询顾问和其他增值服务商，整合社会资源，为用户提供独特的和广泛的供应链解决方案。这是任何一家公司所不能单独提供的。

第四方物流的特点表现在：

(1)能提供一整套完善的供应链解决方案，以有效地适应需方多样化和复杂的需求，集中所有的资源为客户完善地解决问题。它不仅集成了管理咨询和第三方物流(3PL)服务商的能力，更重要的是，一个前所未有的、使客户价值最大化的统一的技术方案的设计、实施和运作，只有通过咨询公司、技术公司和物流公司的齐心协力才能够实现。

(2)通过其对整个供应链产生影响的能力来增加价值，即其能够为整条供应链的客户带来利益。4PL充分利用了一批服务提供商的能力，包括3PL、信息技术供应商、合同物流供应商、呼叫中心、电信增值服务商等等，再加上客户的能力和4PL自身的能力。

第四方物流通过提供一个全方位的供应链解决方案来满足今天的企业所面临的广泛而又复杂的需求。

4.物流外包

企业业务外包即企业将资源主要集中在企业自身的核心业务上，在充分发挥自己的核心竞争力的同时，与其他企业建立合作伙伴关系，将企业中的非核心业务交给合作伙伴来完成。

物流业务外包是由物流企业作为承包方，由物流需求企业为发包方的物流联盟形式。自20世纪80年代以来，物流外包已逐渐成为各个国家企业物流管理的主流模式。

5.全球化物流

随着全球化的发展，世界大市场概念在今天已成现实，经济全球化对企业的作业方式产生巨大影响。企业从世界市场获取原材料，在世界各地的工厂组织生产，然后将产品运送到世界各地的用户手中。这种在不同国家建立生产基地，并将这些全球化产品销往国际市场，必然导致物流的全球化。全球化物流是企业全球战略的支持与保证，是在世界范围内进行的物流的联盟与合作。

(七)物流金融理念

1.物流金融概述

物流金融是一个全新的概念，是指在供应链业务活动中，运用金融工具使物流产生的价值增值的融资活动。在物流金融中涉及三个主体：物流企业，客户和金融机构，物流金融的开展对这三方都有非常迫切的现实需要。

物流金融涉及的因素有：物流结算业务、物流融资业务、物流金融技术支持业务、物流金融客户服务业务、物流金融政策资源匹配等。从物流金融的概念可以看出，由物流企业与金融相关机构联合起来为需求方企业提供以上五项因素的运作活动，到物流金融的自身需求，物流金融的概念已从微观延伸到了宏观领域。

从国际范围来看，不管是世界最大的船运公司马士基，还是世界著名的快递物流公司UPS，其第一位的利润来源都是物流金融服务。这些跨国公司依托良好的信誉和强大的金融实力，结合自己对物流过程中货物实际监控，在为发货方和货主提供物流服务的同时，也提供金融性的服务，如：开具信用证、仓单质押、票据担保、结算融资等，这样不仅吸引了更多的客户，而且在物流金融活动中还创造了可观的利润。以 UPS 为例，为了推进物流金融服务，公司于 2001 年 5 月并购了美国第一国际（First International）银行，将其改造成 UPS 金融（UPS Capital）部门。在 UPS 提供的物流金融服务中，UPS 在收货的同时直接给出口商提供预付货款，货物即是抵押，这样，小型出口商们得到及时的现金流；UPS 再通过 UPS 银行实现与进口商的结算，而货物在 UPS 手中，也不必担心进口商赖账的风险。对于出口企业来说，借用 UPS 的资金流，货物发出之后立刻就能变现，如果把这笔现金再拿去做其他的流动用途，提高了资金的周转率。另外，在 UPS 的物流业务流程中，当 UPS 为发货人承运一批货物时，UPS 首先代提货人预付一半货款；当提货人取货时则交付给 UPS 全部货款。UPS 将另一半货款交付给发货人之前，产生了一个资金流动的时间差，即这部分资金在交付前有一个沉淀期。在资金的这个沉淀期内，UPS 等于获得了一笔不用付息的资金。UPS 用这一不用付息的资金从事贷款，而贷款对象仍为 UPS 的客户或者限于与快递业务相关的主体。这里，这笔资金不仅充当交换的支付功能，而且具有了资本与资本流动的含义，而且这种资本的流动是紧密地服务于供应链业务的。目前 UPS 的贷款只局限于美国。

2.物流金融的功能

物流金融是物流与金融相结合的复合业务概念，不仅能提升第三方物流企业的业务能力及效益，还可为企业融资、提升资本运用的效率。对于金融业务来说，物流金融的功能是帮助金融机构扩大贷款规模降低信贷风险，在业务扩展服务上能协助金融机构处置部分不良资产、有效管理客户，提升质押物评估、企业理财等顾问服务项目。从企业行为研究出发，可以看到物流金融发展起源于“以物融资”业务活动。物流金融服务是伴随着现代第三方物流企业而生，在金融物流服务中，现代第三方物流企业业务更加复杂，除了提供现代物流服务外，还与金融机构合作一起提供部分金融服务。

物流金融的功能主要有以下三个方面：

（1）在宏观经济结构——国民经济核算体系中，物流金融可以提高流通服务质量、降低物资积压与消耗、加快宏观货币回笼周转。

（2）在微观经济结构中，物流金融突出地表现为物流金融服务，特别是供应链中的第三方物流企业提供的一种金融与物流集成式的创新服务，主要服务内容包括：物流、流通加工、融资、评估、监管、资产处理、金融咨询等。物流金融不仅能为客户提供高质量、高附加值的物流与加工服务，还为客户提供间接或直接的金融服务，提高供应链整体绩效和客户的经营和资本运作效率等。物流金融也是供应链的金融服务创新产品，物流金融的提供商可以通过自身或自身与金融机构的紧密协作关系，为供应链的企业提供物流和金融的集成式服务。

(3)在第四方物流出现后，物流金融才真正的进入"金融家族"的概念，这时的物流将被看成一种特殊的"货币"，伴随着物的流转一起发生在金融交易活动之中，"物流金融"利用其特殊的身份将物流活动同时演化成一种金融交易的衍生活动，而"物流金融"变成了一种特殊的金融业务工具，一个特殊的复合概念，一门金融与物流的交叉学科。

3.物流金融需求与业务扩展方向

物流金融这个词汇在中国尚未出现之前，物流金融的业务早已在国企内部、民间流通领域及外贸运输行业相关金融机构悄悄地运作了，不过那时的物流金融业务单一，仅限于简单信贷的小品种业务。目前国内物流金融具有巨大的潜在需求。有报告显示，来自亚洲各国的1065名企业家绝大多数都认为，中国的中小企业更有竞争力。与此同时，23%的中小企业领导人指出现金流问题是他们最为关注的，这在一定程度上是因为对亚洲信贷及金融服务供应商的不满，他们都抱怨银行对他们贷款十分严厉。统计资料显示，2003年中国中小企业达到2000多万家，按照23%的比例，460万家中小企业正在遭遇现金流的困扰。然而，在任何一个国家，要进行物流金融业务，一定是物流公司下属的以银行性质注册的金融公司才能运作，单单物流公司在法律上是不允许的。而就我国现行体制以及法律体系来说，一方面国有银行不可能被物流公司收购，另一方面非金融机构不能提供金融服务，物流金融服务当然也不可以。在这种情况下，出现了许多物流公司代收货款的服务项目，但因为涉及数额相对较小，并且是通过公司间转账来实现，监管部门很难发现，只要物流公司有这么多周转资金去做，也敢冒这个风险，如果不出问题的话，暂时也无人追究。事实上，按照法规，物流企业代收货款少量做可以，如果大批量做，仍属于非法的金融活动，将受到严厉处罚。因此目前国内没有几家物流公司敢大规模搞代客收费。另外，代客收费管理起来太难，风险太高，也是很多企业不敢涉足其中的主要原因。

然而，由于物流金融在我国有着很大的操作空间，为了避开法律法规的限制，目前已有中远、中海等大型物流企业率先与各大商业银行合作开展这种业务，而且，UPS也声称，不久的将来，他们将把物流金融业务带到中国来。

随着对信贷金融服务需求的增加，物流运营中物流与资金流的衔接问题日益凸显。结算类及中间业务是由于现代物流资金流量大，特别是现代物流的布点多元化、网络化的发展趋势迫切要求银行能为其提供高效、快捷和安全的资金结算网络以及安装企业银行系统，保证物流、信息流和资金流的统一。

物流金融业务在国际结算中的应用，完整地继承了国际货物运输金融服务的标准规范，并逐步改造为本土内贸企业试行。特别是加入WTO后我国的物流业全面对外开放，由于克服贸易壁垒的费用下降、推动进出口贸易的迅速增长，一些跨国物流公司也加入国内物流业的竞争，使本土的物流业趋向国际化，各银行将为物流企业提供优质的信用证开证、结售汇、多币种汇入汇出汇款、出口托收和进口代收、进出口托收、进出口押汇、打包贷款等全功能贸易融资服务和非贸易国际结算服务。同时也开办了保证业务，为保证资金及时安全回收、减少资金占用，物流企业需要银行提供与其贸易结构相适应的应收账款保证业务及其他保证业务，主要包括关税保付保证、保释金保证、付款保证、为港口施工企业提供投标保函、履约保函、预付款退款保函等。这些带有国际金融性质的物流金融服务产品，比单一的物流金融信贷有了长足的发展，它除了带有国际金融、国际贸易结算的历史痕迹外，还借鉴了国际保险与金融证券业务的功能特征，使得今天的物流金融业务向规范化、国际化迈进奠定了基础。物流金融业务扩展方向与特征还表现在其个性化服务的方面，针对不同规模的物流企业，物流金融业务可采用不同的平台实现其扩展功能。如网上银行的 B2B 业务主要适用于中小型规模的物流企业。

4.物流金融的风险

物流与金融业务的相互需求与作用，在交易的过程中产生了互为前提互为条件的物流金融圈。从供应链的角度看，厂商在发展过程中面临的最大威胁是流动资金不足，而存货占用的大量资金使得厂商可能处于流动资金不足的困境。开展物流金融服务是各方互利的选择，但是，不可回避的是风险问题。实现风险管理的现代化，首先必须使物流金融业树立全面风险管理的理念。根据新巴塞尔资本协议，风险管理要覆盖信用风险、市场风险、操作风险等三方面。

在传统的物流金融活动中，物流金融组织被视为是进行资金融通的组织和机构；现代物流金融理论则强调：物流金融组织就是生产金融产品、提供金融服务、帮助客户分担风险，同时能够有效管理自身风险以获利的机构，物流金融组织盈利的来源就是承担风险的风险溢价。所以，物流金融风险的内涵应从利益价值与风险价值的精算逻辑去挖掘，且不可因惧怕风险而丢了市场。

（八）绿色物流观念

绿色物流是指在物流管理过程中，在抑制物流对环境造成危害的同时，实现对物流环境的净化，使物流资源得到最充分的利用。环境共生型的物流管理就是要改变原来经济发展与物流、消费生活与物流的单向作用关系，在抑制物流对环境造成危害的同时，形成一种能促进经济发展和人类健康发展的物流系统，即向绿色物流、循环型物流转变。

三、供应链

供应链是包含物流系统在内的一个新型的流通系统。广义来讲，供应链是包含物流系统在内的一个社会再生产系统。

对于供应链，不同企业、不同领域根据自己的不同需要有不同的认识，正是因为供应链概念广义上涉及到企业生产、流通、再进入到另一些企业再生产、流通这样一种社会再生产的过程;中义上涉及了一个企业从原材料经过供应、生产、销售、服务一直到用户的完整经营过程;狭义上仅仅涉及一个企业的供应问题。

国家标准物流术语对供应链的定义为:“供应链是在生产及流通过程中,为将货物或服务提供给最终消费者而创造价值,连接上游与下游而形成的组织网络。”供应链是围绕核心企业,通过对信息流、物流、资金流的控制,从采购原材料开始,制成中间产品及最终产品,最后由销售网络把产品送到消费者手中的将供应商、制造商、分销商、零售商、直到最终用户连成一个整体的功能网链结构模式。

四、其他相关的一些概念

物流经济学作为一门独立的学科,有自己的一些基本概念,这些概念的统一及其规定性,是我们学习、交流和进一步深化物流经济学研究的基础。物流经济学中涉及的基本概念主要有物流市场结构、物流需求与供给、物流交易费用、物流资产专用性、物流时间价值与空间价值、第三方物流与第四方物流、物流运作模式与配送模式、横向物流协同与纵向物流协同等,下面介绍其中几个相对重要的概念。

(一)物流交易费用与信息

市场经济下的物流,除了与诸多的需求因素相关之外,还有不可忽视的另一方面,就是市场供求运行的交易费用和信息。交易是市场经济存在的基础,经济学用“交易费用”这一概念来说明完成市场交易所需要的费用。交易费用是由信息的不对称、有限理论、机会主义和交易的不确定性等原因引起的。由于交易费用的存在,交易者在价格之外必须另行支付一笔费用,这笔费用如果太大就会使得交易不能进行,不会发生。因此,交易费用的降低直接关系到经济运行的效率和物流业的发展。

实践表明,降低交易费用和寻找费用,促进交易效率,提高交易中的“透明度”,显示可信的市场信息,是物流发展的基石。那些不断降低交易费用,使交易费用更低的物流形式和业态,将具有更强的竞争力,更容易被经济社会所选择。那些加强信息传递,不断提高市场“透明度”的物流形式,那些具有更强的产生经济信息能力的物流业态将会成长壮大。

物流交易费用,与交易的不确定性、物流服务的复杂性以及资产专用性程度和交易频率等交易特性因素有关。物流服务复杂性越高,合同的不确定性就越高,谈判费用也会随之上升;复杂性越高,往往信息的不对称性越突出,越容易引起机会主义行为;复杂性越高,外部物流企业一旦终止服务或降低服务质量,就会对企业的业务产生巨大影响,进而导致交易费用增加,包括合同谈判和执行费用。从资产专用性看,物流资产的专用性越低,企业就越容易在市场上找到物流服务供应商,物流资产的专用性越高,交易双方具有很强的依赖性,一方违约将使另一方产生巨大的交易风险,纵向联合也就越容易发展。在经济日益发展的今天,经济分工越来越细,专业性越来越强,产品市场的细分使得资产的专用性也越来越强。从交易频率看,交易频率越高,一般说交易量也越大,工业企业对第三方物流供应商越重要,物流供应商为了获得大量频繁的业务和保持长期的合作关系，会积极地为企业提供高水平的一致性服务，并主动与企业保持沟通并接受企业的监控。这样谈判费用和机会主义成本也会大大降低。

现代物流业之所以能够显著降低交易成本，主要是由于现代物流业的主体是由诸多节点和线路组成的网络体系。以点状松散存在的要素组成物流网络后，原有点和点、要素和要素之间偶然的、随机的关系随之变成网络成员之间的稳定的、紧密的联系。一个结构稳定、高效运作的物流网络，不仅可以减少组成要素之间的磨损和交易成本，减少用户使用网络资源和要素的成本，还可以放大各要素的功能，提高要素和整个网络的收益。

现代物流业对普遍降低交易成本所作的贡献可以从对交易过程和交易主体行为的考察中得到进一步的证实。一方面，从交易的全过程看，现代物流业的发展，有助于物流合作伙伴之间在交易过程中减少相关交易费用。由于物流合作伙伴之间经常沟通与合作，可使搜寻交易对象信息方面的费用大为降低；提供个性化物流服务建立起来的相互信任和承诺，可以减少各种履约风险：即便在服务过程中产生冲突，也会因为合同时效的长期性而可通过协商加以解决，从而避免仲裁、法律诉讼等行为所产生的费用。另一方面，从交易主体行为看，现代物流业的发展将促使伙伴之间的“组织学习”，从而提高双方对不确定性环境的认知能力，减少因交易主体的“有限理性”而产生的交易费用；物流联盟企业之间的长期合作将在很大程度上抑制交易双方之间的机会主义行为，这使得交易双方机会主义交易费用有望控制在最低限度。

(二)物流时间价值与空间价值

物流时间价值 V_T 是指因物流时间占用的节约而增加的价值。它由两部分组成，一是缩短物流时间而增加的商品本身的时间价值(V_{T1})；二是缩短物流时间而减少商品占用资金产生的时间价值(V_{T2})。缩短物流时间而减少商品占用资金所产生的时间价值可按下式计算：

$$V_{T2} = MTR \tag{2-1}$$

式中：M——被运送商品占用的资金额；

T——商品运送全程(从联系运送直到送达目的地)节约的占用时间数；

R——单位时间资金的机会成本。

R 之所以取机会成本，是由于分析时有确定的分析对象，而不同分析对象的资金机会成本可能不同。简单的处理方法可将 R 值取为与商品占用单位时间同样期限的市场利率，也可以取同样时间单位货主的资金利润率。

根据上述分析，物流时间价值可用下式表示：

$$V_T = V_{T1} + V_{T2} \tag{2-2}$$

物流空间价值(V_E)，是指商品产销地不同而在市场销售上的价格差。空间价值的形成机理非常复杂，包括消费偏好、产品的比较优势(产地生产成本低，销地生产的成本高，或产地生产的质量好，销地生产的质量差等）、填补市场空缺（销地无生产能力）等。

（三）物流的常规服务与增值服务

物流的常规服务就是物流企业提供物流的几大基本功能要素，即提供仓储、运输、装卸搬运、包装、配送等服务，它们提供了空间、时间效用以及品种调剂效用。常规服务大多是与完成货物交付有关的服务主要依靠现代物流设施、设备等硬件来完成，是资产和劳动密集型的服务，具有标准化的特征。

增值服务是物流企业根据客户的需要，为客户提供的超出常规的服务，或者是采用超出常规的服务方法提供的服务。创新、超常规、满足客户需要是增值性物流服务的本质特征。增值服务主要是借助完善的信息系统和网络，通过发挥专业物流管理人才的经验和技能来实现的，依托的主要是物流企业的软件基础，因此是技术和知识密集型的服务，可以提供信息效用和风险效用。如原料质检、库存查询、库存补充、国际国内运输方式选择、报关、集货、分拣包装、配套装配、条码生成、自动补货、市场调研与预测、物流系统的规划与设计、物流系统诊断与优化、物流咨询及教育培训等。

（四）横向物流协同与纵向物流协同

现代企业生产社会化的发展趋势要求社会化的大物流与之相适应，同时为社会化的大物流创造条件。社会化的大物流已拓展到包装、配货、加工、配送、信息处理等多项增值服务，从而涉及到生产、流通和消费的全过程。应当承认，随着大机器工业的到来，工业时代精细的分工相对于早期农业、手工业式的粗放经营，是一种历史性的进步。亚当·斯密以来的许多经济学家的各种经济理论与各国经济发展的实践都证明了精细分工在提高生产效率方面所体现出的巨大优势。然而，现代生产企业却又在时效性受到制约的另一面反映这种精细分工所存在的问题。在这种分工体系下，每一组织或职能部门只是完整流程的一部分，各组织部门被限定在从事专门业务活动的特定单元之中，各单元间的联系与沟通受到各种条件的限制，其结果是各组织部门“只顾自扫门前雪，不管他人瓦上霜”。表面上看这种分工在各业务单元中是合理而高效的，但事实上一个原本应为完整的业务流程却被若干个职能部门分割得支离破碎，高额的物流成本使得企业的生产与流通存在着巨大的浪费。这些问题的存在迫使人们在社会化大生产的总体框架下，重新考虑新的物流模式的建设问题。

1.横向物流协同化

横向物流协同化是指同产业或不同产业的企业之间就物流管理达成协调、统一运营的机制。就产业内部而言，不同的企业之间为了有效地开展物流服务，降低高额物流成本，有必要进行相互之间的沟通，通过配送中心，使企业之间的物流管理协调配合，以共同实现规模效益。这种产业内部横向物流协同化表现为两种形式：一是承认并保留各企业原有的配送中心，通过配送中心间的沟通或联合，实行商品的集中配送和处理；二是各企业放弃自建配送中心,通过共同配送中心的建立,来实现物流管理的效率性和集中化。比较而言,不同产业间进行的物流协调,更容易被不同的企业所接受。因为这些企业分属于不同的产业,不存在直接的竞争替代性,因而既能保证物流集中处理的规模性,又能有效地维护各企业的利益以及经营战略的有效实施。

2.纵向物流协同

纵向物流协同是指处于流通渠道不同阶段的企业相互协调、相互合作,为实现共同利益链接而成的物流管理系统。其主要形式有供应商与生产商之间的物流协作,生产商与批发商之间的物流协作和批发商与零售商之间的物流协作。生产商与批发商之间的物流协作可根据二者之间的力量对比,分为生产商主导型的物流管理系统和批发商主导型的物流管理系统。在生产商力量较强的产业,为强化批发物流机能或实现批发中心的效率化,多由生产商自设批发中心,代行批发功能,或利用自己的信息网络,对批发企业多频度、小单位配送服务给予支援。批发商与零售商之间的物流协作也有不同的主导类型。当零售商力量强大时,往往建立自己的物流中心,批发商经销的商品必须经由该中心再向各商场或店铺进行配送。这种零售商主导型的物流中心,多见于大型的百货商店、购物中心及目前发展势头迅猛的巨型超市。而对于中小型零售企业而言,则通常借助于实力雄厚的批发商所建立的物流中心,实现销售商品的即时配送。

第二节 物流系统

一、物流的分类

根据物流的需求、物流在社会再生产过程中的地位与作用等不同角度,可以将物流分为不同的类型。目前在物流的分类标准方面还没有一致的看法,在物流研究与实践过程中,针对不同类型的物流,需要采取不同的运作方式、管理方法等。主要的分类方法有:宏观物流和微观物流;社会物流和企业物流;国际物流和区域物流等。这里仅按照宏观物流与微观物流来进行分类。

(一)宏观物流

宏观物流是指社会再生产中总体的物流活动所组成的系统,其主要特点是综观性和全局性。宏观物流主要研究内容包括物流结构、物流与经济发展的相互关系等。

宏观物流可以从以下几个方面来理解:

(1)从物品的角度分类,宏观物流由自然资源物流、能源物流、原料物流、材料物流、机电产品物流、日用工业品物流、日用农产品物流、医药产品物流、文化产品物流、废旧物品物流、垃圾物流和其他物流(包括特殊产品物流、军用物资物流)等子系统组成。每一子系统又可分为若干种类，最后细分到每一种具体物品物流。

物品本身各自的特点决定宏观物流的特点，在具体的物流活动中采用的各种技术和管理手段要适合物品本身的特点。研究物流活动的经济性要以以研究物品的性质为基础。

(2)从物流活动所属产业的角度分类，宏观物流可以分为第一产业物流(农业物流)、第二产业物流(工业物流和建筑业物流)、第三产业物流(商业物流、服务业物流及军事物流等)等子系统，也可以根据各产业中具体的业态对各物流作进一步的划分。

隶属于不同产业的物流活动，在流体、载体、流量、流向与流程上有各自的特点，相互之间差异很大，对物流服务的需求也各不相同。

(3)从物流活动地域范围的角度分类，可以分为国际物流(不同国家之间的物流)和国内物流，国内物流又可分为区域物流、城乡物流，前者又可以细分为行政区域物流和经济区域物流；后者又可以细分为城镇物流和乡村物流。

由于地域范围具有层次性，因此按照地域范围划分的物流活动也具有层次性，不同层次的物流活动也各自具有不同的特点。因此，研究不同层次的物流，应该有不同的研究侧重点。

(二)微观物流

微观物流是指消费者、生产者所从事的具体的物流活动所形成的物流，其主要特点是具体性和局部性。微观物流的研究内容是企业生产经营物流，包括生产物流、供应物流、销售物流、回收物流及废弃物物流。一般地，在小空间范畴发生的物流活动，往往带有微观性，属于微观物流。

微观物流可以从以下几个方面来理解：

(1)从物流作业执行者的角度分，可以分为企业自营物流和第三方物流，也有人分为第一方物流、第二方物流和第三方物流。第三方物流是指由供方和需方以外的物流企业提供物流服务的业务模式。随着社会经济的发展和社会分工的不断深化，第三方物流得到了巨大发展，日益成为了重要的物流模式。

(2)从物流活动发生主体的角度分，可以分为工业企业物流、商业企业物流(包括批发企业物流、零售企业物流等)、非盈利组织物流(包括医院、社会团体、学校、军事等单位物流)及废品回收企业物流等。

(3)从物流活动在企业中的地位角度分，可以分为供应物流、生产物流、销售物流、回收物流和废弃物物流。

供应物流是指为生产企业提供原材料、零部件或其他物品时，物品在提供者与需求者之间的实体流动。

生产物流是指生产过程中，原材料、在制品、半成品、产成品等，在企业内部的实体流动。

销售物流是指生产企业、流通企业出售商品时，物品在供方和需方之间的实体流动。

回收物流是指不合格物品的返修、退货以及周转使用的包装容器从需方返回到供方所形成的物品实体流动。

废弃物物流是指将经济活动中失去原有使用价值的物品,根据实际需要进行收集、分类、加工、包装、搬运、储存等,并分送到专门处理场所时所形成的物品实体流动。

二、物流系统概述

(一)物流系统概念

从20世纪50年代开始,科学技术的发展加快了生产机械化的进程,导致制造成本相对下降,产品数量急剧上升,从而刺激了消费,市场繁荣、商品丰富,流通业出现了超级市场、商业街等大规模的物资集散地。相对于制造成本,流通成本有上升的趋势,即流通成本在商品总销售价格中的比重逐渐增加,影响了商品的竞争能力。人们开始对各种物流活动的规律进行认真研究,试图找出降低流通成本的新途径。当时出发点是从流通费用的整体——流通成本的对象范围和成本结构加以研究分析。流通成本是在运输、保管、装卸搬运、包装等物流活动中产生的,这些活动具有共同的本质——实现物品的空间效用或时间效用,与"加工活动"是改变"物"的形质功能有根本的区别。而且各个物流活动之间相互联系、相互制约,从属于一个更大系统——物流系统的子系统。对物流系统的认识使原来在社会经济活动处于潜隐状态的物流活动显现出来,从而结束了各种物流活动处于孤立、分散、从属地位的历史,形成了现代物流系统。

物流系统是指在特定的社会经济大环境里由所需位移的物资和载运工具、包装设备、搬运装卸设备、仓储设施、人员和通信联系等若干相互制约的动态要素构成,由运输、仓储、包装、装卸搬运、配送、流通加工、物流信息等各环节所组成,具有特定功能的有机整体。

用系统观点来研究物流活动是现代物流科学的核心问题,也是物流经济学的基本方法之一。

(二)物流系统的构成要素

与一般的管理系统一样,物流系统是由人、财、物、设备、信息和任务目标等要素组成的有机整体。由于物流系统的特点,物流系统的要素可具体分为功能要素、支撑要素、物质基础要素等。

1.物流系统的功能要素

物流系统的功能要素指的是物流系统所具有的基本能力,这些基本能力有效地组合、联结在一起,以完成物流系统的目标。一般认为物流系统的功能要素有:运输、储存保管、包装、装卸搬运、流通加工、配送、物流信息。

上述功能要素中,运输及保管分别解决了供给者及需要者之间场所和时间的分离,分别是物流创造"场所效用"及"时间效用"的主要功能,因而在物流系统中处于主要功能要素的地位。

2.物流系统的支撑要素

物流系统处于复杂的社会经济系统中，物流系统的建立需要有许多支撑手段，要确定物流系统的地位，要协调与其他系统的关系，这些要素必不可少。物流系统的支撑要素主要包括：

(1)体制、制度：物流系统的体制、制度决定物流系统的结构、组织、领导、管理方式，国家对其控制、指挥，管理方式以及系统的地位、范畴，是物流系统的重要保障。有了这个支撑条件，物流系统才能确立在国民经济中的地位。

(2)法律、规章：物流系统的运行，不可避免会涉及企业或人的权益问题。法律、规章一方面限制和规范物流系统的活动，使之与更大系统协调；一方面是给予保障，合同的执行、权益的划分、责任的确定都需要靠法律、规章维系。

(3)行政、命令：物流系统一般关系到国家军事、经济命脉，所以，行政、命令等手段也常常是支持物流系统正常运转的重要支持要素。

(4)标准化系统：实施标准化保证物流环节协调运行，是物流系统与其他系统在技术上实现无缝联结的重要支撑条件。

3.物流系统的物质基础要素

物流系统的建立和运行，需要有大量技术装备手段，这些手段的有机联系对物流系统的运行有决定意义，这些要素对实现物流系统的运行有决定意义。

(1)物流设施：包括物流站、货场、物流中心、仓库、公路、铁路、港口等。

(2)物流装备：包括仓库货架、进出库设备、流通加工设备、运输设备、装卸机械等。

(3)物流工具：包括包装工具维护保养工具、办公设备等。

(4)信息技术及网络：根据所需信息水平不同，包括通信设备及线路、传真设备、计算机及网络设备等。

(5)组织及管理：它是物流网络的“软件”，起着联结调运、协调、指挥各要素的作用，以保障物流系统目的的实现。

三、物流系统的功能

物流系统具有一般系统的输入、转换、输出、制约和反馈等功能，如图 2-1 所示，现进行简单说明。

1.输入

物流系统的输入就是由某一物流系统的环境向该物流系统输入物流设施设备、物流技术、物流信息、劳动力、能源等资源，是外部环境对物流系统的输入。

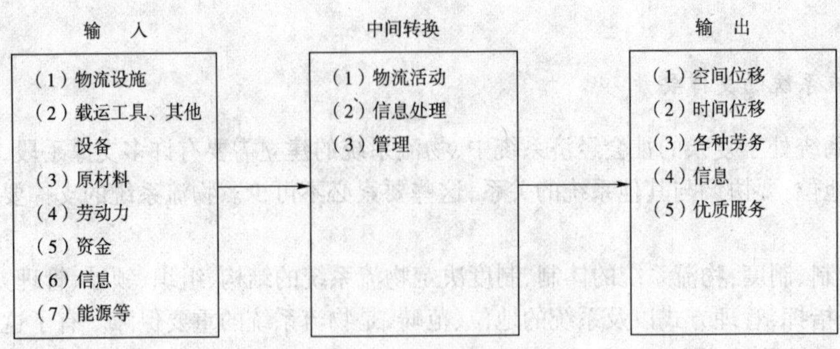

图 2-1 物流系统功能

2.中间转换

中间转换是物流资源通过物流系统的活动,实现物流目的的过程,是从供应源到需求源间的过程中所进行的供应、生产、销售、服务过程中的物流业务活动,包括运输、仓储、装卸搬运、流通加工、包装、信息处理及管理工作等。

3.输出

物流系统的输出就是物流系统的具体业务活动,向用户提供的各种物流服务,包括物品的时间和空间位移、合同的履行及其他服务等。

4.制约

任何系统都存在于一定的环境下,都要受到环境的制约。物流系统同样要受到外部环境对其制约,包括物流资源条件、物流技术条件、政府的物流政策、能源、资金、价格、需求等。

5.反馈

在物流运营过程中,需要对输出结果进行科学的分析,并结合各种制约因素,将各种相关物流信息反馈,及时对各种物流资源的输入进行调整。物流信息反馈包括各种各种统计报告数据、物流活动分析报告、典型调查、国内外市场信息与有关动态等。

四、物流系统的目标

物流系统追求的目标是使物流系统达到整体优化,提高物流经济效益,即在物流系统服务过程中,要以尽可能少的物流资源消耗,即最低的物流成本,为用户提供最佳的物流服务。具体表现为“7R”,即适当的质量(Right Quality)、适当的数量(Right Quantity)、适当的时间(Right Time)、适当的地点(Right Place)、适当的产品(Right Product)、适当的条件(Right Condition)、适当的成本(Right Cost)。

具体来讲,物流系统要实现5个目标:

1.服务(Service)

物流系统的本质是以用户为中心,树立用户第一的观念。物流系统采取送货、配送业务,就是其服务性的表现。在技术方面,近年来出现的"准时供应方式"(JIT)、"柔性供货方式"等,也是其服务性的表现。

2.快速、及时(Speed)

及时性是服务性的延伸,既是用户的要求,也是社会发展进步的要求。随着社会大生产的发展,对物流快速、及时性的要求更加强烈。在物流领域采用直达运输、联合运输、即时运输等管理和技术,就是这一目标的体现。

3.低成本(Saving)

在物流系统中除节约流通时间外,由于流通过程消耗大而又基本上不增加或不提高商品的使用价值,所以通过节约来降低成本,是提高相对产出的重要手段。在物流系统运行过程中推行集约化经营方式,提高物流能力,采取各种节约、省力、降耗措施,实现降低物流成本的目标。

4.规模化(Scale Optimization)

由于物流系统比生产系统的稳定性差,因而难于形成标准的规模化模式,使得规模效益不明显。以物流规模作为物流系统的目标,依此来追求"规模效益"。在物流领域以分散或集中的方式建立物流系统,研究物流集约化的程度,就体现了规模化目标。

5.库存控制(Stock Control)

库存控制是及时性的延伸,也是物流系统本身的要求,涉及到物流系统的效益。物流系统是通过本身的库存,起到对成千上万家企业和消费者的需求保证作用,从而创造一个良好的社会外部环境。同时,物流系统又是国家进行资源配置的一环,系统的建立必须考虑国家进行资源配置、宏观调控的需要。在物流领域中合理确定库存方式、库存数量、库存结构、库存分布就是这一目标的体现。

要提高物流系统化的效果,就要把从生产到消费过程的货物量作为一贯流动的物流量看待,依靠缩短物流路线,缩短物流时间,使物流作业合理化、现代化,从而实现物流系统的目标。

第三节 物流经济效益

讲求经济效益、追求经济利益的最大化是人类社会的共同要求,提高物流经济效益是物流经济学追求的目标和首要任务。

一、物流经济效益概念

所谓物流经济效益是指在合理利用物流资源和保护生态环境的前提下,以尽可能少的资源消耗,最低的物流成本,为用户和顾客提供最满意的物流服务。

简单地说,物流经济效益是在物流活动过程中所取得的效果与物流资源消耗的比较,或产出与投入的比较。提高物流经济效益,就是在一定条件下,用同样多的投入获得最大的产出;或者说以最小的投入获得同样多的产出;或者说以更小的投入获得更大的产出。

二、物流经济效益的分类

物流经济效益可依不同的指标分为进行分类,可以分为以下几种:

(一)按物流经济效益的评价范围分类

1.物流宏观经济效益

物流的宏观经济效益是指物流系统作为国民经济的一个子系统,对整个社会流通及国民经济效益的影响。物流系统是国民经济系统的一部分,是整个社会经济的基础系统,不但对国民经济的效益产生作用,而且对社会的方方面面发生影响,例如我国绵延的数万公里的调整公路这一物流设施的建设,不仅对国民经济的发展及效益产生积极而影响,而且对沿线环境带来和深远的影响。

国民经济部门中的农业物流经济效益、工业物流经济效益、流通业物流经济效益等各部门经济效益还可按行业细分。

2.物流微观经济效益

物流系统的微观经济效益是指该系统本身在运行活动中所获得的企业效益。其直接表现形式是这一物流系统通过组织“物”的流动,实现本身所耗与所得之比。系统基本稳定运行后,主要表现在企业通过物流活动所获得的利润,或物流系统为其他系统所提供的服务上。在社会主义市场经济条件下,企业作为独立的经济实体、必须根据价值规律及供求规律,按最大经济效益办事。因此,必然存在微观经济效益。一个物流系统的建立,如果只将自己作为子系统,完全从母系统要求出发,不考虑本身的经济效益,这在大部分情况下是行不通的。

(二)按物流经济效益的功能分类

1.物流的空间效益

物流的空间效益是“物”的流动过程中通过“物”的空间位移所产生的效益。按物流的概念,物流是“物”空间上的位移和时间上的推移。运输承担了改变空间状态的主要任务,实现“物的”空间位移。运输再配以搬运、配送等活动,就能圆满完成改变空间状态的全部任务。

从供给方的角度来看,空间效益就是“物”从供应源到需求源的空间转移近程中给供给方带来的收益的差额,如产品在A地的销售价格高于B地销售价格所带来的收益、C地的原材料价格低于D地原材料价格所带来的收益等。从需求方的角度来看,空间效益则是由于“物”的空间转移所带来的效用满足或者消费者剩余的增加。效用满足是指某地短缺的商品通过位移满足了用户的需求而产生的效用,实现了商品的“从无到有”的功效,如国外的汽车产品的运输满足了本国消费者的需求,我国劳动密集型的商品运到美国市场所产生的效用,这些都增加了消费者剩余。

2.物流的时间效益

物流的时间效益是“物”的流动过程中通过“物”的时间变化所产生的效益。储存连接生产和消费的时间间隔,承担了改变“物”的时间状态的主要任务,实现“物”的时间功效,满足了生产和生活的需求。例如我们吃的稻米在秋天收获,但要在全年享用,为均衡地消费就把集中生产的粮食储存在仓库里进行时间上的调整,产生了粮食的时间效用。这种在仓库中的储存也是对集中生产均衡生产消费进行的时间调整。又如冷却器、冷却剂等产品,多在夏季消费,如果只在夏季生产,那么消费量少的时候,许多生产设备势必闲置。采用适当规模的生产设备,夏季前即增加生产将产品储存在仓库里以备夏日之需。这种在仓库中的储存是对均衡生产集中消费进行的时间调整。

物流的时间效益的内容非常丰富,概括地分类,大多数农产品物流表现为集中生产均衡消费所创造的时间效用,大多数工业产品物流表现为均衡生产季节性消费所创造的时间效用。准确把握物流时间效益的内涵及其内容,可以充分挖掘物流服务的潜力,充分实现物流的时间效益,促进物流业的发展具有积极的指导意义。

(三)按物流经济效益的特性分类

1.物流的规模经济效益

第三方物流企业最基本的特征是集多家企业的物流业务于一身,物流业务的规模扩大了。物流业务规模的扩大,可以让企业的物流设施、人力、物力、财力等资源充分利用,发挥效益;有的还可以采用专用设备、设施,提高工作效率;有的甚至采用先进的技术,与高科技接轨、与全国甚至全世界接轨,取得超级效益。这些都是扩大规模带来的好处。规模效益是第三方物流的一个最重要的效益源泉。没有规模就没有效益,这正是第一方物流或第二方物流的毛病,规模效益也正是第三方物流比第一、第二方物流优越的地方。

规模效益的具体体现,主要是所承包的供应商的户数多少、发送货物量的多少和运输距离的远近。因此,第三方物流企业要扩大规模,就要努力扩大物流市场的覆盖面,增加客户户数、增加物流业务量。

规模越大,需要的运输车辆越多、越大;需要的装卸搬运设施越多越先进,需要的仓储能力越大;吞吐能力越大,需要的通信能力越强、技术越先进。

总之,规模大,就会促进第三方物流企业发展,大大提高企业效益。

2.系统协调效益

系统协调是指第三方物流公司在自己所占有的供应商群及其各自的客户群中进行的协调活动,这些协调活动包括:

(1)联合调运活动,打破各个供应商、各个客户群之间的界限,在这些供应商、客户之间统一组织运输,这样不但可以更节省车辆,还可以更充分利用车辆。

(2)打破各个客户群之间的界限,统一组织配送,即进行联合配送,这样将比在原来的各个客户群内部组织配送更节省。

(3)在自己的系统内部调剂供需,因为自己掌握了众多的供应商和它们各自的客户群,其相互间可能会有互为供需的关系,通过自己的协调,促使它们之间形成新的更合理的供需关系。这种新的供需关系不但可以帮助供应商开拓市场,而且也可以大大有利于第三方物流企业节约物流费用。

(4)统一批量化作业,例如订货、质检、报关、报审等,实行批量化作业可以节省时间,提高工作效率。

协调效益是第三方物流企业最主要的效益源泉。第三方物流企业要学会利用协调效率来提高自己的效益水平。要提高协调效益,就要努力做到:要努力培养系统和系统工程的观点和思想方法;要努力学习掌握物流优化的理论与方法,提高物流管理水平;在客户的选择上,除了注意数量之外,还要注意加强客户之间的相关性。这种相关性主要表现为,例如是同一行业、同一地区、同一类物资甚至是同一种产品等。客户之间的相关性越强,则互为供需的可能性越大,系统协调的可行性也越大。

3.第三方物流企业的专业化效益

专业化效益即通过专业化来提高企业的效益。在第三方物流企业当中,由于业务量大,所以多个物流作业可以实现专业化,例如运输、仓储、装卸、搬运、包装、信息处理等都可以实现专业化。专业化就可以导致科技化,从而导致经济效益的大幅度提高。专业化不但是指作业专业化、设备专业化,而且指人的专业化。

4.第三方物流的群体效益

即第三方物流企业不但能够提高自身的效益,而且也可提高自己的客户企业的效益。客户企业的物流业务交给第三方物流企业承包后,不但自己的物流任务可以完成得更好,而且还是自己甩开这些繁琐的物流活动,集中精力发展自己的核心业务,提高企业的优势,使企业取得更大的经济效益。因此,第三方物流企业能够使得自己和客户群都增强各自的核心竞争力,使整个群体共赢共荣,获取很好的群体效益。

(四)按物流经济效益的活动范围分类

(1)社会再生产过程中直接生产领域的物流经济效益、流通领域的物流经济效益、分配领域的物流经济效益、消费领域的物流经济效益。

(2)国民经济物质生产部门中的农业物流经济效益、工业物流经济效益等。各部门物流经济效益还可按行业细分。

(3)非物流生产部门的物流经济效益,如第三方物流经济效益等。

(五)按物流经济效益实现的时间分类

1.物流短期经济效益

短期内(如一年)可以实现的物流经济效益。

2.物流长期经济效益

物流长期经济效益指短期内不能实现、必须在较长时间内才能实现的物流经济效益。

三、物流经济效益的评价

物流经济效益的评价主要包括两个方面,一是物流投资的经济效益分析,主要是指进行物流项目投资决策时,通过一定的财务分析方法,来进行投资回收和投资效益等方面的经济评价,以期达到最佳物流投资决策。二是物流运营的经济效益分析,是指一个物流项目建成投入使用后,对其投资收益率以及运营效益进行的评价。

1.物流投资的经济效益分析

目前,我国物流业快速发展,许多物流项目投资建设。主要有:各地政府部门或者企业投资建设的物流园区、由企业——包括货主企业和物流企业投资兴建的物流中心、配送中心、各种现代化仓储设施、物流系统的改造项目等。这些物流投资项目建设的特点为:初期投资大,投资回收期长。因此,在进行物流项目投资决策时,除了必须进行物流投资项目市场分析、物流技术可行性分析、投资环境等分析外,还必须进行投资成本、投资建设期、资金来源、运营收入、运营成本及其投资回收期、投资收益率等经济效益指标进行评价,分析物流投资项目在经济效益方面的可行性。

物流投资项目属于长期投资,决策具有一定的风险性。进行物流投资项目决策必须在广泛调查研究的情况下进行,按照一定的科学程序,运用技术经济分析方法进行可行性分析,以保证物流项目决策的科学性。

2.物流项目运营的经济效益分析

物流运营的经济效益分析是指对物流项目投入运营后的财务经营状况和财务成果进行的评价。

对于物流项目运营的经济效益,可以通过定期编制的财务会计报表,采用科学的方法,系统地分析和评价物流项目的经营成果、财务状况的变动。通过物流项目投资额、股东权益数、营业收入、营业利润、净利润以及税金等指标,并进行相应的比率计算和趋势分析,评价整个物流项目的运营效益。通过财务分析可以全面地分析物流项目的运营状况,不断总结经验,揭示运营过程中存在的问题,分析原因,提出切实可行的措施,提高物流项目运营的经济效益。

四、物流系统的效益背反理论

(一)物流系统的效益背反

在物流系统运行中存在着“效益背反”,也称“二律背反”。“效益背反”是指改变系统中的任何一个要素,都会影响其他要素,欲使系统中任何一个要素增加,都将对系统其他要素产生减损作用。物流功能间或物流成本与服务水平之间存在效益背反,即追求一方、必须舍弃另一方的对立状态。研究物流成本的效益背反关系,实质上是研究物流系统间的问题。

对整个物流系统的优化,必须从物流系统的总成本进行评价,反映了物流系统整体性观念的重要性。物流是一个包含“整体观念”的系统,也是一种结构,是从工厂对原材料的加工活动以及将生产出来的产品送达顾客手中的“结构”。各厂商、分销商、零售商所进行的包装、运输、装卸、保管、流通加工、配送、信息处理等活动都是该结构中的组成要素。物流不是对单个物流活动而言,是一个非独立性的领域,意味着物流系统不同于其他系统,是受多种因素制约的,各行其是的范围很小。因此,单靠物流本身的逻辑理论而形成的独立结构,其作用是有限的。

物流系统是一个复杂的、庞大的系统。在这个大系统中又有许多子系统,系统间具有广泛的横向和纵向的联系。物流系统具有一般系统所共有的特点,即整体性、相关性、目的性、环境适应性,同时还具有规模庞大、结构复杂、目标众多等大系统所具有的特征。而物流系统中存在着相互制约的二律背反关系,更是物流系统的一大特点。

(二)物流服务和物流成本间的效益背反

要提高物流系统的服务水平,必须相应的增加代价,即增加物流成本。采用小批量即时配送的成本比定量配送的成本显然要高。而降低缺货率即提高供货率,就必须增加库存量,相应要增加保管费用。物流系统中这种相互制约关系就是效益背反,可用图 2-2 表示。

一般来讲,较高水平的物流服务必然有较高的物流成本支撑。在物流系统中,明确相应的服务成本,保持物流成本与物流服务之间的一种均衡关系。物流服务水平必须与企业整体的商品战略和地区销售战略、流通战略和竞争对手、物流系统所处的环境以及物流系统管理人员所采取的方针等具体情况,然后再进行决策。

1.物流服务与物流成本的关系

物流服务水平与物流成本之间存在着一种此消彼长的关系,即提高物流服务水平,相应地物流成本会上升,两者之间的关系体现为边际收益递减规律,如图 2-3 所示。由图可知,在物流服务水平较低阶段,如果追加 X 单位的物流成本,物流服务水平将提高 Y;而在服务水平较高阶段,同样追加 X 单位的物流成本,提高的物流服务水平只有 Y',显然 $Y' < Y$。因此,对物流经营者来说,有一个物流服务水平和物流成本的选择问题。高水平的物流服务,投入的物流成本过高,而物流服务水平没有多大的提高。

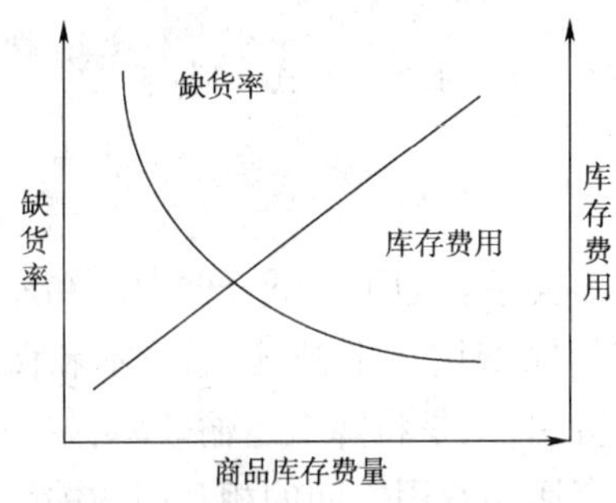

图 2-2　物流服务与成本的制约关系

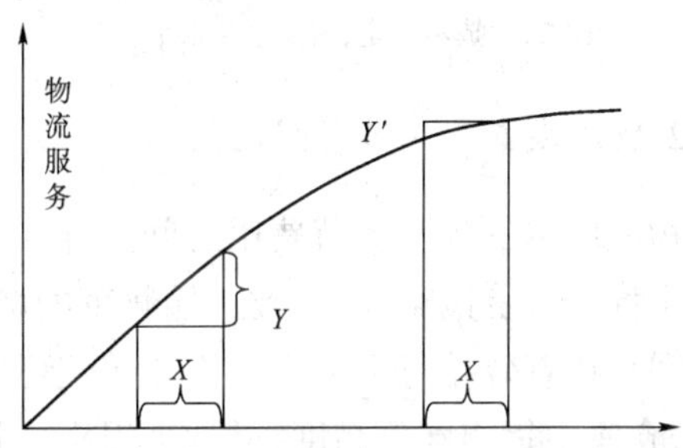

图 2-3　物流服务与物流成本的关系

理论上分析,物流服务与物流成本的关系有 4 种类型:

(1)在物流服务水平一定的情况下,降低物流成本。即在实现一定物流服务水平的条件下,通过不断降低成本提高物流系统效率,如图 2-4 所示。

(2)提高物流服务水平的同时,增加物流成本,如图 2-5 所示。

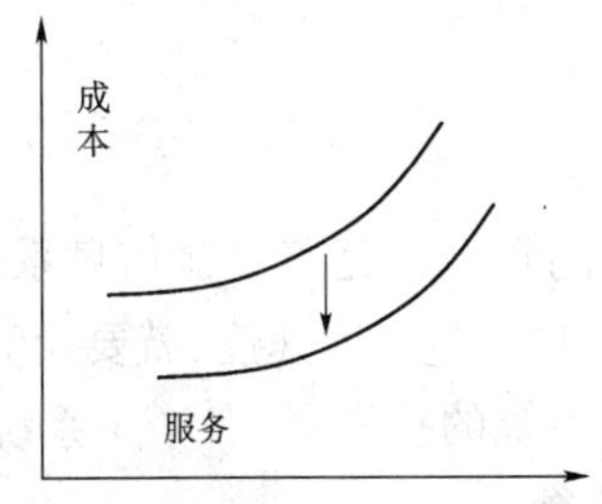

图 2-4　物流服务水平一定,成本降低

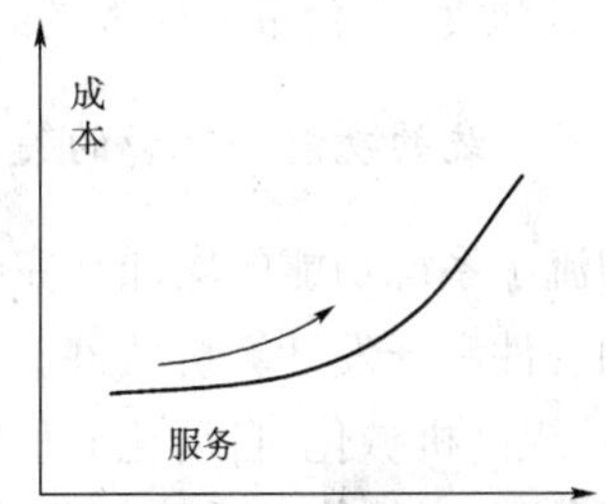

图 2-5　物流服务水平与物流成本同时上升

(3)在物流成本一定的情况下,提高物流服务水平。这就要求提高物流系统的运作绩效，如图 2-6 所示。

(4)在降低物流成本的同时，提高物流服务水平，如图 2-7 所示。

物流服务水平是由物流活动决定的，不同的用户服务水平必须有相应的物流成本的付出。而不同服务水平所对应的物流成本，会有不同物流解决方案，虽然途径不同，但最终都提供了相应的物流服务。了解物流服务和物流成本的相互关系，有助于更好地为用户提供良好的物流服务。

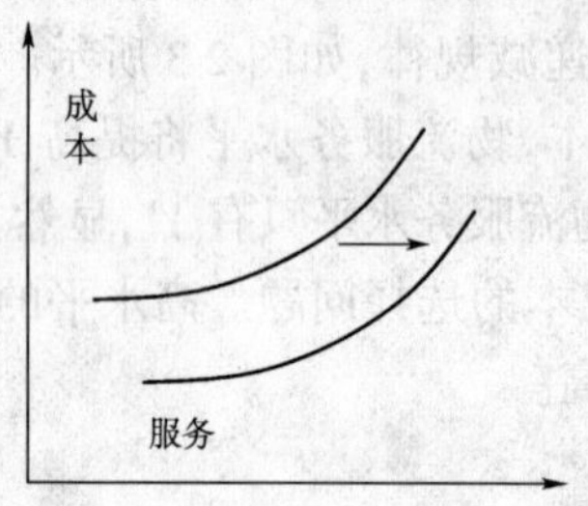

图 2-6　成本一定，物流服务水平上升

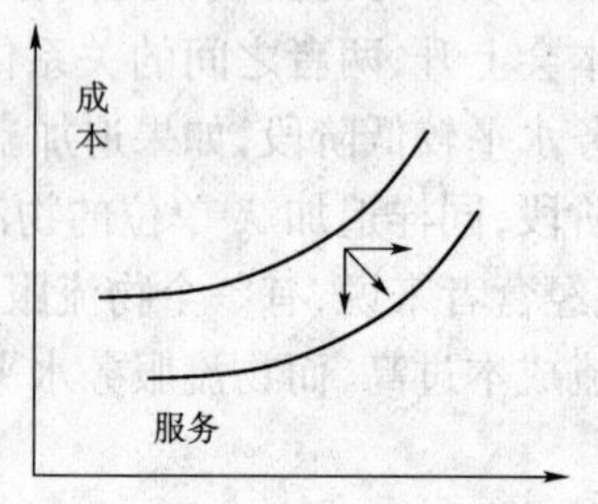

图 2-7　物流服务水平与成本同时降低

2.物流成本各环节费用之间的效益背反

物流成本的各个环节费用之间的存在着相互制约的关系。为了降低仓储费用和库存量采取小批量订货策略，将导致运输频率的增加，意味着运输费用将上升，运输成本和保管成本之间存在着效益背反关系。简化包装可以降低包装费用，但是将降低运输效率、装卸搬运效率、仓库中货物堆放高度，增加破损率。物流成本各个活动费用之间的相互制约关系是普遍存在的。

3.物流系统中各子系统功能之间的效益背反

各子系统的功能如果不均匀，物流系统的整体能力将受到影响。如搬运装卸能力很强，但运输力量不足，会产生设备和人力的浪费；反之如搬运装卸环节薄弱，车、船到达车站、港口后不能及时卸货，也会带来巨大的经济损失。

4.物流子系统的功能和耗费的关系

任何物流子系统功能的增加和完善必须投入一定的资金。完善物流信息系统和功能，就必须增加硬件和开发计算机软件。增加仓库的容量，提高进出库速度，就要投资建设规模更大的仓库，提高机械化、自动化的程度。在进行物流系统的投资时，各个子系统的投入要按比例进行分配，力求物流系统的各功能项目能力的均衡。

物流系统中二律背反原理是普遍存在的，分析物流系统时必须采用系统观念，分析物流系统之间制约关系，力求整个物流系统的均衡。

思考题

1.名词解释

物流、物流企业、第三方物流、第四方物流、物流外包、供应链、物流金融、物流系统、物流经济效益、效益背反。

2.简答题

(1)如何理解物流是市场的延伸?

(2)精神物流的内容包括哪些方面?

(3)如何理解物流的经济效益? 物流经济效益主要包括类型?

(4)简述物流系统的目标。

(5)简述物流系统的功能。

(6)物流经济效益的评价。

(7)简述物流服务和物流成本间的二律背反。

(8)举例说明物流功能之间的二律背反。

(9)简述物流金融的功能。

第三章 物流需求与物流供给

物流需求与物流供给是构成物流市场的两个基本方面,物流需求源于社会生产经营活动和消费活动,是一种派生需求,有其自身的发展规律物流供给则主要取决于物流技术的发展水平和物流投资成本能否收回及能否得到经济回报。两者相对独立又相互制约、相互依存。物流供给必须以物流需求为依据,并适应物流需求的要求,否则将无法获得回报和补偿物流需求是物流供给存在的前提,物流需求具有刺激物流供给和抑制物流供给的作用,但物流供给对物流需求的作用也是积极的,首先物流供给技术和供给水平制约着物流需求的满足程度,没有物流供给,物流需求也成无米之炊,无从满足,其次,一项新的物流技术或物流服务,有时能创造出新的物流需求,两者存在相互推动和促进的关系。物流供求关系的理想状态,就是在合理的价格水平上达到结构上和数量上的动态均衡。当物流供给不能满足物流需求时,将对社会物流活动产生抑制作用;当物流供给超过这种需求时,不可避免地造成社会物流资源的浪费。物流需求和物流供给的分析目的在于为社会物流活动提供物流供给的依据,保证物流服务的供给与需求之间的相对平衡,使社会物流活动保持较高的效率与效益。本章主要就物流需求的构成要素、物流需求的影响因素、物流需求弹性、物流供给的影响因素、物流供给弹性等进行分析。

第一节 物流需求概述

一、物流需求的概念

物流市场是由提供物流服务供应方与物流服务需求方相互交易而产生的一系列行为群体,物流需求是指一定时期内社会经济活动对生产、流通、消费领域的原材料、成品和半成品、商品以及废旧物品、废旧材料等的配置作用而产生的对物在空间、时间和(数量)费用方面的要求,涉及运输、库存、包装、装卸搬运、流通加工以及与之相关的信息需求等物流活动的诸方面。

"需求"与"需要"是两个不同的概念,有支付能力的需要,才构成对商品或服务的需求。物流需求是社会经济活动在物流的各个环节(如运输、仓储、配送、流通加工等)所提出的有支付能力的需要,它是伴随着经济的发展而逐渐呈现出来的,是对社会化物流服务产生的需求,是经济社会中的经济运行主体(工商企业、经济社会的各个部门以及经济活动中的个人),为了满足其生产经营、事业开展以及生活之需要,而产生的对物流服务的需求。因此,物流需求是一种派生需求,社会经济活动是本源需求,研究物流需求必须以社会经济活动为基础。

二、物流需求的构成要素

物流需求的构成要素十分复杂,为了便于分析,我们将物流需求要素分为物流需求的数量、结构、时间、空间等。

(一)物流需求的数量要素

物流需求的数量是指所在区域内以及该区域与周边区域发生的对物流服务需求数量的大小。物流需求量分为直接需求量与潜在需求量。

1.直接需求

直接需求量是物流需求的主体为了满足其生产经营、事业开展以及生活之需要,产生的对物流社会化服务的直接需求量。从物流需求主体来看,物流的直接需求量主要有以下几个方面:

(1)工业企业对供应物流和销售物流的需求量,如汽车、电子等加工组装企业、外资企业等不断增加的对物流的需求。随着市场需求环境的变化,工业企业的生产经营方式也发生了相应的改变。生产主导型的推动式生产经营方式将会被市场主导型的拉动式生产经营方式所取代,因此导致了采购供应、成品销售、配送、库存等运作方式的根本改变。多品种、小批量、柔性化的生产方式要求高水平的物流服务作保障。在物流外包成为有利于企业集中资源投入核心事业,提高核心竞争力的有效手段的认识下,工业企业将产生越来越多的社会物流服务需求量。

(2)连锁商业对配送服务的需求量。连锁商业的发展是流通业的发展方向,大力推动连锁经营的发展已经列入国家发展规划。连锁经营的重要目的是要通过集中进货、集中配送形成规模效益,以降低流通费用,提高竞争力。连锁经营会对配送中心和配送服务产生旺盛需求。

(3)一般消费者的物流服务需求量。随着居民生活水平的提高,消费者对服务需求的比重也将增大。这一物流需求量与城市化水平及城市化人口比例有关。一般消费者对物流服务需求的内容主要是搬家服务、包裹速递,商品配送、个人物品储存等。

(4)区域间货物中转运输的需求量。首先是制造企业和流通企业将某区域作为商品的分拨中心所产生的运输需求量,其次是大型物流企业将某地作为物流网络的节点所产生的运输需求量,再次是国际物流公司将某区域作为物流基地所产生的运输需求量,最后是货主利用本区域的运输基础设施,实现货物的快速发送配和接收所产生的运输需求量。

2.潜在需求

潜在需求量主要指经济环境、社会环境以及物流服务环境的发展对物流需求的拉动量,是从动固态的角度来分析物流需求量的变化趋势,主要有:

(1)工业企业对供应物流服务和销售物流的潜在需求量;

(2)一般消费者的物流服务的潜在需求量;

(3)区域间货物中转运输的潜在需求量。

根据有关方面研究,由潜在物流需求转化为实际物流需求的量,与物流服务水平之间存在正相关关系,在其他条件不变情况下,物流服务水平越高,社会物流需求量越大,反之,物流服务水平下降,物流需求也会因此减少。可见,实现潜在物流需求向实际物流需求正常转化的重要前提,是提高物流服务水平。

(二)物流需求的结构要素

物流需求的结构是指各类工商企业、事业单位和消费者对各种物流需求的数量比率,主要有区域内的各种物流需求比率和区域内与区域间的物流需求比率,并通过各种物流需求量(如运输量、仓储量、配送量、流通加工量等)的形式反映出来的。

1.物流需求运输量

物流活动的核心内容是货物运输,货运量的规模从另一个角度可以反映出物流需求结构特征。可从三方面去分析:一是伴随着本地区的产品销往外埠,出现的区域间货物运输量,包括整车运输量和零担运输量;二是伴随着外埠的产品销往本地区产生的区域间运输量;三是以本地区为中转基地,第三地之间的区域货物运输量。货物运输需求的内部结构又可用民航货运量、公路货运量、水路货运量、铁路货运量以及集装箱运量在总货运中的比例来反映。

2.物流需求仓储量

物流是一个综合概念,是由各个不同环节组成的,物流需求中的仓储量,即社会经济活动对仓储的需求量,这一指标可用仓库容积和仓库占地面积表示。它决定了物流中心和配送中心对仓库的需求量以及它们的规模。

3.物流需求配送量

对物流需求而言,不管是面对城市居民的日常生活用品的配送,还是面对企事业单位的配送都是一项重要的内容。物流需求中的配送量与许多因素有关，主要包括城市化水平、城市居民消费水平社会商品零售总额等。

城市化水平可用城市化人口比例即非农业人口占总人口的比重来表示。较高的城市化水平促进了区域经济的发展，人均可支配收入的平均增长速度，城市居民购买力增强，多样化、个性化和高度化的生活需求逐步显现，带动了城市居民生活所需小商品配送量的增长。城市内的商品配送量是由城市内的物流中心到用户之间的商品运输量，具有小批量、多品种和高频率的特点。

区域社会商品零售总额，虽然并不是衡量物流需求量中配送量的直接指标，但是，这一指标从一个侧面反映了城市配送量的大小，影响着配送中心的数量与功能定位。因此，在区域物流需求预测中应通过分析年社会商品零售总额及其变化趋势，反映出消费市场对物流需求量中的配送量的需求及其趋势。

4.物流需求流通加工量

流通加工量是物流的一个重要的环节，也是物流服务的一个重要的增值环节。这一物流需求量与社会经济发展阶段、企业的生产经营模式、消费者对商品形态的要求、商品结构特征等因素有关，分析起来相对比较难。

(三)物流需求的时间要素

物流需求的时间是指在不同时间、不同经济发展阶段对物流的需求量，主要分析物流需求量随时间的变化情况。由于物流需求量的大小与区域经济发展水平和速度有着直接的关系，因此，应根据经济发展规模、预期的经济发展速度、物流需求方对物流服务时间的特殊要求，分析不同时间阶段对物流的需求量。物流需求的时间分析结果直接影响到物流企业经营计划的制定与实施，也是制定区域物流规划总体规划目标以及分阶段目标的重要依据之一。

(四)物流需求的空间要素

物流需求的空间是指在同一时间段，不同局部区域物流需求的空间分布，即按照物流需求的空间分布来分析物流需求量的大小。这一指标将影响物流企业的资源配置和区域物流规划中区域物流中心、配送中心的合理布局。

三、物流需求的变化趋势

区域经济的发展规模和水平直接影响着区域内的物流需求量。首先，随着经济的发展，社会化分工趋势更为显著，目前仍属于工业企业的企业内物流将逐步转化为社会需求，这一转化速度和比率与GDP直接相关。其次，随着经济的增长和人均收入的提高，消费者的需求会发生变化，从单纯的商品需求向服务需求转化，从而使经济结构发生变化。经济增长和人均收入达一定水平时，消费物流服务的需求即可出现，随后不断增长。也就是说，物流需求与 GDP 之间存在正向关系。区域的 GDP 增加，物流需求扩大 GDP 降低，物流需求也随之缩减少。因此，在分析物流需求的变化趋势及其潜在的物流需求时，主要应分析该区域的经济发展水平。

四、物流需求的影响因素

物流需求属于派生性需求，它与经济社会发展等因素之间存在着强相关关系。下面分别就经济增长与发展水平、产业结构、区域分工格局、技术进步、对外开放等因素对物流需求的影响作概要分析。

1.GDP 总量规模与经济增长速度

物流需求总量和需求结构的变化与一国或一地区的 GDP 经济总量及经济增长速度有着密切的关系，GDP 经济总量规模越大、经济发展水平越高的国家和地区，对货物运输、仓储、配送、物流信息处理等物流服务的需求就越大，经济增长越强劲，对物流需求的增长也越强劲。而且在经济发展的不同阶段对物流需求的结构和质量要求也存在很大差别。世界各国经济结构变动的普遍趋势表明，在人均 GDP600 ~ 1000 美元期间，商业、旅馆和饭店业在第三产业构成中的比重逐步由上升转为下降，交通运输、仓储和邮电通信业的比重有较大幅度的上升。在人均 GDP1000 ~ 2000 美元期间，商业、旅馆和饭店业在第三产业构成中的比重进一步下降，交通运输、仓储和邮电通信业的比重继续快速上升。当人均 GDP 继续上升到 3000 美元左右时，交通运输、仓储和邮电通信业的比重由快速上升转为平稳增长，保持相对稳定。西方发达国家工业化初期，采掘和原材料工业对大宗、散装货物的运输需求旺盛，运输需求的增长率高于经济的增长。到机械加工工业发展时期，运输需求的数量仍在增加，但增加速度与经济增长几乎同步，运输需求开始多样化，对运输速度和质量的要求有所提高。进入精加工工业时期，经济增长对原材料依赖减少，货运需求增长低于经济增长，但对物流服务的质量要求越来越高。

据中国物流与采购联合会统计测算，2004 年，我国 GDP 总量与物流总额相比的物流需求系数为 2.8，即我国每单位 GDP 产出需要 2.8 个单位的物流总额来支持。这一系数明显高于“八五”时期平均 1.6，“九五”时期平均 1.7 的水平，如表 3-1 所示，说明社会经济发展对物流的依赖程度明显增大。

目前，我国人均 GDP 已超过 1000 美元，根据众多研究机构对“十一五”期间我国经济发展情景的分析，中国经济在 2006 ~ 2010 年间年均增长率约为 9% 左右，人口的年均增长率为 0.82%，2010 年全国人均 GDP 将达到 2000 美元以上。另一方面，根据世界大多数国家的普遍发展规律，未来 10 ~ 20 年间，我国工业化的主题是重工业化，这就决定了我国今后 10 年间将处于物流运输需求日益扩大，物流运输业快速发展，占 GDP 的比重不断上升时期。

1991～2004年单位GDP物流需求系数　　表3-1

年　份	系　数	年　份	系　数
1991	1.4	1998	1.6
1992	1.5	1999	1.7
1993	1.6	2000	1.9
1994	1.7	2001	2.0
1995	1.7	2002	2.3
1996	1.6	2003	2.5
1997	1.7	2004	2.8

2.产业结构与产品结构的演进

2004年,我国工业品物流总额为32.5万亿元,同比增长30.2%,增幅比上年同期提高3.4个百分点,占社会物流总额的比重由"九五"时期的82.9%,提高到2004年的84.6%。工业品物流总额比重提高,反映出我国工业化进程和进入重化工时期产业结构的基本特征。

根据产业结构演进理论,一国产业结构的基本演进方向是由第一产业占优势比重逐级向第二产业、第三产业占优势比重演进,由劳动密集型产业占优势比重逐级向资本密集型、知识密集型产业占优势比重演进,由制造初级产品的产业占优势比重逐级向制造中间产品、最终产品的产业占优势比重演进。从各产业对物流的需求看,第二产业中的制造业采掘业等提供的都是实物形态的产品,从生产到消费离不开运输仓储,第二产业对运输仓储的需求较大,投入也比其他产业高,它的物流支出相对较大。相反,第三产业的产值创造主要来自无形的服务,第三产业以服务业为主,对物流的依赖程度小,物流投入低,物流成本支出少,与产值相比,物流成本只占很少的比例。这说明各产业对物流的需求程度不同,实物型行业的物流需求大于服务行业。如两个地区产业构成不同,一个以工业为主,一个以服务业为主,那么前者对物流的需求将高于后者 。如果用单位GDP所产生的货物周转量来表示货运需求强度,则重工业对铁路货运物流的需求强度最大,轻工业次之;商业服务业对公路货运物流的需求强度最强,其次是农业和轻工业,再次是重工业发达国家在工业化和后工业化的过程中都经历了铁路运输不断下降,公路运输快速上升的过程。因此,产业结构及其变动对物流需求的影响是深刻的。

此外,不同的产品结构,所引起的物流需求差别也很大,如生产1吨棉纱引起厂外运量2.5～3吨,生产1吨水泥约4～5吨,生产1吨钢约7～8吨,而且,不同的产品所采用的某种运输方式的比例也不同,如煤炭和基础原材料工业对铁路的依赖比较大,鲜活商品、高科技高精尖高附加值产品、时效性强的商品,对空运的需求较大,其他产品则可能更多地利用别的运输方式。

从总体上看,随着产业结构层次的提高和产业业态的进化,货运需求强度将逐步下降,但对现代物流服务环节的需求将不断上升。比如,随着现代连锁商业业态和电子商务的发展及其占GDP比重的提高,对物流信息处理、仓储自动化管理、准时化配送、自动分拣、包装加工等现代物流服务的需求将呈现出旺盛的势头。新兴产业的发展也会在许多领域释放出新的物流需求。以汽车、精密机械设备制造等为主要内容的现代制造业会对相关产业产生巨大的带动作用,及时化物流服务、零部件采购供应物流服务、整车运输服务等将成为物流业潜在市场。随着人们对食品消费要求的提高,农业产业内部结构正在发生着变化,特别是农产品所特有的鲜活性和易腐性,在产销衔接中必须做到快速、便捷、高效,这就对未来物流网络建设增值、物流增值技术(冷藏、保鲜、加工等)、物流运输效率提出了更高的要求。总之,产业结构、产业业态、产品结构的变化会带来物流需求结构的相应变化。

3.技术进步

技术进步对物流需求的影响是多方面的,主要有:

(1)道路设施和运输工具技术结构的提高会进一步刺激社会对公路运输的需求。在高速公路投入使用以前的综合交通运输体系中,公路运输的主要功能是"送达",即主要为其他运输方式承担集散客、货的短途运输任务。随着高速公路的建设和运输装备技术水平的提高,特别是大载重量专用货车、集装箱运输、制冷保鲜等特种装备运输车辆的投入使用,使汽车运输向着大型化、高速化、专用化、舒适化的方向不断发展,公路运输方式的"通过"能力大大加强。一条高速公路每昼夜的交通量可达10万车次,每年可提供8000万左右的载货吨位和5亿左右的载客座位,其通过能力远远超过一条双线铁路。加上公路运输空间机动灵活、迅速方便、可以实现门对门直达运输的特点,使其成为同时具备通过功能与送达功能的全能的运输方式,不仅成为短途运输的主力,而且在中长途运输中也开始发挥重要作用,从而进一步刺激社会对公路运输的需求。

(2)科技进步也不断改变着各种交通方式的技术经济特征和合理范围。随着科技的进步、产品结构的调整,精细、高值产品和鲜活易腐等货物的增加,提高了对运输时效和质量的要求,空运物流需求将不断增加,而公路运输将以其特有的时效性(据资料统计,运距在200公里以内,汽车货运的实际速度比铁路快4~6倍)和个人可以随意安排运输时间的灵活性,占有越来越多的运输市场份额。铁路和水运则以其大运量、低成本优势,在大宗货物运输市场中占有自己的份额。

(3)随着信息技术和物流处理技术的进步,第三方物流、第四方物流的优势日益显现,对第三方物流、第四方物流服务的需求也将不断增长,网络技术的发展和电子商务的广泛应用,对物流需求的量、质和服务范围均将产生重大影响。

4.区域经济分工格局与演变

区域经济的分工格局,对物流需求的影响也很大。在经济发展较低阶段,各经济区域间相对独立,产业结构又基本类同的情况下,彼此之间的交换需求大大减少,对物流服务的需求也很小。而在市场经济发展较高阶段,市场竞争日益加剧,生产力布局会不断向着全国甚至全球大分工的方向转变,区域经济将突破封闭割裂状态,向专业化、一体化和分工协作的方向发展。区域经济的专业化分工和协作必然会增强不同区域间的经济社会联系,极大地增加区域间商品、中间产品和生产要素的转移与流动,从而拉动物流需求的快速增长。

根据区域经济理论,一个区域只要具备某种有利于经济发展的有利条件,这个区域与其他区域的差异就会形成一种优势,产生一种引力,有可能把相关企业和生产力要素吸纳过来,在利益原则的驱动下形成产业布局上的相对集中和聚集,扮演着"中心地"与"增长极"的作用,并对现代物流服务提出需求,以中心城市为枢纽的区域物流中心的形成,正是区域经济极化效应催生的结果。上海、天津、广州分别是我国长三角区域、环渤海区域、珠三角区域的中心城市,同时也是长三角、环渤海、珠三角的国际贸易和货运物流中心。

5.企业竞争战略与经营理念的转变

现代企业对核心业务的专注越来越重视,在物流外包成为企业集中有限资源增强核心业务,提高企业核心竞争力的有效手段的认识下,工业企业将产生越来越多的社会物流服务需求量,这种需求首先会在汽车、电子等加工组装企业、外资企业中产生。而面对国际零售巨头的大举入侵,国内的零售企业则感受到了前所未有的压力,为了应对国际零售商带来的巨大压力,兼并联合和资产重组已经成为我国连锁超市发展的大势所趋,通过"连横"策略,连锁超市规模不断扩大,有效地提高了零售市场的产业集中度,达到规模采购和规模销售,超市间的竞争也由单纯的价格竞争转变为供应链的竞争,而供应链管理的关键在于商品采购、运输、库存控制、流通加工、商品配送、退货处理、物流信息等物流系统功能的发挥,物流配送已经成为保证连锁超市运营体系正常运作的基本条件,也是构筑各企业核心竞争力的关键因素。目前大型连锁超市公司多数采用以自建为主的物流系统发展战略,投巨资建设自己的现代化物流配送中心,实行统一配送,特别是在常温仓储和冷冻品及生鲜产品仓储方面,这一现象更加普遍。同时,由于大型连锁超市公司通常物流业务量巨大,即使建有自己的配送中心和较为完善的配送体系,在某些业务方面仍然需要与第三方物流公司产生业务合作,特别是在长途运输、区域仓库等方面的业务,外包的优势较为明显。此外,连锁超市企业为实现整体的物流配送合理化,在互惠互利原则指导下,共同出资建设配送中心,共同对某一地区的用户进行配送,共同使用配送车辆,也越来越常见,特别是一些经营规模较小或门店数量较少的连锁超市采用"共同化配送"这一模式更具经济性。企业竞争战略、经营理念和物流配送模式的上述转变,必将对我国物流市场的需求格局和供给模式产生深刻影响和变革。

6.居民生活水平提高和消费结构变化

20世纪末,我国居民生活水平基本实现了由温饱向小康的跨越,在未来20年要逐步走向更加富裕的小康生活。生活水平的提高带来了消费方式和消费观念的转变,住房、数字电视、多媒体手机、信息家电、汽车、网上购物、旅游消费等开始成为21世纪初期新的居民消费热点，这一转折性变化将对物流的需求结构和货运方式会产生重大影响，直接或间接地促进诸如搬家服务、市内配送、整车物流、包裹快递等物流服务需求的增长。

7.人口增长与流动

人口增长与流动的变化对物流需求也有很大影响，人口增长，必然引起粮食、油料、副食品、日用工业消费品等需求的增加，进而引起对货物输运、仓储、加工、包装、配送等需求的增加，而大量人口流入城市必然引起城市消费能力的增加，进而引起大量的粮食、副食品及日用工业消费品等运往城市，货运物流需求增加。

8.资源分布

我国是一个大国，国土面积达960万平方公里。但资源分布很不均衡，多数自然资源分布在东北、西北、西南以及北方地区，而人口多集中在中部和沿海自然环境和交通条件较好的地区，历史上就形成了原材料采掘、粗加工等基础工业远离加工工业的产业布局，物流在时间和空间上的跨度极大，“北煤南运”，“南粮北调”等就是其中典型的例子，导致我国物流需求量比其他国家大。

9.国际贸易与国际经济关系

国际经济关系的发展和国际贸易进出口业务的增长，将直接拉动集装箱运输、公路过境运输、国际海运、空运以及进出口报关、货运代理、原料采购等相关物流服务的需求。目前国际贸易的货运量90%靠海运完成，今后随着高科技高附加值产品在我国商品出口结构中比重的提高，由于高新技术产品体积小、重量轻、运费承担能力强，对航空货运物流的需求将会不断增长国际资本的进入，外商投资规模的扩大，也会直接加大与现代生产模式相适应的现代物流服务的需求。

10.物流服务本身及相关产品价格的变动

一般来说，商品的价格愈高或提高，人们对该商品的购买量愈少或减少价格越低或价格下降，人们的购买量越多或增加，物流服务产品的价格与其需求量之间同样存在负相关关系。比如，运价下降，货物运输需求就会上升，运价上涨，货物运输需求就会受到一定的抑制。此外，其他相关产品的价格变化也会影响到物流服务产品的需求，某些在功能上相互替代的物流服务，如铁路运输，对于公路运输的需求量，在公路运输价格既定条件下，随铁路运输价格的下降而减少，随铁路运输价格的提高而增加，而某些具有互补性的商品的价格的变化，对物流需求也会产生影响。如货运服务价格的上涨，仓储和加工服务的需求一般会减少，反之则增加。还有，当人们预期货运价格以后将会上涨的时候，厂商会提前备货，就会增加对当前货运物流服务的需求。

除上述因素外，还有一些因素也会一定程度上影响物流需求。如：当一国经济从封闭经济转向开放经济、从计划经济体制转向市场经济体制时，其物流需求的市场调节比重就会增大，货物流通的规模和范围会扩大，频率会增强政府的税收政策与宏观调控，对货运等物流的需求也会产生有力的影响等。

11.季节因素

许多物流服务的需求存在很强的季节性，如我国航空运输在1、2月份淡季，航空空载现象十分普遍，运力浪费严重；而在8、9、10月份的运输旺季，又往往出现航空舱位需求无法满足的现象。铁路、公路运输同样具有较强的季节性。所以在分析物流需求时，季节因素也是必须要考虑的。

第二节　物流需求分析

一、物流需求函数

物流需求量与影响物流需求因素之间的相互关系，用数学关系表述就称为物流需求函数(Demand Function)，可记作：

$$Q_d = f(a, b, c, d, e, f, g, \cdots, p, P, \cdots, n)$$

上列方程式中，Q_d 代表物流需求，指在一定时间、空间和一定的条件下，消费者愿意购买且能够购买的某种物流服务的数量，它可以是一个国家、一个地区、一条线路或一个方向的运输需求量，可以是各种运输方式的总需求量，也可以是某种运输方式的需求量可以是指货运需求，也可以指配送、仓储等其他物流服务项目需求。$a, b, c, d, e, f, g, \cdots, p, P, \cdots, n$ 分别代表影响该项物流服务需求的各种因素，其中 g 指 GDP 总量，P 指相关产品的价格水平，p 为物流服务产品自身的价格。上述方程表示 Q_d 这个变量与 $a, b, c, d, e, f, g, \cdots, p, P, \cdots, n$ 等变量之间存在着函数关系，其中 Q_d 称为因变量，$a, b, c, d, e, f, g, \cdots, p, P, \cdots, n$ 称为决定因变量的自变量。就是说，Q_d 数值的大小是由 $a, b, c, d, e, f, g, \cdots, p, P, \cdots, n$ 的数值决定的，并且随着后者的变化而变化。

由于一种物流服务产品的价格是决定需求量的最基本的因素，所以，我们往往假定其他因素保持不变，仅仅分析价格因素对该项物流服务产品需求量的影响，这时，物流需求函数可以用下式表示：

$$Q_d = f(p)$$

例如，$Q_d = a - bp$，且 $a = 20$，$b = 2$，则物流需求函数可记为：$Q_d = 20 - 2p$，或 $p = 10 - Q_d/2$。

物流需求函数是用数学模型来表示需求的数学函数形式，是最为抽象的形式，在理论分析和实际应用中具有特别重要的意义。

二、物流需求曲线

如用图示法把物流需求量与物流服务价格之间的关系绘在坐标图上,就可以得到一条曲线。这种表示物流需求量与物流价格之间关系的曲线,就是物流需求曲线。通常用横轴表示需求量 Q,用纵轴表示价格 P,DD 表示物流需求曲线,如图 3-1 所示。

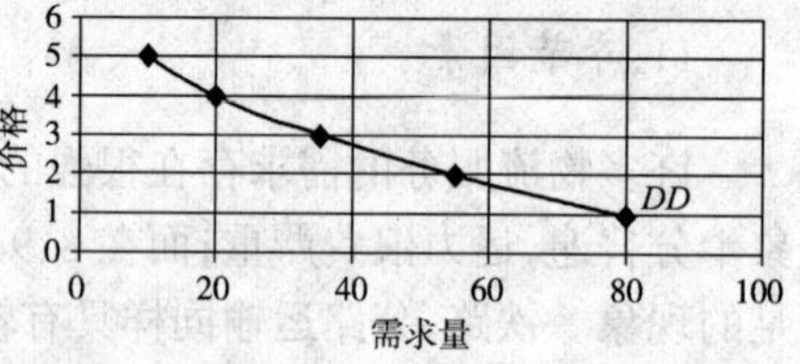

图 3-1　需求曲线

物流需求曲线是物流需求函数的几何图形形式,它一般是向右下方倾斜的,即它的斜率为负值。

物流需求函数和物流需求曲线分别用数学方程式和几何图形的形式表述物流需求的概念,反映了价格与需求量之间的关系。

如果物流需求函数为 $Q_d = 20 - 2P$ 或写成 $P = 10 - Q_d/2$,表明需求函数是线性函数,相应的需求曲线是一条直线,需求曲线的斜率,即价格的变化引起的需求量的变化。这两者的比率即 dQ_d/dP,是一个固定不变的常数 $-1/2$。

如果物流需求量与其价格之间是非线性关系,即物流需求曲线不是直线,那么,这种需求函数就是非线性需求函数,其公式为:

$$Q_d = \alpha P^{-\beta}$$

三、物流需求量的变动与需求曲线的移动

1.物流需求量的变动

在影响物流需求的其他因素保持不变情况下,由于物流服务产品自身价格的变化引起的需求数量的变化。在几何图形上,物流需求量的变动表现为:同一条需求曲线上的点的移动,如图 3-2a)中,$A \rightarrow B$。

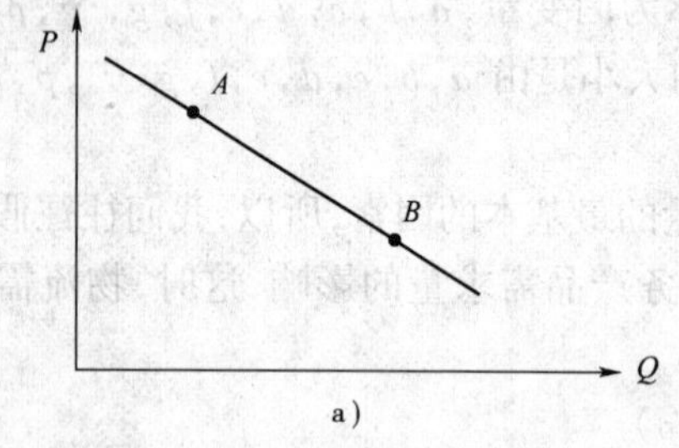

a)

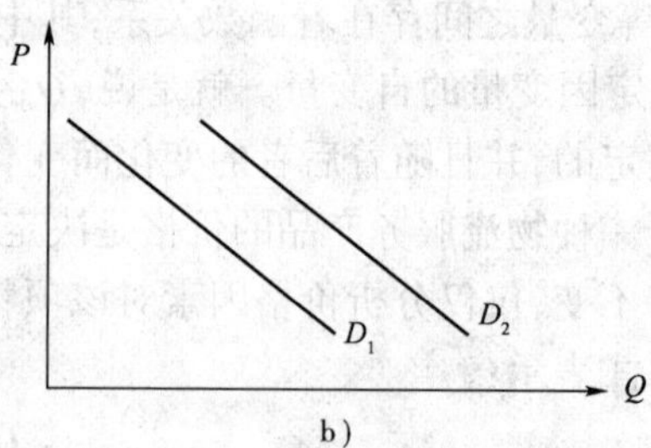

b)

图 3-2　物流需求曲线变动

2.物流需求曲线的移动

物流需求曲线的变动是指在物流服务产品本身价格不变的情况下,由于其他格因素的

变化所引起的需求的变动。也就是说除了自身价格之外,任何一种影响物流需求的因素变动,都会引起需求曲线的移动。比如,一项总投资5亿元的汽配生产基地的落成,会使该地区每年的物流需求相应增加,在几何图形上就表现为需求曲线的右移。如图3-2 b)中,$D_1 \rightarrow D_2$。相反,当某地新建铁路运输线投入运行后,对公路货运物流的需求就会减少,公路货运物流需求曲线就会左移。

四、物流需求弹性

弹性(elasticity)原是物理学上的概念,意指某一物体对外界力量的反应力。经济学中的弹性是指经济变量之间存在函数关系时,因变量对自变量变动的反应程度,其大小可以用两个变量变动的比率之比,即弹性系数来表示。如,设变量 X 为自变量,Y 为因变量,两个变量之间的函数关系为

$$Y = F(X)$$

如 E 为弹性系数,则:

$$\begin{aligned} E &= Y\text{变动的比率}/X\text{变动的比率} \\ &= (\Delta Y/Y)/(\Delta X/X) = (\Delta Y/\Delta X)\cdot X/Y \end{aligned}$$

(一)物流需求的价格弹性

1.物流需求价格弹性的含义

物流需求价格弹性指的是物流服务价格变动所引起的物流服务需求量变动的程度,或者说物流服务需求量对其价格变动的反应程度。物流需求价格弹性系数等于需求量变动百分比除以价格变动百分比。其公式是:

$$\begin{aligned} E_{\mathrm{d}} &= \text{需求量变动的比率}/\text{价格变动的比率} \\ &= (\Delta Q/Q)/(\Delta P/P) = (\Delta Q/\Delta P)\cdot P/Q \end{aligned}$$

在理解物流需求弹性的含义时要注意:

(1)在需求量与价格两个变量中,价格是自变量,需求量是因变量,所以,需求弹性是价格变动所引起的需求量变动的程度,或者说需求量变动对价格变动的反应程度。

(2)需求弹性系数是价格变动的比率与需求量变动的比率的比,而不是价格变动的绝对量与需求量变动的绝对量的比。

(3)正常情况下,需求弹性都是负数,这是因为价格与需求量成反比关系,所以一般取其绝对值。

根据物流需求价格弹性的计算公式可知,物流需求弹性的大小首先与需求曲线的斜率有关,需求曲线越陡,斜率越大,其弹性越小,需求曲线越平,斜率越小,其弹性越大,如图3-3所示。

此外,物流需求弹性还与价格和需求量有关,在斜率一定条件下,当时所处的物流服务价格水平成正比,与当时所对应的物流需求量成反比。

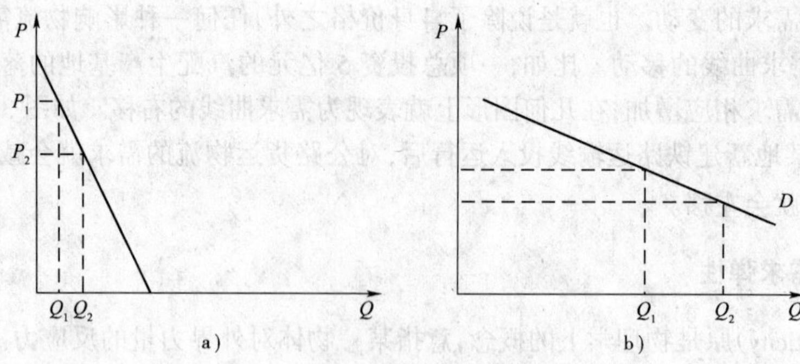

图 3-3　需求曲线分斜率变动

2.物流需求弹性的几何意义

物流需求弹性还可用几何图来表示和测度。如果需求曲线为直线 AB,则需求曲线 AB 上任何一点 C 的价格弹性均可用 BC/AC 来表示。若 C 位于 AB 的中点,则该点的弹性系数的绝对值等于 1;若 C 位于 AB 的中点以上,则该点的弹性系数的绝对值大于 1;若 C 位于 AB 的中点以下,则该点的弹性系数的绝对值小于 1。

如物流需求曲线为非线性的需求曲线,则需求曲线上任一点 C 的价格弹性可以过 C 点作一条切线 AB,与纵轴相交于 B,与横轴相交于 A,则 C 点的弹性系数仍可由 BC/AC 来决定。

即:

$$e_d = -\frac{dQ}{dP} \cdot \frac{P}{Q} = \frac{BC}{AC}$$

3.物流需求价格弹性的类型

由于物流服务价格与物流服务需求量是反方向变化的,所以,求出的弹性值为负值,因此通常使用绝对值比较弹性的大小,当我们说某种物流需求的价格弹性大,指的是其绝对值大。

根据需求价格弹性取值的不同,物流需求价格弹性又可分为以下 5 种情形:

(1)$|e_d| = 0$,完全无弹性,在这种情况下,不论物流服务价格如何变动,需求量保持不变。具有这种弹性的需求曲线是一条垂直于需求量轴的直线。

(2)$|e_d| = \infty$,称为完全富有弹性或称需求弹性无穷大。在这种情况下,物流服务产品价格不变,需求量可以无限增加。具有这种弹性的需求曲线是一条与需求量轴平行的直线。

(3)$|e_d| = 1$,称为单元弹性或单位弹性。物流价格每变动一定的百分率,导致需求量变动同样的百分率。具有这种弹性的需求曲线是一条正双曲线。

(4)$|e_d| < 1$,称为非弹性需求或缺乏弹性。在这种情况下,需求量变动的百分率小于价格变动的百分率,具有这种弹性的物流需求曲线比较陡峭,且斜率较大。

(5)$|e_d|>1$,称为弹性需求或富有弹性。在这种情况下,需求量变动百分率大于运价变动的百分率。具有这种弹性的需求曲线斜率较小。

上述5种情形中前3种极少,大多数物流服务产品需求弹性为后2种。

我们讨论的运输需求弹性也多为后两种,即富有弹性或缺乏弹性。在需求曲线的各个部分,弹性是变化的,使运输需求曲线是一条直线,其弹性也有几种情况。

4.影响物流需求价格弹性的因素

(1)物流需求价格弹性与可替代物流服务产品的多少有关。

可替代物流服务越多,需求价格弹性则越大,反之,则越小。比如,在拥有水路、公路、铁路、空运的地区,货运物流的替代品较多,其货运物流服务的价格弹性就较大,此时如果公路运输价格提高,部分货物就会从公路转向铁路或水路,从而使公路运输需求出现明显下降,而铁路、水路物流则相应增加。如某地区只有公路,没有其他可替代的运输线路时,公路货运物流的价格弹性就很小,此时,公路货运价格提高或下降,对公路货运物流的需求几乎没有影响,货主只能选择公路运输。

四川航空公司的成渝航空航线的典型例子很能说明这一点。1995年成渝高速公路开通之前,成渝航线曾是一条"黄金航线",一年的客流量最高达到25.2万人次,平均每天都有六七百人乘机往返两地。然而随着成渝高速公路开辟后,航空客运的优势荡然无存,一方面,航空运输的全程时间约3个小时,相对于公路运输的4个小时,已无快捷方便的优势另一方面,机票价格是大巴票价的4倍。在公路运输的进逼下步步退缩。1996,成渝航线的客流量锐减至4万人次,1997年2.5万人次,1998年0.8万人次,至1999年仅0.4万人次,不得不全线停飞。2002年四川航空调整经营策略,一方面,打造"空中快巴",每天12个航班,每两个小时一个航班,以高频率吸引旅客;另一方面将机票价格降至240元,降低了近一半。上述措施取得了显著成效,在当年的"十一"黄金周,"空中快巴"每天12个航班,次次座无虚席,客座率超过80%,收复了大部"失地"。

(2)物流需求价格弹性不仅与可替代物流服务的多少有关,还与其替代程度和替代成本的高低有关。

替代程度越高,替代成本越低,其需求的价格弹性就越大,反之,则越小。比如,对某些时效性强的货物,空运与水运的替代程度较低,空运需求的价格弹性就较小,空运物流价格的高低对空运需求影响不大,空运价格提高,并不会导致货物转向水运,即货主情愿选择运价高、速度快的空运方式,也不去选择运价低、速度慢的水运方式。当然这里说的价格提高也是有一定限度的,当价格超过这一限度,货主无利可图或将因此发生亏损时,货运物流的需求也就必然减少。公路与铁路的替代程度相对较大,所以公路或铁路的需求价格弹性就较大。但就短途调拨和市内配送物流而言,无论是空运还是水路、铁路,其对公路的替代程度都很低,此类货物的公路货运需求价格弹性就小。铁路专用线的运输,由于其已经形成比较固定的运输形式,所以对运价变动的弹性也比较小,如果想通过提高铁路短途运价,将一部分运量分散到公路上，使公路在短途零散货运中充分发挥作用，则这种措施对铁路专用线运量的影响是十分有限的。

另外，长距离铁路货运物流尽管可以用公路或空运物流替代，但由于替代成本较高，所以其需求在一定范围内也缺乏价格弹性。

(3)物流需求的价格弹性与货物价值以及物流费用在该货物总成本中的占比也有着很大关系。

货物价值小、物流成本占总成本比例大，物流需求价格弹性就大；货物价值大、物流费用占总成本比例小，物流需求的价格弹性就小。

(4)物流需求价格弹性的大小同货物的季节性以及市场状况等有关。

当某种货物为了抓住需求旺季而急于上市销售或货物不易久存时，其对货运物流、配送物流的需求价格弹性就小。

(5)物流需求中货运物流的需求弹性还与具体的运输方式、线路和方向有关。

对于能力紧张的运输方式、线路和方向，其需求的价格弹性显然较小，运价变动尤其是运价提高对需求影响不大，而能力富余的运输方式、线路和方向，需求的价格弹性就较大。

(二)物流需求的收入弹性

在任何两个具有相关关系的变量之间都可以建立弹性关系。在这里，我们所建立的物流需求收入弹性是指物流需求量对国民收入(GDP)变动的反应程度，或者说，国民收入水平变动百分之一会使需求量变动百分之几，它是从宏观角度来研究物流需求的收入弹性的。其计算公式可表述如下：

$$e_M = \frac{\Delta Q}{Q} \Big/ \frac{\Delta M}{M} = \frac{\Delta Q}{\Delta M} \cdot \frac{M}{Q}$$

式中：M——GDP 收入；

Q——物流需求量。

物流需求的收入弹性，不外有三种情形：

(1)$e_M > 1$，即收入增加一个百分比，能引起物流需求增加 1 个百分比以上，需求富有收入弹性；

(2)$0 < e_M < 1$，即收入增加一个百分比，所引起的物流需求增加少于 1 个百分比，物流需求缺乏收入弹性；

(3)$e_M < 0$，即收入增加所引起的物流需求的变化，不是增加，而是减少，物流需求为负收入弹性。

研究物流需求与国民收入(GDP)之间弹性关系，具有非常重要的宏观和微观意义，可以通过弹性系数大小来确定物流行业对经济增长的相关性和反应程度，以及它在国民经济中的地位。收入弹性越大，物流对经济增长的相关程度越高，其相互依赖性越大，物流在国民经济中的地位越重要。

第三节　物流供给概述

物流供给是指物流服务产品生产者在一定时期内,在各种可能的价格下,愿意而且能够提供的物流服务的数量。因此,对某种物流服务的供给,必须具备三个条件:第一,有提供物流服务的主体或物流供应商;第二,生产者或供应商在一定价格水平下愿意出售;第三,生产者或供应商具备提供物流服务的实际能力,即物流能力。

一、物流供给的主体——物流供应商

物流供应商是指提供物流服务的企业和组织,包括运输、仓储企业,新型的第三方物流服务商和第四方物流服务商等。物流供应商是物流服务的供给主体,离开了物流供应商,物流市场供给也就不可能存在。

物流供应商按其提供服务的种类可分为资产型、管理型和综合型三种基本类型。资产型物流供应商拥有自己的物流设施和设备,主要通过运用自己的资产来提供专业的物流服务;管理型物流供应商通常自身不拥有专业的物流设施,主要提供物流规划与策划、物流管理咨询等服务;综合型物流供应商兼有以上两种能力,它既拥有必要的物流设施装备系统,可运用自己的资产提供物流服务,有可提供物流咨询管理等服务,能够承接各种物流业务。

如按其提供的服务内容分,物流供应商也大致有三类,一是提供基本运输等单一功能服务性的企业。二是提供仓储和货运管理等增值服务的企业对于仓储物流来说,可为客户提供集货配送、分拣包装、配套装卸、条码生成和指标等任务。对于货运物流而言,可为客户选择承运人、协议价格、安排货运计划、优选货运路线和货运系统监测业务等一系列增值服务。三是提供一体化物流服务的综合型企业,这类企业除提供普通物流服务外,还能为客户提供市场需求预测、自动订单处理、存货控制和逆向物流支持等一系列物流服务,它以高技术和高素质为基础特征。

二、物流供给的基础和能力——物流能力

所谓物流供给能力(Logistics Capability)是指某特定的物流系统,从接受客户需求,处理订单,分拣货物,运输到交货给客户的全过程中,所具有的实际能力,它包括能够运送、配送、分拣货物的能力(有形方面),也包括执行物流过程的组织和管理能力(无形方面)。因此,物流能力是物流供给的基础和可能能力,也就是物流的可能供给。

在一定的技术经济条件下,物流的实际供给量取决于物流价格水平,物流价格越高,物流供给量就越大,但物流实际供给量不可能超过物流供给的最大可能量——物流供给能力或物流能力。显然,没有物流能力,也就没有物流供给。

物流按研究范围的大小,可分为宏观、中观和微观物流,相应的物流能力也可划分为宏观物流能力、中观物流能力和微观物流能力。宏观物流能力指社会再生产总体的物流能力,

是社会经济整体角度认识和研究物流能力。如一个国家的国民经济物流能力,可称为国内物流能力(也可称为社会物流能力)。中观物流能力是指区域性社会再生产过程中的区域物流能力,如长三角经济区的物流能力、区域中心城市物流能力等。微观物流能力是指某一微观经济实体的物流能力,如企业物流能力、供应链物流能力都属于微观物流能力的范畴。

对于微观物流能力又可作三种不同划分:

(1)按物流活动的性质,可以将物流能力划分为供应物流能力、生产物流能力、分销物流能力、回收物流能力和废弃物流能力。具体到某企业,就是企业供应物流能力、企业生产物流能力、企业分销物流能力、企业回收物流能力,以及企业废弃物流能力。同样按物流业务活动性质,可将供应链物流能力划分为供应链供应物流能力、供应链生产物流能力、供应链分销物流能力、供应链回收物流能力,以及供应链废弃物流能力。

(2)从物流系统的抽象特征角度,可以把微观物流能力划分为物流节点能力、线能力、网络能力,简称为点能力、线能力和网能力(刘小群,2005)。

按供应链网络的实体形态,点能力是指物流网络中某一配送中心、仓储等物流据点的物流能力。另外,也可以根据物流系统的功能特性将那些较小区域内进行的物流活动称为节点,其能力表现为点能力,如装卸、包装、拣选、存储等。

线能力也有两种不同的划分方法。一是指供应链网络的实体形态,指物流网络中两个或两个以上相互联系的节点之间的连线的物流能力。二是根据物流系统功能的特性,将那些需要经过位移的物流功能表现为路线,其能力表现为线能力,如运输配送等。

网络能力是指整个物流系统网络的综合物流能力。物流系统网络中点能力和线能力构成物流系统的网能力的重要基础。物流系统的网能力并不是系统内各点能力和线能力的简单叠加,而是基于物流作业流程的有机整合。

(3)按照物流能力各构成要素的特点分类。根据构成物流能力的要求的存在形态,可以分为:有形要求,如各种物流设备、设施的能力、信息系统的能力、物流设施的能力等;无形要求,如物流操作水平、人员的水平、物流实现者的计划、组织、优化与控制的能力等。

物流能力不是单纯地指物流系统中的仓储设备、运输设备、分拣设备、IT设备与物流硬件资源(即有形要求)的处理能力,还包括物流系统中的管理者对物流活动的计划、组织与控制(即无形要求)的能力。物流能力是对物流系统有形要求和无形要求能力的综合,尤其是后者对整个物流系统的物流能力效能水平的高低具有重大的影响,是体现物流能力的关键所在。

根据物流能力各构成要素的特点,可以认为物流能力是由物流要素能力(capacity)和物流运作能力综合而成。其中物流要素是指输入物流系统的各种资源,包括各种物流机械设备、物流设施等。从可评价性的角度讲,物流要素能力主要是物流硬件资源的处理能力,是机械设备、仓储设施等有形物流要素的综合。物流运作能力是指物流实现者通过物流计划、组织与控制手段,优化配置物流资源,为供应链提供高效率、低成本的物流服务的能力。

三、物流供给的影响因素

全面分析把握影响物流市场供给的因素，无论对于物流市场供求双方制定市场应对策略，还是对于政府有效管理物流市场，都是重要的和必不可少的。影响物流供给的因素很多，下面就主要影响因素分析如下。

1.市场需求

物流供应商是以盈利为目的商品生产者，物流服务供应商提供的物流服务必须是市场所需要的，否则就无法盈利。因此，物流供给首先取决于物流需求，包括现实需求和潜在需求。我国第三方物流供给之所以发展缓慢，原因之一就是我国相当多企业仍然保留着“大而全”、“小而全”的经营组织方式，从原材料采购到产品销售过程中的一系列物流活动，主要依靠企业内部组织的自我服务完成。据调查，在工业企业中，36%和46%的原材料物流由企业自身和供应方企业承担，而由第三方物流企业承担的仅为18%。产品销售物流中由企业自理、企业自理与第三方物流企业共同承担比例分别是24.1%和59.8%，而由第三方物流企业承担的仅为16.1%。在商业企业中，由企业自理和供货方承担的物流活动分别为76.5%和17.6%。与此同时，多数企业内部各种物流设施的保有率都比较高，并成为企业经营资产中的一个重要组成部分，这种以自我服务为主的物流活动模式在很大程度上限制和延迟了工商企业对高效率、专业化、社会化物流服务供给的需求，这也是当前制约中国物流产业快速发展的一个重要瓶颈。因此，市场需求是制约物流供给的一个重要因素。

当然，随着市场竞争态势和企业经营理念的转变，企业对核心竞争能力和物流效率的追求日益强烈，企业内部物流活动逐步社会化的发展趋势及其对社会化物流的潜在需求正在增强，这就为物流供应商展示了广阔的发展空间。

2.进出门槛和产业竞争程度

物流供应市场的进出门槛，对物流服务的供给有直接的影响。进出门槛主要包括技术门槛、资金门槛和政策门槛三个方面。现代物流服务是资金与技术密集型产业，要想进入高端的物流服务市场需要先进的网络通信技术，物流资源整合技术，定制化的个性服务技术和雄厚的资金优势来保证，因此进入门槛相对较高，使高端物流服务供应相对不足，竞争不充分但是对于普通的公路、水路货运等低端物流服务市场来说，由于进入门槛较低，竞争激烈，供给常常处于相对过剩状态。

3.潜在进入者

潜在进入者指可能进入物流服务市场的企业，如房地产商，生产制造企业，零售业，当他们对外包物流供应不满意时或为了提高自己对物流服务的控制力，就会自营物流业。由于我国目前物流服务市场还不十分成熟，物流服务质量普遍不高，导致了潜在的竞争者很多。

最近几年，海尔集团、春兰集团、长安集团、苏宁电器连锁、华联集团纷纷进入物流领域，与现有的物流供应商进行竞争，这一方面减少了物流服务的需求，另一方面也增加了物流服务的供应商。

4.物流基础设施和装备的现代化水平

交通枢纽、公共储运设施、各种现代化物流中心等物流集散设施，如铁路的货运重载化、高速化、自动化水平，高速公路和高等级公路的布局，沿海及江河港口码头现代化装备水平等，都是影响物流供给能力的重要因素。我国的物流基础设施和装备条件与过去比已有较大的发展和改善，但现代化物流集散和储运设施较少，我国经济系统中能够有效连接不同运输方式的大型综合货运枢纽、服务于区域经济或城市内部的各种物流基地、物流中心还比较缺乏，与我国经济发展要求和发达国家水平相比仍然有较大的差距，这在相当程度上影响着我国物流供给效率和能力的提高。

5.物流设施和装备的标准化程度

物流设施和装备的标准化是影响物流供给效率和供给能力的一个关键因素，标准化程度的高低不仅关系到各种物流功能、要素之间的有效衔接和协调发展，也在很大程度上影响着全社会物流效率的提高。目前，我国物流设施和装备方面的标准化程度相对较低，主要表现在一是各种运输方式之间装备标准不统一。例如，海运与铁路集装箱标准的差异，在一定程度上影响着我国海铁联运规模的扩展，我国海铁联运的集装箱运输在集装箱运输总量及铁路运输总量中的比例都比较低，对我国国际航运业务的拓展、港口作业效率的提高以及进出口贸易的发展都有一定程度的影响。二是物流器具标准不配套，例如现有托盘标准与各种运输装备、装卸设备标准之间缺乏有效衔接，降低了托盘在整个物流过程中的通用性，也在一定程度上延缓了货物运输、储存、搬运等过程的机械化和自动化水平的提高。三是物流包装标准与物流设施标准之间缺乏有效的衔接，虽然目前我国对商品包装已有初步的国家和行业标准，但在与各种运输装备、装卸设施、仓储设施相衔接的物流单元化包装标准方面还比较欠缺，这对各种运输工具的装载率、装卸设备的荷载率、仓储设施空间利用率方面的影响较大。

6.信息技术应用水平

工商企业内部和专业物流服务供应商的物流信息管理和技术，如条形码技术、全球卫星定位系统(GPS)、物资采购管理(MRP)和企业资源管理(ERP)等物流管理软件，以及以 EDI、互联网等为基础的物流信息系统在物流领域中的应用水平等，都会影响到物流设施的运作效率的物流的供给能力。

7.物流企业规模和经营管理水平

现代物流产业属于资本技术密集型产业，物流供给具有规模效应，目前我国从事物流服务的企业,包括传统的运输和储运等流通企业和新型的专业化物流企业,规模和实力都还比较小,网络化的经营组织尚未形成,影响了我国物流供给能力的提高。

8.政策法规

政府颁布的与物流相关的政策法规、条例等文件,对物流服务市场的供求有直接的影响,有些法规会暂时性地压制某些方面的物流供求。比如,治理超载问题,对短期内公路服务的供应有压制,但是由于以前的物流服务的供求双方关系是扭曲的,因此,从长期来说,对物流市场的规范是有益的。又如,相关政策鼓励物流储运企业向现代物流企业转变,将极大地提高我国物流 服务市场的整体供给能力,更好地满足物流市场需求的增长。

9.物流服务成本

物流服务成本包括从事物流服务的员工人工资成本和物流软硬件设施的消耗成本。如果物流成本提高,在物流服务价格一定条件下物流供给必然减少。反之,物流成本下降,物流供给就会增加。

10.物流服务市场价格水平

在其他因素不变的情况下,如物流服务市场价格上升,物流供给量就会增加,相反,物流供给量就减少。

此外,心理预期等因素也会对物流供给产生影响。如果物流供应商预期未来物流市场需求增长较快,就会增加物流设施投资,从而使供给增加,反之,如预期物流市场供求态势不利时,就会事先控制自己的投资,消减未来物流供给能力。

第四节　物流供给分析

一、物流供给函数与曲线

1.物流供给函数与曲线

物流供给函数表示一种物流服务的供给数量与影响该供给数量的各种因素之间的相互关系。如果我们把对某种物流服务的供给量作为因变动,把影响供给量的各种因素作为自变量,就可以得到一个供给函数:

$$Q_s = g(a,b,c,d,e,f,\cdots,p,C,\cdots,m)$$

其中,$a,b,c,d,e,f,\cdots,p,C,\cdots,m$ 分别代表影响该项物流服务需求的各种因素,其中 C 指物流服务生产成本,p 为物流服务自身的市场价格。上述方程表示 Q_s 这个变量与 $a,b,c,d,e,f,\cdots,p,C,\cdots,m$ 变量之间存在着函数关系,其中 Q_d 称为因变量,$a,b,c,d,e,f,$

$\cdots, p, C, \cdots, m$ 为决定因变量的自变量。就是说,Q_s 数值的大小是由 $a, b, c, d, e, f, \cdots, p, C, \cdots, m$ 数值决定的,并且随着后者的变化而变化。

由于一种物流服务产品的价格是决定其供给量的最基本的因素,所以,当仅仅分析价格因素对该项物流服务产品供应量的影响时,物流需求函数可以用下式表示:$Q_s = g(p)$。

例如,$Q_d = a + bp$,且 $a = 100, b = 5$,则物流供给函数可记为:

$$Q_s = 100 + 5p$$

或

$$p = Q_s/5 - 20$$

物流供给表是一张表示某种物流产品在各种价格水平下,所对应的该物流服务产品的供给数量之间关系的数字序列表。表 3-2 是某地区在某一时期公路货运服务的供给表,可以清楚地看到价格与供给量之间的函数关系。

某一时期某地公路货运的供给表 表 3-2

公路货运价格(元/吨公里)	1.5	1.4	1.2	1.0	0.8
公路货运的供给数量(万吨公里)	600	500	450	200	50

如用图示法把物流供给量与物流服务价格之间的关系绘在坐标图上,就可以得到一条曲线。这种表示物流供给量与物流价格之间关系的曲线,就是物流供给曲线。通常用横轴表示供给量 Q_s,用纵轴表示价格 P,SS 表示物流供给曲线。物流供给曲线如图 3-4 所示。

物流供给曲线是物流供给函数的几何图形形式,由于物流价格越高,物流供给量就越大,物流供给随着物流价格提高而增加,所以物流供给曲线一般是向右上方倾斜的,即它的斜率为正值。由于受物流基础设施等限制,当物流供给量增加到一定水平后,再要增加物流供给会越来越困难,所以物流供给曲线的斜率往往会加大,供给曲线会变陡。

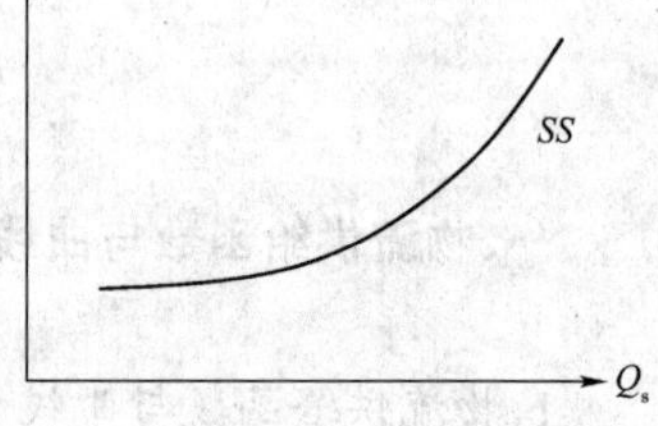

图 3-4 物流供给曲线

2.物流供给量的变动与物流供给的变动

(1)物流供给量的变动

物流供给量的变动是指其他因素不变的情况下,物流服务产品本身价格变动所引起的供给量的变动。在几何图形上表现为同一条物流供给曲线上的点的移动。

(2)物流供给的变动

物流供给的变动是指在物流服务产品本身价格不变的情况下,由于物流生产成本或其他非价格因素的变化所引起的物流供给的变动,在几何图形上表现为物流供给曲线的左右移动。一般来说,在其他因素不变情况下,如物流生产成本提高,物流供给曲线左移,而物流生产技术的进步和物流生产效率的提高,则会引起物流供给曲线的右移。

二、物流供给弹性分析

1.物流供给价格弹性定义

物流供给弹性包括供给的价格弹性、供给的交叉弹性和供给的预期价格弹性等。在此考察的是物流供给的价格弹性,简称为物流供给弹性。

物流供给弹性表示在一定时期内一种物流服务产品的供给量的相对变动对于该物流服务产品的价格的相对变动的反应程度,是物流服务产品的供给量变动率与价格变动率之比。即:

$$E_s = 供给量变动的比率/价格变动的比率$$

$$=(\Delta Q/Q)/(\Delta P/P)=(\Delta Q/\Delta P)\cdot P/Q$$

供给弹性系数一般是正数,因为供给与价格成正比变动关系。

2.物流供给弹性的类型

物流供给弹性根据 E_s 值可分为 5 个类型。

(1)供给完全无弹性,即 $E_s=0$,在这种情况下,无论价格如何变动,供给量都不变。

(2)供给完全有弹性,即 $E_s\to\infty$,在这种情况下,价格既定而供给量无限。

(3)单位供给弹性,即 $E_s=1$,在这种情况下,供给变动的比率与价格变动的比率相等。这时的供给曲线是通过原点的一条与横轴成 45°,并向右上方倾斜的线。

(4)供给富有弹性,即 $E_s>1$,在这种情况下,供给量变动的幅度大于价格变动的幅度。这时的供给曲线是一条穿过价格轴的向右上方倾斜且较为平坦的线。

(5)供给缺乏弹性,即 $0<E_s<1$,在这种情况下,供给量变动的幅度小于价格变动的幅度。这时的供给曲线是一条穿过数量轴的向右上方倾斜且较为陡峭的线。

上述 5 种情形的几何意义如图 3-5 所示(假如供给曲线呈线性状):

图 a)中的线性供给曲线上的所有点弹性均大于 1。例如在 A 点,因为 $BC>OB$,所以 $E_s>1$。

图 b)中的线性供给曲线上的所有点弹性均小于 1。例如在 A 点,因为 $BC<OB$,所以 $E_s<1$。

图 c)中的线性供给曲线上的所有点弹性均为 1。例如在 A 点,因为 $BC=OC$,所以 $E_s=1$。

由此可以得出这样的规律:若线性供给曲线的延长线与坐标横轴相交的交点位于坐标原点的左边,则该供给曲线上所有的点弹性都是大于 1 的。若交点位于坐标原点的右边,则该供给曲线上所有的点弹性都是小于 1 的。若交点位于坐标原点,则该供给曲线上所有点弹性都为 1。

除此之外,图 d)中有一条水平的供给曲线,曲线上所有的点弹性均为无穷大,即 $E_s=$

∞，表示一旦价格低于某值，供给量为零，而高于此值，则供给量为无穷大。

图 e)中有一条垂直的供给曲线，曲线上所有的点弹性均为零，即 $E_s=0$。此图形无论价格如何变动，供给量不变。同样地，当供给曲线为非线性时，也可以根据曲线型供给曲线上所求点的切线与坐标横轴的交点是位于坐标原点的左边，还是位于坐标原点的右边，或者是位于坐标原点，来分别判断该点的供给是富有弹性的，还是缺乏弹性的，或者是单一弹性的。

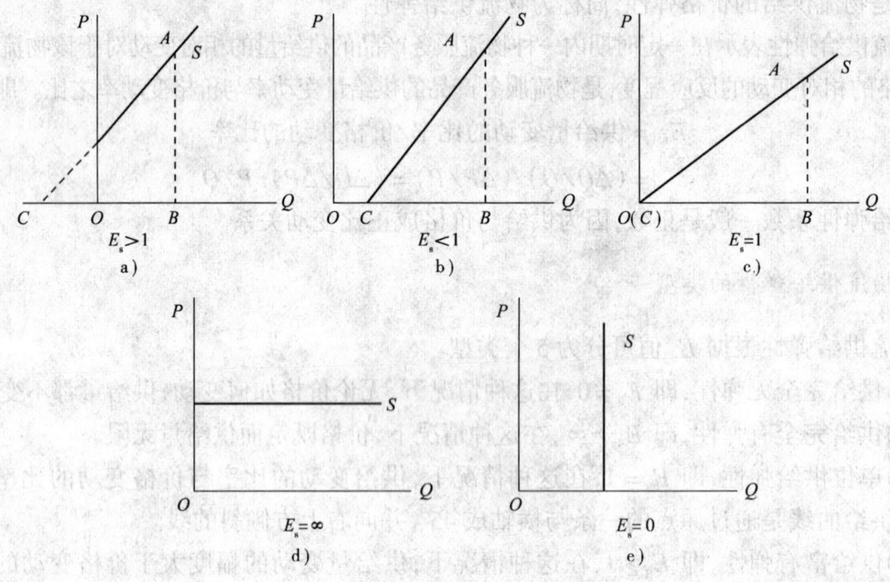

图 3-5 物流供给的几何表述

3.影响供给弹性的因素

根据 $E_s=(\Delta Q/\Delta P)\cdot P/Q$ 可知，物流供给弹性取决于物流供给曲线的斜率及当时所对应的价格水平和需求量。从几何数学角度分析，物流供给弹性取决于物流供给曲线的特征，并可以根据供给曲线上所求点的切线与坐标横轴的交点是位于坐标原点的左边，还是位于坐标原点的右边，或者是位于坐标原点，来分别判断该点的供给是富有弹性的，还是缺乏弹性的，或者是单一弹性的。

由于物流供给曲线的特征与物流生产要素的供给弹性、物流生产的技术门槛与资本门槛、物流生产规模调整的难易程度、物流生产周期的长短等因素有关，所以，物流生产要素的供给弹性、物流生产的技术门槛与资本门槛、物流生产规模调整的难易程度、物流生产周期的长短等因素，都会对物流供给弹性产生影响。

(1)物流生产要素的价格弹性越大，物流生产规模的扩大与物流供给量的增加就越容易实现，物流供给的价格弹性也就越大，反之，物流生产要素价格弹性越小，表明要通过扩大物流生产规模增加物流供给量就越困难，所以物流供给的价格弹性就越小。

(2)物流生产的技术门槛、资本门槛越高,物流行业进入壁垒越高,物流供给的价格弹性越小,反之,物流供给的价格弹性就越大。

(3)物流生产规模的调整越容易,物流供给弹性就越大,而物流生产规模的扩大或缩减越不容易做到,物流供给的弹性就越小。

在影响物流供给弹性的众因素中,时间因素是一个很重要的因素。当某物流服务产品的价格发生变化时,物流供应商对供给量的调整需要一定的时间。在较短的时间内,供应商若要根据物流服务产品的涨价及时地增加供给量,或者若要根据物流服务产品的降价及时地缩减供给量,都存在程度不同的困难,也就是说短期的物流供给弹性是比较小的。但是,在相对较长期内,物流供应商生产规模的扩大与缩小,甚至转产,都是可以实现的,供给量可以对价格变动作出较充分的反应,物流供给的弹性也就比较大了。

除此之外,在其他条件不变时,物流服务生产成本随产量变化而变化的情况和物流服务产品生产周期的长短,也是影响物流供给弹性的另外两个重要因素。如果物流生产规模的扩大和物流服务产量的增加不会引起单位生产成本的较大提高,则意味着供给弹性可以是比较大的。对于生产周期较短的物流服务产品,物流服务供应商可以根据市场价格的变化较及时地调整产量,供给弹性相应就比较大。而对于生产周期较长的物流服务来说,其供给的价格弹性就较小。

思考题

1.名词解释

物流需求、物流需求量、物流需求变动、物流供给、物流供给能力。

2.简述题

(1)影响物流需求价格弹性的因素有哪些?

(2)物流需求的价格弹性有哪几种情形?

(3)物流需求的收入弹性的含义是什么?

(4)物流供给弹性的大小取决于哪些因素?对物流供给弹性的分析有何实际意义?

(5)政府征税对物流需求与物流供给会产生何种影响?

3.案例分析

【案例】 TNT物流公司案例分析

在当今时代,商界竞争激烈,与时间的赛跑几乎无处不在。而要胜出,最基本的要求即是在恰当的时间内将所需的产品以合理的价格送到需要的地点。为了满足这一要求,TNT

物流公司使用了一套先进的供应链与运输计划方案。正是由于使用了 CAPS/Baan 供应链优化软件工具,TNT 物流公司为其客户缩减的总物流成本达到了 33%。

(1)客户

TNT 物流公司成功地为其客户的产品组织和运输提供了完整、综合的方案。它在世界上 23 个国家提供的服务主要集中于运输、分销配给和仓储三方面。为顾客量身定制的物流方案中,包括工厂供给及零部件的境内运输交付、向终端顾客境外交付成品,以及产品修理所需的备用零件的仓储和交付。此外,TNT 物流公司还提供 93 处仓储设备,总建筑面积达到 120 万平方米。

其实,TNT 物流公司为 TNT 邮政集团(TNT Post Group)的分支机构,该集团在全球快递分发、物流及国际信件业务方面堪称欧洲市场的领头羊。TNT 集团是一家总部设在荷兰阿姆斯特丹的上市公司,来自 200 多个国家的雇员总数达 10 万人。

一条供应链系统是由电子信息交换支持的一套复杂而精密的物料和产品运输体系。随着 TNT 客户们的业务拓展,他们的供应链和管理上需求的复杂程度也深化了。客户要求的已不仅是将货物从一处搬运到某个目的地的简单工作,而是已意识到了多地提取和多式联运方案的必要性。

业务的扩大产生了日益复杂的供应链系统。TNT 的分析家们无法再以人工方式有效地分析供应链数据的多个来源。他们需要一个新系统,这个系统应能够将客户数据从多个信息源中提取出来并将其整合到一个分析工具中。“我们客户对供应链细节及其复杂性的高层次要求我们应用供应链设计软件工具。没有这些工具,我们无法成功地为客户服务。”TNT 物流公司物流规划部的经理 Matt Terry 如是说。

为了满足客户需求,并从返程业务中获利,TNT 分析家们需要一套复杂、尖端、专业化的供应链与运输规划应用软件。现有的方案已无法应付 TNT 所要办理的多地点运输业务。“我们已有了擅长于设定单一目的地方案路线的内部软件,但尚无法处理多个目的地的或多式联运型的方案,”Terry 解释道:“我们需要新的工具来帮助我们处理客户日益复杂的需求。”

(2)解决方案

TNT 物流公司对三套不同的供应链与运输规划软件进行了评估。他们选中了 CAPS/Baan 的一套方案——“供应链套餐及运输设计”。该方案是从 Manugistics 以及其他 12 家解决方案中挑选出的,其优胜之处在于它的运输工具安排与运输路线评估能力,以及它能够将政府对货物征收的关税计算进成本的功能。

“从设计运送路线和境内运输方案的角度来看,我们很喜欢 CAPS/Baan suite 套系的路线设计和评估功能,尤其是将特定的关税加入定价系统的能力。”Terry 评价道。

现在,TNT 正使用 CAPS/Baan 的软件工具为其绝大部分客户服务。“对于那些由于供应链要求复杂而聘请 TNT 出任主要物流伙伴(LLP)的客户,我们都使用 CAPS/Baan 来提供服务,”Terry 说。“而在我们总的客户群中,60% 到 70% 的顾客都已经将我们当作了他们最主要的物流伙伴。”

为了始终站在物流领域的最前沿，TNT 前瞻性地对其现存客户信息库内的方案进行分析，试图寻找出同一地区不同客户的货物运输可以结合的地方。通过使用 CAPS/Baan 软件工具，分析家们就能够覆盖现有的多个客户的供应链并将数据组整合起来进行假定分析。这些假定分析包含对五六条供应链的分析评估来创建一条单一的供应链。

对于 TNT 来说，汽车工业是一个非常值得注意的领域。TNT 正密切关注着他们的顶级客户们，其中包括汽车工业的“三巨头”——福特汽车公司、戴姆勒·克莱斯勒公司和通用汽车公司，以及其他一些为汽车工业服务的零件供应商们，以便对整合他们的货运业务的可能性作出评估。通过将多个企业的供应链数据汇总并模拟出新的供应链与运输规划模型，TNT 希望从中发现这些公司的协力优势并从中寻求平衡。Terry 解释说，“通过设计多重客户供应链，我们希望能够向我们的客户提供更为复杂、完整的解决方案。”

(3)成效

除了能简化客户业务外，使用 CAPS/Baan 也使 TNT 自身的业务实践更为顺畅。它不仅增强了 TNT 分析家们的能力，在开始一项优化模型设置项目之前能够先决定从现存及潜在的客户处所应获得信息量的最低限度。Terry 说：“当我们开始为客户设计模型前，我们已经做好了周密的准备。我们终于了解了在开始项目之前应当需要什么样的信息。”对于 TNT 服务所能为客户提供的便利，它与一家大汽车制造商目前正在进行的项目即是其明证之一。在售后服务领域，该公司拥有一整条专为备用零部件使用的供应链。TNT 对这条供应链进行了彻底的研究，涵盖了从供应商到零件分销中心再到包装商的全套境内零件流转过程。使用了 CAPS/Baan 工具，TNT 能够将少于一卡车容量(LTL)的需运货物整合起来并建立起一条运输路线将其运送到该制造商位于东南部 MI 的包装商处。“我们运用 CAPS/Baan 的软件工具来评价和指定货物运输的模式，并在整个供应链过程创立了无危险的飞行任务，目的在于选择出可能实现的最佳服务。”TNT 的物流专家 Ty Clark 如是说。

该汽车制造商已明确地看到了使用 CAPS/Baan 软件工具所带来的效果——供应链设计的优化。“不仅该公司的运输成本下降了，它在境内的运输时间也减少了。”Clark 介绍说 。为了从该客户的回程业务中获利，TNT 亦使用了 CAPS/Baan 工具来对境外运输策略设立模型并提出建议。

TNT 在 CAPS/Baan 软件工具上的投资已经看到了巨大的收益。作为一家综合性的第三方物流伙伴，TNT 宣称其服务能够让客户的总物流成本降低 33%。而 Terry 则称：“要达到这样的效果，我们唯一的办法就是使用自动优化软件系统，如 CAPS/Baan 方案。”

(4)业务目标

- 对客户日益复杂的管理要求作出有效反应；
- 将多个来源的供应链数据整合成单一的分析工具；
- 提升客户的满意程度并从返回业务中获利；
- 简化客户业务操作，并使国内业务实践更为顺畅。

(5)技术要求

- CAPS/Baan 供应链套餐;
- CAPS/Baan 运输设计;
- Windows 95 工作站;
- Microsoft Access。

(6)成效

- 总物流费用削减 33%;
- 减少客户存货量;
- 降低客户运输成本;
- 减少不足一卡车货量的货物运输费用;
- 缩短运输时间;
- 客户操作简化,国内业务实践更流畅。

资料来源:2004 年 9 月 16 日中华网

问题:

结合案例,你认为影响物流供给水平的主要因素有哪些?

第四章 物流市场

物流市场是物流技术供应商、物流服务供应商角逐、竞争的场所，也是物流供应商与物流需求者进行交易、博弈的场所。物流技术与物流服务供应商提供的产品能否为顾客所接受，能否卖个好价，能否获得满意的投资回报，都要经过物流市场的检验。现代物流企业必须面向市场，研究市场供求和价格变化，按照社会对物流技术的物流服务的需求，不断改进物流技术和物流服务，才能适应市场发展，争取顾客满意，在激烈的市场竞争中求得生存与发展。本章主要介绍物流市场概念、物流市场结构、物流市场运行机制、物流供需均衡分析等。

第一节　物流市场概述

一、物流市场涵义

对市场概念有许多不同的解释，如："市场是商品交换的场所"，这被认为是市场的原始概念，即买卖双方在共同约定的时间聚集在一起交换商品，这一实现买卖的场所就是市场。

市场不仅是商品交换的场所，而且是不同的商品生产者、中间商和消费者之间的商品交换买卖关系的总和。这是马克思主义政治经济学的观点，以一定的经济关系来说明市场的性质。市场上所有的买卖活动，都涉及直接参与者和间接参与者的利益，在物与物的关系背后存在着人与人的关系。正确处理这些经济利益和经济关系，是商品交易顺利进行的条件。

现代市场营销学对市场的定义是：购买者的现实需求和潜在需求的总和。这个定义突破地域的界限，强调市场就是买方的需求，即一种产品有没有市场，关键就在于它能否满足购买者的需求，只要有需求就有市场。

物流市场作为一个专业门类市场，也可以有类似上述的多种理解。我们倾向于认为把实现物流服务产品买卖交换的场所称之为狭义的物流市场；把在有形的和无形的物流产品交易场所进行的物流供应商、中间商、消费者（需求者）之间买卖关系的总和，称之为广义的物流市场。也就是说广义的物流市场包括物流需求与物流供给、物流交易中介这三个方面。

物流市场形成的基本条件是:存在买方和卖方,有可供交换的物流服务产品;有买卖双方都能接受的交易价格和其他条件。只有这三者都具备,才能实现物流商品的让渡,形成现实的而不是观念上的物流市场。

物流市场活动的中心内容是物流服务的需求和供给,因此必须具备消费者、购买力和购买意愿这三要素。没有消费者就谈不上购买力和购买意愿,而没有消费者的购买力和购买意愿,也不能形成市场。只有三个要素结合起来,才能促成买卖交易行为。

二、物流市场功能

物流市场的功能指物流市场在运行过程中所具有的职能,主要表现为:

1.实现功能

通过市场交易,物流提供者售出产品,实现了物流服务的价值;顾客获得物流服务。

2.集散功能

通过市场交换,实现物流服务,创造物流地点效用和时间效用,只有通过市场发生商品的集中和扩散,才能实现生产和消费、供给与需求的结合,满足生产和生活的需要。

3.调节功能

市场是洞察商品供求的窗口。物流供求与物流价格的相互作用,物流供求形势的变化和竞争的展开,对物流生产、经营和消费者的买卖行为起调节作用,使物流生产、经营规模和结构与消费需求相适应。物流市场的调节功能主要通过价值规律、供求规律和竞争规律来实现。当市场的供求出现变化时,价格也会出现变化。价格的变化,一方面引导生产者转移资源,减少供过于求的商品生产,增加供不应求的商品生产;另一方面又引导消费者的消费,增加或减少对某商品的购买。物流市场价格发生变化,物流生产者和消费者都会对自己的行为作出相应的调整,以促使供求趋于平衡。

4.服务功能

物流市场不仅是物流服务集散的中心,也是金融、信息、技术的中心。各种服务机构,如银行、信托、保险、咨询等,在市场上进行着包括资金融通、风险负担、市场情报、物流标准化等各项服务活动,为市场活动中各个环节的交易双方提供便利。

5.反馈功能

市场是信息汇集的场所,通过买卖双方的接触和影响供求诸因素的信息的传递,不仅为企业的微观决策提供依据,有利于更好地组织生产经营活动,也为政府的宏观决策提供依据,有利于加强和改善宏观调控。

6.配置社会物流资源功能

社会物流资源包括社会物流活动所需要的各种要素,如物流人才、物流设施和物流资本等。社会物流资源是有限的,只有合理分配社会物流资源,才能取得最佳的社会经济效益。在市场经济中,物流资源的配置主要是通过市场机制实现的,一般说来,市场供求的变化,通过价格的涨落来引导生产者扩大或缩小规模,或改变生产经营方向,从而促使社会资源在不同的部门和企业之间流动,把社会资源配置到经济效益好的部门和企业,以实现资源的优化配置。

7.激励功能

市场实际是生产经营者竞争的场所。通过价格、质量、服务等多方面的竞争,具有优势的物流经营者可以得到较多的收益,没有优势的物流经营者只能得到较少收益甚至亏损。每一个生产者要避免在竞争中被淘汰的命运,就得全力以赴,不断改善生产和经营条件,提高劳动生产率,生产出更多、更新、更便宜的物流服务来满足市场的需求。只有这样,才能在市场竞争中处于有利地位。

三、物流市场的类型

物流市场可以按不同标准分类,主要有以下一些分类方法:

按流通范围分,有国内物流市场、国际物流市场;按地理环境分,有农村物流市场、城市物流市场,热带物流市场、寒带物流市场等;按交易内容分,有运输市场、配送市场、仓储市场、流通加工市场、物流设备市场、物流技术市场等;按竞争程度分,有完全、不完全、完全垄断的物流市场;按需求性质分,有消费者物流市场、生产者市场、中间商市场、零售商市场等。

第二节　物流市场结构

对物流市场结构特征的判断,可以根据物流供应商的数量,物流产品属性,物流生产要素流动障碍,信息充分程度等因素来作出判断。如果某种物流服务产品有众多的生产厂家或供应商,厂商之间的竞争非常激烈,我们就说该种物流产品的市场是竞争性的;反之,如果某种物流服务产品只有唯一的或数目很少的生产厂家,厂商之间竞争较弱,我们就说该种物流服务产品的市场是垄断性的。也就是说,如果物流供应商或物流生产厂商的数量越多,物流市场的竞争程度就越高,而垄断程度就越低;反之,厂商数量越少,市场的竞争程度越低,而垄断程度越高。

在厂商数量一定时,则厂商生产的物流服务产品同质性越高,市场竞争也就越激烈,垄断性越弱;反之,产品的同质性越低,则市场的竞争程度也会越低,而垄断性程度越高。

如果某物流服务生产领域要素流进流出很容易，厂商很容易进入或退出该生产领域，行业竞争程度就高，垄断程度就低；反之要素流通不易，厂商进入和退出的成本都很高，则该领域（行业）竞争程度就很弱，而垄断程度很高。

此外，信息越充分，厂商越容易根据市场调整自己的决策，市场竞争程度越高，则垄断程度越低；反之，信息越不充分，则掌握较多信息的厂商有竞争优势，逐渐处于垄断地位，导致市场垄断程度很高而竞争程度很弱。

微观经济学根据市场中买者和卖者的多少、商品的同质性、市场进入或退出的自由程度、信息的完全性等因素，把市场结构抽象成完全竞争市场、垄断竞争市场、寡头垄断市场和完全垄断市场四种，其中完全竞争和完全垄断处于两个极端状态，而垄断竞争和寡头垄断是介于这两个极端之间的普遍存在的市场结构，垄断竞争市场是偏向于完全竞争但又存在一定程度的垄断，寡头垄断偏向于完全垄断但又存在一定的竞争。物流市场结构类型如表 4-1 所示。

物流市场结构类型　　表 4-1

市场类型	完全竞争	垄断竞争	寡头垄断	垄　断
厂商数	大量	大量	少数	唯一
商品同质性	同质	有差别	同质或有区别	无相近的替代品
进入条件	自由	自由	困难	封锁
信息的完全性	完全信息	不完全信息	不完全信息	不完全信息

一、完全竞争物流市场

中国物流企业的市场份额普遍偏低，物流业的市场集中度也较低，使中国物流业呈现出近似完全竞争的市场结构特征，表现为一种原子型的市场结构。完全竞争市场的特征是：

(1)市场中有大量的购买者和供应者，每一个买者和卖者相对于整个市场是微不足道的，都不能左右市场价格，只能是市场价格的被动接受者。

(2)市场上所有厂商提供的产品是同质的，无差异的。

(3)生产要素可以完全自由流动，厂商进入和退出一个市场没有障碍。

(4)市场信息是完全充分的。

从经济学角度看，竞争性的市场结构有利于提高效率——无论从生产者的角度还是从消费者的角度来说，都是如此。从生产者的角度看，竞争能够优胜劣汰，能够促使产品和服务质量的不断提高；从消费者的角度看，竞争能够使其获得更优良的产品和服务，增大其消费剩余。竞争既可以是市场中的竞争（争夺市场份额的竞争），也可以是市场的竞争（进入市场的竞争）。

完全竞争理论认为，市场机制能够自动发挥作用，使经济运行状态达到最优。在这一理论的指导下，按“边际成本定价”、实现“帕累托效率”等成为评价市场结构、企业行为等的重要指标甚至是基本标准。应当说，完全竞争市场的假设前提十分严格，现实中完全符合上述条件的物流市场并不存在,但作为一个分析框架和理论模型,还是有实用价值的。在研究物流市场时,我们可以将普通公路货运物流、普通水路货运物流、一般仓储服务、普通市内配送服务等物流服务市场,近似看成是完全竞争市场。需要指出的是,在完全竞争条件下,市场这只看不见的手,有时也会失灵。

以公路运输为例,我国公路货运行业已经完全市场化,运输主体一般是单车业户,或者是挂靠在运输企业的单车业户,由于竞争加剧,运输市场形成了"压价→超限超载→运力过剩→再超限超载"的恶性循环,从经济学上分析,这是市场这只"看不见的手"失效的结果,是一种典型的"污染博弈"。

经济学上的博弈理论是指竞争的对手在市场竞争中,彼此在研究对手的竞争策略基础上,确定自己的竞争策略。博弈有两种均衡情况,一是竞争者采用合谋博弈,以协同的方式活动,达到企业共同利润的最大化,即合作性均衡。但是这种情况的可能性非常小,亚当·斯密说过:"做同样生意的人是很少相聚的……在一些人想努力提价时……谈话就终止了。"通常的情况是,竞争对手在战略选择时,只是选择对自身最有利的战略,而不考虑社会福利或其他社会群体的利益,其结果是,所有竞争对手采用非合作行为时,社会效用反而最大化了,这就是非合作性均衡,也即纳什均衡。

公路运输的竞争对手在相互削价的过程中,如果价格接近成本,竞争者会停止削价,以保证恰当的利润,从而达到一种非合作性均衡。但是在实际的道路运输市场,竞争者通过超限超载运输,不断突破成本的概念,降低运输的单位成本,希望取得竞争优势,而不考虑道路的损害、交通事故的频发、国家道路通行费的流失。这种以牺牲社会和其他群体利益,类似目前一些化工企业通过降低清除污染费用而取得竞争优势的"污染博弈"。

目前的超限超载说明,道路运输的市场"这只看不见的手"竞争机制已经失效,市场出现无效率状态,社会和其他群体利益受到侵害。在这样情况下,政府需要介入,通过设置有效的规则制度,主要是行政处罚制度,并且切实执行这些规则制度,依法对市场主体及其行为进行监督和管理,从而使市场竞争在一个相同、不侵犯社会和其他群体利益基础的成本水平上,也就是使运输业户通过侵犯公共利益途径降低运输成本的成本增加,并且使该成本大于遵守规则制度运输的成本,则根据博弈理论,道路运输的市场自然达到一个新的非合作性均衡。

二、完全垄断物流市场

完全垄断市场的基本特征是:

(1)只有一个买者或卖者,这里我们仅指只有一个卖者。

(2)产品没有合适的替代品,不存在竞争者威胁,也无潜在竞争对象;

(3)企业是价格的独立制定者。

可能形成物流市场垄断的情形主要有:

(1)当某些物流产业需要巨大的资本设备投资才能有效地经营,并存在规模报酬递增现象时,一般厂商就无法做到在生产成本上与之竞争,这样,先期进入的巨型企业就形成了自然垄断,铁路运输基本具备这种垄断性质,区域大型物流中心因为投资规模大、技术复杂,且具有先占优势,所以也比较接近这种情况。

(2)由于占有了独特的自然资源而形成的自然垄断,如一些优良港口,就具有自然垄断特性。

(3)政府特许专营所形成的垄断,如某条空运航线被某家航空公司特许而独占时,就属于此种情形。

(4)由于某个厂商拥有某种物流服务生产专利权而形成的垄断,如当某物流供应商拥有某项专业性技术性高的物流技术专利时,该项专业性物流作业就可能被其垄断。

一般认为,完全垄断对经济是有害的。这是因为:

(1)与完全竞争市场相比,垄断市场上的平均成本与价格会更高而产量更低。

(2)垄断市场导致社会福利的损失。由于垄断厂商实施价格歧视,购买者付出的代价就会更高。这种情况无疑导致社会福利的损失。

(3)垄断的存在有可能导致社会收入分配不平等的加剧和人为地阻碍技术进步。

(4)垄断导致技术性低效率即X-非效率(X-inefficiency)。X-非效率由美国哈佛大学的教授雷本思坦(H. Leibensitein)提出,指的是垄断性大企业由于缺乏市场竞争的压力,造成内部组织层次多、关系复杂、机构庞大,再加上所有权与控制权的分离,从而导致企业内部配置效率低下。

(5)更为不利的是有可能导致寻租行为从而成为滋生腐败的土壤。垄断条件下企业的超额利润被称为租金,这种租金的取得依赖于垄断特权,因此,企业愿意为获得和保持这种特权而付出额外的代价。人们把资源被用来寻求或保持垄断利润的行为称为寻租,比如游说立法者以给自己垄断特权,甚至贿赂决策者给予自己某种垄断特权(如独家占有货运航线等)。

但是,垄断的存在对社会并非一无是处。首先,有些垄断市场,特别是政府对某些公用物流事业的垄断,并不以追求最大限度的利润为首要目标。这些公用物流事业往往投资大,周期长,但又是经济发展和居民生活所必需的,如机场、港口、铁路等物流基础设施建设。这些物流领域如果采用完全竞争的方式将会给资源配置带来不经济,由政府垄断往往好处更多。当然,这种政府垄断也可能导致官僚主义和效率低下。其次,由于垄断厂商具有更大的规模和更雄厚的资金实力,因此有可能通过规模经济和范围经济以及创新活动促使技术进步,从而有可能达到比竞争行业更高的产量和更低的价格。

从货运物流市场结构看,由于我国资源分布和工业布局不均衡,长距离、大运量、大宗货物运输主要依靠铁路。铁路运输业最主要的经济特征就是巨大的固定资本投资形成的进入壁垒和高额的固定成本引起的规模收益问题,使市场失灵,从而形成垄断的市场结构。

纵观发达国家铁路物流基础设施的经营状况,其主要市场结构是以垄断、寡头垄断和垄断竞争为主。比较理想的模式应该是实行寡头垄断的市场组织,形成既有垄断又有竞争的局面。“网运分离”从理论上给铁路客货运输服务提供了引入多个运营商和内部竞争的机会,降低了竞争者进入铁路市场的障碍,可以较容易地通过市场准入制度引入竞争者。但即使是被公认真正实施了内部竞争的英国铁路,也主要是依靠特许经营权的定期拍卖和货运领域的开放准入来实现的,其集装箱运输就一家专营,四家货运公司之间交叉不多,25个客运公司基本上是各自在一个地区或一条线上运营。由此可见在铁路内部引入竞争的难度极大。

三、寡头垄断物流市场

寡头垄断物流市场指由少数几家大型物流厂商控制某种物流产品供给的绝大部分乃至整个市场的一种市场结构。寡头垄断是介于垄断竞争与垄断之间的一种市场结构。寡头厂商之间生产的物流产品可以是同质的,也可以是有差别的,如航空货运物流服务、沿海沿江口岸各大型港口装卸业务、各地大型物流中心物流集散业务等,可以看作是寡头垄断。

寡头垄断的关键是:每家物流厂商首先要推测竞争对手的决策,然后根据利润最大化原则确定自己的决策,相互之间利害关系极为密切。寡头物流厂商数量是很不易确定的,它与垄断竞争的界限并不以厂商数量为标准,主要取决于厂商之间的关系。在寡头垄断下,厂商相互注视对手的行动(价格、产量、广告开支等),并估计和注视自己采取行动后竞争双方的反应。

寡头垄断的物流市场,其特征可概括为以下几点:

(1)厂商数目屈指可数,买者众多,厂商在一定程度上控制产品价格和绝大部分的市场份额。

(2)产品差别可有可无。寡头垄断厂商提供的物流产品可以是相同的(如各航空公司提供的空运业务、各港口的货物装卸业务),也可以是有差别的(如品牌、信誉和服务质量上差别)。由此分为无差别寡头垄断市场和有差别寡头垄断市场。

(3)存在进入的障碍,其他厂商无法顺利地进入该行业。一种可能性是这些寡头行业存在规模经济,使得大规模的生产占有强大的成本优势和产量优势,大企业不断发展壮大,而小企业则无法生存,最终形成少数几个物流厂商竞争的局面;有时寡头厂商之间相互勾结,构筑进入的壁垒,阻止其他厂商进入;寡头厂商为了减少其竞争压力,也会采用收购、兼并一些小企业等形式来减少厂商的数目。在有的物流领域,寡头市场的形成则直接由于政府的产业政策所致(厂商数目较稳定)。

(4)寡头垄断之间相互利害关系极为密切,双方均是反应后再决策,故在产量和价格上没有“确定的均衡”。由于市场中物流厂商的数目较少,每个厂商在市场中都占有一个很大的份额,对市场都有举足轻重的影响力。一个厂商的价格和产量变动,不仅影响到它自己的市场份额和所得利润,而且会直接影响到其他厂商的市场份额和利润,因而物流厂商所做的价格—产量决策也很容易遭到其竞争对手的报复。所以,寡头厂商在做出决策的时候必须把其竞争对手可能采取的对策考虑进去,而竞争对手的可能对策又是难以推测的。正因为如此,既无法推导出寡头厂商的有规律的供给曲线,而且无法确定寡头厂商的有规律的需求曲线。这一点和其他厂商非常不同。

由于寡头厂商在进行决策的时候必须考虑到其他厂商的可能对策,而其竞争对手的策略又是千变万化的,对手如何反应是它事前所无法准确预计的,因此,寡头垄断厂商的决策具有重要的不确定性。所以,寡头厂商的价格—产量决策过程就是该寡头厂商与其他寡头厂商之间相互博弈的过程,价格的确定实际上是一个搜寻的过程。我们知道,完全竞争市场物流厂商是价格的被动接受者,而垄断厂商则是价格的主动制定者,但寡头厂商则只能是“价格搜寻者”。

正是由于寡头厂商之间价格决策的不确定性,厂商之间往往尽力避免打“价格战”。在寡头物流领域中除价格竞争之外,更经常进行的是非价格竞争,比如广告竞争、品牌竞争、服务竞争等。

寡头市场物流价格决定的界限在于:最高价格等于完全垄断下的垄断价格,最低价格高于完全竞争市场长期均衡时的竞争价格。但价格确定方式往往不是由市场供求关系直接决定,而是以下面几种方式确定:一是寡头垄断者通过价格同盟来制定;二是由寡头垄断者的默契形成;三是由一家最大的寡头先行定价其他随从。这些被称为操纵价格。一般地说,这种价格一旦形成,不会轻易变动,以避免寡头双方在价格中两败俱伤。

由于上述原因,寡头厂商的均衡价格和均衡产量很难确定,要想建立寡头厂商的行为模型就显得异常困难,至今无法找到寡头厂商一般性短期和长期均衡点。为克服这一难题,经济学家通常假定在给定其对手的行为以后,每个厂商都采取它能采取的最好的策略(这样达成的均衡称为纳什均衡),并建立相应的均衡分析模型,影响较大的主要有:古诺模型、斯威齐模型、卡特尔、价格领先制等,这些模型可供我们分析寡头垄断下物流市场均衡状况时参考。

寡头厂商之间的竞争会使厂商受到损失,甚至导致厂商亏损或者破产(如近年来国内各航空公司,为了争夺客户,纷纷采取低价促销策略,不惜以亏损高代价,就是典型的寡头厂商恶性竞争的结果)。为了避免出现这种情况,寡头厂商经常会相互勾结(或者称串谋),以期获得更大的利润。厂商之间的勾结形式是多样的,这里只讨论厂商之间通过正式协议相互勾结的情况。这种独立厂商之间有关价格、产量和瓜分市场销售区域的明确协议(通常是正式协议),叫做卡特尔(如“国际航空交通运输协会”规定某些航线的统一价格,其成员单位都要执行,该协会就相当于一个卡特尔组织)。

卡特尔要成功地控制价格需要具备三个条件:

(1)产品的总需求是缺乏弹性的,否则的话卡特尔提价的余地很小;

(2)卡特尔必须控制大部分市场,非卡特尔的供给也是缺乏弹性的;

(3)卡特尔对其成员分配的产量和制定的价格必须能够得到严格遵守。

但是要满足这三个条件并非容易,所以并不是所有的卡特尔都能成功。首先一个原因,所有的卡特尔成员都是在价格高于边际成本的条件下运行，如果某个成员暗中增加产量，它的利润就将增加，所以卡特尔成员有“越轨”的动机；其次，卡特尔成员之间的生产成本不同、经营目标各异、所要求的价格目标也不相同，因此就难以保证所有成员都能严格地履行协议。如果出现一些成员的“越轨”现象，很容易导致卡特尔的瓦解。所以从总体上说，卡特尔协议是不稳定的。

虽然寡头厂商意识到厂商之间采取合作的态度，共同提高物流服务价格来增加利润对大家都有好处，然而在现实中，厂商之间的勾结，或共谋，却是有很多障碍的。首先，正式的串谋，比如组成卡特尔，在一些国家是被法律所禁止的，比如美国有相关的反垄断法，中国的《价格法》也禁止厂商之间的价格协议；另外，如果物流厂商的共谋存在一些事实上的障碍，比如提供的物流产品差异较大，厂商之间达成一个卡特尔协议也是难以完成的。所以，厂商之间往往采用非正式的串谋行为，通常是大家共同遵守一些公认的“准则”，如相互承认低价倾销是违反商业道德的；相互尊重对方的市场份额和销售区域；认可竞争行为的某些惯例等。其中最重要的当然是价格的制定，在非正式串谋中普遍采用的形式是价格领先制。

我们把行业中占支配地位的厂商，叫做主导厂商。在主导厂商的定价模型中，主导厂商首先确定价格，其他厂商在此价格下来确定各自销售的数量。在价格领先制下，主导厂商由于占有定价的优先权而处于较有利的地位，可以分得一个较大的市场份额，而其他厂商作为追随者，被动地接受主导厂商的价格，因而利润最大化的决策要简单得多。

四、垄断竞争物流市场

垄断竞争市场的主要特点是：

(1)企业数量多，每个企业的市场份额都很小，单个企业的行为不会影响市场。

(2)产品有差别，这是垄断竞争市场的一个关键特点。正因为产品有差别，所以每个企业都能吸引一些特定的购买者，从而对购买者有一定的垄断力量；但同时，产品之间又具有不同程度的替代性，从而有一定的竞争。

(3)无进退壁垒：企业进出市场是自由的，因此垄断竞争市场上企业之间的竞争还是很强的。

(4)厂商对价格略有影响力。

现实中，许多物流领域符合垄断竞争市场的特征，如从事集装箱运输和公路货运物流业务的商家很多，他们提供的服务具有相互替代特性，相互之间竞争明显，但各物流厂商提供的物流服务在品牌上、服务内容服务质量上，都存在差异，各货运服务商也不断声明和大力宣传自己的服务不同于其他供应商的地方，以求把自己的服务产品与其他供应商区别开来，形成差别竞争，这正是垄断竞争的情形。

垄断竞争的优点：垄断竞争市场物流产品是多种多样的，可以满足购买者的不同需求偏好；有利于推动技术创新、管理创新、服务创新。缺点是物流市场的均衡价格较高、均衡量较低。

第三节 物流市场运行机制

市场运行机制是指在市场经济运行中形成的以价格、供求和竞争三位一体的互动关系为基础的经济运行和调节的机理。物流市场运行机制是物流市场的各种要素,包括价格、供求、竞争等要素之间,互相联系,互相制约,各自发挥功能,又共同发挥功能的有机联系。

物流市场机制形成的前提条件,必须是社会上存在众多的经济上独立的直接依赖于市场的物流生产经营者。同时,社会上有众多有支付能力和能自由购买的物流需求者,以及较为完善的物流市场体系。在这三者作用下,形成物流市场的供求机制、价格机制、激励机制、竞争机制、风险机制,组成统一的物流市场运行机制。具体言之,这些机制的形成是这样的:物流生产经营者和物流消费需求者为了实现各自的目的,即物流生产经营者为了实现利润最大化,物流需求者为了实现效用最大化,必须千方百计提高效率、降低成本、改进产品,并在物流市场上进行交换,以满足各自的需要。这样,物流生产者之间以及供求双方在物流市场上就形成竞争机制和供求机制。物流市场上供求双方不断交换,必须以货币作为媒介,才能达成交易,形成物流价格机制。各种交易价格在市场上形成后,就会发出供求变动的信号,价格上涨说明供不应求,价格下跌说明供过于求,这就给供求双方形成激励机制。

物流市场运行机制的调节,就是在发挥价格机制、供求机制、竞争机制的基础上,通过价格、供求、竞争等市场机制的相互制约与相互联系,调节社会物流活动的运行和社会物流资源的配置,促进社会经济的发展。

一、价格机制及其调节作用

从价格机制与其他机制的关系来看,虽然各种机制在市场机制中均处于不同的地位,但价格机制对其他机制都起着推动作用,在市场机制中居于核心地位。

市场机制要发挥调节作用,必须通过价格机制才能顺利实现。这是因为价格变动情况是反映社会经济活动状况的一面镜子,是市场经济运行的晴雨表。价格是人们经济交往的纽带。社会产品在各个经济单位、个人之间的不停流转,必须通过价格才能实现。价格是人们经济利益关系的调节者。在市场经济中,任何价格的变动,都会引起不同部门、地区、单位、个人之间经济利益的重新分配和组合。在市场经济中,生产者的收入高低和盈亏状况首先取决于市场价格,价格的高低决定着生产者之间的经济利益。因此,价格既是分配资源的工具,又是分配收入的尺度。

(一)价格机制对物流生产投资方向及规模的调节

物流价格机制能解决社会提供什么物流服务、提供多少;如何提供;为谁提供这三大基本问题。

(1)企业提供什么物流服务,提供多少,首先必须以市场为导向,即以市场供求状况为导向，而市场供求状况，又必须看市场价格情况。如市场上某种物流服务产品相对于其用途过于稀缺，其价格上涨，供不应求，生产经营者就有多生产提供该物流产品的动机，而需求者就有少用或不用该物流产品的动机，这将引起价格下落，直到其稀缺程度符合其用途为止。如果某种物流产品相对于其用途过于丰裕，说明供过于求，其价格又过低，需求者就具有多使用该产品的动机，而生产经营者则具有少生产或不生产该种物流产品的动机。这将带来价格上涨，直至其稀缺程度符合其用途为止。因此，物流经营者决定提供什么，提供多少，是以市场价格信号为根据作出决策的。

(2)企业在决定提供什么物流和提供多少以后，就必须解决如何提供的问题，也就是如何配置资源问题。是多用劳动力，还是多用资本(包括物流机器设备)；是用普通材料，还是用高档材料；是用一般技术，还是采用高技术，关键是要看其成本价格是高还是低。如果使用资本比使用劳动力成本较低，那就采取多用资本少用劳动力；如果采用一般技术比采用较高技术成本高，那就采用较高技术。企业在决定如何提供问题时，必须通过成本核算，选择成本最低的方案进行生产。

(3)物流产品提供出来之后，卖给谁，也就是为谁提供的问题。企业最关心的问题，是谁能买得起他们所提供的物流服务产品，它决定于市场上各种集团、家庭、个人的收入情况。物流产品价格的变动，将决定人们对物流服务的需求水平。

(二)价格机制对物流产业、物流生产者收入分配的调节

在市场经济中，生产者的收入高低和盈亏状况首先取决于市场价格，价格的高低决定着生产者之间的经济利益。因此，物流服务产品价格的高低能决定和调节物流产业与其他产业、物流产业内部行业间，物流企业间的收入分配。如在物流产业中，航空货运服务、特种货运服务价格高、利润大，其行业、企业收入较多；一般公路运输行业、企业的服务价格相对较低，其收入也较少，这是价格对行业、企业间的收入分配。

(三)价格机制对物流需求方向和结构的调节

价格机制具有直接影响物流需求者(消费者)购买行为的作用 。假如某种物流服务产品价格上涨，而相关物流服务产品价格稳定或下跌，将促使需求者多购买相关物流产品，少购买或不购买该种物流产品。某种物流产品价格下跌，而相关产品价格上涨，将促使物流需求者多购买该种物流产品，而少买或不买其他相关产品。

(四)价格机制具有传递物流市场供求信息的作用

市场机制的一个重要功能就是为生产者和消费者提供决策的信息。在市场经济中，每个物流供应商和物流服务消费者都是根据自己独立的意志进行自主决策的，为了在竞争中取胜，物流生产者必须了解物流产品的供求状况，而这对单个的物流供应商来说是个无比复杂的问题，但是这复杂的问题被价格机制大大简化了。物流价格以其自身变动的方向和幅

度给物流服务生产者传递着明确而简单的经济信息。

(五)价格机制对合理配置物流资源的作用

在现代市场经济中,市场机制合理配置资源的作用,是以价格职能的正常发挥为前提的,价格职能的正常发挥又是以价格能够及时、正确地反映劳动耗费、供求状况和资源稀缺程度的变化为条件的。各种商品和生产要素都是通过市场交易方式进行社会调配,从而形成成千上万的各类交易价格。物流价格的变动造成了物流产品与其他产品及各种物流产品之间的价格比价关系,反映了物流市场供求,调节了物流市场各方经济利益,从而引导供求双方做出决策,致使资源发生配置。这种价格形成变动以及所导致的资源配置过程,就是市场价格机制发生作用的过程。价格机制、竞争机制和供求机制互相制约、互相影响、共同作用。供求双方的竞争对物流价格的影响,取决于它们的力量对比。供大于求,价格下跌;供不应求,价格上涨。而价格上升又刺激物流供给增加,需求减少;价格下降则刺激物流需求增加,供给减少。正是这种供给与需求的相互竞争,供求与价格的彼此作用,使物流价格趋向于价值,使物流供求趋于平衡,物流资源得到合理配置。价格与价值相背离又趋于一致,是价格机制作用的实现形式。

二、供求机制

供求机制是指物流市场上物流服务供给总量与需求总量之间以及两者同物流服务产品价值之间相互关系的作用。物流供给是指社会为市场提供的物流服务总量,需求是指有支付能力的社会购买物流服务的价值总额。供求关系变动会引起物流价格的变动。如果市场上当某种物流服务供给总量与需求总量相等,物流服务产品的价格与价值就趋于一致;如果供给总量大于需求总量,物流产品的价格就会低于价值;如果供给总量小于需求总量,物流产品的价格就会高于价值。同样,物流市场价格的变动也会调节物流供求状况,降低价格就会增加需求,减少供给;提高价格,就会增加供给,减少需求。供求机制的作用就是使物流供求不断地从不平衡趋向平衡。供求机制在不同的物流市场结构下有着不同的作用特征。

(一)完全竞争条件下物流市场供求机制

假如物流市场的价格 P 为常数,物流供应商总收益为 R,平均收益为 AR,边际收益为 MR,产量为 Q,则在完全竞争市场的条件下,物流厂商的边际成本、平均成本都等于产品价格 P。

在完全竞争的市场上,单个物流供应商面临的需求曲线和所有物流供应商作为一个整体面临的市场需求曲线是不一样的,作为单个物流供应商无法左右市场价格,但物流供应商作为一个整体,是可以影响市场价格的。

对于单个物流供应商,$MP = AR = P = C$,其中 C 为常数,与产量 Q 无关,所以物流供应商需求曲线为一条与横轴平行的直线(图 4-1),因此单个物流供应商面临的需求弹性无穷大。

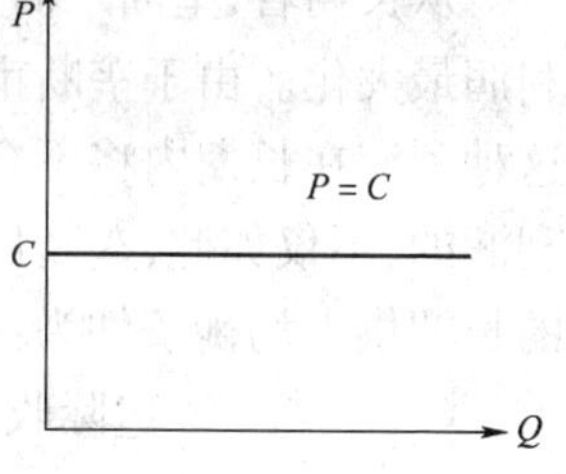

图 4-1　厂商需求曲线

所有物流供应商作为一个整体,面临的需求曲线是一条向右下方倾斜的曲线,它完全由市场上的物流服务购买者决定。同时,所有物流供应商作为一个整体,有其自身决定的一条供给曲线,它与需求曲线的交点决定了单个厂商所必须面对的均衡价格 P。

当供给曲线或市场需求曲线移动时,均衡点发生变动,单个物流供应商面临的需求曲线也将发生变动。如图 4-2 所示,假定由于某种因素影响,供给曲线向右下放移动,均衡价格从 P_1 下降到 P_2,而均衡产量从 Q_1 增加到 Q_2,此时物流供应商需求曲线从 $P = P_1$ 向下移动到 $P = P_2$。

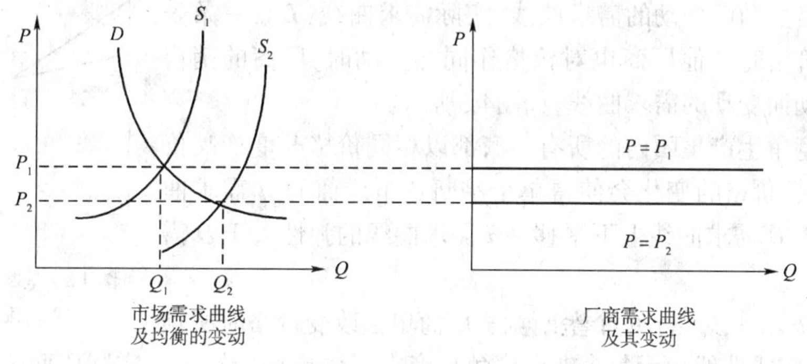

图 4-2　物流市场均衡

完全竞争物流市场的均衡水平,最终取决于物流市场供给曲线和需求曲线的特征及其变动。其中,物流市场上各物流生产厂商的供给总和构成整个物流市场的供给。

(二)完全垄断物流市场供求机制

完全垄断市场的物流需求曲线和收益曲线与完全竞争市场是不同的。完全垄断厂商面临的需求曲线,就是市场的需求曲线,一般是一条向右下方倾斜的曲线。

当只有一家物流供应厂商时,垄断厂商将按照边际原则确定自己的产量。在完全垄断情况下,垄断厂商是价格的设定者,垄断厂商的产量就是市场总供给,而市场价格与边际收益并不相等的,供应厂商只能根据该厂商的边际成本曲线与边际收益曲线的交点来确定供给量。当整个市场的需求状况发生变化时,厂商边际收益曲线也发生变化,物流供应厂商又按边际成本与边际收益的交点来确定产量,而原来的交点则失去效力。因此,完全垄断厂商不能仅由边际成本曲线的变化来确定供给量。对不同的需求条件来说,完全垄断厂商可能会在不同的价格水平供给同等数量的物流服务产品。还有可能当市场价格下跌时,完全垄断厂商的产量反而增加,市场价格上涨,产量反而减少,其中无固定规律可循。在垄断市场上价格和产品的供给之间并不存在一一对应的关系。

从长期看,垄断厂商可以调整全部生产要素的投入量,即调整整个生产规模,从而实现利润最大化。由于垄断市场排除了其他厂商进入的可能,一旦垄断厂商在短期内获得利润,这种利润在长期内将不会因为新厂商的加入而消失,换言之,垄断厂商在长期内是可以保持利润的,不仅如此,垄断厂商可以通过重新调整生产规模来获得最大的垄断利润。垄断厂商的长期供求均衡条件为:

$$边际收益\ MR = 长期边际成本\ LMC = 长期平均成本\ LAC$$

(三)垄断竞争物流市场供求机制

垄断竞争厂商的需求曲线分主观需求曲线与实际需求曲线两种。主观需求曲线(d):一条表示厂商变动价格,而其他厂商价格保持不变时,厂商的销售量随它的价格变动而变动的需求曲线;实际需求曲线(D):一条表示厂商变动价格时其他厂商也对价格作同样变动时,厂商的销售量随价格变动而变动的需求曲线,如图4-3所示。

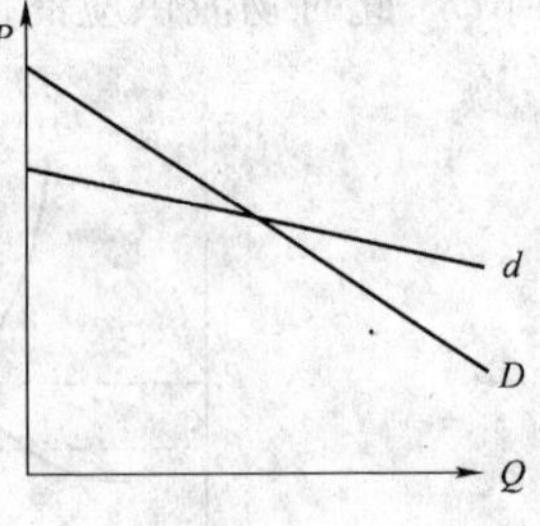

图 4-3 垄断竞争厂商的需求曲线

当垄断竞争生产集团内的所有厂商都以相同价格改变产品价格时,整个市场价格的变化会使得单个垄断竞争厂商的 d 需求曲线的位置沿着 D 需求曲线上下平移。d 需求曲线的弹性大于 D 需求曲线的弹性。

由于 d 需求曲线表示单个垄断竞争厂商单独改变价格时所预期的产量,D 需求曲线表示每个垄断竞争厂商在每一市场价格水平实际所面临的市场需求量,所以,d 需求曲线和 D 需求曲线相交意味着垄断竞争市场的供求相等状态。

垄断竞争厂商的短期供求均衡条件:边际成本 MC = 边际收益 MR。长期供求均衡条件:边际收益 MR = 长期边际成本 LMC = 短期边际成本 SMC,平均收益 AR = 长期平均成本 LAC = 短期平均成本 SAC。

三、竞争机制

竞争是经济活动的一种常态,是商品生产的客观规律。竞争机制就是指市场各经济主体从自身利益出发,为获得有利的生产交换条件,而不断地就商品价格和质量等方面展开的相互竞争关系。竞争是由商品的内在矛盾,即价值和使用价值的矛盾运动引起的。商品生产者出卖商品,关心的是实现自己商品的价值,希望通过让渡使用价值来实现更多的商品价值;商品的购买者,关心的是商品的使用价值,希望通过支付货币来换回更好的使用价值。这样,卖者之间、买者之间以及卖者与买者之间在市场必然发生为各自的经济利益而竞争的关系。竞争的手段包括价格竞争与非价格竞争。非价格竞争主要有产品质量、服务态度和广告宣传等。

(一)公平竞争与垄断

在商品经济社会,竞争是以社会必要劳动时间为尺度,以提高劳动生产率和改善经营为手段的竞争,因而也是公平的竞争。公平竞争原则包括地位平等、机会均等、交易公平等。地位平等是公平竞争赖以实现的前提。作为市场竞争的参加者互不隶属,各自独立,地位一律平等,他们之间是一种横向、平行、对等的关系。在统一开放的市场中,不允许任何组织和个人依仗某种超经济力量进行竞争。机会均等是保障主体实行竞争条件平等的法律要求。没有机会均等,所谓公平竞争就无法实现。实行机会均等,即是市场主体能够机会均等地占有归社会所有的生产经营者能够机会均等按照统一的市场价格出售自己的商品,能够机会均等地参与劳动者之 间的竞争性活动,能够平等地承担税负以及其他方面的负担。换言之,在这个市场中不许有行政特权的任意干涉,不允许拉关系、“开后门”的干扰。竞争的成败完全取决于企业的经营能力和管理水平,即依靠对市场信息的及时反馈和正确判断,依靠生产的效率,产品的质量和消费心理的适应去与对手进行竞争。交易公平是公平竞争原则在利益上的表现。市场竞争,有买者与买者之间的竞争(如企业在原料、设备的选购过程中所形成的竞争),卖者与卖者之间的竞争(如企业之间有利的销售地位所形成竞争),买者与卖者之间的竞争(如工商企业为贱买贵卖,谋取货币利益的竞争)。不管是何种形式的竞争交易,它都必须是自愿的,非强制性的,公平的交易,即是双方互惠、货真价实的买卖。因此那种压价的强制征购和派购,利用权力或不正当手段的倒买倒卖、强买强卖,以及哄抬物价、低价销售,缺斤短两,掺杂使假的行为,是违背交易公平规则的;在这种情况下,市场的竞争是一种价值规律扭曲的竞争,不可能是公平的竞争。

竞争机制在物流市场发挥作用的条件是物流相关企业必须真正成为自主经营、自负盈亏、自我约束、自我发展的市场竞争主体,使企业在竞争中获得相应的经济利益和承担各种风险。同时要有较为完善的物流市场体系、市场规则和价格体系,消除各种垄断行为。

垄断是竞争的对立物,在法律上是指一家企业或某个商业集团在市场上没有真正的竞争者。市场机制的有效作用是以充分竞争为前提的。但是在现实经济中,自由竞争的结果往往会导致垄断的产生,限制了竞争的充分展开,不利于市场机制的正常作用。对于物流产业的发展来说,垄断一般是一种消极力量,为了保持市场的竞争性质,作为宏观调控主体的国家,就必须采取保护竞争、限制垄断的法律措施。例如:禁止划地为界,条块分割,搞行政性垄断和地方贸易保护主义;打破地区、部门、行业界限,推行招标制,发展专业化生产,推动企业间的竞争;禁止欺行霸市、囤货居奇、贸易垄断和价格垄断。

(二)正当竞争与不正当竞争

竞争须遵循一定之规,如同车辆行驶要遵守交通规则,运动员竞技要遵守体育规则一样。换言之,符合规则的竞争,是为正当竞争;不符合规则的竞争,则为不正当竞争。正当竞争须符合下列条件:第一,市场竞争须是合法的竞争。行为合法是法律对市场竞争活动的基本要求,不遵守法律,竞争行为将失去共同的准则,竞争运行机制将会陷入混乱。第二,市场竞争须是文明的竞争,经营文明是市场竞争中道德规范法律化的体现。在国际公约和许多国家的法律中,竞争都是与“诚实”、“善良”风俗等联系在一起的。例如,《保护工业产权巴黎公约》规定:"凡在工商业活动中违反诚实经营的竞争行为即构成不正当竞争"。《联邦德国反对不正当竞争法》规定,"在营业中为竞争目的采取违反善良风俗的行为为不正当竞争。"由此可见,市场竞争应是符合社会公德的文明竞争。例如,生产过程中按照质量标准文明生产,运输过程中按照运输章程文明装卸,商业活动中礼貌待客,童叟无欺,文明经营等。凡采取虚假、欺诈、损人利己的手段进行竞争者,都视为不正当竞争。第三,市场竞争须是规范化竞争。市场交易规范主要是:交易公开化,即公开成交,明码标价,不容许黑市交易;交易货币化,即商品交换须以货币为媒介,防止不等价交换和无偿剥夺;交易活动规则化,包括推销、拍卖规则,批发、零售规则,中介、代理规则等。在市场竞争中,凡故意破坏交易惯例和规则,损害他人正当利益的行为,法律不予承认和保护。

(三)竞争机制在物流市场中的作用

竞争机制在物流市场中的作用主要表现为:一是通过竞争使物流服务的价值得到确认;二是竞争的压力迫使物流供应商不断改进技术,改善经营管理,提高服务质量,降低生产成本,提高劳动生产率。三是它有利于打破地区和部门分割,促进物流产品和物流生产要素的交流;四是有利于实行优胜劣汰,增强企业活力,促进物流产业的发展。优胜劣汰是市场竞争机制作用的必然结果。优胜劣汰的过程,既是实现生产要素的最优结合、资源的最优配置的过程,也是提高整个社会经济效益的过程,从法律上说,"优胜"往往产生产权转让、企业兼并和联营的后果,而"劣汰"则意味着部分企业因经营不善、资不抵债而导致破产。

(四)物流市场的竞争主体与竞争方式

在传统的物流市场中,物流竞争的主体是工商企业,因为在物流活动停留在企业内部的某一个环节或者部门内的时候,提高物流效率的竞争就主要在工商企业之间展开;随着现代信息技术的发展和新的物流组织的出现,物流活动从工商企业经营业务中分离出来,物流市场的竞争主体逐渐转移到物流企业之间,特别是第三方物流企业之间、第四方物流企业之间。物流企业之间的竞争与工商企业之间在物流环节上的竞争,形成多方物流与工商业同台竞争的多元化格局。

从竞争的范围上来看,过去传统的物流活动往往是表现在仓储环节、运输环节或者包装环节这样一些孤立的作业环节上,工商企业往往非常关注这些单一环节的管理水平和管理效率的提高。但是在供应链形成以后,特别是在第三方物流企业形成以后,这种竞争不再停留在单一的环节上,而是整个物流过程或者供应链过程的管理效率提升和管理水平提高,即竞争的焦点正从功能竞争转向过程竞争,从环节竞争发展到系统竞争。物流竞争地域的全球化和竞争手段的信息化,使得偏重某个物流功能或环节的传统竞争思维,既难以形成和保持竞争优势,也无法适应竞争目标的转变。关注物流活动全过程,协调不同环节之间的物流活动,提高物流系统运行效率,构建物流体系和供应链的整体优势,就成为物流企业竞争的重点。

从竞争方式上看,20世纪80年一些西方发达国家在提高物流管理水平和管理效率的一个重要竞争点是物流设施投资规模和力度的竞争,比如在20世纪80年代早期,很多国际上的物流活动都是在自动化仓库、多式联运设施这样一些物流设施的提高上来提高自身的效率,这就是说在信息技术不发达的情况下,物流的很多技术手段是停留在设施能力的提高和设施的水平的提高上。随着信息技术的发达,特别是供应链形成以后,更重要的不是单一的设施水平的提高,而是通过信息技术可以把资源整合到一起,来提高整体的运作的效率,也就是说,信息处理能力、信息管理能力决定了整个供应链对市场的反应能力,决定了对顾客提供高效率高水平物流服务的能力。现在,物流企业的核心竞争力已经不是用多么先进的运输设备和自动化的仓库,而是对顾客的响应能力,而这种响应能力恰恰是建立在现代信息技术广泛完善的应用方面。也就是说,在现代信息经济条件下,物流竞争已经从原来关注物流设施水平转向了信息管理能力的提高和信息技术水平的提高上,以现代信息技术和信息管理能力为基础的快速响应能力是未来物流企业的核心竞争能力。

从竞争格局看,过去那种你死我活的竞争正被既竞争又合作的对抗联合关系所取代。物流企业间的合作是无条件的,而竞争则是相对的。一方面,市场对物流不断提出更高的要求,整体性、及时性和个性化服务成为客户和市场的普遍要求,没有任何一家物流企业可以完全满足市场日益增长的地域和内容上变化的需求,普遍的深度合作成为物流企业不可避免的选择;另一方面,信息技术为企业间的合作提供了可能性,使得市场、客户、资源和信息实现联盟中的共享,信息技术成为实现合作必不可少的利器。

物流服务需求的多样化、复杂化和全球化对物流企业的经营规模、服务能力、营销经验和风险承受等资源和能力提出更高的要求,竞争主体的多元化、竞争层面的交融化和竞争内容的多样化导致物流企业之间犬牙交错的竞争格局,只有与竞争对手建立战略联盟,形成既竞争又合作的互动关系,追求“双赢”的竞争效益,方能更好满足顾客需求,有效应对竞争环境,实现企业竞争目标。

第四节　物流供需均衡分析

一、物流市场的均衡

在经济学中,均衡指变动着的各种力量处于一种暂时稳定(或相对静止)的状态。均衡并不意味着不会再变动。若条件变了,原来的均衡就不存在,进而会产生新的均衡。从动态的观点看,均衡是短暂的,是一个不间断的过程。

物流市场均衡是指物流市场价格调整到使物流需求量正好等于物流供给量时的一种状态,此时,物流供给价格等于物流需求价格,物流供给量等于物流需求量,所对应的物流市场价格称为物流市场均衡价格,所对应的供需量,称为物流市场均衡量。

从几何意义上说,物流市场均衡价格就是物流供给曲线与物流需求曲线相交的交点所对应的物流市场价格水平。如图 4-4 所示，均衡价格为 2 元，均衡数量为 1500 吨。

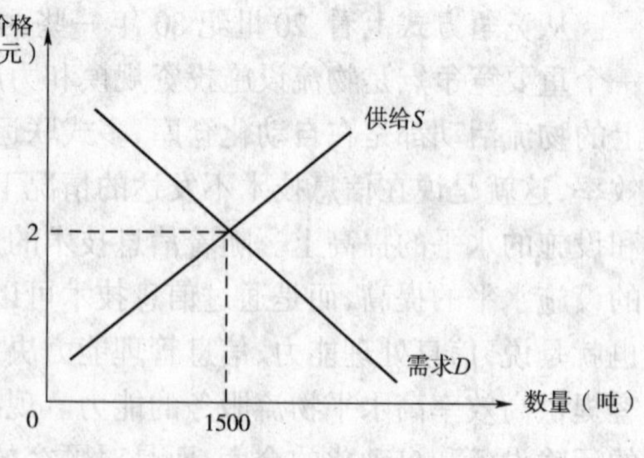

图 4-4 物流的需求与供给

显然，均衡价格不是“供给等于需求时的价格”，也不是“供给量等于需求量时的价格”，而是必须同时满足供给量等于需求量，供给价格等于需求价格这两个条件时的价格。

因为，“供给价格等于需求价格时的价格”不能保证需求等于供给，图中水平线表明价格相等，但供给量不等于需求量。“供给量等于需求量时的价格”也不能保证供给价格等于需求价格，图中的垂线还表明，供给量等于需求量时价格可能不等。

物流市场的均衡价格水平与均衡量水平取决于物流供给曲线与物流需求曲线及其变动。在需求一定条件下，如果供给曲线右移，则均衡价格下降，市场供需均衡量增加；在供给曲线一定条件下，需求曲线右移，则均衡价格上升，均衡量增加；当供给曲线与需求曲线都发生右移时，均衡量增加，但价格不确定，可能升也可能降，具体取决于两条曲线的相对移动力度。

均衡的意义：物流市场达到这种状态后，如果价格背离均衡价格，就有自动恢复到均衡点并保持均衡的趋势。

二、物流市场物流服务产品的均衡价格

物流市场物流服务产品的均衡价格表现为物流市场上需求和供给这两种相反的力量共同作用的结果，它是在市场的供求力量的自发调节下形成的。当市场价格偏离均衡价格时，市场上就会出现需求量和供给量不相等的状态。一般来说，在市场机制的作用下，这种供求不相等的非均衡状态会逐步消失，实际的市场价格会自动恢复到均衡价格水平。

(1)当市场价格高于均衡价格时，由于需求少，供给多，一方面会使需求者压低价格来得到他所要购买的物流服务数量，另一方面，又会使供给者减少物流服务的供给量。这样，必将导致价格下跌。在此过程中，只要供求曲线不发生移动，价格就会一直下跌到使供求量相等，从而又恢复了均衡。

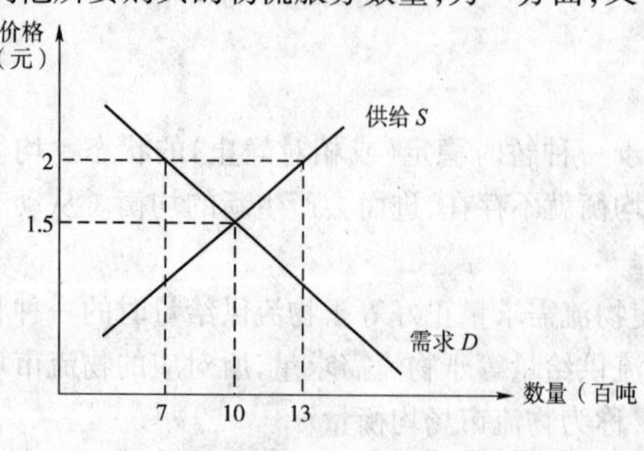

图 4-5 超额供给的非均衡市场

如图 4-5 示，在 2 元的价格水平上，市场对某物流服务产品的需求量减少到 700 吨，而供给量却增加到了 1300 吨。2 元的价格高于市场均衡价格 1.5 元，供给量超过了需求量，结果价格下降，最终在 1.5 元的价格水平上，买卖双方的需求量和供给量实现了均衡，

此时 1.5 元就是物流市场的均衡价格,1000 吨的数量就是物流市场的均衡数量。

(2)当市场价格低于均衡价格时,由于需求量大于供给量,一方面迫使需求者提高价格来得到他所要购买的物流服务数量,另一方面,又会使供给者增加物流服务的供给量。这样,必使价格上升。在此过程中,只要供求曲线不发生移动,价格就会一直上升使供求量相等,最后又恢复了均衡。

从图 4-6 可以看出,在 1 元价格水平上的市场对某物流服务的需求量是 1300 吨,而当时实际的市场供给量是 700 吨。由于 1 元的价格低于均衡价格 1.5 元,需求量超过了供给量,供应商就可以趁机提高价格,直至价格达到 1.5 元时,市场才会达到均衡。

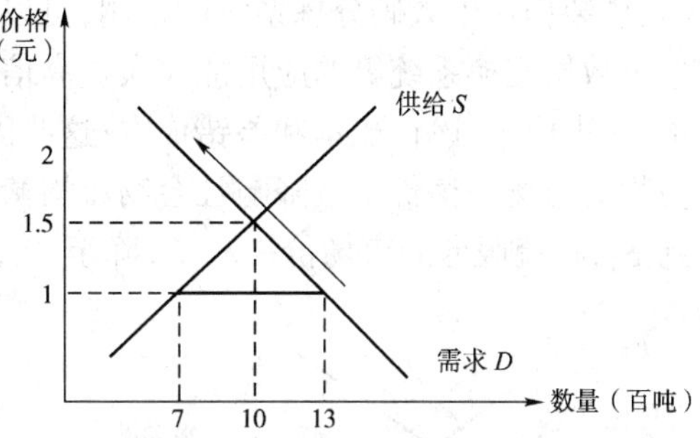

图 4-6　超额需求的非均衡市场

总之,市场均衡价格的形成,取决于供需双方。均衡是市场的必然趋势,也是市场的正常状态。而脱离均衡点的价格必然形成供过于求或求过于供的失衡状态。由于市场中供求双方竞争力量的作用,存在着自我调节的机制,失衡将趋于均衡。

三、物流市场需求、供求曲线移动对物流市场均衡水平的影响

1.需求曲线移动对均衡的影响

供给不变时,需求增加,均衡价格上升,均衡数量增加;供给不变时,需求减少(曲线左下移),均衡价格下降,均衡数量减少。即需求的变动引起均衡价格与均衡数量同方向变动。

例如,我国每年在春运前一个月都会出现一个货运物流需求高峰,全国各类企业的经济活动都相当活跃,物流很频繁,这相当于货运物流的需求曲线右移,结果是货运价格随之上涨,货运物流量也大幅增加;而真正到春节,由于各大企业都处于休业状态,因此货运自然也会在春节这十几天内基本处于休眠期,这时货运需求曲线就会大幅左移,运价和货运物流量随之下降。到春节结束后,货运需求又会大幅增加,货运需求曲线右移,货运运力供给又会变得很紧张,运价和货运物流量随之上升;春运结束后,全国的货运市场就会恢复往常的均衡状态。

2.供给曲线移动对均衡的影响

在物流需求不变时,物流服务供给增加,供给曲线右移,均衡价格下降,均衡数量增加;物流服务供给减少,供给曲线左移,均衡价格上升,均衡数量减少。即供给的变动引起均衡价格按反方向变动,引起均衡数量按同方向变动。

政府治理公路货运超载,整顿货运市场秩序,会导致短期内货运服务供给减少,使货运

物流服务的供给曲线左移,货运价格上涨,货运物流均衡量下降;石油、汽油涨价或人工工资提高导致货运物流成本上升,也会使货运物流的供给曲线左移,均衡价格上涨,均衡量下降;如图4-7所示。

相反,物流技术进步,会使物流供给曲线右移,市场均衡价格下降,物流均衡量增加。比如在物流作业中,铲车、叉车、货物升降机、传递带等现代物流机械的应用,配送中心分拣设施、拼装作业中数码分拣系统的运用,可以大幅度提高物流劳动生产率;计算机管理系统和电子数据交换系统等的应用能大大提高信息传输的速度和准确性,使企业降低单据处理成本、人事成本、库存成本和差错成本;这些因素的作用结果会使物流服务的供给曲线右移,促使物流市场均衡价格下降与社会物流均衡量增加。如图 4-8 所示,物流供给曲线由 S_0 右移到 S_1,物流服务的市场价格从 P_0 降至 P_1,物流的均衡量由 Q_0 增加到 Q_1。

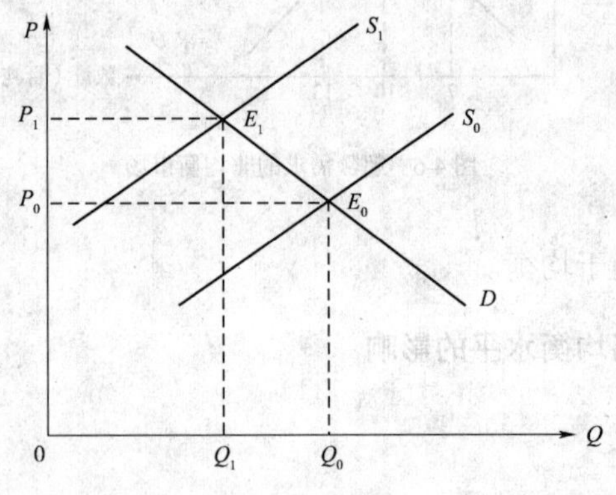

图 4-7　供给曲线移动对均衡的影响

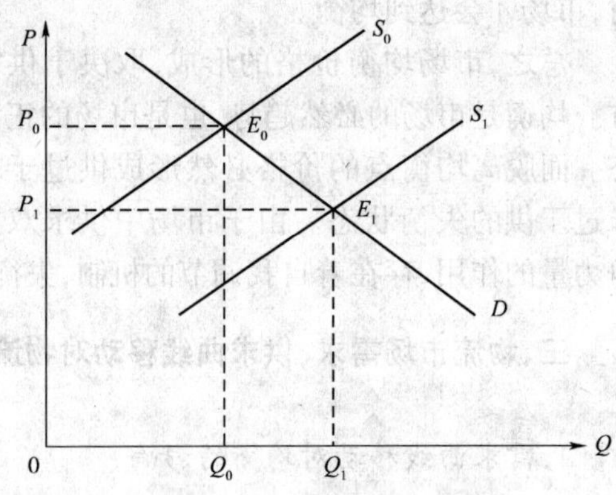

图 4-8　供给曲线移动对均衡的影响

3.供求定理

在其他条件不变的情况下,需求变动分别引起均衡价格和均衡数量同方向变动;供给变动分别引起均衡价格反方向变动,均衡数量同方向变动;需求和供给曲线同时变动时,均衡价格和均衡产量的变动程度和方向,取决于需求和供给各自变动程度的大小和方向。

4.政府征税与补贴对物流市场均衡的影响

假定政府对某种物流服务产品征税,办法是按单位产品征收一定量税。征税结果为:

(1)对需求曲线无影响。因为税是由物流服务供应量商或厂商付给国家的,购买者对于价格中是否包含税收并不关心,他们关心的是价格的高低,价格上升,购买量减少;价格下降,购买量增加。

(2)征税相当于增加了物流生产厂商的生产成本,因此会使物流供给曲线向左移动,从而使物流服务产品价格提高,均衡物流量减少。如果政府对物流企业提供的服务进行补贴,则会产生相反的影响,其结果是:供给曲线向右下方移动,均衡价格下降,均衡物流量增加。

思考题

1.名词解释

物流市场、寡头垄断物流市场、物流市场运行机制、物流市场供需均衡。

2.简述题

(1)物流市场的功能有哪些?
(2)完全竞争物流市场与完全垄断物流市场具有哪些不同特征?
(3)第三方物流的经济性表现在哪些方面?
(4)分析我国第三方物流市场的供求发展趋势。
(5)物流市场价格机制、供求机制、竞争机制是怎样起作用的?
(6)说明物流市场供需的均衡。

3.案例分析

【案例】 欧盟铁路货运市场份额的下降

1)欧盟铁路的困境

(1)不断下降的欧盟铁路货运市场份额

世界各地的运输结构在20世纪后期都发生了很大变化,但情况不尽相同,我们在此将作为一个国家集团的欧盟(1993年之前为欧共体)与美国做一个简单对比。表4-2分别反映了从1970~1995年美国和欧盟货运市场上各种运输方式周转量和份额的变化情况。可以看出,25年中欧盟地区总的货运周转量增长超过美国,其中内河和管道在这两家运输市场上所占的比重都有所下降,但变化相对而言并不是很大;公路的市场份额都上升了,幅度却各不相同,欧盟的上升幅度大大超过美国;铁路的周转量和市场份额在欧盟都出现了猛烈下

美国和欧盟各种陆上运输方式货运周转量的变化(亿吨公里)　　表4-2

运输方式		铁路		公路		内河		管道		总计	
年份		1970	1995	1970	1995	1970	1995	1970	1995	1970	1995
美国	周转量	11249	19055	6014	13441	4656	5893	6292	8741	28692	47331
	增长	+69.4%		+123.5%		+26.6%		+38.9%		+65.0%	
	市场份额	39.2%	40.3%	21.0%	28.4%	16.2%	12.5%	21.9%	13.5%	100%	100%
欧盟	周转量	2830	2210	4160	11460	1030	1140	660	830	8680	15640
	增长	−21.9%		+175.5%		+10.7%		+25.8%		+80.2%	
	市场份额	32.6%	14.1%	47.9%	73.3%	11.9%	7.3%	7.6%	5.3%	100%	100%

降,而美国铁路运输量却仍在不断攀升,其市场比例甚至还有所回升。

根据欧盟委员会公布的数据,欧盟公路和铁路货运的平均运距分别是110和300公里,表4-3也显示公路的短途货运量比重明显超过铁路,铁路则在150公里以上的运量比重更大一些。我们注意到有3%(约3.18亿吨)的公路货运量运程超过500公里,其引起的周转量占到总周转量的20%,这些长途货运中的相当部分无疑是欧盟内的跨境运输;而铁路在这一运距范围占10%的货运量只有不到1亿吨。

1996年欧盟铁路与公路在不同运距上货物运输量比重(%) 表4-3

运输距离	铁路		公路	
	货运量	周转量	货运量	周转量
0~49km	28	3	58	12
50~149km	26	12	25	24
150~499km	36	49	14	44
>500km	10	36	3	20

铁路一般被认为在远距离运输上具有优势,但欧洲铁路在这些年几乎失去了长途货运这个本来是具有优势的市场。随着欧洲一体化过程的推进,欧盟成员国之间的贸易变得越来越密切和重要。有数据显示,在1990年代前期欧洲统一市场形成之时,所有欧盟国家与其他欧盟成员国的贸易数量都已经远远超过与欧盟以外地区的贸易量,其中有些国家对区内贸易的依赖程度特别高,进出口总额占GDP比重竟高达60%~80%以上。表4-4中1970和1990两个年度欧盟内部跨境货物运输量和各种运输方式所占市场份额的数据也告诉我们,欧盟内部跨境总货运量在这期间增长了近60%。但是,其中公路运量增长了261.6%,市场份额也从17.5%上升到39.7%,而铁路又是唯一出现绝对货运量下降的运输方式,其市场份额也大幅度减少。随着欧盟和欧洲统一市场的不断扩大,运输距离进一步延长,铁路本可以更好地发挥优势,但欧洲铁路丧失了壮大自己的有利机会。

欧盟内部跨境货物运输量及各种运输方式的份额 表4-4

运输方式	铁路		公路		内河		管道		合计	
年份	1970	1990	1970	1990	1970	1990	1970	1990	1970	1990
运量(百万吨)	243.5	238.3	159.0	575.0	392.6	493.4	115.8	140.0	910.9	1446.7
市场份额(%)	26.7	16.5	17.5	39.7	43.1	34.1	12.7	9.7	100	100

(2)欧盟铁路的转机

欧共体91/440号指令在一定程度上加速了欧盟各国铁路改革的进程,使很多国家实际上处于僵化状态的铁路机构和有关法律结构开始得以改变,也启动了欧洲铁路网一体化的进程,但铁路改革的步伐仍旧十分缓慢。铁路行业确实有自己的特殊性,例如铁路的开放就涉及通路进入资格的认定、基础设施收费、线路使用时间的分配、可通用的服务质量标准、安全标准、技术标准和工作条件等一系列行业特点很强的内容,各成员国对自己国铁系统的保护意愿也十分顽强，这使得铁路设施的开放远不如公路来得迅速和彻底，引入竞争或实现合作的阻力也更大。例如，欧盟理事会(由各国政府部长组成，一般认为该机构较多体现各成员国政府的意愿)在1995年发布的对91/440号指令的补充指令中，还规定基础设施开放只对提供跨国运输而组成的多国铁路集团有效。这意味着，即使列车运营与基础设施分离了，也不会有真正的路网开放，任何一国的铁路企业都不能开发完整的一体化跨境运输服务，而多国铁路集团的组建由于一系列利益矛盾和实施的难度只能是一个影子。该规定如果实施，将肯定继续束缚铁路的活力，因为公路货运早已实现了对任何运输者开放跨境运输，甚至开放了他国的国内运输。幸好欧盟委员会(欧盟的行政机构，一般认为该机构较多代表欧盟超国家集团的观点)迅速对此做出反应，认为理事会的规定会导致铁路市场的进一步丢失，提出即使在没有组建多国集团的情况下，也应将跨境进入权扩大到各种货运服务，即基础设施应对一般铁路公司开放，而且有必要尽快采取一些过渡性措施。欧盟委员会随后在1996年发布的《振兴铁路白皮书》中认为，如果铁路还不准备行动，它无疑将面临着陷入恶性循环的局面：业务萎缩会导致运量进一步下降；由于路网特性的存在，地区性运量的减少又会影响干线上的运输密度，从而引起运输成本上涨，继而又会引发运价的螺旋式上升和运量进一步下降，或者造成亏损和补贴的持续加剧；而这可能引起的结果则是，进一步削减铁路的服务业务，直至越来越多的线路相继关闭。白皮书认为所有的铁路部门都必须紧紧围绕客户的要求，专注于如何满足他们的需要，并建议尽快开放一些跨国通道，提供以迅速、定时、定线和高效、方便为特色的跨境铁路运输服务。欧盟委员会采取的措施，顺应了在欧洲统一市场上造就一些具有独立经营权，能够快速反应和对运输全过程负责的新型铁路企业的迫切需要。

从1998年起，欧盟内部终于开通了几条所谓“一站直通”(One-Stop-Shop)的跨境快速货运通道，分别连接欧洲的各大港口和内陆城市。这些跨欧快运列车的经营者打破了过去国际联运的传统模式，独立为运输的全过程负责，提供尽可能迅速和方便的服务；沿途各国的铁路基础设施管理者则负责安排运行图，按照欧盟的统一规定对列车收费，并通过完善各种作业程序，尽可能地缩短在沿线特别是边境站的停留时间。在这些跨境快速货运通道上，货物的平均运送速度可以达到每小时55~65公里，比传统国际联运的运送速度快了两倍左右。欧盟机构估计，这些快运通道将会有利于重新把货运量吸引到铁路上来，也预见到随着欧盟和欧洲统一市场的进一步扩大，运输距离的延长，优质的铁路客运服务对客户的吸引力将进一步提高，因而有助于夺回一部分市场。也许是因为铁路的衰落确实已经到了谷底，也许是因为欧盟终于开始采取能够发挥作用的积极政策，从1990年代末起欧盟铁路完成的货运周转量出现小幅回升，其市场份额似乎也开始止跌。

2)一个基于完整运输产品的解释

(1)提供一体化完整运输产品是铁路竞争力的基础

铁路业的合理组织形式，至少对货运而言应该是运输企业能够提供客户所需要的完整运输产品。铁路的网络特性使得这一行业的生产与管理具有特定的要求，其中最主要的就是其各个部分之间要密切协作以发挥网络的整体功能,特别是铁路企业的空间跨度要尽可能使其能够独立提供相对完整的运输产品,避免由于路网的人为分割造成运输生产过程的低效率。美国铁路从19世纪后半叶到20世纪初为适应竞争和大宗货流需要而实行了铁路公司之间的大规模兼并,成功地解决了路网整体效率和市场竞争需要之间的矛盾,而且这种兼并在20世纪80年代放松管制以后进一步加快。今天,各国经济结构的不断升级和经济区域化、全球化的趋势,更使得运输需求越发向多样性和高层次转变,货物位移不但是"站到站",而且要"门到门"、"货架到货架"。在这种情况下,谁能提供高水平的优质运输服务,谁就能赢得运输市场上的竞争主动权,而通过单一承运人全面负责和控制整个运输过程,以达到最大限度地提高运输可靠性、加快送达速度和降低运输成本的目的,就成为一个更加明显的趋势。谁不能认识或无法适应这种要求,结果只能是被市场所淘汰,欧盟铁路的衰落正好从另一个角度为该理论提供了例证。

(2)欧盟铁路没有充分实行共同运输政策

1957年,作为欧共体宪法的"罗马条约"规定要采取一系列行动,取消成员国之间货物进出口的关税与数量限制,废除成员国之间人员、货物、服务与资本的流动障碍,建立一个共同的内部市场,并决定实行共同运输政策以便实现条约的目标。从后来共同运输政策执行和欧盟内各种运输方式市场化和取消边界障碍的程度看,公路的开放程度是最高的,其货运已于1993年完全取消了许可证限额,并统一了在燃油及车辆等方面的最低税收标准,目前一般的跨境货运已经基本没有限制,实现了无国界运输。水运在1986年以后市场化进程也比较顺利,目前欧盟内的内河与沿海水运都已基本实现自由跨境运输。欧盟的航空运输市场化从1987年开始,也已于1997年初步形成了统一市场,相对迅速地实现了"天空开放"。

而尽管铁路最早就被列入实行共同运输政策的领域,但欧共体的铁路政策很晚才真正起步,该行业开放程度到目前仍然是最低的。由于战后铁路在欧洲各国一直是由政府所有或经营,受到政府保护的倾向也最为明显,因此尽管经营绩效每况愈下,财务亏损也越来越大,直到80年代末,欧共体对该行业一直采取低姿态,其间或有过一些要求铁路改善自身财务状况的指示,而跨境运输、竞争和自由化等改革措施都根本没有提上日程。瑞典等国自80年代后期开始启动了局部的国内铁路改革,但欧洲铁路在总体上还是一潭死水。到90年代前期,铁路效率和市场竞争能力严重丧失对欧洲统一的不利影响似乎才开始得到重视,而此时欧洲统一市场已经基本形成,其他运输方式特别是公路的自由跨境运输早已取得了决定性进展。1991年,当时的欧共体发布了要求成员国铁路一律实行基础设施与运营分离的91/440号指令,以便打破该行业的垄断和封闭状况,引入私营企业和跨境经营者的竞争。但是这种政策转变似乎来得太晚了,到1995年,欧盟铁路的货运市场份额只剩下不足15%。欧盟委员会在1996年曾估计,这种局面如果再继续10年,铁路货运量在保持不变的情况下其市场份额会降至9%,而如果运量进一步减少,则铁路运输甚至可能会伴随其在一个个货运细分市场份额的大幅下降而逐步消失。

铁路对跨境货物运输一向是采用"国际联运"的方式,即一个国家的铁路只对其境内的运输承担责任，货物过境后则转由其他国家的铁路负责。这种传统的铁路国际联运，由于没有一个能够对运输全过程负责到底的经营主体，因而造成承运与中转手续繁杂、运输速度慢、服务不可靠等弊端，已经越来越无法适应市场上的运输需要。例如在这种国际联运条件下，跨境货运的平均速度经常还不到每小时20公里，而且不方便又不可靠，这与公路货运相比差别很大。欧盟的公路货运即便是需要途经多个国家的运输，也通常是由一个公司负责，从装货、发送到最后交付提供门到门的高效、优质服务。欧洲公路运输企业在近20年服务范围普遍扩大，因而能在更大的领域为客户提供全程服务，例如形成了一些大型的泛欧公路运输公司，以及很多能够实现多种运输形式高效率结合的货运中心，满足了欧洲一体化和统一市场对货运的高层次需求。

3)简要总结

欧洲铁路衰落的决定性原因之一，是其不能适应欧洲共同体取消内部关税与边界进而统一市场的需要，当跨境货流逐步上升时，铁路的跨境服务却由于自身体制的原因而不能有效地实现，结果只能是导致自己市场份额的急剧下降。因此挽救铁路生存，避免铁路被完全逐出货运市场的唯一途径，只能是迅速组织高效率的跨境运输，为货主提供欧洲范围内的服务。

我国铁路货运周转量的市场比重(不包括远洋运输)也已经从1980年的71.7%降至1999年的54.6%，市场处境十分被动。铁路目前的处境涉及到国家政策、外部竞争等诸多方面，但从自身角度看，各铁路局的管内运输比重平均只有40%，因此能够自主设计、独立完成的运输产品较少，导致铁路企业既不能为市场提供相对完整的运输产品，又不能直接从市场上取得独立的经营收入，因此不具备作为真正市场主体的企业的决策和行为能力，应该是一个重要原因。这一点也已被越来越多的人认识到，即靠政府的保护和支持并不足以提高铁路自身的竞争能力，也无法实质性地保住市场份额，这里的关键是内部活力的形成，而首先要倚赖真正意义上的铁路运输企业能够出现。事实说明，区分并研究由于各种运输方式充分发展所引起的运输结构正常变化和由于产业组织或经营体制低效率而导致的市场份额丢失，具有重要的理论和实践意义。除了世界各国铁路的通病，如垄断和政府经营之外，欧洲铁路险遭淘汰出局的主要原因在于未能跟上欧洲统一市场形成的步伐，固守传统的国际联运模式，不能主动应对市场需求的变化。这一教训值得我们认真汲取。它与美国大型铁路公司通过不断合并以进一步提高效率并加强与公路的竞争能力一起，都对我国铁路目前面临的改革具有很好的参考借鉴作用。

欧盟最终发现必须把分割的各国铁路网连接成一个整体，以便适应欧洲统一的步伐，并为铁路提供最后一个挽救自己的机会；我们的工作则是要尽快纠正由于体制和其他原因造成的现路网人为分割局面。而对于二者而言共同的教训和启示都是，铁路不能再一味强调传统的生产组织特点，而不能面对市场的需要及时做出必要调整。因此，在下一步“网运分离”的行业重组中，我们必须把握好方向，要使重组后的铁路运输企业能够利用已有的庞大网络为客户提供尽可能“无缝隙”的优质运输服务，并通过竞争实力直接从市场上取得与此相对应的经营收入和效益。

注:本案例引自:荣朝和,李瑞珠.欧盟铁路丧失货运市场的教训与启示.铁路学报,2001年第3期,P104-108。

问题:

(1)引起某一具体运输方式市场份额变化的经济学解释有哪些?

(2)本案例有什么重要启示?

第五章 物流成本与价格

物流成本是企业为实现商品在空间、时间上的转移而发生的各种耗费的资源的货币价值,包括运输、储存、包装、装卸搬运、流通加工、物流信息等各个环节所支出的费用总和。物流成本是物流经济学研究的核心内容之一,是“第三利润源”的矿藏,同时,物流成本又是形成物流服务价格的重要基础。而物流服务产品的价格,则直接关系到物流生产供应商的盈利水平和市场份额,也影响到社会对物流服务有支付能力的需求,它还具有分配社会物流资源的功能,在一定程度上决定社会对物流服务业投资的积极性,决定对各种物流服务设备的利用程度。因此,物流价格理论同样是物流经济学最重要的内容之一。本章主要介绍物流成本的构成、物流成本分类、物流成本分析,以及物流定价理论与定价方法等。

第一节 物流成本概述

据统计,2000年,我国全社会支出的流通费用达17880亿元,约占GDP的20%,而发达国家仅为10%,如果全社会流通费用降低1个百分点,就可节约资金178亿元。海尔集团为了提高企业竞争力,以低成本、高质量和快速反应为目标,自1999年起对业务流程重组,实施同步流程管理模式,成立了物流推进本部,取得了明显的经济效益,仅库存管理一项,库存时间由原来的30天减至10~12天,1999年海尔集团的原材料库存成本为15亿元人民币,但通过物流重组,强化了物流管理,一年之后这一指标降为7亿元。海尔一家一年节约8个亿。由此可见,我国物流领域存有巨大的降低物流成本的经济效益潜力。

一、物流成本

物流成本是什么,不同的学者有不同的定义,下面是较为常见的两种:

(1)物流成本是指从原材料供应开始一直到将商品送达到消费者手上所发生的全部物流费用。

(2)物流成本是企业为实现商品在空间、时间上的转移而发生的各种耗费的各种资源的货币表现,是物品在实物运动过程中,如包装、装卸搬运、运输、储存、流通加工、物流信息等各个环节所支出的人力、物力、财力的总和。

由于物流的范围相当大,所以物流成本的范围也很大,它的范围是由以下三个方面因素决定:

(1)物流成本的计算范围。即物流的起止问题,它包括原材料物流、工厂内物流、从工厂到仓库,配送某地物流等,从这些物流中选择不同范围分别进行物流成本的计算,其成本的高低有明显的差别。

(2)运输储存、装卸搬运、包装等多种物流活动,以哪几种活动作为物流成本的计算对象问题。

(3)把哪几种费用列入物流成本中,运费、保管费等企业外部支付的物流费,或人工费、折旧费、修理费、燃料费等企业内部的费用支出,究竟其中的哪种列入物流成本中计算将直接影响物流成本的大小。

二、物流成本的构成

(一)物流成本的宏观构成

物流的宏观构成,一是伴随着物资的物理性流通活动发生的费用以及从这些活动所必需的设备设施费用;二是完成物流信息的传送和处理活动所发生的费用以及从这些所必需的设备设施费用;三是物流综合管理所发生的费用,主要是包括运输成本,存货持有成本,仓储成本,批量成本,卸货损失,订单处理及信息成本,采购成本以及其他的管理费用。

物流成本的形成机制如图 5-1 所示。

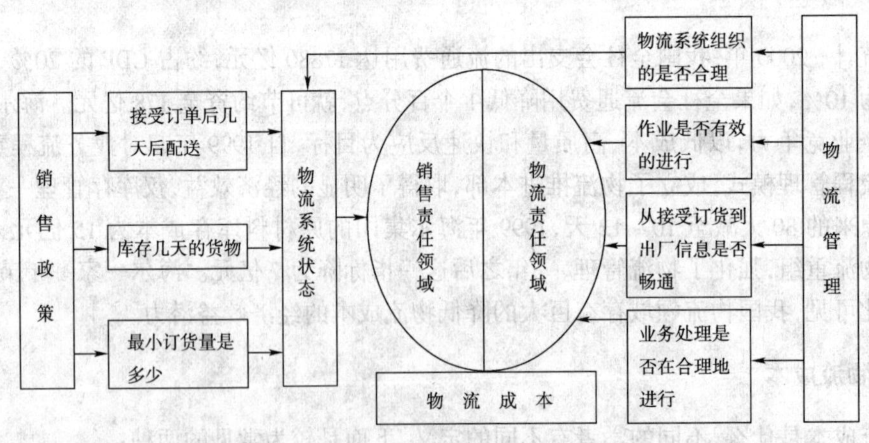

图 5-1　物流成本形成机制图

据有关资料显示,美国和加拿大公司物流成本构成情况如表 5-1 所示。

美国及加拿大公司物流成本构成比例表 表 5-1

物流成本内容	美国公司(%)	加拿大公司(%)
客户服务与订单及清关	8	8
仓储	25	25
运输	36	36
管理	9	8
仓库搬运	21	23

(二)物流成本的微观构成(企业的物流成本构成)

1.物流成本项目构成

按成本项目划分,物流成本由物流功能成本和存货相关成本构成。其中物流功能成本包括物流活动过程中所发生的包装成本、运输成本、仓储成本、装卸搬运成本、流通加工成本、物流信息成本和物流管理成本,存货相关成本包括企业在物流活动过程中所发生的与存货有关的资金占用成本、物品损耗成本、保险和税收成本。具体内容如企业物流成本项目构成如表 5-2 所示。

企业物流成本项目构成表 表 5-2

		成本项目	内容说明
物流功能成本	物流运作成本	运输成本	一定时期内,企业为完成货物运输业务而发生的全部费用,包括从事货物运输业务的人员费用、车辆(包括其他运输工具)的燃料费、折旧费、维修保养费、租赁费、养路费、过路费、年检费、事故损失费、相关税金等
		仓储成本	一定时期内,企业为完成货物储存业务而发生的全部费用,包括仓储业务人员费用、仓储设施的折旧费、维修保养费、水电费、燃料与动力消耗等
		包装成本	一定时期内,企业为完成货物包装业务而发生的全部费用,包括包装业务人员费用,包装材料消耗,包装设施折旧费、维修保养费,包装技术设计、实施费用以及包装标记的设计、印刷等辅助费用
		装卸搬运成本	一定时期内,企业为完成装卸搬运业务而发生的全部费用,包括装卸搬运业务人员费用、装卸搬运设施折旧费、维修保养费、燃料与动力消耗等
		流通加工成本	一定时期内,企业为完成货物流通加工业务而发生的全部费用,包括流通加工业务人员费用,流通加工材料消耗,加工设施折旧费、维修保养费,燃料与动力消耗费等
	物流信息成本		一定时期内,企业为采集、传输、处理物流信息而发生的全部费用,指与订货处理、储存管理、客户服务有关的费用,具体包括物流信息人员费用、软硬件折旧费、维护保养费、通信费等
	物流管理成本		一定时期内,企业物流管理部门及物流作业现场所发生的管理费用,具体包括管理人员费用、差旅费、办公费、会议费等

续上表

	成本项目	内容说明
存货相关成本	资金占用成本	一定时期内，企业在物流活动过程中负债融资所发生的利息支出（显性成本）和占用内部资金所发生的机会成本（隐性成本）
	物品损耗成本	一定时期内，企业在物流活动过程中所发生的物品跌价、损耗、毁损、盘亏等损失
	保险和税收成本	一定时期内，企业支付的与存货相关的财产保险费以及因购进和销售物品应交纳的税金支出

2.物流成本范围构成

按物流成本产生的范围划分，物流成本由供应物流成本、企业内物流成本、销售物流成本、回收物流成本以及废弃物流成本构成。具体内容如表5-3所示。

企业物流成本范围构成表　　表5-3

成本范围	内容说明
供应物流成本	经过采购活动，将企业所需原材料（生产资料）从供给者的仓库运回企业仓库为止的物流过程中所发生的物流费用
企业内物流成本	从原材料进入企业仓库开始，经过出库、制造形成产品以及产品进入成品库，直到产品从成品库出库为止的物流过程中所发生的物流费用
销售物流成本	为了进行销售，产品从成品仓库运动开始，经过流通环节的加工制造，直到运输至中间商的仓库或消费者手中的物流活动过程中所发生的物流费用
回收物流成本	指退货、返修物品和周转使用的包装容器等从需方返回供方的物流活动过程中所发生的物流费用
废弃物流成本	指将经济活动中失去原有使用价值的物品，根据实际需要进行收集、分类、加工、包装、搬运、储存等，并分送到专门处理场所的物流活动过程中所发生的物流费用

三、物流成本的分类

物流成本的分类形式多种多样，一般分为按支出形态分类、按经济用途分类、按物流范围分类、按成本与业务量的关系分类（成本的性态分类）、计入成本的方式分类等。在这里我们仅详细讨论支出形态、经济用途、物流范围三种分类方法。

1.按经济用途分类

物流成本分类中比较具有物流特色的分类就是按照经济用途的分类,但现行的研究内容却并不统一。在李伊松、易华主编的《物流成本管理》一书中,物流成本按此分类分为运输成本、流通加工费用、配送成本、包装成本、装卸与搬运成本、仓储成本。同时又在物流成本的重新分类中提出了:客户服务成本、运输成本、仓储成本、订单处理/信息系统成本、批量成本、库存持有成本、包装成本。这种重新分类也是建立在按经济用途分类的基础之上的。在具体的章节介绍中,是按照重新分类的方法进行介绍。而在傅桂林编著《物流成本管理》一书中将物流费用的分类分为物品流通费、信息流通费、物流管理费三大类,其中物品流通费包括包装费、运输费、保管费、装卸搬运费、流通加工费和配送费。而后者在物流成本的核算中所举例列示物流功能分类包括包装费、运输费、保管费、装卸费、信息流通费和物流管理费。

从上述有代表性的两本书中可以看出,按照功能范围进行物流成本的分类认识上是比较混乱的。而按照成本分类的原则,管理的需要与可能性和经济性相结合的原则,美国将物流成本分类为:运输费用、库存费用和管理费用。这样的分类方法可以简化物流成本的计算,同时又满足对物流成本的管理需要,也符合现阶段我国物流人才和物流系统资源的现状。

2.按支付形态分类

物流成本按支付形态分类一般分为本企业支付的物流费用和其他企业支付的物流费用两类,其中本企业支付的物流费用包括材料费、人工费、公益费、一般经费、特别经费等企业本身的物流费用及委托物流费用。

需要指出的是,这一分类构成中包含的物流费用并不全面,在企业本身的物流费项目中,公益费、维护费和特别经费等都是在一般的成本分类中没有论述的。这些费用完全在该分类中可以借鉴使用。

尤其是公益费,物流活动带来收益的同时也消耗了大量的公益费,也带来了噪声和污染,将公益费作为一项有利于了解企业在公益费方面的消耗。还有一些其他项目也可以结合我国现行的会计项目加以调整,以便于物流人员的理解。如特别经费包含利息费用,就可以考虑直接使用利息项目。委托物流费作为供应链的物流成本而言实际上包含了委托企业的利润和税金在内,也可以考虑从物流成本中扣除。

3.按物流范围的分类

对于物流范围的分类也有不一致的地方,还是以前述两本有代表性的书中介绍为例,李伊松、易华主编《物流成本管理》一书中将物流成本划分为:供应物流费用、企业内部物流费用、销售物流费用、退货物流费用和废弃物物流费用五类。而傅桂林编著《物流成本管理》

一书中将物流成本分为:供应物流费用、生产物流费、销售物流费用、退货物流费用和废弃物物流费用五类。两本书中对都将其分为五类,而且对供应物流费用、销售物流费用、退货物流费用和废弃物物流费用的含义都是一致的,对于企业内部物流费和生产物流费的表述二者是不一致的。企业内部物流费:是指从产成品运输、包装开始到最终确定消费者的过程中物流活动所花费的费用。生产物流费是指购进商品到货或由本企业提货开始,直到最终确定销售对象的时刻的物流过程中所花费的费用。前者是指产品完工以后到确定消费者之前的物流过程的物流耗费。后者并不能明确是在产品完工以后的时点。在这里我们认为前者是反映生产企业的分类,后者则是商品流通企业的分类,有必要统一物流成本的分类。

第二节 物流成本分析

一、物流成本的几个理论

(一)物流成本冰山理论

物流成本冰山说,是日本早稻田大学西泽修教授提出来的。他在专门研究物流成本时发现,现行的财务会计制度和会计核算方法都不可能掌握物流费用的实际情况。一般情况下,企业会计科目中,只把支付给外部运输、仓库企业的费用列入成本,实际这些费用在整个物流费用中犹如冰山一角,如图 5-2 所示。因为企业利用自己的车辆运输、利用自己的库房保管货物和由自己的工人进行包装、装卸等费用都没列入物流费用科目内。传统的会计方法没有显现各项物流费用,因而人们对物流费用的了解是一片空白,甚至有很大的虚假性,他把这种情况比做“物流冰山”。物流成本中大部分沉在水面以下的是我们看不到的黑色区域,而我们看到的不过是物流成本的一部分。“物流成本冰山理论”提出的目的是要将混入其他费用科目的物流成本全部取出来,或者用西泽修教授的话说,“让他浮出水面”,使人们能够清晰地看到潜藏在海平面下的物流成本的巨大部分,以便挖掘降低成本的宝库和开拓“第三利润源泉”。否则,航行在市场之流上的企业巨轮看不到海平面下物流成本的庞大身躯,最终很可能遭遇同“泰坦尼克”号轮一样的厄运。

(二)物流成本的二律背反——效益背反

二律背反(Trade-off)是物流领域中很普遍的现象,是这一领域中内部矛盾的反映和表现。具体包括物流服务与物流成本间的二律背反、物流成本各环节费用之间的二律背反、物流子系统功能与耗费间的二律背反等。例如,包装问题,包装方面每少花一分钱,这一分钱就必然转到收益上来,包装越省,利润则越高。但是,一旦商品进入流通之后,如果节省的包装降低了产品的防护效果,造成了大量损失,同时也造成储存、装卸、运输功能要素的工作劣化和效益大减。

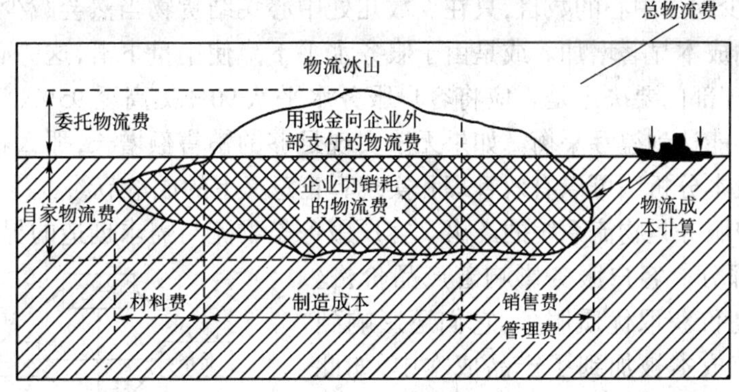

图 5-2　物流成本冰山论图

例如,减少物流网络中仓库的数目并减少库存,必然会使库存补充变得频繁而增加运输的次数;简化包装,虽可降低包装成本,但却由于包装强度的降低,在运输和装卸的破损率会增加,且在仓库中摆放时亦不可堆放过高,降低了保管效率;将铁路运输改为航空运输,虽然增加了运费,却提高了运输速度,不但可以减少库存,还降低了库存费用。所有这些都表明,在设计物流系统时,要综合考虑各方面因素的影响,使整个物流系统达到最优,任何片面强调某种物流功能的企业都将会蒙受不必要的损失。对此,本书第二章第三节已有阐述。

二、物流成本分析

(一)显性成本分析

任何企业都必须要进行成本核算,但是,在现行会计核算体系的框架内,恐怕还没有什么其他的成本分配比物流成本的分配更困难的了。虽然现代物流管理理念引入我国已有20余年,但毋庸讳言,对物流成本的测算、分析和研究,无论是对总量,还是企业实际支出,或是行业标杆水准,基本上还处于"雾里看花"的阶段。可是,如果没有对物流成本尤其是其结构的正确(而非准确、精确)的把握,就很难去讨论企业物流管理的改善,更不要说去研究企业的核心竞争力了。

按传统核算方式,物流的成本主要包括运输成本和存货持有成本。为方便企业把握物流成本,我们也可以对通过仅考虑显性成本来简化核算:

物流总成本 = 运输成本 + 存货持有成本 + 仓储成本 + 订单处理和信息成本 + 批量成本

以上这些成本是物流显性成本的主要组成部分。但物流成本管理不能仅靠降低上述某一环节的局部成本费用,而是应当在满足一定顾客服务水平的基础上追求物流总成本最低,实现利润最大化。

单项物流活动成本降低可能导致其他部分成本增加,处理不当,甚至有可能导致总成本上升。例如,减少配送中心的数目,只在少数几处中心集结货物当然会减少存货存储成本,但却可能使运输成本显著增加。或是由于服务水平下降使销量下滑,这势必影响最终总利润。再如,若管理部门要决定是否应将客户服务水平从90%提高至95%,就需要清楚要增加多少销售额才能达到盈亏平衡。如果无法实现足够的销售额增长,那么就不应提高服务水平。运用总成本分析法可以有效管理和实现真正意义上的成本节约。

渠道或客户服务是物流系统的产出。客户服务是物流与需求创造的界面,物流是营销中的需求供给部分。客户服务影响着产品价格。如果顾客愿以高价获取优质服务,它们还影响到市场价格。物流成本被加到了产品成本中,如此一来,公司在制定价格时必然要对其进行考虑。如图5-3为物流显性成本。

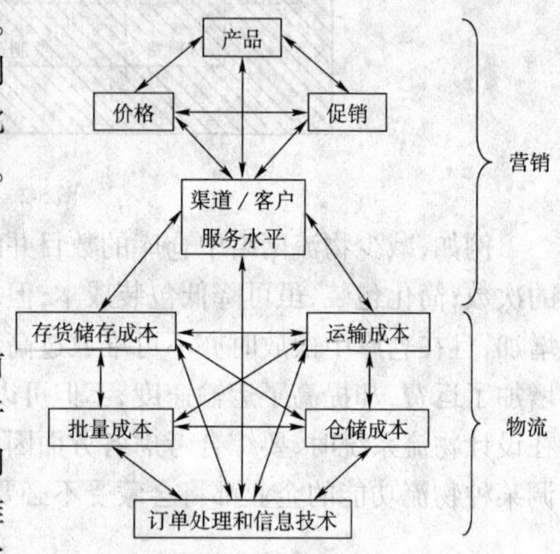

图5-3　物流显性成本图

1.客户服务水平

与客户服务水平相关的成本主要包括:当前销售需求无法满足而产生的实际损失,以及由于未满足需求致使部分客户流失而损失的未来利润现值。对大多数公司而言,这两部分成本是很难计量的。因此,公司的目标就应转变为在既定客户服务水平下使其物流总成本实现最小化。

通过提供较高水平的物流客户服务可以取得竞争优势,因此,把客户服务看成使一个可以增加显著价值的“产品”,是具有潜在利益的。但必须认识到,超过必要量的物流客户服务则会有碍于物流效益的实现。

2.运输成本

运输成本在物流总成本中占据着相当大的比重,通常达到40%以上。美国1984～1994年的物流成本资料中显示,运输成本在总成本中所占的比重还在不断上升。所以分析运输成本在物流成本的分析中意义重大。由西方经济学中的投入与产出之间的关系可得:

运输生产函数　　$Q=f(K,L)$

运输成本函数　　$C=YK+\omega L$

扩张路线方程　　$Q(K,L)=0$

上式中 Q 表示产出; K 表示资本; L 表示劳动; C 表示成本; Y 表示资本价格; ω 表示劳动价格。其中扩张路线方程指在假定生产要素的价格不变时,运输生产者的成本支出扩张或产出扩张所导致的结果。当我们要求利润最大化和成本最低的均衡解时,可将上述三个方程简化为一个方程。这个简化方程将成本 C 表示成产出水平以及所投入生产要素价格的显函数 $C=\Phi(Q,Y,\omega)$

如果我们假定资本 Y、劳动价格 ω 不变时，那么对成本函数变化起支配作用的就是产出 Q，也就是我们所说的货物周转量。所谓周转量是指运输货物吨数与运输距离的乘积。在通常情况下，单位商品的运输成本与运输距离成正比，与运输商品的数量成反比。运输距离越长，单位商品的运输成本越高。单车运载的商品数量越大，运输成本越低。所以理想的运输服务系统应该是在运输距离固定的情况下，追求运输商品数量的最大化。而在运输商品数量不足的情况下，追求运输距离的最小化。理想的运输服务系统的解决方案是将长距离、小批量、多品种的商品运输整合起来，统一实施调度分配，并按货物的密度分布情况和时间要求在运输过程的中间环节适当安排一些货物集散地，用以进行货运的集中、分捡、组配。实行小批量、近距离运输和大批量、长距离干线运输相结合的联合运输模式。

另外下面两个方面也可以有效的降低运输成本：

(1)线路的优化。运输路线的选择会直接影响到运输成本的大小。在运输的过程中应尽量避免同一物资在同一路线上的往返即对流现象的发生。同时，在交通图成圈时，要防止运输迂回的出现。

(2)有效的配载，尤其是回程配载。在长距离的运输当中，回程配载可以极大的降低运输成本。如果长途货物运输回程实现有效配载，那么单位商品的运输距离就会由往返减为单程。距离减半，成本也相应降低为50%。

3.存货持有(储存)成本

存货持有成本只包括那些随存货量变动的成本。具体分为四类：资金成本、存货服务成本、储存仓位空间成本、存货风险成本(图 5-4)。

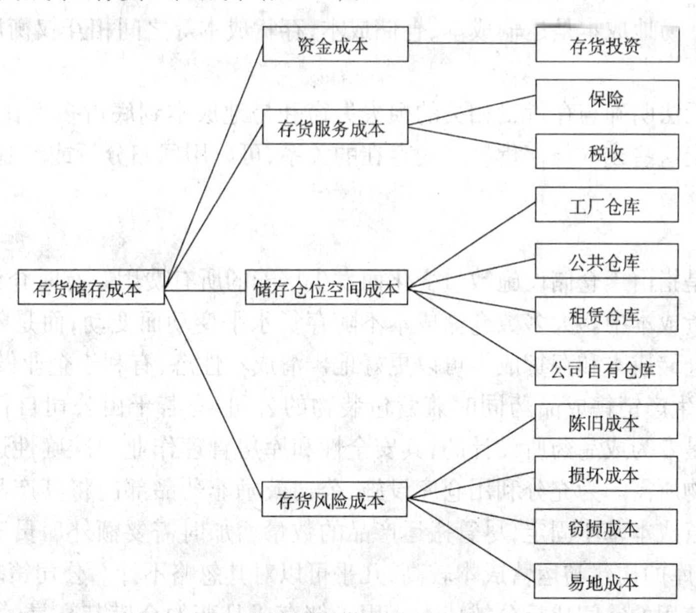

图 5-4　存货持有(储存)成本图

(1)存货投资的资金成本

现行会计中使用好几种方法计算资金成本:先进先出法、后进先出法、加权平均法等。无论企业采用哪种方法计算资金成本,有一点是肯定的,即存货越多,全部存货的资金成本就越高。

(2)存货服务成本

包括为持有存货而支付的税收与保险费。

(3)储存仓位空间成本

一般要考虑四种仓库设施:工厂仓库、公共仓库、租赁仓库、公司自有仓库。

(4)存货风险成本

存货风险成本有四种,即陈旧成本、损坏成本、窃损成本、易地成本。

陈旧成本:是无法再按原价销售,不得不销价处理的单位成本之和。如,初始售价与降价后的售价之差。

损坏成本:仅包括随存货量变动的损坏部分。运输期间发生的损失不包含在内,因为该损失的发生与存货无关。

窃损成本:很多公司认为存货失窃比现金盗用更难以管理与控制,所以成本更大程度上同公司的安全保卫措施相关。因此,最好把窃损成本的大部分或全部记入到仓储成本账户下。

易地成本:是公司为避免产品陈旧过时,将其从一处仓储地运到另一仓储地所花费的成本。公司将产品运至销售地,虽然避免支出陈旧成本但却不得不支付额外的运输成本。通常,这笔成本不单独列出,而是包括在运输成本中。在此情况下,可以用运费单上载明的有关数字来计算。易地成本是运输成本、仓储成本、存货成本等之间相互权衡后所做决策产生的。

通常我们无法明确与存货量相关的损失失窃和易地成本到底占多大比重,所以有必要用数学方法确定这些成本与存货量之间存在的关系,可以用回归分析或绘制数据图确定。

4.仓储成本

仓储成本是指由于仓储设施数量变化而发生培养的所有费用。有时仓储成本被很不合理地划归到存货成本中。大多数仓储成本不随存货水平变动而变动,而是随存储地点的多少而变。划分仓储成本和存货成本可以更好地辨清成本性态,有利于企业做出正确决策。

例如:一家生产销售成品药同时兼营包装物的公司,有若干由公司自行管理的温控仓库。温控仓库是专为成品药所设计的,其安全性和库房管理作业的准确性远远超出另一项产品——包装物所需。为充分利用仓库设施,公司鼓励非药品部门将其产品存放于这些仓库中。仓库运营成本基本固定,尽管搬运产品的数量增加时需要额外雇员和支付额外的加班费,但由于仓库的构建与运营成本较高,几乎可以对其忽略不计。公司策略是按使用的各部门在仓库中使用的空间比重分摊成本。用于储存成品药的仓库其高昂的成本,使公司成本分摊远超过为一般商品提供仓储的公共仓库收取的费率。某部门物流经理发现,如果使用公共仓库,可以以更低廉的成本达到类似的服务水平。有鉴于此,他将产品从本公司仓库中运出,存入了该地区的公共仓库中。尽管公司配送中心搬运和存储的产品明显减少,但由于固定成本占极大比重,结果,几近相等的成本分摊给了更少的其他使用公司仓库的部门。这引发其他部门也同样换用公共仓库以寻求各自较低的成本。其结果是公司仓储成本更加高昂了。公司仓储成本基本固定,不管仓库空间利用如何,该成本都不会有太大变动。非成品药部门转而利用公共仓库时,公司还得继续为自营的仓库支付大致相等的总费用,而且还要支付额外的公共仓库使用费。事实上,物流成本计算体系使得各部门经理以一种有损公司利益、增加公司成本的方式来工作。这一例子进一步肯定了理解成本性态的重要性。另外,要区分开仓储成本和存货持有成本,这有助于公司做出正确的决策。

5.订单处理和信息成本

订单处理和信息成本包括发行订单和结算订单的成本、相关处理成本、相关信息交流成本。这仅仅包括随决策变动发生变化的成本。订单处理成本和信息成本中,固定成本所占比重较大,相对于一些先进的信息通信系统而言,人工环节越多,信息传递速度就越慢,也比较缺乏稳定性。管理者对这些成本进行估计的较好方法是订单处理部门总成本在过去2年中的变动部分(调整通货膨胀)除以订单处理数目的变动值。其他方法还有机械型时间与动作研究、回归分析等。在衡量各种订单处理方法的成本时,必须联系固定成本和可变成本来分析。

6.批量成本

通常包括以下部分或全部成本:

(1)生产准备成本;

(2)转产导致生产能力丧失的部分;

(3)物料搬运、计划安排和加速作业等。

(二)隐性成本分析

在中国的劳动力成本、物流资源成本、设备成本均大大低于发达国家的条件下,中国的物流总成本应该是比发达国家低得多。但统计资料表明,美国的物流成本约占整个GDP的9%。然而,从各方面的资料以及对国外类似阶段的物流状况的比较分析看,中国的物流成本约占整个GDP的16%。也就是说,每一个到消费者手上的产品,我们的平均物流总成本几乎是美国的2倍。这说明物流过程中除了上面公式中所列出的显性成本外还有着巨大的隐含成本。

之所以称其为隐性成本,是因为这部分成本很难用定量分析的方法进行估算。这里主要提出的是物流管理成本和逆向物流成本。

1. 管理成本

物流管理成本指为支持商务战略而对材料、在制品和库存成品的流通加以控制的系统设计和行政管理的成本。在物流成本中,管理成本是最难以控制和统计的。在我们国家这种情况尤为突出。主要原因是我国企业物流总成本管理的概念比较淡薄,往往只关心直接的仓储和运输成本,而对物流管理成本则基本不予考虑。另外,受基础数据的限制,特别是由于我国有关物流行业的产出及物流成本的统计数据缺乏,以至于对管理成本我们只能借鉴一些发达国家的物流管理成本的分析。美国 1974 ~ 1994 年物流成本统计资料表明,管理成本在总成本中所占的比重基本保持在 3.8%左右。而我国作为发展中国家,管理水平和管理技术相对落后,有关资料显示,我国目前的信息处理水平只相当于世界平均水平的 2.1%。排除物流总成本基数过高的影响,我国的物流管理成本在物流总成本中所占的比重亦远远高于美国的 3.8%。因此,降低物流管理成本对企业总成本的降低有着重要的意义。

物流管理成本与企业的信息化程度关系密切,而企业的信息化程度又影响着企业正常生产活动的各个环节。发展信息化系统,可以以相对较小的资金投入,实现物流管理的优化,获得第三利润源泉的回报。而且,物流管理的信息化还会促进运输和仓储系统的发展。比如,运输企业的作业管理信息系统可以支持调度人员对司机的快速、有效的调动,安排货物的联合运输并进行全过程的追踪管理。仓储管理信息系统可以对商品库存数量、存放位置、搬运过程、捡货、包装、出库、入库等进行管理支持。当然,由于管理信息系统的建立本身也需要一定的成本,或许直接的降低总成本有一定的难度,但是信息系统的建立无疑会提高物流企业的服务水平和工作效率。在总成本一定的条件下,这应该也是间接的降低了物流成本的表现。

2. 逆向物流成本

产品由市场反向流向企业的现象古已有之,将来也不会消亡。当企业的经济规模不断扩大,很少有企业能意识到,在扩大规模的同时,其资源损失的绝对值也会同步增长。于是,在物流的隐性成本里面,又多了一个逆向物流成本的概念。在买方市场条件下,客户对产品的质量及所需的服务要求越来越高。在这个过程中,逆向物流的产生不难理解。比如,物流操作过程的不规范可能导致高比例的产品损坏,不得不从销售末端返回厂家,就会产生逆向物流,同时,因对传真或电话订单的理解有误而造成的错误发货,因销售预测不准确而造成的区域间反复调拨等等均产生逆向物流。当逆向物流达到一定的规模时,由逆向物流所产生的成本也时非常可观的。全球知名的化妆品品牌雅诗兰黛(Estee Launder)一年的销售额高达 40 亿美元,而其每年因为退货、过量生产、报废和损坏的商品也很惊人,达 1.9 亿美元。美国的消费电子业,每年的退货额超过 150 亿美元。如今,美国各行业每年的退货额已达到 650 亿美元。这些巨大的数字反映的只是一个品牌、一个行业和一个国家为退货承受的损失。如果要估测全球的退货状况,人们完全可以将这些数据放大至少 5 倍。目前,逆向物流成本正以难以想像的速度增长着。

逆向物流的产生与物流的管理水平息息相关。提高物流的管理水平,虽不能彻底消除逆向物流,但可以把逆向物流控制在低水平,从而降低企业的逆向物流成本,进而降低企业物流的总成本。

隐性成本作为降低物流成本关键因素,国内外已经有越来越多的学者开始关注并对其进行了研究。但目前由于受会计核算以及我国的统计体制的影响,很难得出有意义的成果。

第三节　物流定价理论与定价方法

市场是调节资源分配的有效手段,市场在调节资源分配过程中,很大程度上取决于市场上的价格因素。经济资源是有限的,有限的资源在各生产部门的分配取决于投资报酬率。投资报酬率高,会导致较多经济资源的注入;反之,投资报酬率低,会使经济资源投入减少。物流服务业的投资报酬率在很大程度上取决于物流服务产品价格与物流服务产品需求量的乘积,物流服务产品需求量通常又随运价的变动而变动。因此,物流服务产品价格具有分配社会物流资源的职能。物流服务产品价格在一定程度上决定社会对物流服务业投资的积极性,决定对各种物流服务设备的利用程度。

在商品经济条件下,价格又是实现再生产过程的重要因素之一,任何商品的交易都不可能没有价格。定价的重要性是由价格因素在交换中所处的重要地位决定的。定价水平往往成为商品交换成功的关键,从整体上看,不同的产品、不同的交货期限及服务项目必然伴随不同的价格水平。

同其他商品的价格一样,物流服务产品价格对于物流服务供应商的收入、物流服务产品需求以及消费者购买行为有着极其重要的影响。比如,运价的任何一次变动,都会引起运输需求的相应变动,引起运量的变化,一种运输方式或某一运输企业改变运价,必然引起不同运输方式、不同运输企业间运量结构和运量比例的变化,从而引起各自运输收入的变动,运价的局部调整就意味着运输收入在运输业内部的重新调整。因此,合理制定物流服务产品价格对于物流服务业来说是一件十分重要的事情。

一、影响物流服务产品定价的因素

物流服务的价格实际上是多种因素综合影响的结果,物流服务商为了正确合理地进行服务定价,必须对影响物流市场价格的基本因素有个系统的认识和把握。概括地说,影响物流市场定价的主要因素有以下 4 个方面。

1. 市场结构环境

竞争环境是影响物流市场定价不可忽视的因素。不同的市场结构环境存在着不同的竞争强度,决定着物流服务定价的自由程度。物流服务商应该认真分析所处的市场环境,并考察竞争者提供给市场的物流服务质量和价格，制定出对自己更为有利的价格。物流服务商可能面临的竞争环境一般有以下 4 种情况：完全竞争市场、不完全竞争市场、寡头竞争市场、完全垄断市场。不同的竞争采用的物流服务定价策略是不一样的。

2. 物流服务成本

物流服务成本是指物流服务在生产过程和服务过程中所花费的物质消耗及支付的劳动报酬的总和。一般来说，物流成本是构成物流价格的主体部分，且同物流价格水平成同方向运动。物流服务成本是物流服务商实现再生产的起码条件，因此物流服务商在制定价格时必须保证其物流成本能够收回。物流服务成本有个别物流成本和社会物流成本两种基本形态。个别成本是指单个物流服务商提供物流服务所耗费的实际费用。社会物流成本是指不同物流服务商提供相同服务所耗费的平均物流成本即社会必要劳动时间，是物流服务商制定服务价格时的主要依据。由于各物流服务商的资源条件和经营管理水平不同，其个别物流成本与社会物流成本必然会存在着差异，因此物流服务商在定价时，应当根据物流服务商个别成本与社会成本之间的差异程度，分别谋取较高利润、平均利润、较低利润甚至不得不忍受亏损。

就单个物流服务商而言，其个别物流成本即物流总成本由固定物流成本和可变物流成本组成。固定物流成本是指用于物流设施、设备等固定资产投资所发生的费用，在短期内它是固定不变的，并不随物流服务量变化而变动。可变物流成本是指用在物流服务过程中所在地发生的燃料、动力、人员工资等支出的费用，它随物流服务量的变化而变化，如图 5-5 所示。

为使物流总成本得到补偿，要求服务的价格不能低于物流平均成本。平均物流成本包含平均固定物流成本和平均可变物流成本两部分。显然平均固定物流成本随着物流服务量的增加而下降；在一定物流服务量范围内，平均可变物流成本最初也是下降的，但受边际报酬递减规律的影响，平均可变物流成本最终会出现上升现象。受二者的共同作用，平均物流成本呈现先下降后上升的 U 型形状(图 5-6)。

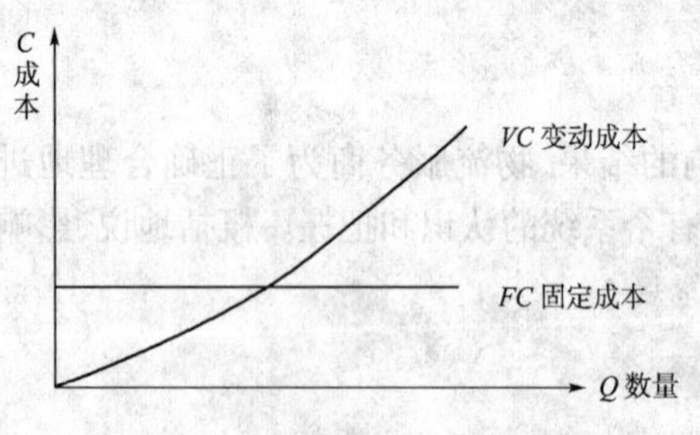

图 5-5　物流固定成本、变动成本

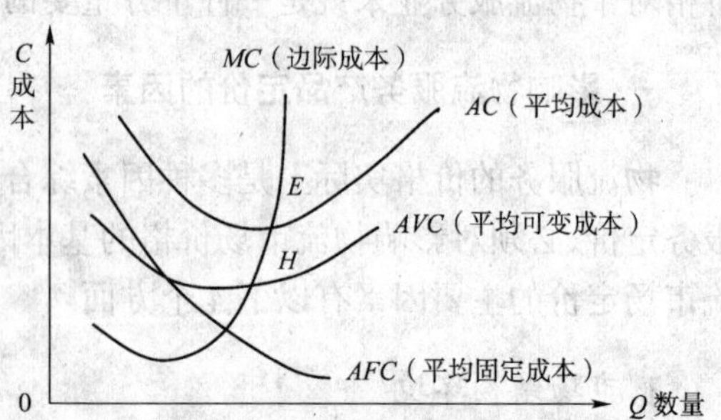

图 5-6　平均成本、平均可变成本、平均固定成本、边际成本

边际物流成本是指增加一单位物流服务量所增加的总成本。当物流服务量很低时，边际物流成本随物流服务增加而下降；当物流服务达到一定规模时，边际物流成本随物流量增加而上升。

物流服务商取得盈余的初始点只能在物流服务的价格补偿平均变动物流成本后等于平均固定物流成本之时，也就是图中的 E 点，该点称为收支相抵点。在此点，MC 曲线一定交于 AC 曲线最低点，即当 AC 等于 MC（$MC = AC$）时，服务的价格正好等于服务的平均成本成为物流服务商核算盈亏的临界点。当服务价格大于平均成本时物流服务商就可能盈利；反之则会形成亏损。

物流服务商亏损并不意味着物流服务商会停止提供物流服务。在图中 E 点和 H 点之间，物流服务商还有可能继续进行服务，因为价格除了能够弥补全部平均可变成本外，还能抵偿一部分平均固定成本。当服务的价格低于 H 点，物流服务商将会停止提供服务，故该点称为物流服务商停业点，因为市场价格如果低于该点，物流服务商连变动物流成本也赚不回来，自然不再提供物流服务。H 点是 MC 曲线与 AVC 曲线最低点的相交点，即当物流服务价格等于 AVC，物流服务商将不得不停业。

3.供求关系和需求弹性

供求规律是服务经济的内在规律，物流服务价格同样受供求关系的影响，围绕价值发生变动。

(1)价格与需求

这里说的需求，是指有物流需求欲望和支付能力的有效需要。影响物流需求的因素很多，这里只讨论物流价格对物流需求的一般影响。在其他因素不变的情况下，物流价格与物流需求量之间有一种反向变动的关系：需物流求量随着物流价格的上升而下降，随着价格的下降而上升，这就是通常所说的需求规律。

(2)价格与供给

物流供给是指在某一时间内，物流提供者在一定的价格下愿意并可能提供物流服务。有效物流供给必须满足两个条件：有提供物流服务愿望和物流服务供应能力。

(3)物流供求与物流均衡价格

受价格的影响，物流供给与物流需求的变化方向是相反的。如果在一个物流服务价格下，物流需求量等于物流供给量，那么市场将达到均衡。这个价格称为物流均衡价格，这个交易量称为均衡量。

(4)价格与需求弹性

由于价格与需求一般成反方向变动，因此弹性系数是一个负值，采用时取其绝对值。不同的服务具有不同的需求弹性。

4.物流服务商定价目标

物流服务商定价还受到物流服务商定价目标的影响，不同的定价目标会导致物流服务商不同的定价方法和策略,从而定出不同的价格。

(1)获取理想利润目标

这一目标即物流服务商期望通过制定较高价格,迅速获取最大利润。采取这种定价目标的物流服务商,其服务多处于绝对有利的地位。一般而言必须具备两个条件:一是物流服务商的个别成本低于部门平均成本,二是该服务的市场需求大于供应。在这种情况下,物流服务商可以把价格定得高于按平均利润率计算的价格。

但使用这种定价目标要注意的问题是,由于消费者的抵抗、竞争者的加入、代用品的盛行等原因,使物流服务商某种有利的地位不会持续长久,高价也最终会降至正常水平。因此,物流服务商应该着眼于长期理想利润目标,兼顾短期利润目标,不断提高物流技术水平,改善经营管理,增强竞争力。

(2)适当投资利润率目标

这一目标即物流服务商通过定价,使价格有利于实现一定投资报酬为定价目标。采取这种定价目标的物流服务商,一般是根据投资额规定的利润率,然后计算出各单位服务的利润额,把它加在服务的成本上,就成为该服务的出售价格。

采用这种定价目标,应该注意两个问题:第一,要确定合理的利润率。一般来说,预期的利润率应该高于银行的存款利息率,但又不能太高,否则消费者不能接受。第二,服务必须是畅销的,否则预期的投资利润率就不能实现。

(3)维持和提高市场占有率目标

这一目标着眼于追求物流服务商的长远利益,有时它比获取理想利益目标更重要。市场占有率的高低反映了该物流服务商的经营状况和竞争能力,从而关系到物流服务商的发展前景。因为从长期来看,物流服务商的盈利状况是同其市场占有率正向运动的。为了扩大市场占有率,物流服务商必须相对降低服务的价格水平和利润水平。但是,采用这一策略必须和大批量生产能力结合起来,因为降价后市场需求量急剧增加,如果生产能力跟不上,造成供不应求,竞争者就会乘虚而入,反而会损害本物流服务商利益。

(4)稳定市场价格目标

这种定价目标是物流服务商为了保护自己,避免不必要的价格竞争,从而牢固地占有市场,在服务的市场竞争和供求关系比较正常的情况下,在稳定的价格中取得合理的利润而制定服务价格。这一策略往往是行业中处于领先地位的大物流服务商所采取。这样做的优点在于:市场需求一时发生急剧变化,价格也不致发生大的波动,有利于大物流服务商稳固地占领市场。

(5)应付竞争目标

这是竞争性较强的物流服务商所采用的定价策略,为应付竞争,在定价前应注意收集同类服务的质量和价格资料,与自己的服务进行比较,然后选择应付竞争的价格:对于力量较弱的物流服务商,应采用与竞争者价格相同或略低于竞争者的价格;对于力量较强又想扩大市场占有率的物流服务商,可采用低于竞争者的价格;对于资本雄厚,并拥有特殊技术的物流服务商，可采用高于竞争者的价格；有时可采取低价，从而迫使对手退出市场或阻止对手进入市场。

当然，物流服务商所处的地理位置，物流生产厂商自身发展战略与所采取的竞争策略，政府对某些物流服务价格的管制及限定等也是决定价格的因素。

二、物流定价理论和方法

经济理论的进展通常滞后于企业实践，比如，非线性定价理论尽管在20世纪70年代后期就取得了突破性进展，但其在企业中的价格实践却可以追溯到商业史的早期。正如一位经济学家所感叹的"贪婪的(Greedy)企业家获取利润的想像力远远超出经济学家的分析能力"。但这并不是说理论研究就没有必要了，相反，正确反映成功企业实践的理论，对其他正在探索中的企业无疑具有积极的指导意义，同时对成功的企业家也能起到坚定信念的作用。

下面将要介绍的几种不同的定价理论，同样来源于企业的实践，但它同时对大多数物流厂商的正确定价具有积极的指导意义。

(一)劳动价值定价论

劳动价值论认为，物流劳动价值是凝结在物流产品中的一般人类劳动，是物流劳动者在实现商品位移过程中所耗费的物化劳动和活劳动的总和。与这两部分劳动相适应，物流服务产品价值由两部分组成：一是过去劳动创造的价值，即已消耗的生产资料价值，也叫转移价值；二是活劳动创造的价值，即新创造的价值。活劳动创造的价值又可分为两部分：一是生产者为个人所创造的劳动价值；二是生产者为社会所创造的劳动价值。因此，物流服务产品价值一共由以下三部分组成：(1)物流生产过程中转移的物化劳动价值 C；(2)物流生产者为自己所创造的劳动价值 V；(3)物流生产者为社会所创造的劳动价值 M。

物流劳动价值是物流服务产品价格的基础，物流服务产品价格是物流服务产品价值的货币表现。由于市场供求关系的变化，物流服务产品价格并不总是等于物流服务产品价值，而是围绕物流服务产品价值上下波动。物流服务产品价格与物流服务产品价值之间在量上的不一致现象是客观存在的，因为在物流服务产品生产过程中，劳动耗费经常变动，而要求作为物流服务产品价值表现形态的物流服务产品价格随时变动是不可能的，同时，物流服务产品价格的形成也受物流服务产品市场供求关系变化、国家宏观价格政策等因素的影响，所以，在一段时间内物流服务产品价格与物流服务产品运输价值不等是正常的。当然，物流服务产品价格背离物流服务产品价值不应当是长期的，它应当是价值规律自觉作用的结果。从总体上看，物流服务产品价值与物流服务产品价格一致是客观经济发展的一般趋势。

根据劳动价值论原理，物流服务产品价值是物流服务产品价格形成的客观经济基础，劳动价值论强调在社会平均水平下使得供给方的价值消耗得到充分补偿并有利可得，价格构成内容包括 $C+V+M$。其中 C 为转移价值，也就是物化劳动的消耗支出，表现为设备的磨耗(固定资产折旧)，材料、燃料、油脂等方面支出；V 为活劳动消耗价值，表现为劳动报酬(工资)支出;M 为利润,是为社会劳动所创造价值的货币表现。在这一理论指导下,企业竞争一是成本控制上的竞争,因为当个别企业的"$C+V$"低于社会平均水平时,在保证企业的获利水平前提下可降低销售价格;二是优质优价的竞争。优质包括产品品质优,服务优,因而消耗将会增加,价格就会相应的提高。

劳动价值论对物流服务产品的定价无疑具有指导意义,但其在实际应用中主要困难在于如何确定 C、V、M 的值,以及如何应对市场供求变化对短期价格波动的影响。

(二)平均成本定价论

平均成本定价理论是指在物流服务量一定的情况下,物流服务总收入必须能够补偿物流生产厂商的平均物流服务成本费用,平均物流生产成本是定价的最低界限。

物流服务收入在补偿平均成本后,还需要留有必要的利润以维持和促进物流企业的发展,因此,以平均物流成本定价应是物流部门的平均成本加上一定比例的利润,它是根据单位产品(物流服务)平均成本的变化,确定在不同物流服务产量条件下产品(物流服务)价格的方法。用公式表示即为:

$$P=\frac{F}{Q}+C_{\mathrm{v}}+r$$

式中:P——物流服务价格;

F——固定总成本;

Q——物流服务产量;

C_{v}——单位变动成本;

r——单位物流服务的利润。

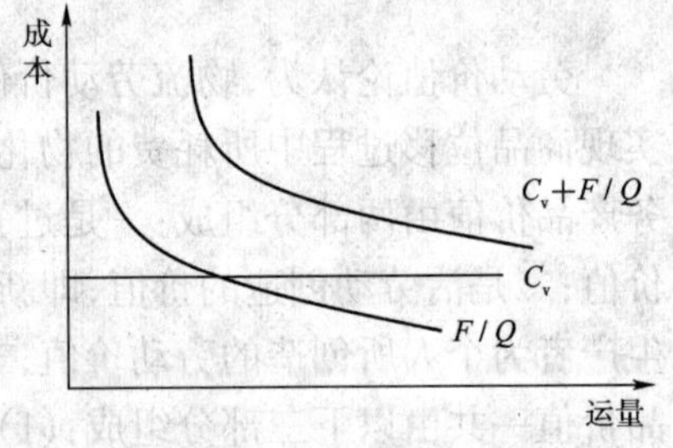

图 5-7 成本与运量的关系

以货运物流为例,其运输服务的成本与运量之间的关系可用图 5-7 表示。

成本加成定价法(即在完全成本的基础上加上一定的利润额作为供给的价格,其计算公式为:价格 = 平均成本 + 预期利润),目标成本定价法(即以企业预期的目标成本为基础加一定的目标利润来确定价格),变动成本定价法(即在变动成本的基础上加上一定的毛利额来确定价格),保本定价法(即仅仅立足于补偿价值消耗来确定商品价格,而不追求利润,适用于新产品或市场销售状况不佳的物流服务产品定价),都可以看作是平均成本定价理论的直接运用或延伸运用。

例:某物流服务生产厂商生产某种产品 10 000 件,单位可变成本为 20 元,固定总成本为 200 000 元,预期利润率为 15%。按成本加成定价,其价格可计算如下:

单位固定成本 200 000/10 000 = 20 元/件

单位可变成本 20 元/件

单位总成本 20 + 20 = 40 元

预期利润率 15%

价格 = 平均成本 + 预期利润 = 40 + 40 × 15% = 46(元/件)

平均成本定价理论考虑了物流业从事物流服务生产的劳动消耗与补偿,操作起来也比较简单。它一般适合于物流市场不十分活跃,竞争不太激烈,尤其是货源比较稳定的运输方式或运输线路的定价。

但这一定价方法也存在着一些问题,主要是没有考虑和反映物流服务市场上供求关系、竞争环境与物流服务价格之间的相互关联和影响,在市场竞争环境与物流市场需求发生变化时,不能灵活地调整价格以适应市场状况。应用平均成本定价理论对物流服务产品进行定价其局限性主要表现在三个方面:

(1)平均成本定价的基础是提供物流服务产品的价值消耗,而对于同一物流服务而言,其价值消耗在特定企业、特定配置下(网络、生产能力、人员等)往往不具可比性,不宜作为定价的基础。例如,沈阳某一大型制造企业欲外包其产品从沈阳到上海的运输业务,以及该产品在兰州市场销售信息的采集、分析与传递业务,这些业务对于不同的物流企业而言,所要消耗的成本可能就会大相径庭。对于物流网络已经覆盖上海且有专业信息服务人员的物流企业来说,提供此项业务的成本可能很低,但对于物流网络没有覆盖上海的物流企业而言,不但要投入资金拓展物流网络(如在上海设立办事处等)、聘请专业人员从事信息服务,而且面临着回程运输的货源组织问题,其承揽此项外包业务的成本会比前者高得多。此时,如果后者采用成本导向定价法确定物流服务价格的话,就会因价格竞争力低下而丧失获利机会。

(2)平均成本定价论强调供给方的价值消耗补偿和获利,忽略了对需求方利益的关注,不符合实现互利双赢的物流发展理念,不利于物流业务的拓展。物流服务的需求方通常是通过比较从物流服务中能够获得的利益与将要支付的价格来决策自己的购买行为,也就是考虑是否"物有所值"。甚至可以说,需求方更多时候关注的是物流服务可能带来的价值,而不是价格,这显然与供给方的"自利"思维是相背离的。例如,某物流企业提供的改造生产物流流程的服务能够大大提高某制造企业的生产能力与生产效率,并能减少大量库存,这样制造企业就愿意支付远远高于物流服务成本的价格,因为这可能只是自身增量收益的一小部分。这时如果采用平均成本定价法,不但没有意义,而且会带来利益的损失。因此,物流企业拓展业务的基点不应是自身价值消耗的补偿与获利程度,而应该是能为需求方提供多少的利益增量。

(3)由于某些物流服务(如公路运输)具有网络性的特点,且规模经济性较为突出,为了尽可能地弥补成本,降低潜在损失,只要提供此项服务所带来的增量收入大于增量成本,供给方往往会以低于平均成本的价格提供服务。比较典型的例子是回程运输服务,因为提供运输服务的固定成本较高。例如,南京某物流企业提供南京到上海的产品运输服务(公路快运),那么当在上海无法及时组织到能满足正常回报率或者能充分弥补成本的回程货源时,为了提高车辆的使用效率,弥补部分成本(这些成本不会因为实载率而变化,如车辆通行费、燃油费、车辆折旧费等),物流企业肯定会愿意以低于平均成本但又能获得增量收益的价格提供南京到上海的运输服务。

(三)负担能力定价论

负担能力定价论又称物流服务价值定价论,其一般定义是按照物流服务对物流服务接受方的价值来确定价格。它是以物流服务需求,而不是以物流服务成本为基础定价。根据这一理论,对高价值商品应制定较高的物流服务价格,而对低价值商品则制定较低物流服务价格。理由是价值高的商品对高物流服务价格收费的承受能力大,另外,物流服务企业对它承担的责任也更大。

以货运物流为例,高价商品能够承受较高运价,是因为运输成本只占其最终售价很少的一部分,因此需方对运价承担能力较强。运输服务价值反映了运输服务对托运人所创造的经济价值,它相当于托运人在接受对产品运输和不接受对产品运输这两种状态下,托运人将得到的净收益差,也是托运人为获得运输服务而愿意支付给承运人(货运物流供应商)的价格。对于不同的运输市场、不同的运输对象和运输量,运输服务的价值高低是不同的。按运价承担能力或运输服务价值进行定价,可以使货运物流供应商制定的运价迅速、灵活地适应市场的供求变化情况。

按照这一定价理论,上面提到的某物流企业提供的改造生产物流流程的服务,就可以按制造企业愿意支付的远远高于物流服务成本的价格进行定价,只要所定价格不超出物流服务本身给客户带来的利益就是客户所能接受的,这样既可增加该物流企业的收益,又是客户所愿意和感到满意的,从而达到双赢。

这里还存在一个客户感知价值的问题,对不同的物流服务,顾客感受到的或认定的价值是不同,同时顾客还会把你的产品价格和竞争者的产品价格相比较,因此,需求和顾客感知价值规定了价格的上限。当然如果你的物流服务是独特的,没有竞争性替代品,并且其需求缺乏弹性,你的服务越可以定高价。

在完全垄断的货运市场,货运服务商完全可以根据商品的价值来进行服务价值定价,而且不会导致运输损失,即按照付款的能力或者意愿来制定价格。

假定一条特定的铁路线对于三种不同的物品设定不同的价格。其中一种物品是大型的计算机系统,其价值非常高,而且只有有限的替代品。第二种物品是彩色电视机,其价值中等,有一些替代品。第三种物品是煤炭,它的价值低,有替代品。

假设特定的计算机系统的价值为 2 000 000 元,重量是 1 吨。如果运送的运费是每吨 10 000元的话,那么运费只是此物品价值的 0.5%。彩色电视机的价值为每吨 100 000 元。所以,在同样的运输点之间 10 000 元的运费是电视机价值的 10%。最后,煤炭的价值可能是每吨 500 元,这样 10 000 元的运费是煤炭价值的 2000%。所以收取同样的运费会排斥一些托送人,尤其是那些低价值物品的托送人。

一般来说,把按服务成本确定的价格作为运输定价的下限,按服务价值确定的价格作为运输定价的上限,但是有时按服务价值确定的价格也可以是运输定价的下限,这取决于边际成本在运送的范围内如何定义。

假定一个货车运输商将一批货从A点运到B点的边际成本(变动成本)为900元,平均成本为1000元,这叫做运输的去程。运送者使用服务价值定价法,根据货品价值和竞争环境,收取的运输费用为1100元(能够达到利润最大化)。这时服务价值定价法被用作运价的上限(利润最大化)。

由于运送者到达B点完成运送任务后,必须回到A点。回到A点的路程就叫回程。运送者在回程的路线中面临一个完全不同的市场。假定在回程路线中的边际成本为燃料和驾驶员工资的变动成本900元。如果运送者决定根据它的边际成本900元为基础来定价(服务成本定价法),那么有可能从B点到A点的市场中没有能承受这个价格的货运需求者,运送者就会被迫空车返回。其结果就导致了运送者损失了900元。现在假设运送者根据市场的需求水平(即服务价值)800元来对回程定价,虽然这会使价格低于边际成本,但是运送者通过损失100元而不是900元,使得自己的损失达到了最小。这就叫做损失最小化定价。于是在这里,服务价值定价就被用作运价的下限(损失最小化)。

需要注意的是,回程的变动成本(边际成本)从会计学的角度被定义为那些与回程活动直接相关的成本,也就是上面提到的回程所花费的燃料和工资成本900元的费用;从经济学的角度被定义为如果空车返回的话,运送者能够避免的成本,也就是因为装车所发生的附加成本以及因燃料效率减少而增加的成本,比如为200元,后者小于前者。这两种定义会造成运送者不同的定价理念和经营决策。

(四)供求关系定价论

供求关系定价论认为,平均成本定价、边际成本定价实际上是一种供给价格,它只根据物流服务供给方单方面的成本水平进行定价,而按负担能力定价(或按服务价值定价)则是一种需求价格。实际上,物流市场上供求之间的关系是经常发生变化的,物流服务价格应更多地随着市场供求之间力量的变化而变化。

这种理论强调市场供求关系对制定物流服务价格的影响,它强调在其他条件不变的情况下,物流服务价格应随着物流服务供给的增加而下降,随着物流服务供给的减少而上升;同样,在其他条件不变的情况下,物流服务价格应随着物流需求的增加而上升,随着物流需求的减少而下降。按供求关系定价不仅要考虑物流需求的情况,更要考虑物流服务供给情况,包括其他竞争性替代品的供给情况。

供求关系定价论通常被认为是以完全竞争市场为假设前提的,它需要满足以下几方面条件:

(1)市场上有大量的买者和卖者,由于买者和卖者数量太大,任何一个买者或卖者都不会单独影响商品的价格,所以,商品价格是由市场供求决定的;

(2)同一种产品是可以相互替代的;

(3)生产厂商可以自由进出这一行业,生产要素可以自由流动;

(4)市场信息是完全的。

当市场中没有其他外来因素干扰和影响时，在竞争力的作用下，需求与供给相互影响，将达到一种均衡状态，即供给曲线与需求曲线的交合点，这一点上的价格称为均衡价格。但在实际中，市场经常会受到各种外在因素的影响，均衡状态难以达到，价格也就会围绕着均衡价格上下波动。

（五）边际成本定价论

边际成本是指增加单位物流服务量而引起的总成本的增加量。在生产规模不变的情况下，边际成本实际上就是增加的可变成本，它随物流报务产品产量的变化而变化。

以货运物流服务为例，边际成本就是总成本对运输周转量的导数，即：

$$MC = \frac{\mathrm{d}TC}{\mathrm{d}Q}$$

式中：TC——运输成本；

Q——运输周转量。

假定某物流运输企业某月份完成的运输周转量为5000万吨公里，运输总成本100万元，则单位运输成本为0.02元/吨公里。当运输增至5200万吨公里时，总成本增加了10万元，达到110万元。这时的平均成本是0.021元/吨公里，而新增周转量的单位成本为0.05元/吨公里，这0.05元/公里就是边际成本。

在通常情况下，运输业的边际成本是很低的，例如，在未满载的飞机或火车上，再增加一名旅客或一吨货物的边际成本几乎等于零。正因为如此，西方一些国家运输价格的制定很多以边际成本为基础。一般认为，当边际成本与边际收入相等时，企业的利润最大。在实际操作中，多以变动成本代替边际成本。

边际成本与平均成本关系如图5-8所示。

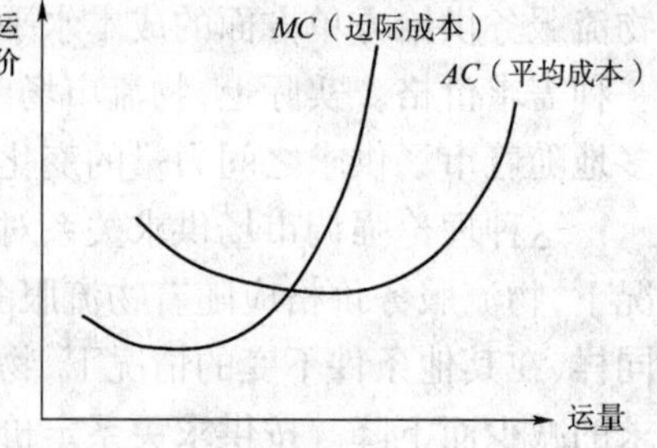

图5-8　边际成本与平均成本的关系

边际成本定价比较适合运输业的特点。当一些线路货源不足，运能过剩时，它的平均运输成本可能较高，而边际成本却可能很低，如果按平均成本定价，一方面会抑制运输需求，另一方面也会造成运输设备闲置，运输资源浪费。如果以边际成本定价，由于价格水平相对较低，不仅可以促进运输需求，还可以提高运输设备的利用率，提高运输收益。边际成本定价理论仅考虑了成本消耗，也考虑了市场上货运物流供求状况，它可以满足制定分线运价、分区运价的需要。在各种运输方式之间，各运输企业之间为争夺运输市场而展开竞争时，边际成本定价理论常常被实际运用。

但按边际成本定价，有时会使物流运营厂商的固定成本无法收回，从而失去持续发展能力，最终会损害整个产业。尤其是当存在规模经济时，由于边际成本低于平均成本，无法解决固定成本的弥补和分摊的问题，此时若以边际成本定价，收入并不能补偿成本，从而造成物流服务厂商亏损。

比如,港口服务就存在明显的规模经济效应,港口的边际成本一般低于平均成本,若以边际成本定价,港口的收入并不能覆盖港口的成本,从而造成亏损。

因此,在实际应用边际成本定价论时,有时需要在变动成本的基础上加上预期的边际贡献。边际贡献是指物流服务生产厂商增加一个产品的销售,所获得的收入减去边际成本的数目,即:

$$边际贡献 = 价格 - 单位可变成本$$

从上式可以推出单位产品价格的计算公式:

$$价格 = 单位可变成本 + 边际贡献$$

这种定价方法也称边际贡献定价法,其本质仍属于边际成本定价范畴,它的优点是易于各产品之间合理分摊固定成本;采用这一方法定价一般低于总成本加成法,能大大提高产品的竞争力,同时也能使固定成本得到一定程度补偿;根据各种产品边际贡献的大小安排物流服务生产厂商的产品线,易于实现最佳产品组合。

例如,某物流服务生产厂商的年固定成本消耗为200 000元,每件产品的单位可变成本为40元,计划总贡献为150 000元,当销售量预计可达10 000件时,按边际贡献定价,其价格为:

$$价格 = 单位可变成本 + 边际贡献 = 150\,000/10\,000 + 40 = 55(元/件)$$

(六)差别定价又称价格歧视理论

通常意义上的价格歧视实质上是将市场根据消费者的类型细分为不同的细分市场,在各个细分市场上收取的价格不同,但在同一个细分市场上收取的价格仍然保持不变。

差别价格也可以说是根据需求的差异,对同种服务产品制定不同的价格的方法。它主要包括以下几种形式:

(1)对不同的顾客采取不同的价格,如同种物流服务产品对购买量大和购买量小的采取不同价格,又如航空票价对国内、国外乘客分别定价等。

(2)相同的产品在不同的地区销售,其价格可以不同。

(3)相同的产品在不同时间销售其价格可以不同,如需求旺季的价格要明显地高出需求淡季的价格,春运期间的公路运输价格高于平常时期。

差别定价的前提条件是:

(1)市场可以细分,各细分市场具有不同的需求弹性,或者说企业在不同时期不同市场所面临的需求曲线存在很大不同;

(2)价格歧视不会引起顾客反感;

(3)低价格细分市场的顾客没有机会将商品转卖给高价格细分市场顾客;

(4)竞争者没有可能在物流服务生产厂商以较高价格销售产品的市场上以低价竞争。

下面我们主要介绍庇古(Pigou, 1920)基于垄断的三级价格歧视理论。

1.一级价格差别

一级价格差别又称为完全价格差别,它指垄断者根据每一个购买者每买进一单位的产品愿意并且能够支付的最高价格来逐个确定每单位产品销售价格的方法。即对每单位商品都制定不同的价格,每单位商品都以购买者愿意支付的最高价格出售。如图5-9所示,第一单位产品的价格为 P_1,第二单位产品的价格为 P_2,随着出售数量的增加,价格依次下跌,但每一单位的价格都是未满足的购买者所愿支付的最高价格,而最后一单位产品的价格则等于该单位产品的边际成本。

一级价格差别下,厂商占有了全部的购买者剩余,在追求最优化时,最大化了厂商剩余和购买者剩余的总和,使得产量达到社会最优的水平。

显然,一级价格差别在实际上是无法实现的,它要求垄断者掌握每一单位产品对购买者的最高边际值,这样的信息要求是不可能达到的。

2.二级价格差别

二级价格差别就是指不同单位的产品组合以不同的价格出售,而购买同一数量的不同购买者都支付同一价格。最普遍的二级价格差别就是数量优惠,买的越多,价格越低。

二级价格差别所能获得的利润比单一价格的垄断利润更高,如图5-10所示,单一垄断价格为 P_m,销售量为 Q_m,厂商实施二级价格差别,购买量低于 Q_m,单位价格为 P_m,而高于 Q_m 的购买量,则价格为 P^*。显然,只要 $MC < P^* < P_m$,厂商总能诱导出更多的需求,使需求增加为 Q^*,图中的阴影部分即为二级价格差别下多获得的利润。

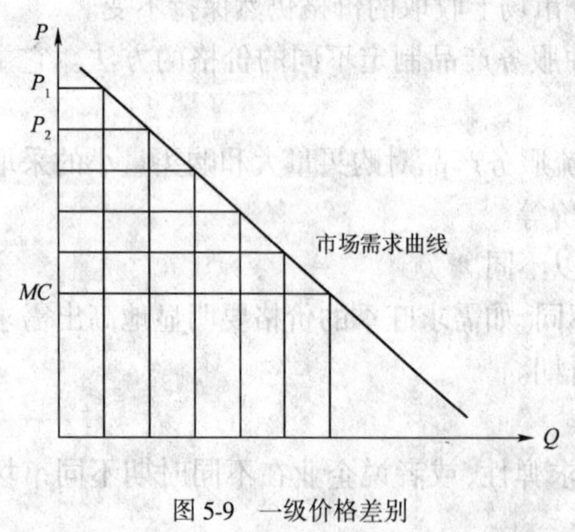

图5-9 一级价格差别

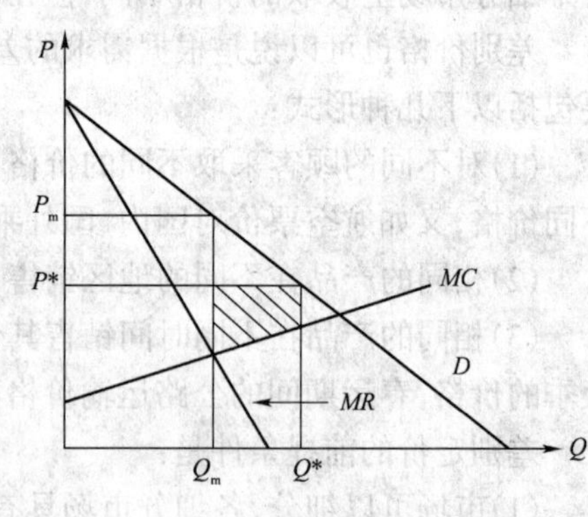

图5-10 二级价格差别

3.三级价格差别

三级价格差别指指垄断者把不同类型的购买者分割开来,形成各个子市场,然后把总销量分配到各个子市场出售,根据各子市场的需求价格弹性分别制定不同的销售价格。也就是说同一产品在不同的市场上有不同的价格，但在同一市场上则有相同的价格。

三级价格差别要求垄断者能区分出不同购买者，而不同的购买者形成的市场有不同的价格需求弹性，假定垄断者在两个不同的市场上销售量分别为 Q_1 和 Q_2，两个市场的需求曲线分别为：$P_1 = P_1(Q_1)$ 和 $P_2 = P_2(Q_2)$，垄断者最大化在两个市场上的利润总和：

$$\max\ P_1(Q_1)Q_1 + P_2(Q_2)Q_2 - C(Q_1 + Q_2)$$

由一阶条件可得：$P_1\left(1 - \frac{1}{|E_{P1}|}\right) = P_2\left(1 - \frac{1}{|E_{P2}|}\right) = \frac{dC(Q_1 + Q_2)}{dQ}$，

显然，如果市场 1 的需求弹性大于市场 2 的需求弹性，即 $|E_{P1}| > |E_{P2}|$，则 $P_1 < P_2$；反之，则 $P_1 > P_2$。因为需求弹性小的市场上，购买者对价格不敏感，垄断者可以把价格定得较高而不损失太多需求量，最终获得较多的利润。

垄断条件下物流厂商的均衡：假定两个分割的市场，其需求函数分别为 $p_1(q_1)$、$p_2(q_2)$；边际收益函数分别为 $mr_1(q_1)$、$mr_2(q_2)$；q_1、q_2 是两个市场的销售量，即 $Q = q_1 + q_2$，其边际成本函数为 $MC(Q)$。则均衡条件为：$MC(Q) = mr_1(q_1) = mr_2(q_2)$

例：某垄断物流厂商所面临的需求函数、成本函数分别为：$P = 100 - 4Q$，$C = 50 + 20Q$，求利润极大时的产量与价格。如果垄断者可以把市场分为两个独立的子市场，在两个市场它所面临的需求曲线分别为 $P_1 = 80 - 5q_1$ $P_2 = 180 - 20q_2$，成本函数为 $C = 50 + 20Q$，求利润极大时两个市场的价格和销量。

解：(1)因为总收益函数 $TR = P \cdot Q = (100 - 4Q)Q$；所以边际收益函数 $MR = 100 - 8Q$；

由于成本函数 $C = 50 + 20Q$，所以边际成本函数 $MC = 20$；利润最大的条件是 $MR = MC$，即 $100 - 8Q = 20$，所以 $Q = 10$，$P = 60$；

(2)当垄断者把市场分为两个独立的子市场，两个市场的需求曲线分别为 $P_1 = 80 - 5q_1$ $P_2 = 180 - 20q_2$ 时，边际收益分别为 $mr_1(q_1) = 80 - 10q_1$，$mr_2(q_2) = 180 - 40q_2$，边际成本 $MC = 20$，利润最大条件 $MC(Q) = mr_1(q_1) = mr_2(q_2)$，$Q = q_1 + q_2$。即 $80 - 10q_1 = 180 - 40q_2 = 20$；可得 $q_1 = 6$，$q_2 = 4$，$P_1 = 80 - 5q_1 = 50$，$P_2 = 100$。

（七）拉姆塞定价论(Ramsey Pricing)

在竞争性的市场中，边际成本定价可以实现社会总福利的最大以及资源配置的最优。但对于规模经济所导致的天然垄断属性，不受规制的利润最大化的企业将追求垄断利润而偏离边际成本定价原则，因此会导致社会总福利的损失。相对于边际成本定价所导致的社会总福利最大的“最优”定价规则而言，盈亏平衡条件下最大化社会总福利的定价规则被称为“次优”定价，这一研究工作最早由拉姆塞完成。

拉姆塞定价的含义为价格在边际成本上的加成同价格需求弹性的倒数成比例，即，

$$\frac{p_i - mc_i}{p_i} = -\frac{\lambda}{1 + \lambda} \cdot \frac{1}{\xi_i}$$

其中，p_i 为服务 i 的价格，mc_i 为边际成本，ξ_i 为价格弹性，λ 是拉格朗日乘子，$\frac{\lambda}{1+\lambda}$ 被称为拉姆塞数(Ramsey number)。根据这一规则，价格弹性较低的小客户将被收取较高的价格，因此为固定成本的补偿做出更多的贡献。

拉姆塞定价是价格歧视以及非线性定价的理论基础，该定价理论综合考虑了社会福利和对垄断者的激励效率，是认同较高的理论，在实践中也得到日益广泛的应用。

以上介绍的几种定价理论和方法，在实际应用时可以综合加以运用，也可选择其中的某一理论作为定价的主要依据。比如在确定海运运价时，船舶的运输成本和所承运货物对运费的负担能力是制定运价的主要依据，同时，市场供求及竞争情况也是制定运价时必须考虑的因素。

作为对运输劳务需求者的货主而言，他所能接受的运价，仅以所运输的货物有能力负担的水平为限，即运价水平的最高限，不能超过货物对运费的负担能力；而作为运输劳务供给者的船公司所期望的运价，却是至少能补偿为完成运输而发生的消耗的费用，即运输成本。所以，理论上海运运价是以前者为上限，以后者为下限，在这一范围内根据市场竞争情况而确定和变动。当生产发展、市场活跃时，或者一些特殊情况发生，运量激增时，运输劳务需求量就增大，在海运市场上必然会出现各货主之间为获得运力而引起的激烈竞争，这时运价就会上升，直至接近前述的上限。与此相反，在经济不景气时，海运市场上就会出现运力过剩的情况。另外，当有大量运力投入海运市场时，也会造成运输劳务供给量过剩的情况。此时，船运公司之间为争取货源而展开的竞争也必然会使运价下跌，直至接近前述的下限。虽然理论上的运价的制定和变动是以运输成本为下限，但是实践中也会在短期内出现运价低于运输成本的情况。

运输成本包括船舶的折旧费、维修费、保险费、贷款的利息、船员的工资、伙食费、企业管理费等不因运输量的增减而发生变化的固定成本和燃料消耗、挂靠港口数量、港口作业数量及收费水平等因运输量的增减而发生变化的可变成本。当航运市场不景气，船公司将船舶退出营运，予以封存时前述固定成本中的大部分费用仍须照常支出。通常将固定成本中的这部分费用称为封存费用。一旦运价行情低于运输成本，船公司就会因继续营运的收入不抵运输成本的支出而遭受损失。但是，船公司通常不会在运价行情低于运输成本时就立即将船舶退出营运，予以封存。因为船舶退出营运时，船公司在没有营运收入的情况下，仍然需要支出前述的封存费用，所以，船公司同样会因封存船舶而遭受损失。因此，在运价行情低于运输成本的情况下，船公司选择继续营运所受到的损失可能比选择退出营运所受到的损失更少。也就是说，对船公司而言，在亏损的情况下继续营运会比封存船舶更为有利。但是如果当运价低到会使船舶继续营运所遭受的损失等于或高于封存费用时，船公司就会将船舶退出营运，予以封存。这种最终会促使船公司将船舶封存的运价临界点就是通常所说的封存点。封存点在实际业务中就是运价的下限。然而在班轮营运中，为了经营班轮运输，船公司不仅在船舶和岸上的设备方面已投入了大量的资金，而且在业务关系上也和一些货主或货运代理人建立了经常的联系。作为班轮运输经营者的船公司，它是不会轻易退出营运，与货主或货运代理人断绝业务联系的，而是想方设法力图在惨淡的经营中等待航运市场的复苏。若从惨淡经营，等待时机，以图东山再起的经营方针考虑，则运价水平的下限还会低于封存点。

思考题

1.名词解释

显性成本、隐性成本、运输成本、仓储成本、存货持有(储存)成本、存货服务成本、储存仓位空间成本、存货风险成本、订单处理和信息成本、批量成本、逆向物流成本。

2.简述题

(1)物流成本的宏观构成和微观构成有哪些?

(2)试分析物流成本与服务水平的效益背反现象。

(3)影响物流服务产品定价的因素有哪些?

(4)请简要阐述负担能力定价论和边际成本定价论。

3.案例分析

【案例】 布鲁克林酿酒厂的物流成本控制

布鲁克林酿酒厂在美国分销布鲁克林拉格和布郎淡色啤酒，并且已经经营了3年。虽然在美国还没有成为国家名牌，但在日本市场却已创建了一个每年200亿美元的市面。Taiyo资源有限公司是Taiyo石油公司的一家国际附属企业。在这个公司的Keiji Miyanmoto访问布鲁克林酿酒厂之前，该酿酒厂还没有立即将其啤酒出口到日本的计划。Miyanmoto认为，日本消费者会喜欢这种啤酒，并说明布鲁克林酿酒厂与Hiroyo贸易公司全面，讨论在日本的营销业务。Hiroyo贸易公司建议布鲁克林酿酒厂将啤酒航运到日本，并通过广告宣传其进口啤酒具有独一无二的新鲜度。这是一个营销战略，也是一种物流作业，因为高成本使得目前还没有其他酿酒厂通过航空将啤酒出口到日本。

1988年，即其进入日本市场的第一年，布鲁克林酿酒厂取得了50万美元的销售额。1989年销售额增加到100万美元，而1990年则为130万美元，其出口总量占布鲁克林酿酒厂总销售额的10%。

1)物流成本控制

(1)布鲁克林酿酒厂运输成本的控制

布鲁克林酿酒厂于1987年11月装运了它的第一箱布鲁克林拉格到达日本，并在最初的几个月里使用了各种航空承运人。最后,日本金刚砂航空公司被选为布鲁克林酿酒厂唯一的航空承运人。金刚砂公司之所以被选中,是因为她向布鲁克林酿酒厂提供了增值服务。金刚砂公司在其 J. F. K. 国际机场的终点站交付啤酒,并在飞往东京商航上安排运输,金刚砂公司通过其日本报关行办理清关手续。这些服务有助于保证产品完全符合新鲜要求。

(2)布鲁克林酿酒厂物流时间与价格的控制

啤酒之所以能达到新鲜要求,是因为这样的物流作业可以在啤酒酿造后的 1 周内将啤酒从酿酒厂直接运达顾客手中,而海外装运啤酒的平均订货周期为 40 天。新鲜的啤酒能够超过一般价值定价,高于海运装运的啤酒价格的 5 倍。虽然布鲁克林拉格在美国是一种平均价位的啤酒,但在日本,它是一种溢价产品,获得了极高的利润。

(3)布鲁克林酿酒厂包装成本控制

布鲁克林酿酒厂将改变包装,通过装运小桶装啤酒而不是瓶装啤酒来降低运输成本。虽然小桶重量与瓶装啤酒相等,但减少了玻璃破碎而使啤酒损毁的机会。此外,小桶啤酒对保护性包装的要求也比较低,这将进一步降低装运成本。

2)主要特点

(1)物流成本管理目标明确

该企业是为了将啤酒销往日本进行总成本管理的,在物流成本方面就形成明确的目标,在保证啤酒新鲜度的前提下,实现物流总成本的优化,从而提升企业产品在日本市场的竞争力。

(2)进行物流成本的分类控制

对于企业来说,物流成本可能是由多个方面的成本构成的。要有效地降低物流成本,就需要认真分析物流成本的构成状况,并针对不同情况采取不同的方法。该企业把物流总成本分解为运输成本、时间成本和包装成本等,分别采取控制方法,实现了预期目标。

(3)成本控制体系

把物流成本管理与企业营销和市场拓展战略有机地结合起来,建立和完善一个物流成本管理的标准系统和控制体系。

资料来源:http://zhidao.baidu.com/question/11840979.html? fr = idnw

问题:

(1)此案例对你有什么启示?

(2)在进行物流成本控制时应如何运用这种物流成本控制具有的二律背反特性?

第六章　运输经济

运输是物流的一个最基本的功能要素,也是最主要的功能要素,是物流活动的核心,创造了物流的空间效益和时间效益,规模运输给企业带来了第三利润。运输方式的发展为现代物流的发展提供了物流基础保证。运输经济性涉及运输业务或自营、运输服务商的选择、运输方式的选择和有机结合、优化物流系统的运输方案,从而实现物流系统高效率和最低成本运作。

本章主要介绍运输概述、运输方式及特征、运输经济性分析、运输经济决策、供应链管理环境下的运输经济优化。

第一节　运输概述

一、运输的基本概念

运输是人和物的载运及输送。物流运输是物质资料的载运及输送,运输的对象是一切物品(通常称为货物)。它是在不同地域范围间(如两个城市、两个工厂之间,或一个大企业内相距较远的两车间之间),以改变"物"的空间位置为目的的活动,对"物"进行空间位移,包括集货、分配、搬运、中转、装入、卸下、分散等一系列操作。物流运输简称运输。

运输提供两大功能:产品转移和产品储存。

(1)物品转移。无论物品处于什么形式,是材料、零部件、装配件、在制品,还是制成品,不管是在制造过程中将被移到下一阶段,还是实际上更接近最终的顾客,运输都是必不可少的。运输的主要功能就是产品在价值链中的来回移动。

(2)物品存放。对物品进行临时存放是一个特殊的运输功能,这个功能在以往并没有被人们关注。将运输车辆临时作为相当昂贵的储存设施,这是因为转移中的物品需要储存但在短时间内(1~3天)又将重新转移,那么该物品在仓库卸下来和在装上去的成本可能高于存放在运输工具中支付的费用。在仓库有限的时候,利用运输车辆存放也许是一种可行的选择。可以采取的一种方法是,将物品装到运输车辆上去,然后采用迂回或间接线路运往其目的地。对于迂回线路来说,转移时间将大于直接路线。当起始地或目的地的仓库的储存能力受到限制时,这样做是合情合理的。在本质上,运输车辆被用作一种临时储存设施,它是移动的,而不是处于闲置。

运输是社会经济、人们生活中不可缺少的物流活动。由于社会货物的生产地和消费地的不一致、生产量和消费量的不一致、生产时间和消费时间的不一致,这就不可避免地存在空间和时间上的差异。运输克服了上述的不一致,供应商通过运输将生产商和需求者联系起来,以合理的运输价格、在合适的时间内向顾客提供合适的货物,实现了社会经济的正常运行,人们生活的井然有序。

二、运输的目标与原则

(一)运输的目标

运输的主要目标是以最少的时间和最低的费用完成货物的空间位移,同时,货物位移所采用的运输方式必须满足用户的要求,货物的差错率、损失率必须降到最低程度。

(二)运输的原则

运输是实现货物空间位移的手段,也是物流活动的主要环节。无论是物流企业,还是企业物流中,对运输组织管理应贯彻“及时,准确,经济,安全”的基本原则。

及时,就是按照产、供、销等环节的实际需要,将货物及时送达指定地点,尽量缩短货物的在途时间,加速商品流通、确保商品的市场供给,尽量做到“门到门”服务。

准确,就是在运输活动中,做到无错、不乱、手续交接清楚,责任明确,避免各种内外部因素的影响和差错事故的发生,准确无误地将货物送交指定的收货人。

经济,就是以物流系统或供应链的总成本最低、综合效益最好作为原则,通过合理的选择运输方式和运输路线,有效地利用各种运输工具和设备,节约人力、物力、财力,降低物流费用提高整体经济效益。

安全,就是在运输过程中,不发生霉烂、残损、丢失、污染、渗漏、爆炸、燃烧等事故,保证人身、物品、设备安全。

三、现代物流对运输的影响

(一)现代物流活动相对于传统的运输方式来说,是一个革命性的突破

(1)现代运输是多种运输方式的集成,把传统运输方式下相互独立的海、陆、空的各个运输手段按照科学、合理的流程组织起来,从而使客户获得最佳的运输路线、最短的运输时间、

最高的运输效率、最安全检查运输保障和最低的运输成本，形成一种有效利用资源、保护环境的“绿色”服务体系。

(2)现代运输打破了运输环节独立于生产环节之外的分业界限，通过供应链的概念建立起对企业供产销全过程的计划和控制，从整体上完成最优化的生产体系设计和运营，在利用现代信息技术的基础上，实现了货物流、资金流和信息流的有机统一，降低了社会生产总成本，供应商、厂商、销售商、物流服务商及最终消费者达到多赢的战略目的。

(3)现代运输突破了运输服务的中心是运力的观点，强调了运输服务的宗旨是客户第一，客户的需求决定运输服务的内容和方式，在生产趋向小批量、多样化和消费者需求趋向多元化、个性化的情况下，物流服务提供商需要发展专业化、个性化的服务项目。

(4)在各种运输要素中，物流更着眼于运输流程的管理和高科技和信息情报，使传统运输的“黑箱”作业变为公开和透明的，有利于适应生产的节奏和产品销售的计划。

(5)现代物流业正在全球范围内加速集中，并通过国际兼并与联盟，形成愈来愈多的物流巨无霸。当今世界正处于新一轮的产业升级和结构调整的大潮之中，使得全球运输界的各大运输公司跨国兼并、联盟、联营如火如荼，国际物流业也在加速集中。这些兼并活动不仅拓宽了运输企业在物流活动中的服务领域，而且增强它们的市场竞争力。

(二)现代物流是传统货运企业未来的发展方向

1.生产企业与运输企业利益融合的最佳渠道是现代物流服务

一般运输企业的主业是运输。企业所追求的直接目标之一是运输量的最大化，其服务空间基本局限在由起点站到终点港所构成的两点一线上。这种情况自然无法满足产品从生产者向使用者转移全过程服务的要求。一般运输业无暇顾及整个流通系统的运行效能与费用，不能适应市场经济条件下企业的物流需求。而综合运输企业为保证企业发展，加强市场竞争力，扩大市场份额，也必须通过高效、可靠的服务水平来加以保证。在这里，生产企业与运输企业的利益开始融合，而融合的最佳渠道与最佳手段就是现代物流服务。现代综合物流服务具有当前生产企业与流通企业间商业活动相互有机衔接所必须的系统综合与总成本控制思想，能够支持用户提高服务水平，促进市场营销战略的实施，提高企业竞争能力。与此同时，运输企业也通过为其用户提供全过程的物流服务，从中获取运输企业自身发展所需要的商业利润和市场空间。因此综合运输企业开展综合物流服务已经成为今后发展的一个重要增长点，综合运输企业本身所拥有的运力、仓储和代理网络将成为其开展综合物流服务的重要支持力量。

2.发展综合物流是改变传统揽货方式、取得增值效益的需要

货源是运输企业的生命，在当前的运输业中，揽货竞争达到白热化的程度，降低运价也好，提高运输服务质量也罢，都是在拼命地保住仅有的市场份额。如果仅仅在本行业这个空

间里打转转，回旋余地和获得的收益是很有限的，和货主的关系也是难以长久的，只有跳出运输这个框框，进入物流这个大空间中来，为货主设计整套的物流解决方案，把货主的利益与自己的综合物流服务紧密地结合起来，才能形成真正的利益共同体。

3.运输业发展现代物流所需要的条件

运输业的激烈竞争和市场环境的变化，决定了传统运输最终要走向综合物流服务。从目前国际上比较成功的大型现代综合物流企业来看，都拥有铁路、公路、水运、空运和仓储等综合运输体系和网络，以及合格的物流管理人才和信息技术。管理信息流动与管理货物流动具有同等重要的意义。没有先进可靠的IT技术，也就谈不上成功地开展物流业务。加强EDI技术的开发和应用，建立适应综合物流发展的信息技术平台，实现资金流、物流、信息流的有机结合，更有效地服务于社会生产和经济贸易的发展，这才称得上综合物流企业。

四、运输在物流中的地位和作用

(一)运输是物流的主要功能要素之一

按物流的概念，物流是"物"的物理性运动，这种运动不但改变了物的时间状态，也改变了物的空间状态。而运输承担了改变空间状态的主要任务，运输是改变空间状态的主要手段，运输再配以搬运、配送等活动，就能圆满完成改变空间状态的全部任务。

(二)运输是社会物质生产的必要条件之一

运输是国民经济的基础。马克思将运输称之为"第四个物质生产部门"，是将运输看成是生产过程的继续，这个继续虽然以生产过程为前提，但如果没有这个继续，生产过程则不能最后完成。所以，虽然运输的这种生产活动和一般生产活动不同，它不创造新的物质产品，不增加社会产品数量，不赋产品以新的使用价值，而只变动其所在的空间位置，但这一变动则使生产能继续下去，使社会再生产不断推进，所以将其看成一种物质生产部门。

运输作为社会物质生产的必要条件，表现在以下两方面：

(1)在生产过程中，运输是生产的直接组成部分，没有运输，生产内部的各环节就无法连接。

(2)在社会上，运输是生产过程的继续，这一活动连接生产与再生产、生产与消费的环节，连接国民经济各部门、各企业，连接着城乡，连接着不同国家和地区。

(三)运输创造空间价值

通过改变货物的空间位置而创造的价值是运输的空间效用。运输的空间效用是指同种货物由于所处的场所位置不同，其使用价值实现的程度则不同，即效用价值是不同的。通过运输活动，将货物从效用价值低的地方转移到效用价值高的地方，从而使货物的使用价值得到更好的体现，即创造货物的最佳效用价值。从这个意义上讲，运输提高了货物的使用价值。

1.从集中生产场所流入分散需求场所创造价值

现代化大生产通过集中的、大规模的生产以提高生产效率，降低成本。在一个小范围集中生产的产品可以覆盖大面积的需求地区，有时甚至可覆盖一个国家乃至若干国家。通过物流将产品从集中生产的低价位区转移到分散于各处的高价值区有时可以获得很高的利益。

2.从分散生产场所流入集中需求场所创造价值

和上面一种情况相反的情况在现代社会中也不少见，例如粮食是在一亩地一亩地上分散生产出来的，而一个大城市的需求却相对大规模集中，这也形成了分散生产和集中需求。

3.在低价值地生产流入高价值地需求创造场所价值

现代社会中供应与需求的空间差十分普遍，现代人每日消费的物品几乎都是在相距一定距离的地方生产的。这么复杂交错的供给与需求的空间差都是靠物流来弥补的，物流也从中取得了利益。

在经济全球化的浪潮中，国际分工和全球供应链的构筑，一个基本选择是在成本最低的地区进行生产，通过有效的物流系统和全球供应链，在价值最高的地区销售。

(四)运输创造时间价值

时间价值是指“物”从供给者到需要者之间本来就存在有一段时间差，由于改变这一时间差创造的价值，称做“时间价值”。物流运输通过以下几种形式获得时间价值。

1.缩短时间

缩短运输时间，可获得多方面的好处，如减少物流运输损失、降低消耗、加速物的周转、节约资金等。从全社会物流的总体来看，加快物流运输速度，缩短运送时间，是物流运输必须遵循的一条经济规律。

2.弥补时间差

供给与需求之间存在时间差，是一种普通的客观存在，正是有了这个时间差，商品才能取得自身最高价值，才能获得十分理想的效益。运输可以通过科学、系统的方法弥补，或者改变这种时间差，以实现其“时间价值”。

3.延长时间差

在某些具体物流运输活动中存在人为、能动地延长物流运输时间来创造价值的。例如，秋季集中产出的粮食、棉花等农作物，通过物流的储存、储备活动，有意识延长物流的时间，以均衡人们的需求。

运输的储存功能主要表现在以下三个方面：

(1)运输货物是需要时间的，特别是长途运输需要的时间更长，在这个过程中货物实际是储存在运输工具内，为避免货损货差，需要为运输工具内的货物储存创造一定的条件，这在客观上就创造了货物的时间价值。

(2)对货物进行临时储存是一个不太寻常的运输功能，也就是要将运输车辆临时作为昂贵的储存设施。然而，如果转移中的货物需要储存(例如中转货物)，但在短时间内(例如几天后)又将被重新转移的话，那么，将该货物卸下、入库和再装车的费用，还不如让其在运输工具中暂时储存更经济。这种情况下，利用运载工具作为临时仓库对货物进行短时间的储存是合理的。

(3)在仓库空间有限的情况下，利用运输车辆储存也许不失为一种可行的选择。

概括地说，尽管用运输工具储存货物时成本可能是较高，但从物流总成本或完成任务的角度考虑装卸成本、储存能力时，用运输工具作为临时储存的场所却是正确的选择。

(五)运输是“第三利润源”的主要源泉

“第三利润源”是研究物流经济效益时使用的物流术语。研究表明，商品价值由生产成本和流通成本组成。生产成本主要包括物化劳动消耗和活劳动消耗，流通成本则主要包括商流成本和物流成本。要提高利润，就必须降低成本，因而降低成本被视为获得利润的源泉。通过商品成本构成的分析，一些经济学者把降低生产成本中的物化劳动消耗，即原材料成本的降低，称为“第一利润源”；把提高劳动生产率以降低活劳动消耗，称为“第二利润源”；而把降低物流成本称为“第三利润源”。

随着科学技术的进步，通过降低物料消耗和提高劳动生产率，取得利润的潜力越来越小，而通过降低物流成本取得利润的潜力则越来越大。在整个物流成本中，运输成本的比重最大。故而运输成为“第三利润源”的主要源泉。具体而言：

(1)运输是运动中的活动，它和静止的储存不同，要靠大量的动力消耗才能实现这一活动，而运输承担的任务又是大跨度的空间转移，所以其活动的时间长、距离远，消耗也大。消耗的绝对数量大，则节约的潜力也就大。

(2)从运费来看，运费在全部物流费用中占最高比例，一般综合分析计算社会物流费用，运输费用在其中占近50%的比例，有些货物运费甚至高于货物的生产成本。所以，节约的潜力非常大。

(3)由于运输总里程远，运输总量大，通过体制改革和运输合理化可大大降低运输吨公里数,从而有效降低运输成本。

第二节　运输方式及选择

现代运输的主要方式有铁路运输、水路运输、道路运输、航空运输和管道运输。本节介绍这5种运输方式的技术经济特点。

一、铁路运输

铁路运输是利用机车、车辆等技术设备沿铺设轨道运行的运送客货的一种运输方式。铁路运输主要承担长距离、大数量的货运,在没有水运条件地区,几乎所有大批量货物都是依靠铁路,是在干线运输中起主力运输作用的运输形式。

(一)铁路运输方式

1.整车运输

铁路以整车皮装运同种货物的运输方式,整车运输可发挥整装整卸的优势,可充分使用一辆车的运力,因而整车成本较低,有关经营单位取费也较低。

2.合装整车运输

同一发到站的不同货主或同一货主的不同货物凑整一车的运输方式。主要是充分利用车辆运力,有利于加速车辆周转。

3.零担运输

货主需要运送的货不足一车,则作为零星货物交运,承运部门将不同货主的货物按同一到站凑整一车后再发运的服务形式。零担运输需要等待凑整车,因而速度慢,为克服这一缺点,已发展出定路线、定时间的零担班车,也可利用汽车运输的灵活性,发展上门服务的零担送货运输。例如日本现在大量使用的“宅配便”、“宅急便”就属于这种形式。

4.二、三站分卸

整车起运,在最多三个车站分别卸货的一种运输服务方式。这种方式既利用了整车装车起运的优点,又可分别在有限的几个站卸货,方便了用户,同时不过分影响车辆周转和运力的使用。

5.集装箱专列运输

在站与站间或站与港间进行集装箱专列的快速运输,是铁道运输的新形式,这种运输形式对于加快集装箱货运速度及集装箱周转速度,加快港口的集疏运输有很大作用。

6.一般集装箱运输

铁路集装箱运输在铁道运输系统内的整车、零担运输方面发挥了很大的作用,由于铁道集装箱吨位不大,可利用货站原有装卸设备,因而可在很大范围办理这种运输业务。

7.铁路的"大陆桥"运输

铁路是"大陆桥"运输的"陆桥"部分,是"大陆桥"联运的核心。

(二)铁路运输的优点

1.安全可靠

一般可全天候运营,受气候条件限制较小,安全稳定。

2.按计划运行

具有定时性,为货物准时到达提供有效保障。

3.中长距离运输运费低

铁路单位运输成本比道路、航空运输低,有的甚至低于内河运输。运距愈长,运量愈大,单位成本就愈低。

4.大批量运输

铁路运输能力大,能负担大量货运。每辆列车载运货物的能力远比汽车和飞机大得多。一列火车可运2000~3000吨,单线单方向全年运量可达1000万吨以上,双线可达2000~4000万吨。

5.高速运输

在实际运行中一般铁路运输时速为80~150公里,高速铁路运行时速可达220~275公里。铁路货运速度虽比客运慢些,但是每昼夜的平均货物送达速度也比水路运输快。

6.网络发达

网络遍布全国,可以运往各地。于2006年11月10~11日举行的联合国亚太经社委员会运输部长会议在釜山闭幕。会议期间,包括中国在内的18个亚太经社委员会成员国的代表在《泛亚铁路网政府间协定》上签字。根据协定,亚洲国家将建设和连通4条泛亚铁路动脉,包括连接朝鲜半岛、俄罗斯、中国、蒙古国、哈萨克斯坦等国的北通道;连接中国南部、缅甸、印度、伊朗、土耳其等国的南通道；连接俄罗斯、中亚、波斯湾的北南通道；连接中国、东盟及中南半岛的中国-东盟通道。这 4 条线路将连接 28 个亚洲国家和地区，总长约 8.1 万公里。

7. 节能，环境污染程度小

单位功率所能牵引的货物重量大约比汽车高 10 倍。铁路货运对空气和地面的污染低于公路及航空运输。

由于铁路运输具有上述的技术经济特点，因此，铁路运输极适合国土幅员辽阔的大陆国家；适合运送经常、稳定的大宗货物；适合运送中长距离的货物运输以及城市间的旅客运输的需要。

（三）铁路运输的缺点

（1）短距离货运，运费昂贵；
（2）货车编组、转轨需要时间；
（3）运费没有伸缩性；
（4）不能采取门对门服务；
（5）车站固定，不能随处停车；
（6）货物滞留时间长；
（7）不适宜紧急运输；
（8）机动性差。只能在固定线路上运行。

但是铁路营运变动成本相对较低，这使得铁路运输的总成本通常比道路运输和航空运输要低。高固定成本和低变动成本使得铁路运输的规模经济十分明显。从成本和环保考虑，今后铁路货运将发挥更重要的作用。铁路货运应在提高运输服务，采用具有弹性的运费机制，提高运送能力和运送效率，向综合物流服务业转变并向扩展货运车站机能，增加货运车站、货运专用新线，大规模进行车站设施建设等方面发展。

二、水路运输

水路运输是使用船舶等浮运工具，在江、河、湖、海及人工水道上载运货物的一种运输方式。水运主要承担大吨位、长距离的货物运输，是在干线运输中起主力作用的运输形式。在内河及沿海，水路运输也常作为小型运输工具使用，担任补充及衔接大批量干线运输的任务。

（一）水路运输的形式

1. 沿海运输

使用船舶通过大陆附近沿海航道运送客货的一种方式，一般使用中、小型船舶。

2.近海运输

使用船舶通过大陆邻近国家航道运送客货的一种运输形式,视航程可使用中型船舶,也可使用小型船舶。

3.远洋运输

使用船舶跨大洋的长途运输形式,主要依靠运量大的大型船舶。

4.内河运输

使用船舶在陆地内的江、河、湖、川等水道进行运输的一种方式,主要使用中、小型船舶。

(二)水路运输的优点

1.成本低

水路运输中,除运河以外内河航道均是利用天然江河加以整治,修建必要的导航设备和港口码头等就可通航;海运航道更是大自然的产物,一般不需要人工整治,且海运航线往往可以取两港口间的最短距离。因此,一般说来,河运的平均运输成本比铁路略低,而海运成本,则远比铁路为低,这是水路运输的一个突出优点。

2.运送能力大

水路运输的输送能力相当大。在海洋运输中,目前世界上超巨型油船的载质量达 55 万吨,巨型客船已超过 8 万吨。海上运输在条件允许的情况下,可改造为最有利的航线,因此,海上运输的输送能力比较大。

此外,由于水路运输具有占地少、运量大、投资省、运输成本低等特点,在运输长、大、重件货物时,与铁路、道路相比,水上运输更具有突出的优点。对过重、过长的大重件货物,铁路、道路无法承运,而水上运输都可以完成。对大宗货物的长距离运输,水路运输则是一种最经济的运输方式。

(三)水路运输的缺点

水路运输速度通常比铁路运输等运输工具慢,而且受港口、水位、季节、气候等自然条件的限制较大,冬季河道或港口冰冻时即须停航,海上风暴也会影响正常航行。

水路运输综合优势较为突出,适宜于运距长、运量大、时间性不太强的各种大宗物资运输。

三、道路运输

道路运输主要是使用汽车,也使用其他车辆(如人、畜力车)在道路上进行客货运输的一种方式。道路运输主要承担近距离、小批量的货运和水运;铁路运输难以到达地区的长途、大批量货运及铁路、水运优势难以发挥的短途运输。由于道路运输有很强灵活性,近年来,在有铁路、水运的地区,较长途的大批量运输也开始使用道路运输。

(一)道路运输方式

1.长距离干线运输

长距离干线运输是采用越来越多的一种汽车运输形式。以往对各种运输方式进行技术经济分析时,将道路运输的经济里程限定在200公里范围,主要是城市间和城市内部运输。汽车大型化以后,装载吨位几倍提高,司乘人数却未增加,单位运量的汽车自重相对降低,而且随着我国公路等级的提高、高速公路网的逐步形成,道路运输的经济里程可达800公里以上。此外,汽车运输"门到门"的特点,可缩短转运换载的时间及降低运输成本,因而汽车的干线运输不仅可达水路运输和铁路运输无法覆盖的地区,而且,即使在水、铁运条件具备的地区也有相当强的竞争能力。

2.中短距离的"门到门"运输

道路运输的中短距离,较多采用"门到门运输"的方式,不同货物批量可选择不同的车辆吨位,限制比较小。对少品种、小批量的货物,可以采用共同运输方式实现"门到门"运输。

3.配送运输

配送运输以短距离道路运输为主,是汽车运输的重要形式,往往以"配送中心到用户"、"店到用户"的运输方式完成物流任务。

4.集配运输

集配运输是与干线运输衔接的短程运输形式,尤其是铁、水、空干线运输,用汽车进行集配衔接是必然的,可以说是干线运输的必要补充和辅助形式,集配运输主要以"门到站"、"站到门"的形式实现。

5.联运

道路运输是联运的一个环节,参加联运的道路运输形式主要是集装箱车、半挂车等。

(二)道路运输的优点

道路运输主要优点是灵活性强,建设期短,投资较低,易于因地制宜,对收到站设施要求不高。可以采取"门到门"运输形式,即从发货者门口直到收货者门口,而不需转运或反复装卸搬运。道路运输也可作为其他运输方式的衔接手段。具体地说,道路运输一般具有以下

优点:

(1)可以直接把货物从发货处送到收货处,实行门对门一条龙服务。

(2)适于近距离运输,而且近距离运输费用较低。

(3)容易装车。

(4)道路适应性强,可作为其他运输方式的衔接手段。易于衔接铁路、水路运输以及航空运输,有利于疏通商品,是综合运输体系的重要组成部分,是物资集散的有效工具。

(三)道路运输的不足

(1)不适宜大批量运输。道路运输的经济半径,一般在500公里以内。

(2)长距离小批量运输的运费相对昂贵。

(3)易污染环境,发生事故。

(4)能耗高。

今后为发展汽车货运,应提高运输效率,加强联合运输(公路、铁路集装箱联运),提高共同配送、计划配送等配送效率,采用托盘等单元货载系统。同时应提高社会效益,采用低公害车,保护环境;防止超载,保证安全;采取措施缩短劳动时间等。

四、航空运输

航空运输是使用飞机或其他航空器进行客货运输的一种形式。航空运输的单位成本很高,因此,主要适合运载的货物有两类:一类是价值高、运费承担能力很强的货物,如贵重设备的零部件、高档产品等;另一类是紧急需要的物资,如救灾抢险物资等。

航空运输是20世纪初出现,二战后才逐渐繁荣的现代运输方式,起步虽晚,但发展异常迅速,由于它具有许多其他运输方式所不能比拟的优越性,正越来越受到现代企业的青睐。概括起来,航空货物运输的主要特点有:

1.运送速度快

从航空业诞生之日起,航空运输就以快速而著称。飞机是目前世界上最快捷的交通工具,民用喷气飞机的巡航速度可达到每小时850~900公里,是高速铁路的3倍以上。快捷的交通工具大大缩短了货物在途时间,对于那些易腐烂、变质的鲜活商品;时效性、季节性强的报刊、节令性商品;抢险、救急品的运输,这一特点显得尤为突出。可以这样说,快速加上全球密集的航空运输网络才有可能使我们从前渴望而不可及的鲜活商品开辟远距离市场,使消费者享有更多的利益。运送速度快,在途时间短,也使货物在途风险降低,因此许多贵重物品、精密仪器也往往采用航空运输的形式。当今国际市场竞争激烈,航空运输所提供的快速服务也使得供货商可以对国外市场瞬息万变的行情即刻做出反应,迅速推出适销产品占领市场,获得较好的经济效益。

2.航线不受地面条件影响

航空运输利用天空这一自然通道可以不受地理条件的限制深入内陆地区。对于地面条件恶劣交通不便的内陆地区非常合适,有利于当地资源的出口,促进当地经济的发展,对外的辐射面极广。

3.占用土地少,建设周期短

据统计,建设一个可供大型运输机起降的一级机场,占地面积仅与建100公里铁路的占地面积相当,而耗资仅与铺筑70公里铁路的费用相当。建设周期也比铁路和公路短得多。这对于寸土寸金、地域狭小的地区发展对外交通无疑是十分适合的。

4.安全、准确

与其他运输方式相比,航空运输的安全性很高。在1997年,世界各航空公司共执行航班1800万架次,仅发生严重事故11起,风险率约为300万分之一。同时,各航空公司的运输管理制度也比较完善,货物的破损率较低,如果采用空运集装箱的方式运送货物,则更为安全。

5.运输环节相关费用少

由于货物在途时间短,周转速度快,企业存货可以相应地减少,有利资金的回收,减少利息支出。同时企业仓储费用也可以降低。又由于航空货物运输安全、准确,货损、货差少,保险费用较低。与其他运输方式相比,航空运输的包装简单,包装成本减少。这些都使得企业隐性成本下降,相应的收益增加。

当然,航空运输也有自己的局限性,主要表现在航空货运的运输费用较其他运输方式更高,不适合低价值货物;航空运载工具舱容有限,对大件货物或大批量货物的运输有一定的限制;飞机飞行安全容易受恶劣气候影响等等。但总的来讲,随着新兴技术的广泛应用,产品更趋向薄、轻、短、小并具有较高的附加值,航空货运将会有更大的发展前景。

五、管道运输

管道运输是利用管道输送气体、液体和粉状固体的一种运输方式,是靠货物在管道内顺着压力方向循序移动实现的货物简称。与其他运输方式的重要区别是:管道设备是静止不动的。中国是世界上最早使用管道运输流体的国家,早在公元前200多年,古人已建造了用打通的竹管连接起来的管道,用于运送卤水。这可以说是现代管道运输的雏形。1865年10月,美国人锡克尔用管径50毫米的熟铁管,修建了世界上第一条9000米长的管道,用于输送石油,他在沿线设了3台泵,每小时输油13立方米。20世纪50年代石油开发迅速发展,各产油国耗费巨资修建了石油管道、气管道。70年代,管道运输技术又有较大提高,管道不仅能运输石油天然气这些流体,还能够通过特殊的方法运输煤等固体。

管道运输随着石油工业发展而兴起并随着石油、天然气等流体燃料需求的增加而发展,逐渐形成沟通石油、天然气资源与石油加工场地及消费者之间的输送工具。管道不仅修建在一国之内,还连接国与国之间、洲与洲之间,成为国际、洲际能源调剂的大动脉。

管道运输在最近几十年得到了迅速的发展。主要的流体能源以石油、天然气、成品油为输送对象,之后发展到输送煤和矿石等固体物质,将其制成浆体,通过管道输往目的地,再经脱水处理转入使用。

管道运输具有输送能力大(管径为1200毫米的原油管道年输送量可达1亿吨)、效率高、成本低及能耗小等优点。由于管道埋于地下,除泵站、首末站占用一些土地外,管道运输占用土地少,且不受地形与坡度的限制,易取捷径,可缩短运输里程;埋于地下基本不受气候影响,可以长期稳定运行;沿线不产生噪声且漏失污染少。管道输送流体能源,主要依靠每隔一段距离设置的增压站提供压力能,因此,设备运行比较简单,易于就地自动化和进行集中遥控,由于节能和高度自动化,用人较少,运输费用较低,是一种很有发展前景的现代化运输方式。当然,管道运输也存在一些缺点,它适于长期定向、定点、定品种输送,合理输量范围较窄,若输量变化幅度过大,则管道的优越性就难以发挥,更不能输送不同品种的货物。

第三节　运输经济性分析

一、运输成本

(一)运输成本的概念及其影响因素

运输成本是指为完成某一物流运输活动所发生的一切费用,包括运输总成本和单位运输成本。一定时期内的运输支出是该期的运输总成本。单位运输产品(吨公里)的运输支出则为单位运输成本。

承运人制定运输费率时,必须对运输距离、装载量、产品密度、空间利用率、搬运、责任以及市场等7个因素进行综合考虑。这个顺序也体现了这几种影响因素的重要程度。

1.运输距离

运输距离是影响运输成本的主要因素,因为它直接对劳动力、燃料和维修保养等变动成本发生作用。

2.装载量

大多数物流活动中存在着规模经济,载运工具装载量的大小也会影响运输成本。增加装载量,则每单位运输产品成本减少,这是因为装载、运送及管理成本等固定成本分摊到每一装载量中的费用降低了。这要求在组织运输时,充分利用载运工具的规模经济效应,尽可能满载,小批量的装载应整合成更大的装载量。

3.产品密度

产品密度是指产品的质量与体积之比,把质量和空间方面的因素结合起来考虑,钢铁、罐装食品、建筑材料等物品的密度较大,而电子产品、衣服、玩具等物品的密度较小。通常密度小的产品每单位质量所花费的运输成本比密度大的产品要高。

对单一载运工具而言,通常受空间的限制比受质量的限制要大。产品密度越高,运输工具的空间利用越高,每单位运输产品的运输成本相对较低。因此,增加产品密度一般可以降低运输成本。

4.空间利用率

空间利用率是指产品的具体尺寸及其对运输工具的空间利用程度的影响。由于某些产品具有古怪的尺寸和形状,以及超重或超长等特征,通常不能很好地利用空间。例如,谷类、矿石及石油产品可以充分地装满容器,很好地利用空间;而汽车、机械设备等的空间利用率不高;标准长方体的物体比形状古怪的物体能更好地利用空间。空间利用率还受到装运规模的影响,大批量产品往往能相互嵌套,能够较好利用空间,而小批量产品则不能充分利用空间。

5.搬运的易难

同质的产品或可用通用设备搬运的产品比较容易搬运,搬运成本相对较低;而特种货物的搬运,需要利用特种搬运设备,这会提高总的运输成本。此外,产品在运输和储存时所采用的包装方式(例如,用带子捆起来、装箱或装在托盘上等)也会对搬运成本产生影响。

6.责任

责任主要关系到货物损坏风险和导致索赔事故,对产品要考虑的因素是易损坏性、货运财产损害责任、易腐性、易被盗窃性、易自燃性或自爆性以及每磅价值高价值产品一般比较易受损,也容易被盗窃。承运人承担的责任较大时,可以索要的运输费用也就越高。承运人必须通过向保险公司投保来预防可能发生的索赔,否则有可能要承担任何可能损坏的赔偿责任。托运人可以通过改善保护性包装,或通过减少货物灭失损坏的可能性来降低其风险,最终降低运输成本。

7.市场因素

除了与产品有关的因素外,市场因素也对物流成本有重要影响。影响比较大的市场因素有:

(1)同种运输方式间的竞争以及不同种运输方式间的竞争;

(2)市场的位置;

(3)政府对承运人限制的现状和趋势;

(4)运输活动的季节性;

(5)运输通道流量和通道流量均衡等市场因素。

运输通道指的是从始发地到终点的移动。例如道路运输中,车辆最后必须回到始发地,它们要么另外找到待运的货物,要么空车返回。我国道路运输中,有些路线的运输量比较大且比较平衡。而有些线路的货物不平衡性较大。当发生空车返回时,有关劳动、燃料和维修保养等费用仍然必须按照原先的"全程"运输支付。理想的情况就是"平衡"运输,即,运输通道两端的流量相等。但由于制造地点与消费地点需求的不均衡,通道两端流量相等的情况很少见。物流系统的设计必须考虑这方面的因素,并且尽可能地增加回程运输。

以上从托运人角度讨论了影响运输成本的主要因素,企业物流与运输管理人员必须了解这些因素的影响程度,掌握货物和装运的特点,尽可能把运输费用降到最低程度。

(二)运输成本结构

运输成本构成主要是承运人应该考虑的问题,但了解运输成本结构有助于价格谈判,所以对企业物流管理人员而言,也是非常重要的。

1.固定成本

固定成本是指在短期内虽不发生变化,但又必须得到补偿的那些费用。这类固定成本包括不受装运量直接影响的费用。对运输企业而言,固定成本包括站点管理成本、信息系统服务成本及载运工具成本等。

2.变动成本

变动成本是指与每一次运送货物直接相关的运送费用,包括劳动成本、燃料费用、维修保养费用等,通常以一种可预计的、与某种层次的活动有关的形式而变化。

一般而言,运输费率至少必须弥补变动成本。

3.联合成本

联合成本是指决定提供某种特定的运输服务而产生的不可避免的费用。例如,当承运人决定把货物从甲地运往乙地时,意味着这项决定中已产生了从地点乙至地点甲的回程运输的联合成本。于是,这种联合成本要么必须由从地点甲至地点乙的运输补偿,要么必须找一位有回程货的托运人以得到补偿。

4.公共成本

这类成本是承运人代表所有的托运人或某个分市场的托运人支付的费用。公共成本,诸如端点站、路桥费或管理部门收取的费用，通常是按照装运数量分摊给托运人。

二、影响运输经济性的主要因素

运输经济性是物流运输方式选择时考虑的重要内容。运输经济性是通过多种运输方式的有机结合，优化物流系统的运输方案，从而实现物流系统的高效率和低成本。

影响运输经济性的主要因素有：

1.货物品种

在运输的货物种类方面，货物的形状、单件质量、单件容积、货物特性等都是影响运输经济性的因素。

2.运输时间

在全部物流时间中，尤其在远程运输中，运输时间占了绝大部分，因此，运输时间对整个物流时间有决定性的作用。运输时间对加快运输工具的周转速度、发挥运力效能提高、运输线路通过能力、改善运输不经济的状况都有重要的影响。一般运输时间的长短与交货期有关，应根据交货期来选择适当的运输方式，达到降低运输成本的目的。

3.运输成本

运输成本在全部物流成本中占有很大比例，运输成本的高低是运输经济的一个重要标志，也是运输合理化措施是否行之有效的判断依据之一。应根据用户对物流系统要求的服务水平和允许的物流成本，选择某种运输方式或多式联运。在运输价格方面，应根据货物价格选择运输方式，实现较低的运输成本。

4.运输工具

各种运输工具都有其各自的优点。对运输工具进行优化选择，最大限度地发挥运输工具的特点和作用，是运输经济的重要因素。

5.运输距离

运输过程中，运输距离的长短是影响运输经济的一个基本因素，直接影响运输成本。通常中短距离运输比较适合于道路运输。

6.运输批量

在运量方面，一次运输的批量不同，所选择的运输方式不同，运输成本也不同。通常对大批量货物的运输选择水路运输或铁路运输比较经济。

7.运输环节

每增加一个运输环节都会增加运输的辅助作业,如装卸、包装等,各项技术经济指标也会因此发生变化。所以,减少运输环节对运输经济有重要的作用。

三、实现运输经济性的有效措施

在进行运输的组织实施过程中,应该采取切实措施,实现运输经济性的目标。实现运输经济性可以采取以下有效措施。

1.提高运输工具实载率

实载率有两个含义,一是单车、单船等实际载重与运距之乘积和标定载重与行驶里程之乘积的比率,是在安排单车、单船等运输作业时,判断装载状况的重要指标;二是车、船等统计指标,即一定时期内实际完成的货物周转量占车、船载重吨位与行驶里程之乘积的百分比。在计算时应包括空驶。提高实载率的意义在于充分利用运输工具的额定能力,减少空驶和不满载行驶的时间。

2.有效地减少劳力投入、增加运输能力

运输的投入主要是能耗和基础设施的建设,在运输设施建设已定型和完成的情况下,尽量减少能源投入,提高产出能力,降低运输成本。

3.发展社会化的运输体系

运输社会化是发挥运输的大生产优势,实行专业分工,打破一家一户自成运输体系的状况,实现物流运输社会化,可以充分利用运输资源,避免出现各种不合理的运输形式,还可以实现运输组织效益和运输规模效益。在社会化运输体系中,采用各种联运体系和联运方式,提高运输效率。

4.选择合适的运输方式

根据运距的长短进行铁路、道路的分流。一般认为,道路的经济里程为200公里至500公里,随着高等级道路的发展,高速道路网的形成,新型货车与特殊货车的出现,道路运输的经济里程有时可达1000公里以上。另外还可以充分利用道路从门到门等便捷、灵活的优势,实现铁路运输无法达到的服务水平。

5.分区产销、平衡合理运输

在物流系统的规划中,努力使某一货物的供应区固定于一定的需求区。根据供需的分布情况和交通运输条件,在供需平衡的基础上,按照近产近销的原则,使运输里程最少而组织运输活动。它加强了产、供、运、销等的计划性,消除了过远、迂回、对流等不合理运输,在节约运输成本及费用后,降低了物流成本。

6.尽量发展直达运输

这是指越过商业物资仓库环节或铁路、水路等交通中转环节,将货物从产地或起运地直接运到销地或目的地用户,以减少中间环节的运输。它减少了中间环节,可节省运输时间和运输费用,且灵活性较大。

7.直拨运输

这是指商业、物资批发等企业在组织货物调运过程中,对当地生产或由外地到达的货物不运进批发站仓库,而是采取直拨的办法,将货物直接分拨给基层批发、零售中间环节甚至直接用户,以减少中间环节,并在运输时间与运输成本方面收到双重的经济效益。在实际工作中,通常采用就厂直拨、就车站直拨、就仓库直拨、就车船过载等具体运作方式,即"四就"直拨运输。

8.合整装载运输

这主要是指商业、供销等部门的杂货运输中,由同一个发货人将不同品种发往同一到站、同一个收货人的少量货物组配在一起,以整车方式运输至目的地;或将同一方向不同到站的少量货物集中的配在一起,以整车方式运输到适当的中转站,然后分运至目的地。采取合整装车运输,可以减少运输成本和节约劳动力。实际工作中,通常采用零担拼整直达、零担拼整接力直达或中转分运;整车分卸、整装零担等运作方式。

9.提高技术装载量

这也是组织合理运输提高运输效率的重要内容。它一方面要最大限度地利用车船载重吨位,另一方面又要充分使用车船装载容积。实际工作中可以采取:组织轻重配装,即将重货和轻泡货合理地配装在一起,这样既可充分利用装载容积,又能充分利用载重能力,提高运输工具的使用效率;实行解体运输,即将体大笨重且不易装卸又易致损的货物拆卸后分别包装,使其便于装卸和搬运,提高运输装载效率;提高堆码技术,即根据运输工具的特点和货物的包装形状,采取有效堆码方法,提高运输工具的装载量等方法。

10.通过物流加工,使运输合理化

有些货物的本身由于形态和特征问题很难实现运输的合理化,如果进行适当加工,就能够有效地实现运输的合理化。

四、企业外包运输与自营运输的选择

运输管理需要考虑的因素有:运输产品的特性和要求,保证产品完全无损地到达目的地；了解可供选择的运输方式，并且将装运要求与运输方式相匹配，从而达到以尽量小的成本提供最大化的服务。

现代交通运输管理除了需要了解基本的四种运输方式（铁路、道路、航空、水路）外，还强调以下三种因素：任何两种运输方式的融合，多式联运；自营运输；外包运输。

分销商品时，企业往往面临着一个重要的运输决策：自营运输还是外包运输。企业内部的自营运输体现了组织的总体采购战略，自营运输便于控制，但是实施低成本、高效率的自营运输需要企业内部各部门之间的广泛合作和沟通。原材料的采购者必须了解什么时候需要运输，货物缺失或损坏的代价，必须了解保险条款、危险物品的运输要求并需要不断关注运输规章制度的环境。

企业之所以进行自营运输，最主要的原因是考虑到承运人不一定能提供自己所需的服务水平。通常而言，企业自营运输的原因主要有：

(1)服务的可靠性；

(2)订货提前期较短；

(3)意外事件反应能力强；

(4)与客户的良好合作关系。

企业自营运输的成本包括：

(1)固定成本，包括车辆设备、车辆保险、办证费用等；

(2)运营者成本，即与司机有关的成本，包括工资、与健康有关成本、保险费用、路途中的膳食费用等；

(3)车辆运营成本，包括燃料、维护等等。

外包运输减轻了企业的压力，可以使企业集中精力于新产品的开发和产品的生产等主营业务。但另一方面，外包运输需要处理与企业外部的承运人之间的关系，增加了交易成本，也增加了对运输控制的难度。

关于外包还是自营运输的决策不仅是运输决策，更是一个财务决策。外包及自营运输的决策在财务方面的考虑可以分两步进行。

(1)比较企业外包运输与自营运输的成本。

(2)制定实施和系统控制的程序。可行性研究应该评估当前的运输环境，以及公司的目标。目标应该包括过去、当前和希望的客户服务水平，以及企业的经营环境（包括法律限制和普遍的经济趋势等）。

在做外包还是自营运输决策时，企业应该用成本—效益分析法。财务分析时要注意货币的时间价值。

如果企业决定采用自营运输的话，下一步就应该制定实施计划和系统控制程序。实施时要总体分析企业的结构或自有车队运作时各部门职责。自有车队的控制应该着重于运输性能的评价。企业在产品定价时如果是采用基于总成本的方法，更有必要详细分析运输成本。

例:自营运输和外包运输的选择。

假设某公司在甲地至乙地之间具有比较稳定的货流量。该公司物流管理员面临这样两种选择:第一种方案:第三方物流公司按平均的市场运输价格进行了报价: 0.5 元/吨公里。甲地至乙地距离为 1500 公里,每趟运载能力为 10 吨,因此,每趟(10 吨)报价为 7500 元($0.5\times1500\times10$,含所有的装卸费用)。同时,对于往返运输的回程,则按单程报价的 50%计算。第二种方案:该公司的管理人员考虑自己投资买车、配备司机、建自己的车队。他们进行了测算,投资购买一辆普通加长(10 吨)卡车,并改装成厢式货车,一次性投资为人民币 20 万元。每辆车配备两名司机(按正式员工录用,并享受所有人事方面的福利),运营中的固定和可变成本见表 6-1、表 6-2。

再将每月的运输总支出,根据运送的次数进行了计算,并对单程与往返、自营与外包进行了比较,见表 6-3。

自建车队运输中的固定成本 表 6-1

序号	成本项目	每月固定成本(元)	备 注
1	每月折旧	3333	按 5 年直线折旧
2	人工	4200	基本工资 1500 元/人,福利(养老、医疗、失业和住房)大致为基本工资的 40%
3	保险与维修	3000	车辆保险和 5 年中平均每月的维修保养
4	养路费	1400	
5	小计	11933	

自建车队运输中的可变成本 表 6-2

序号	成本项目	单程(元)	往返(元)	备 注
1	每趟可变成本	1350	2700	油耗(按百公里油耗 30 升,每升 3 元,1500 公里计算)
2	路桥费	800	1600	实测
3	住宿	270	540	按每人每天 90 元,单程每趟 3 天计算
4	装卸	100	200	每车
5	小计	2520	5040	

单程与往返、自营与外包费用比较 表 6-3

每月运送次数	1	2	3	4	5	6	7
单程自营(元)	14453	16973	19493	22013	24533	27053	29573
外包(元)	7500	15000	22500	30000	37500	50000	57500
往返自营(元)	16973	22013	27053	32093	37133		
外包(元)	11125	22500	33750	45000	56250		

通过比较,不论是以单程还是以往返计算,如果货流量足以使运送次数保持在 3 趟或以上,自营运输将比外包运输更经济。由于自营车辆每辆每月的最大往返次数为 5 趟,所以只

有在货流量在6~7趟时,对于自营车辆无力运送的部分才可能采取外包。

五、运输方式的选择

根据本章第二节的理论,在进行物流运作时,可选择多种运输方式,也可进行运输方式的组合,通过多数运输手段的合理组合实现物流的合理化。可以在不同运输方式间自由变化运输工具,实行联运,它是运输性质不断改变的一个反映,标志着物流管理者将两种或更多种运输方式的优势集中在一起,并天衣无缝地融入一种运输方式的能力,从而比单一方式运输为顾客提供更快、风险更小的服务,其组合方式有很多种:铁路运输和公路运输、铁路运输和水运、铁路运输和航空运输、铁路运输和管道运输、公路运输与航空运输、公路运输和水路运输、公路运输和管道运输、水路运输和管道运输、水路运输和航空运输、航空运输和管道运输。

这些组合并不是都实用,而其中有些可行的组合也未被用和采用,只有铁路运输和公路运输的组合(驮背运输)得到广泛使用。公路运输和水上运输的组合(鱼背运输)也得到了越来越多的采用,尤其是高价值货物的国际运输中。在较小的一定范围内,公路运输与航空运输和铁路运输与水运运输的组合也是可行的。铁路运输的联运使运输人既能享受到公路运输时接送和发运的灵活性,又能获得火车在远程运输中的效率。几乎所有的航空运输都是联合运输,因为它需要由货车将货物接送和装到飞机上,然后运至目的地。公路运输以最好的方式运作,提供灵活,定期和短途的服务,使联合运输的方式更有效率,联运可以提高运输效率,简化手续,方便货主;保证货物流通过程的畅通,它把分阶段的不同运输过程,联结成一个单一的整体运输过程,不仅给托运人或货运人带来了方便,而且加速了运输过程,有利于降低成本,减少货运货差的发生,提高运输质量。因此,发展联合运输是充分发展我国运输方式的优势,使之相互协调、配合,建立起运输体系的重要途径。

目前,大多数运输会涉及到以上一种运输方式以上的服务,物流管理者面临的挑战就在于多种运输模式的均衡必须在整体物流系统的更大框架下完成。物流的运输系统的目标是实现物品迅速完全和低成本的运输,而运输时间和运输成本则是不同运输方式相互竞争的重要条件,运输时间与成本的变化必然带来所选择的运输方式的改变。目前企业对缩短运输时间,降低运输成本的要求越来越强烈,这主要是在当今经营环境较复杂、困难的情况下,只有不断降低各方面的成本,加快商品周转,才能提高企业经营效率,实现竞争优势。缩短运输时间来降低运输成本是种此长彼消的关系,这也是物流的各项活动之间的"效益背叛"(Trade off)的体现。所以选运输方式时一定要有效地协调二者的关系。实现物流过程的合理运输。即从物流系统的总体目标出发,运用系统理论和系统工程原理和方法,充分利用各种运输方式,选择合理的运输路线和运输工具,以最短的路径,最少的环节,最快的速度和最少的劳动消耗,组织好物质产品的运输活动。

我们必须对以上的基本方式运输进行优选,匹配、优化匹配运输方式有利于物流运输合理化,有利于做好物流系统决策,有着重大的意义。设计出合理的物流系统,精确地维持运输成本和服务质量之间的平衡,做好运输管理工作是保证高质量物流服务的主要环节。

优化匹配运输方式有利于物流运输合理化,有利于做好物流系统决策,有着重要的意义:合理组织物品的运输,有利于加速社会再生产过程,促进国民经济持续,稳定,协调地发展;能节约运输费用,降低物流成本,能缩短运输时间,加快物流速度;可以节约运力,缓解运力紧张的状况,还能节约能源,这对缓解我国目前交通运输和能源紧张的情况具有重大的现实意义。

第四节　运输优化的基本方法

物流运输优化主要是指利用数学的方法去确定合理的运输线路和货物的调运量。既定的运输任务可以选择不同的线路,而不同的运输线路对运输效率和运输成本也会有不同的影响。因此,在运输优化中,选择时间短、费用省、效益好的行驶线路,是直接关系到物流活动的最低费用的问题。

在运输优化中,常用的数学方法主要有表上作业法和图上作业法等。下面就这两种方法作简单介绍。

一、运输优化的表上作业法

1.建立数学模型

设某种商品有 m 个产地,$A_1,A_2,A_3,\cdots,A_m$,其供给量分别为 $a_1,a_2,a_3,\cdots,a_m$;有 n 个销地 $B_1,B_2,B_3,\cdots,B_n$,其需求量分别为 $b_1,b_2,b_3,\cdots,b_n$,且总需求量等于总供给量,即 $\sum_{i=1}^{m}a_i=\sum_{j=1}^{n}b_j$。已知每单位商品从 A_i 运到 B_j 的运输成本为 $C_{ij}(i=1,2,3,\cdots,m;j=1,2,3,\cdots,n)$,试求使总运费最小的调运方案。

设:X_{ij}为从 A_i 调运到 B_j 的商品数量$(i=1,2,3,\cdots,m;j=1,2,3,\cdots,n)$,$Q$ 为商品总运输成本。则有

$$\min Q=\sum_{i=1}^{m}\sum_{j=1}^{n}C_{ij}X_{ij}$$

其约束条件为

$$\begin{cases}\sum_{i=1}^{m}X_{ij}=b_j(j=1,2,3,\cdots,n)\\ \sum_{j=1}^{n}X_{ij}=a_i(i=1,2,3,\cdots,m)\\ X_{ij}\geqslant 0(i=1,2,3,\cdots,m;j=1,2,3,\cdots,n)\end{cases}$$

2.表上作业法计算步骤

关于表上作业法的计算步骤,感兴趣的学生可参阅相关的运筹学或管理运筹学教材。此处不再赘述。

例1:设某种商品,有 A_1、A_2、A_3 三个供应地,向 B_1、B_2、B_3 三个需要地供应,供应量、需要量和单位商品的运输成本如表6-4所示。

基本数据表　　表6-4

需要地 / 运输成本 / 工厂	B_1	B_2	B_B	B_4	供应量
A_1	4	12	3	10	8
A_2	2	10	3	9	5
A_3	8	5	11	6	10
需求量	4	8	5	6	23

第一步:根据"低成本优先供应原则"给出初始运输方案;如表6-5所示,括号中数字为从 A_i 调运到 B_j 的商品数量。

初始方案数据表　　表6-5

需要地 / 运输成本 / 工厂	B_1	B_2	B_B	B_4	供应量
A_1	4	12	(4)3	(4)10	8
A_2	(4)2	10	(1)3	9	5
A_3	8	(8)5	11	(2)6	10
需求量	4	8	5	6	23

由 $A_2 \rightarrow B_1$,4余1;$A_2 \rightarrow B_3$,1缺4;$A_1 \rightarrow B_3$,4余4;$A_1 \rightarrow B_4$,4缺2;$A_3 \rightarrow B_2$,8余2;$A_3 \rightarrow B_4$,2余0。此时的运输总成本为

$$Q = 4 \times 2 + 8 \times 5 + 4 \times 3 + 1 \times 3 + 4 \times 10 + 2 \times 6 = 115$$

第二步:最优解的检验——位势法

求解问题的目的是实现总运输费用的最低,为实现最低的运输费用,必须制订出最优方案。如何检验一个方案是否最优呢?这里介绍位势法。

(1)制位势表

如表6-6所示,将表6-5中有数字的相应格子处填入单位运价。

运 价 表 表 6-6

工厂 \ 需要地	B_1	B_B	B_3	B_4
A_1			4	4
A_2	4		1	
A_3		8		2

(2)在表 6-6 上增加一行一列,如表 6-7 所示,并按下述公式计算每个产地的位势 U_i,每个销地的位势 V_j;

$$U_i + V_j = C_{ij}$$

$$i = 1,2,3,\cdots,m; j = 1,2,3,\cdots,n$$

计算时,可选位势为任意常数(如先令 $V_1 = 0$),按上述公式,相应地确定 U_i 和 V_j 的数值。

当 $V_1 = 0$ 时,$V_1 + U_1 = 4$,则 $U_2 = 4$; $V_3 + U_2 = 1$,则 $V_3 = -3$; $V_2 + U_3 = 10$,则 $V_2 = 4$; $V_2 + U_2 = 14$,则 $U_2 = 10$; $V_3 + U_2 = 10$。

位 势 表 表 6-7

工厂 \ 需要地	B_1	B_2	B_B	B_4	行位势 U_i
A_1			4	4	7
A_2	4		1		4
A_3		8		2	5
列位势 V_j	0	3	-3	-3	

(3)将表 6-7 中的行位势与列位势两两相加,$U_i + V_j = X_{ij}$,得表 6-8。

位 势 表 表 6-8

工厂 \ 需要地	B_1	B_2	B_B	B_4	行位势 U_i
A_1	7	10	4	4	7
A_2	4	7	1	1	4
A_3	5	8	2	2	5
列位势 V_j	0	3	-3	-3	

(4)将表 6-4 减表 6-8(相应的运价格子相减),得检验数表 6-9。

检 验 数 表 表 6-9

工厂 \ 需要地	B_1	B_2	B_B	B_4
A_1	-3	2	-1	6
A_2	-2	3	2	8
A_3	3	-3	9	4

根据检验数表，可检验该方案是否最优。检验法则：若所有检验数均为非负，该方案为最优方案；否则，还不是最优方案，必须进行调整。在上述检验表中，有大于零的数，说明该方案不是最优，须进行调整和改进。

(5)方案的调整与改进（闭回路调整法）。找出检验数表中最小的负数，以它所对应的空格为调入格。由表6-9知(1,1)为调入格。从此格出发，作一闭回路，这个闭回路的边线为垂直线或水平线，而顶点是有数字的格子，见表6-10。

调　整　表　　表6-10

需要地 / 工厂	B_1	B_2	B_B	B_4	供应量
A_1	0(+4)		4(-4)	4	8
A_2	4(-4)		1(+4)		5
A_3		8		2	10
需求量	4	8	5	6	23

然后从空格(1,1)出发，沿闭回路前进，在这个闭回路的奇数顶点处，即格子(1,3)和格子(2,1)处，将原有的调运量减去一个 θ 值，其值等于奇数顶点处的最小调运量，本例为 $\min\{4,4\}=4$，在空格本身及闭回路的偶数顶点处，即(1,1)和(2,3)处加上同一个 θ 值，即得新的调运方案，见表6-11。

新调运方案表　　表6-11

需要地 / 工厂	B_1	B_2	B_B	B_4	供应量
A_1	4		0	4	8
A_2	0		5		5
A_3		8		2	10
需求量	4	8	5	6	23

对表6-8给出的调运方案，再应用位势法求出检验数表，如检验数均为非负，则所得方案为最优调运方案。否则，重复上述方法，直至检验数均为非负，即可得到最优调运方案和最低运输费用。

二、运输优化的图上作业法

图上作业法是将运输任务在交通图上的反映，通过对交通图初始调运方案的调整，求出最优车辆运行调度方法。运用这种方法时，要求交通图上没有对流现象，以运距最短、运费最低、里程利用率最高为优化目标。下面通过例题说明图上作业法的基本方法。

例2：设有 A_1、A_2、A_3 三个运输点，各有货物50吨、40吨、40吨，需送往四个客户点 B_1、

B_2、B_3、B_4，每个客户点的需要量各为15吨、25吨、40吨、50吨。求最优调运方案。

解：

1.绘制交通图

根据客户所需货物汇总情况、交通线路、配送点与客户点的布局，绘制出交通示意图，如图6-1所示。

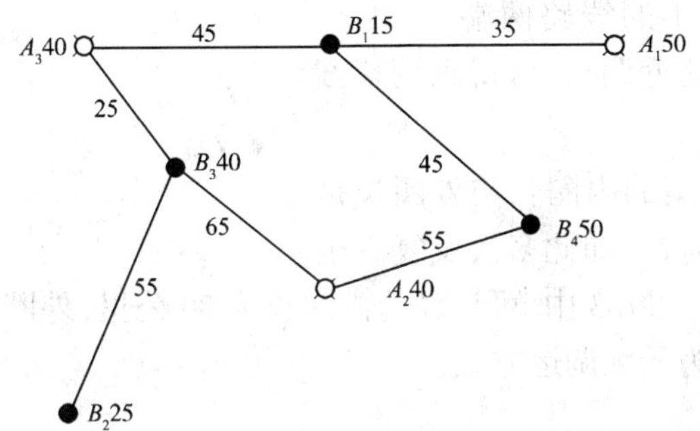

图6-1　运距运量交通图

2.将初始调运方案反映在交通图上

任何一张交通图上的线路分布形态无非是成圈与不成圈两类。对于不成圈的A_1、B_2的运输，可按“就近调运”的原则，即可很容易的得出最优调运方案。其中（A_1至B_4为80公里）＜（A_3至B_4为90公里），（A_3至B_2为80公里）＜（A_2至B_2为120公里），先设定（A_1至B_4），（A_3至B_2）运输。对于成圈的，A_2、A_3、B_1所组成的圈，可采用破圈法处理，即先假定两点（A_2、B_4）不通（“破圈”），再对货物就近调运，A_2至B_3、A_1至B_4，数量不够的再从第二近点调运，即可得出初始调运方案，如图6-2所示。

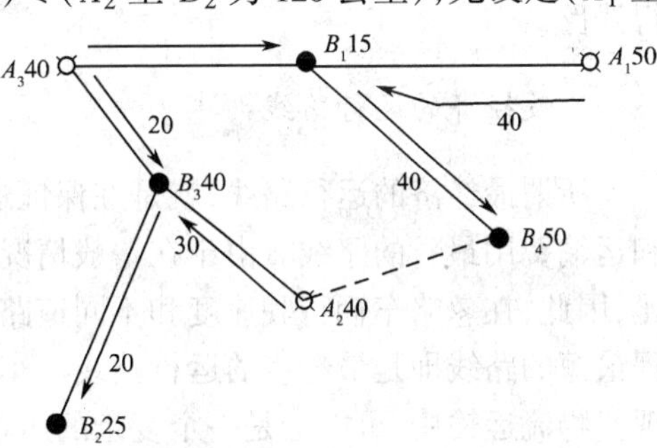

图6-2　$A_2 \rightarrow B_4$破圈调运图

在绘制初始方案交通图时，凡是按顺时针方向调运的货物调运线路，其调运箭头线均画在圈外，称为外圈；否则，其调运箭头线均画在圈内，称为内圈，或者两种箭头线相反方向标注也可。

3.检查与调整

对交通图上初始调运方案，首先分别计算线路的圈全长、外圈长、内圈长，如果外圈长和内圈长均分别小于圈全长的 1/2，则该方案即为最优方案；否则，为非最优方案，需要对其进行调整。

如图 6-2 所示，全圈长（$A_2 \to A_3 \to B_1 \to A_2$）为 235 公里，外圈（$A_3 \to B_1$ 45 公里；$B_1 \to B_4$ 45 公里；$A_2 \to B_3$ 65 公里）长为 155 公里，大于全圈长的 1/2，显然需要缩短外圈长度。调整的方法是在外圈上先假定运量最小的线路两端点（$A_3 \to B_1$）之间不通，再对货物就近调运，可得到调整方案如图 6-3 所示。

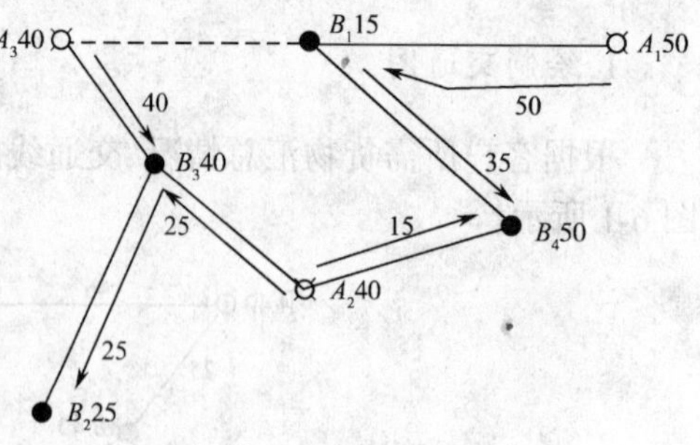

图 6-3　调整方案图

然后，再检查调整方案的内圈长与外圈长是否均分别小于全圈长的 1/2。如此多次反复直至得出最优调运方案为止。图 6-3 中，可计算的内圈长为 80 公里，外圈长为 110 公里，均小于全圈长的 1/2，即该方案为最优调运方案。

三、货运车辆行驶路线的优化

对处于末端运输的物流运输，无论何种运输模式，其基本目标就是要实现物流合理化、经济化，合理配载、优化运输线路，这些都是必须考虑的问题。

1. 行驶路线

行驶路线就是车辆在完成运输工作中的运行路线。由于在组织车辆完成货运任务时，通常存在多种可选行驶路线方案，而车辆按不同的运行路线完成同样的运输任务时，其利用效果是不一样的。因此，在满足货运任务要求的前提下，要选择一条最经济的运行线路。

2. 最经济的运行路线

所谓最经济的运行路线，就是在保证运输安全、满足运输服务要求的前提下，运输时间和运输费用最省的路线。由于在一般情况下车辆的运输时间和运输费用均和车辆行程成正比，因此，在忽略车辆行驶速度和不同道路条件下车辆运行费用差别的前提下，可以认为行程最短的路线即是最经济的运行路线。车辆的行驶路线可简单地分为往复式和环形式，而现代物流运输中，可能会是一个复杂的运输网络。当道路网分布复杂，货运点分布范围较大时，可以采用运筹学方法来确定车辆行驶路线的最佳选择。

在有很多情况下，需要解决多少辆卡车和各卡车按照什么路线运行，才能使整个运行距离最短，或使运输费用最低的问题。决定所需卡车辆数和各卡车的配送路线的问题，就是最佳运送路线的选定问题，目前已有许多种方法处理这类复杂的问题，在此不再赘述。

第五节　供应链管理环境下的运输经济优化

一、直接运输网络

在直接运输网络中，零售供应链运输网络的构造方法是，使所有货物直接从供应商处运达零售店，每一次运输的线路都是指定的，供应链管理者只需决定运输的数量并选择运输方式。进行决策时，供应链管理人员必须在运输费用和库存费用之间进行权衡。其模式如图 6-4 所示。

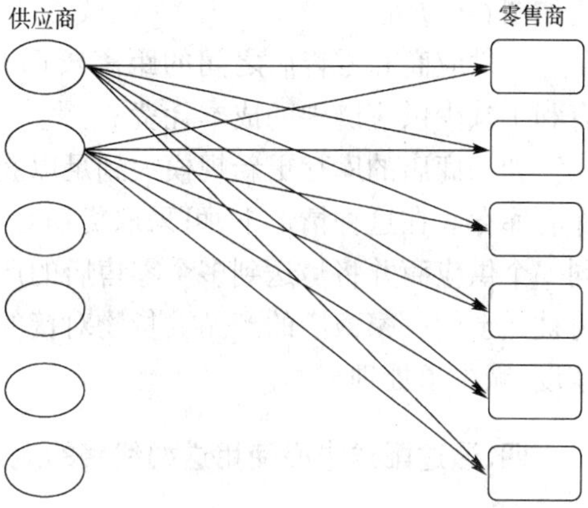

直接运输网络的主要优势在于无需中介仓库，而且在操作和协调上简单易行。运输决策相对简便，一次运输决策不影响别的货物运输。同时，由于每次运输都是直接的，从供应商到零售商的运输时间较短。

供应商　零售商

图 6-4　直接运输网络

二、利用"送奶线路"的直接运送

送奶线路是指一辆卡车将从一个供应商处提取的货物送到多个零售店时所经历的线路，或者从多个供应商处提取货物送至一个零售店时所经过的线路。在这种运输体系中，供应商通过一辆卡车直接向多个零售店供货，或者由一辆卡车从多个供应商那里装载要运送到一家零售店去的货物。一旦选择这种运送方式，供应链管理者就必须对每条送奶线路进行规划。其模式如图 6-5 所示。

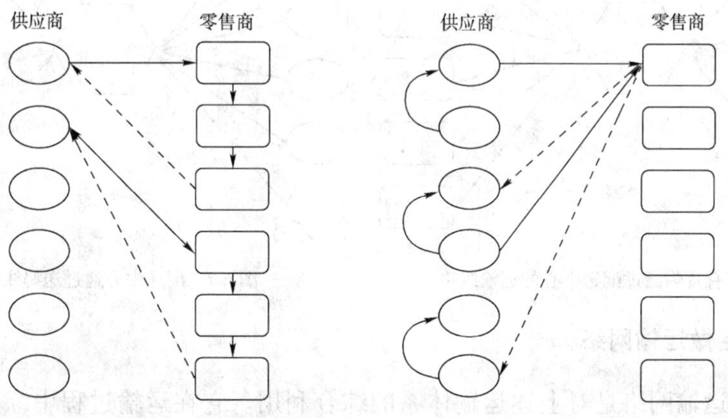

图 6-5　送奶路线的直接运送

直接运送具有无须中介仓库的好处,而送奶线路通过多家零售店在一辆卡车上的联合运输降低了运输成本。

三、所有货物通过配送中心的运输网络

在这种运输系统中,供应商并不直接将货物运送到零售店,而是先运到配送中心,再运到零售店。零售供应链依据空间位置将零售店划分区域,并在每个区域建立一个配送中心。供应商将货物送至配送中心,然后由中心选择合适的运输方式,再将货物送至零售店,其模式如图 6-6 所示。

当供应商和零售店之间的距离较远、运费高昂时,配送中心(通过货物保存和转运)有利于减少供应链中的成本耗费。

如果商店的库存更新规模大到足以获取进货规模经济效益,配送中心就没有必要为其保有库存。在这种情形下,可采取货物对接的方式。货物对接:每一辆进货卡车上装有来自同一个供应商并将运送到多个零售店的产品,而每一辆送货卡车则装有来自不同供应商并将被送至同一家商店的产品。货物对接的主要优势:无需库存;加快了供应链中产品的流通速度;减少了处理成本。

四、通过配送中心使用送奶线路的运送

如果每家商店的进货规模较小,配送中心就可以使用送奶线路向零售商送货了。送奶线路通过联合的小批量运送减少了送货成本。其模式如图 6-7 所示。

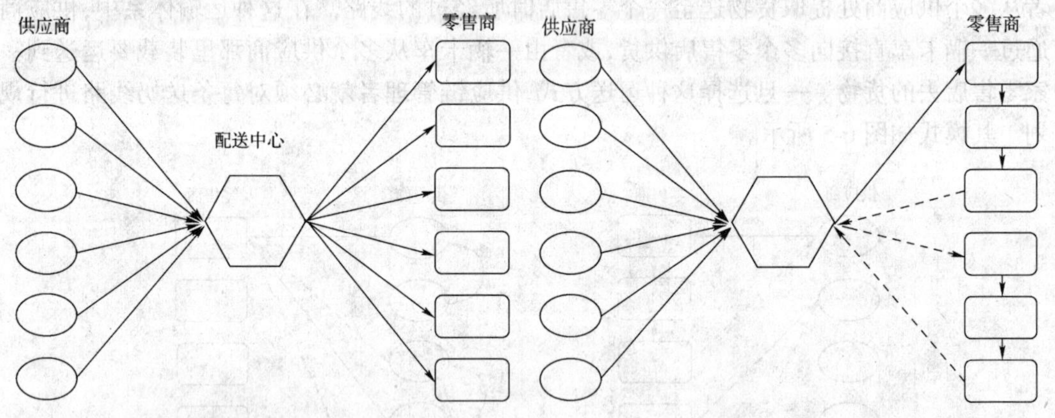

图 6-6　所有货物通过配送中心的运输线路　　　图 6-7　配送中心通过送奶线路送货

五、量身定做运输网络

量身定做运输网络是对上述运输体系的综合利用。它在运输过程中综合利用货物对接、送奶线路、满载和非满载承运,甚至在某些情况下使用包裹递送,目的是根据具体情况,

采用合适的运输方案。

这种运输网络的管理是很复杂的，因为大量不同的产品和商店要使用不同的运送程序。量身定做的运输网络的运营，要求较多的信息基础设施及其引致的投资，以便进行协调。但同时，这种运输网也可以有选择地使用进货方法，减少运输成本和库存成本。

思考题

1.简答题

(1)简述运输的分类。

(2)如何理解运输在物流中的地位和作用?

(3)简述运输方式及其主要特征。

(4)简述物流运输经济的影响因素。

(5)实现运输经济性可以采取哪些效措施?

2.论述题

(1)论述运输的原则目标。

(2)论述物流系统的功能。

(3)论述物流服务与物流成本的关系的类型。

(4)论述物流产业的内容。

3.案例分析

【案例】　某公司首次承揽到三个集装箱运输业务，时间较紧，从上海到大连铁路1200公里，公路1500公里，水路1000公里。该公司自有20辆10吨普通卡车和一个自动化立体仓库，经联系附近一家联运公司虽无集装箱卡车，但却有专业人才和货代经验，只是要价比较高。

问题：

给出下列5个子运输方案，试评价各方案的优劣并选择最适合的方案：

(1)自己购买若干辆集装箱卡车然后组织运输；

(2)想法请铁路部门安排运输但心中无底；

(3)水路最短路程，请航运公司来解决运输；

(4)联运公司虽无集装箱卡车，但可租车完成此项运输；

(5)没有合适运输工具，辞掉该项业务。

第七章 库存经济

库存始终是企业生产经营过程中不可缺少的重要组成部分,是企业管理和供应链管理的最大障碍。库存量的高低不仅影响企业管理的效率,也制约着供应链管理的机能。科学的库存能够加快资金的周转速度、提高资金的使用效率、增加投资的收益。对于制造业来讲,原材料短缺将影响生产,导致费用增加,产品短缺。而库存积压将增加仓储,积压资金,提高成本,减少盈利。科学的库存也是实施供应链管理过程中必须考虑的首要问题。

本章主要介绍库存概述、库存成本、库存经济分析、供应链环境下的库存经济分析。

第一节 库存概述

一、库存概念

库存在英语里面有两种表达方式:Inventory 和 Stock,是指处于储存状态的物品或商品,用于将来目的的资源暂时处于闲置状态。库存具有整合需求和供给,维持各项活动顺畅进行的功能。一般情况下,人们设置库存的目的一是防止短缺,就像水库里储存的水一样,二是具有保持生产过程连续性,分摊订货费用,快速满足用户订货需求的作用。

库存对一个企业有双重的影响:一是影响企业的成本,也就是影响物流的效率;二是影响对企业的生产和销售的服务水平。

库存是物流总成本的重要方面,库存越多成本越高;同时库存水平越高,则保障供应的水平也越高,生产和销售的连续性越强。随着供应链管理思想和库存管理技术的提高,这个问题将被更合理地解决,“零库存”管理思想成为更多企业所追求的物流管理目标。

在企业生产中,尽管库存是出于种种经济考虑而存在,但是库存是一种无奈的结果。它是由于人们无法预测未来的需求变化,不得已采用的应付外界变化的手段,也是因为人们无法使所有的工作都做得尽善尽美,才产生一些人们并不想要的冗余与囤积。

从经营的角度来讲,可以将企业的库存分为10种类型:

1.周转性库存

周期性库存是指库存水平的一般变化。也就是说,库存水平在订货收到后达到最高,在新的订货收到前到达最低点。它是为补充在生产或销售过程中已消耗完或销售完的物资而设定的库存,以便于满足一定条件下的物资需求,保证生产的连续进行。

2.运输库存

在途库存是指货物已被订购但还未收到时的库存,是处于运输过程中暂时处于储存状态的物资的库存。即在铁路、公路、水路、航空、管道等运输线上的物资,装配线上的在制品等。

3.经常库存

经常库存指在正常的经营环境下,企业为满足日常需要而建立的库存。这种库存随着每日的需要不断减少,当库存降低到某一水平时(如订货点),就要按一定的规则反复进行订货来补充库存。

4.流通加工过程中的库存

生产加工过程的库存指在处于加工状态以及为了生产的需要暂时处于储存状态的零部件、半成品或成品。

5.安全库存

用于缓冲不确定性因素(如大量突发性订货、交货期突然延期等)而准备的库存。一个有效的服务企业应包括具有可满足预期需求的库存。存在于动态环境的服务意味着从订货到交货时间的不确定性以及需求量的不断变动。为了应付这种不能预期到达的波动,许多服务机构都有额外的存货以备不时之需。这些额外的库存就称为安全库存。

6.促销库存

促销库存指为了解决企业促销活动引起的预期销售增加而建立的库存。

7.沉淀库存或积压库存

积压库存指因物资品质变坏不再有效用的库存或因没有市场销路而卖不出去的产品库存。

8.季节性库存

季节性库存指为了满足特定季节出现的特定需要而建立的库存,或指对季节性出产的原材料在出产的季节大量收购所建立的库存。某些物资的供应或产品的销售具有强烈的季节性,经常受季节性因素的影响,为了保证生产和销售的正常进行,必须进行一定数量的季节性库存。对于季节性高的服务,商店必须在高需求到来之前准备充足的存货以满足顾客的要求。

9.投机性库存

若一种商品有涨价的趋势,则在未涨价之前对其进行囤积就比涨价后再进货要节省很多。维持投机性库存的战略被称为"预先购买"。持有库存的目的可能是投机,而这些库存也是需要控制的总库存的一部分。

10.分离式库存

在这种系统中,两种不同类型的流程存在于一个系统之中。一个信息流程始于顾客而止于商品或服务,另一个流程是确切的物流在每一系统阶段的库存方式的展现。在这种系统中,顾客首先提出需求,向供货商发出订单。在订单发出到收到订货这段时间内,现有库存减少,这一时期称为补充订货前置时间,它的长短不一。这一信息流程从顾客的需求开始通过分销渠道最后回到生产商处。而就商品自身的流动而言,它会在分销渠道的各个不同库存站点停留,等待它到达顾客手中的下一个旅程。每一个库存阶段都可以看作一个缓冲器,使这个相互依存的系统的每一部分都有其独立性。这里,我们可以看到库存系统的分离功能。零售商、分销商、批发商和工厂是这一系统中的不同阶段,不论是哪一阶段的库存短缺都会对其他阶段产生直接、即时且巨大的影响。而库存将这些阶段加以分离,使系统避免了代价沉重的相互干扰。

二、库存的作用与弊端

库存的作用主要体现在以下方面:

1.维持生产的稳定

企业按销售订单与销售预测安排生产计划,并制订采购计划,下达采购订单。由于采购的物品需要一定的提前期,这个提前期是根据统计数据或者是在供应商生产稳定的前提下制订的,但存在一定的风险,有可能会拖后而延迟交货,最终影响企业的正常生产,造成生产的不稳定,为了降低这种风险,企业就会增加材料的库存量。

2.维持销售商品的稳定

由于物资数量、价格和市场政策的变化等原因,导致供求在时间和空间上出现不平衡,企业为了稳定生产、应付市场的销售变化,必须准备一定数量的库存以避免市场震荡。

客户订货后要求收到物资的时间比企业从采购物资、生产加工、到运送产品至客户的时间要短,为了弥补时间差也必须预先库存一定数量的物资。

3.平衡商品的供求

一方面,季节性的供给和需求使企业不得不持有库存,要求企业能够有充足的货源来迅速满足市场的需要;另一方面,某些产品的需求在一定时期内可能比较平稳,但其相应的原材料供给和需求变化则较大,要求企业能保留适当的原材料库存以保持生产的连续性,避开不利的价格变动。

4.在供应链关键领域起到缓冲、调节的作用

库存在整个供应链的某些关键环节起着缓冲、调节的作用,它可以缓和由于物资供应的延迟、短缺而造成对生产连续性的冲击,可以作为配送环节的中介,调节生产过程中因原材料、半成品的不足而可能发生的比例失调。

5.减少运输的复杂性

由于企业的供应商所在地不同,企业拥有的生产厂商或车间也可能在不同的地点,企业的客户更是遍布各地。如果企业不设立中转库,可能出现非常复杂的运输系统,而通过中转库,再加上配送这一物流功能,企业可以大大简化运输的复杂性。

6.降低运输成本

企业有时会面临原材料和产成品的零担运输问题,长距离零担运输的费用比整车运输要高得多。通过将零担物资运到附近的仓库后再从仓库运出,仓储活动就能够使企业将少量运输结合成大量运输,有效减少运输费用。

7.有助于物流系统的合理化

合理的仓库选址可以带来诸多方面的便利,减少耗费在运输配送方面的时间和费用。原材料能够从仓库中被合理地配送到各地的生产基地,满足生产的需要;产成品能够被迅速运往仓库,然后配送到各地满足顾客的需求。这些方面的专业化极大地节省了在运输环节的费用。

8.预防需求和订货周期的不确定性

由于市场需求情况的瞬息万变以及订货周期的不确定性,常常使库存不足,从而导致缺货损失,这时库存就显得十分重要。存贮生产所需要的原材料不仅能够保持正常生产的连续性,而且常常会在未来原材料价格的上涨或原材料的短缺时赚取额外的利润。

9.预防意外的发生

仓储管理可以有效地预防如运输延误、零售商缺货、自然灾害等意外事件的发生。

库存同样存在着弊端，主要表现在：

1.占用企业大量资金

通常情况下，库存占企业总资产的比重大约为20%～40%，库存管理不当会形成大量资金的沉淀。

2.增加了企业的商品成本与管理成本

库存材料的成本增加直接增加了商品成本，而相关库存设备、管理人员的增加也加大了企业的管理成本。

3.掩盖了企业许多管理问题

如计划不周、采购不力、生产不均衡、商品质量不稳定及市场销售不力、工人不熟练等情况。

三、库存控制的目的

库存控制是希望将货品的库存量保持在适当的标准之内，以免过多造成资金积压、增加保管困难或过少导致浪费仓容、供不应求的情况。

因此，库存控制具有两项重大意义：一为确保库存能配合销售情况，交货需求以提供客户满意的服务；二为设立库存控制基准，以最经济的订购方式与控制方法来提供营运所需的供货。具体表现为：

(1)减少超额库存投资。保持合理的库存量，减少库存投资，如此可灵活运用资金(固定资金减少)，并使营运资金的结构保持平衡。

(2)降低库存成本。保有合理库存可减少由库存所引起的持有成本、订购成本、缺货成本等，降低库存成本。

(3)保护财产。防止有形资产被窃，且使库存的价值在账簿上能有正确的记录，以达到财务保护的目的。

(4)防止迟延或缺货，使进货与库存取得全面平衡。

(5)减少呆滞商品发生，使库存因变形、变质、陈腐所产生的损失减至最少。

四、库存控制必须解决的关键问题

(一)独立需求库存与相关需求库存

人们一般根据物品需求的重复程度分为单周期库存和多周期库存。单周期需求也叫一次性订货，这种需求的特征是偶发性和物品生命周期短，因而很少重复订货，如报纸，没有人会订过期的报纸来看，人们也不会在农历8月16预订中秋月饼，这些都是单周期需求。多周期需求是在长时间内需求反复发生,库存需要不断补充,在实际生活中,这种需求现象较为多见。

多周期需求又分为独立需求库存与相关需求库存两种属性。所谓独立需求是指需求变化独立于人们的主观控制能力之外,因而其数量与出现的概率是随机的、不确定的、模糊的。相关需求的需求数量和需求时间与其他的变量存在一定的相互关系,可以通过一定的数学关系推算得出。对于一个相对独立的企业而言,其产品是独立的需求变量,因为其需求的数量与需求时间对于作为系统控制主体——企业管理者而言,一般是无法预先精确确定供应链管理的,只能通过一定的预测方法得出。而生产过程中的在制品以及需要的原材料,则可以通过产品的结构关系和一定的生产比例关系准确确定。独立需求的库存控制与相关需求的库存控制原理是不相同的。独立需求对一定的库存控制系统来说,是一种外生变量(Exogenous Variable),相关需求则是控制系统的内生变量(Endogenous Variable)。不管是独立需求库存控制还是相关需求库存控制,都要回答这些问题:

(1)如何优化库存成本?

(2)怎样平衡生产与销售计划,来满足一定的交货要求?

(3)怎样避免浪费,避免不必要的库存?

(4)怎样避免需求损失和利润损失?

(二)库存控制的三个关键问题

1.订购点的问题

订购点是指库存量降至某一数量时,应即刻请购补充的点或界限。如果订购点抓得过早,则将使库存增加,相对增加了货品的库存成本及空间占用成本;如果订购点抓得太晚,则将造成缺货,甚至流失客户、影响信誉。因而订购点的掌握非常重要。

2.订购量的问题

订购量是指库存量已达到请购点时,决定订购补充的数量,按此数量订购,方能配合最高库存量与最低库存量的基准。一旦订购量过多,则货品的库存成本增加,若订购量太少,货品会有供应断档的可能,且订购次数必然增加,亦提高了订购成本的花费。

3.库存基准的问题

库存基准包括最低库存和最高库存量。

(1)最低库存量:它是指管理者在衡量企业本身特性、需求后,所订购货品库存数量应维持的最低界限。最低库存量又分为理想最低库存量及实际最低库存量两种。

(2)理想最低库存量,又称购置时间(Lead-time:从开始请购货物到将货物送达配送中心的采购周期时间)使用量,也就是采购期间尚未进货时的货品需求量,这是企业需维持的临界库存,一旦货品库存量低于此界限,会有缺货、停产的危险。

(3)实际最低库存量:既然理想最低库存量是一种临界库存量,因而为了保险起见,许多业者多会在理想最低库存量外再设定一个准备的“安全库存量”,以防供应不及发生缺货,这就是实际最低库存量。实际最低库存量也称最低库存量,为安全库存量与理想库存量的总和。

(4)最高库存量:为了防止库存过多、浪费资金,各种货品均应限定其可能的最高库存水平,也就是货品库存数量的最高界限,以作为内部警戒的一个指标。

因而,对一个不容易准确预测也不容易控制库存的配送中心,最好制定“各品种的库存上限和下限”(即最高库存量和最低库存量),并在电脑中设定,一旦电脑发现库存低于库存下限,则发出警讯,提醒有关管理人员及时采购;若一旦发现货品库存量大于库存上限,则也要发出警讯,提醒管理人员“库存量过多”,应加强销售或采取其他促销折价的活动。

(5)经济订货量:指随着订货量的变化,费用也将发生变化。根据其相互关系,从理论上计算出的最小费用的订货量。

五、库存控制的重要性

1.库存控制是物流管理的核心内容

库存管理之所以重要,首先在于库存领域存在着降低成本的广阔空间,对于中国的大多数企业尤其如此。

所以对于我国的企业来说,物流管理的首要任务是通过物流活动的合理化降低物流成本,例如通过改善采购方式和库存控制方法,降低采购费用和保管费用,减少资金占用库存;通过合理组织库存内作业活动提高搬运装卸效率,减少保管装卸费用支出等。

2.库存控制是提高顾客服务水平的需要

在激烈的市场竞争中,不仅要有提供优质商品的能力,而且还要有提供优质物流服务的能力。再好的商品如果不能及时供应到顾客手中,同样会降低商品的竞争能力。要保证用户订购时不发生缺货,并不是一件容易的事情。虽然加大库存可以起到提高顾客服务率的作用,但是,加大库存不仅要占用大量资金,而且要占用较大的储存空间,会带来成本支出的上升,如果企业的行为不考虑成本支出,则是毫无意义的,对经营本身并不会起到支持作用,在过高成本下维持的高水平服务也不会长久。因此,必须通过有效的库存控制,在满足物流服务需求的情况下,保持适当的库存量。

3.库存控制是回避风险的需要

随着科学技术的发展,新商品不断出现,商品的更新换代速度加快。如果库存过多,就会因新商品的出现使其价值缩水,严重的情况可能会一钱不值。从另一个角度看,消费者的需求在朝着个性化、多样化方向发展,对商品的挑剔程度在增大,从而导致商品的花色品种越来越多,这给库存管理带来一定难度,也使库存的风险加大。一旦消费者的需求发生变化,过多的库存就会成为陷入经营困境的直接原因。因此,在多品种小批量的商品流通时代,更需要运用现代库存管理技术科学地管理库存。

第二节 库存成本

一、库存成本的构成

库存成本一般由以下几部分构成:

1.购买成本

购买成本指用于购买或生产该商品所花费的费用,它的大小与商品的数量成正比例的关系,而且随着时间的推移,库存成本由于储存产品的市场价格发生变化而变化。

2.存货持有成本

存货持有成本有4个方面的主要内容:资本成本、储藏空间成本、库存服务成本和库存风险成本。

(1)资本成本,也叫做利息或机会成本:这种成本类型侧重于企业用于库存资本所产生的成本。

(2)储藏空间成本:储藏空间成本包括把产品运进和运出仓库所发生的装卸搬运成本,以及租金、取暖和照明等仓库成本。这些成本根据情况各异变化很大。

(3)库存服务成本:包括保险和税收带来的成本。

(4)库存风险成本:它反映了存货的现金价值下降的可能性,这种可能性远远超出了企业的控制范围。任何计算库存风险成本的方法都应包括与陈旧、破损、丢失、被盗以及库存商品的其他风险相关的成本,库存商品遭受这些风险的程度会影响库存价值和相应的持有成本。

3.订货成本

订购成本指在订货过程中所发生的人员出差、与供应商谈判、处理订单、出具发票以及收货入库等费用。这笔费用一般与订货批量的大小无关,而只与订货次数有关。

4.缺货成本

缺货成本指由于库存不足,无法满足客户的需求所造成的业务损失和企业信誉下降、利润减少等损失。如失去销售机会的损失,停工待料的损失,延期交货的额外支出等。

二、库存周转对物流系统成本的影响

1.库存周转对运输成本的影响

运输成本是因运输的策划和管理活动而产生的。在物流各项成本中,运输一般是最大的一项成本支出,在对整个美国企业2002年物流成本的统计结果显示,运输成本占总成本的一半左右。

库存周转对运输成本的影响主要通过运输批量来影响总的运输成本的:不同的库存周转率代表不同的库存持有策略,在年销售量不变的条件下,企业库存周转越快,存货的补给频率则越高,相应的运输批量也越小。这种运输批量的变化,对于特定的物流系统,运输成本也相应发生变化,总的变化趋势是随库存周转的加快而升高。但是这种变化趋势在不同的库存周转水平是不同的。在库存周转率比较低的范围增加时,总的运输成本增加的速度并不是很快;但在库存周转率比较高的范围增加时,总的运输成本增加的速度要大大增加。为什么会是这样的呢?因为在库存周转率比较低时,企业的存货水平较高,补货的周期较长,每次补货的数目较大,只要一次补货的数量大于物流系统最大的运输车辆的一次最大的装载量,运输的每车成本(车辆消耗成本、人工成本)不会发生变化(因为全年的运输总量是一定的),变化的只有管理费用,它随运输次数的增加而增加,但在总运输成本中所占比重不大,因此,总运输成本随库存周转率增大而增大,但增加趋势不是太快。但是,在库存周转已经很快的条件下,再提高库存的周转率,补货频率就相应快速增加,每次的补货量快速减小,当补货的量小于运输车辆最大的运载量时,企业必须考虑用小一些的运输工具来降低运输成本,尽管如此,单位商品的运输成本还是会随运量的减少而增加,加上那些随运输次数变化的管理费用,运输成本会随库存周转率的提高迅速增加。

2.库存周转对持有成本的影响

库存持有成本的发生主要由库存控制、包装、废弃物处理等物流活动引起。它是与库存水平有关的那部分成本,其组成包括库存商品所占用的资金成本、库存服务成本(相关保险和税收)、仓储空间成本以及库存风险成本。

在年销量一定的条件下,库存周转率越高,单位商品在仓库停留的时间越短,成反比例关系,相应的资金成本、保险以及库存风险成本也与库存周转率成反比。库存周转率越低,持有成本越高,在坐标中呈双曲线状。

3.库存周转对批量成本的影响

批量成本是指源于采购和生产批量而产生的成本,主要包括以下几方面的内容:购买量不同而产生的价格差异、订单下达以及处理所产生的订购成本、生产线的转换或供应商更换期间的生产能力浪费等。

库存周转对批量成本的影响是显而易见的。库存周转越快,企业从原材料的采购到产品的交付周期越短,越要求企业对订单做更敏捷的反应,在极端的条件下,企业甚至需要采用JIT(Just in time)供应制来满足零库存的需要。在这种条件下,企业实现真正的按订单生产,理论上讲,此时的库存周转率趋近于无穷大。但事实上,由于企业自身物流系统以及外部物流系统本身存在的种种因素导致完全意义上的零库存并不存在,它只不过是一种理论上的最优结果,对实际物流系统的优化起指导作用。单纯的库存周转最优是以批量成本的上升为代价的,库存周转越快,采购的批量就会越小,因此在供应商处可以获得的价格折扣就越少,而且采购频率会随库存周转的加快而增加,相应的采购费用也会增加。

4.库存周转对仓储成本的影响

仓储成本包括仓储活动以及仓库设施的规划与选址所产生的成本。仓储成本的发生是以商品对仓库的占用空间和时间以及商品的搬运处理等活动为基础进行成本计算的。仓储设施的规划和选址活动也是仓储成本的一个方面,但是这部分在物流活动往往在物流系统的规划设计阶段就已经发生,因此,很多时候它可以作为附加内容计入仓储成本。

库存周转对仓储成本的影响主要体现在对仓库设施的空间和时间占用数量上。在不变的市场年销量下,不同的库存周转率,代表不同的存货拥有量,对仓库空间的占用量是与存货的拥有量相对应的,因此,库存周转越快,年平均存货量就越少,相应的仓储成本就越低,仓储总成本与库存周转率的关系在坐标图上类似双曲线。

5.库存周转对订单与信息处理成本的影响

订单与信息处理成本是指订单的处理以及企业物流信息系统的管理与维护所发生的成本。由于企业物流信息系统是属于自己的计算机网络,因此,其管理与维护费用并不随信息流量的变化而变化,我们可以把这部分费用在一定的时间段内(年或季度)近似看成是定值。

订单处理涉及组织对订单的获取、订单确认、与客户的沟通、订单的履行以及送达客户等活动,因此,订单处理的成本是基于处理次数而发生的费用。但在先进的现代通信手段支持下,组织可以通过EDI,卫星数据传输等手段代替传统的手工单据、传真等,因此订单处理的部分活动的费用不再以处理的次数计算,而是在一定的时间段内为一定的数目(比如网络营运商的年服务费),但有些活动费用的发生还是与次数有关,比如与客户、供应商沟通的电话、传真费等。

总的来看库存周转的快慢,对物流系统下游的客户订单处理费用没有什么影响,但对企业物流上游的订单处理成本有一定的影响,库存周转越快,企业向供应商采购的频率越高,企业与供应商以及企业内部总的信息成本会有一定的上升,但幅度不大。

三、借鉴美国库存成本控制的经验

分析发现,美国的物流成本主要由三部分组成:一是库存费用;二是运输费用;三是管理费用。比较近20多年来的变化可以看出,运输成本在GDP中比例大体保持不变,而库存费用比重降低是导致美国物流总成本比例下降的最主要的原因。这一比例由过去接近5%下降到不足4%。而降低库存成本、加快周转速度是美国现代物流发展的突出成绩。也就是说利润的源泉更集中在降低库存、加速资金周转方面。

在物流系统成本上,美国物流成本包括三个部分,各自有其测算的办法。

第一部分:库存费用是指花费在保管货物方面的费用,除了包括仓储、残损、人力费用及保险和税收费用外,还包括库存占压资金的利息。其中,利息是当年美国商业利率乘以全国商业库存总金额得到的。把库存占压的资金利息加入物流成本,这是现代物流与传统物流费用计算的最大区别,只有这样,降低物流成本和加速资金周转速度才从根本利益上统一起来。

第二部分:运输费用包括公路运输、其他运输方式与货主费用。公路运输包括城市内运送费用与区域间卡车运输费用。其他运输方式包括:铁路运输费用、国际国内空运费用、货物代理费用、油气管道运输费用。货主方面的费用包括运输部门运作及装卸费用。近10年来,美国的运输费用占国民生产总值的比重大体为6%,一直保持着这一比例,说明运输费用与经济的增长是同步的。

第三部分:物流管理费用,是按照美国的历史情况由专家确定一个固定比例,乘以库存费用和运输费用的总和得出的。美国的物流管理费用在物流总成本中比例大体在4%左右。

另一个反映美国物流效率的指标是库存周期。美国平均库存的周期在1996~1998年间保持在1.38个月到1.40个月之间,但1999年发生了比较显著的变化,库存周期从1999年1月份的1.38个月降低到年底的1.32个月,这是有史以来的最低周期。库存周期减少的原因是由于销售额的增长超过了库存量增长。

美国的库存控制给我们的启示是:库存支出不仅仅是仓储的保管费用,更重要的是要考虑它所占有的库存资金成本,即库存占压资金的利息。理论上还应该考虑因库存期过长造成的商品贬值、报废等代价,尤其是产品周期短、竞争激烈的行业,如PC机、电子、家电等。

第三节　确定性条件下的库存经济分析

一、库存经济必须考虑的因素

要解决库存控制的关键问题,进行最优库存决策时,必须设法对商品的需求状况进行分析。商品的需求状况可分为三种:

(1)固定或确知的情况:未来的需求为已知。

(2)具有风险的情况:对未来的需求只知其大略的发生概况。

(3)不确定的情况:低于未来的需求情况全然不知。

商品的需求状况与流通业景气与否密切相关,与经济是否景气也有很大关系,而且许多产品周期也容易受流行趋势的影响。因而在需求量不易确定的情况下,许多企业长期购进过多的存货而滞销，造成配送中心效益不佳，对此应由正确的需求预测来控制，而后再凭经验加以修正。

由需求预测确定需求状况后，可根据需求状况再考虑订购性质(订购时机、购置时间)及其他像财务状况、供应商问题、仓库空间容量等限制因素，做出存货决策。然后再依存货决策制定一套存货的管理标准，以此标准来对实际库存量情况控制管理；最后再由控制结果回过头来修正原先的存货决策。上述过程为制定存货决策的重要考虑环节。

图 7-1 为库存量决策因素关联图。

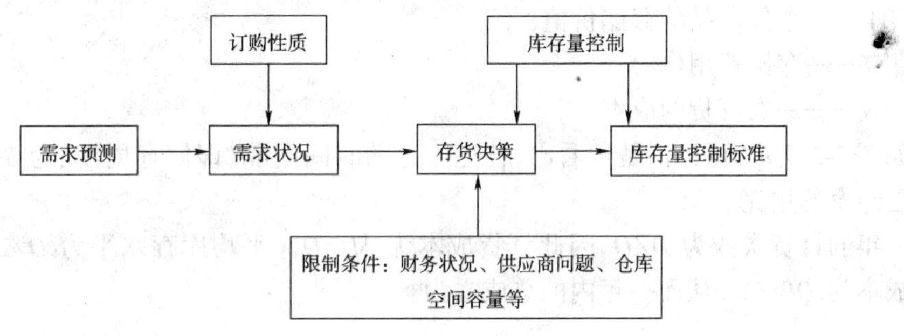

图 7-1　存货决策因素关联图

二、确定性条件下的库存经济分析

确定性库存模型是指单位时间的需求量是一个确定的值，而且在相当长的一段时间内是不变的；此外，备货期也是确定的值。制定确定型库存模型的订货策略的基本方法是经济订货批量法(Economic Ordering Quantity，简称 EOQ)。EOQ 理论广泛用于各种各样的库存模型—确定最经济的订货批量，用于确定型库存模型时，不但可以确定订货量，而且还可以确定订货周期，既解决了“什么时候订货”问题，又解决了“订多少” 的问题。

确定性条件下的库存是指当一个时期内的产品需求量确定以后，相应的库存成本就基本上确定了。如果暂时不考虑缺货成本，则；

库存成本 = 产品成本 + 储存成本 + 订货成本

下面讨论确定条件下的经济订货批量问题。

为了便于描述和分析，对经济订货批量模型作如下假设：

(1)需求量已知并且稳定不变，库存量随着时间均匀连续地下降；

(2)库存补充的过程可以在瞬间完成，即不存在一边进货一边消耗的问题；

(3)产品的单位价格为常数，不存在批量优惠；

(4)储存费用以平均库存为基础进行计算；

(5)每次的订货成本及订货提前期均为常数；

(6)对产品的任何需求都将及时得到满足，不存在缺货方面的问题。

根据经济订货批量的假设条件，基本的 EOQ 公式是从总成本公式推导出来的经济批

量,总成本(TC)由订货成本和储存成本构成。即:

总成本 = 订货成本 + 存储成本

可表示为:

$$TC = DS/Q + QIV/2 \tag{7-1}$$

式中:TC——总费用;

Q——每次的订货批量;

D——年物资需求量;

V——单位产品的存储价值;

I——存储费用(%);

S——一次订货的成本。

如图 7-2 所示,可以清楚地看出,补充库存的时间间隔(即储存周期)为 T,补充时库存物资已经全部用完。

一年的订货次数为 D/Q,因此订货成本为 SD/Q。平均库存水平为 $Q/2$,因此一年的库存成本为 $QIV/2$。从而一年内的总成本为:

$$TC = (D/Q)S + (Q/2)\ VI \tag{7-2}$$

对公式(7-2)求导,可得经济订购批量 EOQ,即:

$$Q_{\mathrm{EOQ}}^{*} = \sqrt{\frac{2DS}{VI}} \tag{7-3}$$

上述公式中,TC 是 Q 的函数,TC 最小时的 Q^* 的值就是最佳的经济订货批量(EOQ)。

对公式(7-3)还可以更进一步的展开和进行各种换算。

年最佳订货次数: $N = D/Q$(次)

订货时间间隔: $t = 365/N$(天)

与订货相关的存货总成本: $TC = \sqrt{2DSVI}$

总成本与订货成本、存储成本和产品成本以及经济订货批量的关系如图 7-2 所示,图7-3

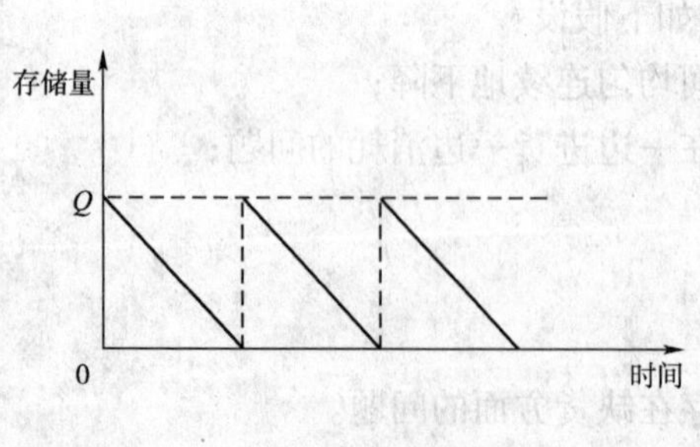

图 7-2 库存动态图

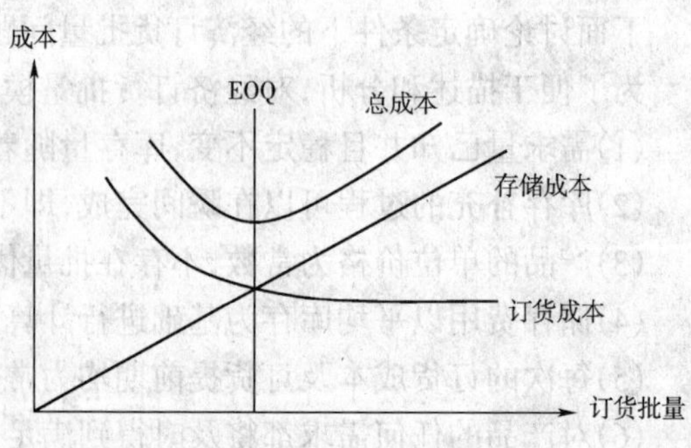

图 7-3 库存各成本之间的关系

中总成本的最低点就是对应的 EOQ。

例 1：某加工企业对某种原材料的年需求量为 $D = 8000$ 吨，每次的订货费用 $S = 2000$ 元，每吨原材料的单价为 100 元，存贮费用为 8%（即每吨原材料储存一年所需要的存储费用为原材料单价的 8%）。

求所需要的经济订货批量、年订货次数、订货时间间隔及总库存成本。

解：根据公式(7-3)可得：

$$Q_{EOQ} = \sqrt{2DS/VI} = \sqrt{2 \times 8000 \times 2000/100 \times 8\%} = 2000(\text{吨})$$

一年的总订货次数为：$N = D/Q = 8000/2000 = 4$（次）

订货时间间隔为：$t = 365/4 \approx 91$（天）

总库存成本为

$$\begin{aligned} TC &= 2\sqrt{DSVI/2} \\ &= 2\sqrt{(8000 \times 2000 \times 100 \times 8\%)/2} \\ &= 16000(\text{元}) \end{aligned}$$

例 2：某商店年销售某种商品 40000 箱，每箱商品年储存费用为 5 元。每次进货费用 200 元，求平均储存量。

解：在本例中，$D = 40000$；$S = 200$；$VI = 5$。

先将已知数据代入公式(7-3)，求最佳经济批量：

$$Q = \sqrt{2DS/VI} = \sqrt{2 \times 40000 \times 200/5} = 1789$$

同时，可以相应地计算最佳进货次数：

$$D/Q = 40000/1789 - 22.44 \text{ 次}$$

最佳进货间隔天数 = 365/23 = 16 天

所以：平均经常储存量 = 1789/2 = 894.5(箱)

第四节　供应链管理环境下的库存经济分析

库存以原材料、在制品、半成品、成品的形式存在于供应链的各个环节。由于库存费用占库存物品的价值的 20% ~ 40%，因此供应链中的库存控制是十分重要的。库存决策的内容集中于运行方面，包括生产部署策略，如采用推式生产管理还是拉式生产管理；库存控制策略，如各库存点的最佳订货量、最佳再订货点、安全库存水平的确定等。绝大多数制造业供应链是由制造和分销网络组织的，通过原材料的输入转化为中间和最终产品，并把它分销给用户。最简单的供应链网络只有一个节点（单一企业）：同时担负制造和分销功能。在复杂的供应链网络中，不同的管理者担负不同的管理任务。不同的供应链节点企业的库存，包括输入的原材料和最终的产品，都有复杂的关系。供应链的库存策略不是简单的需求预测与补给，而是要通过库存管理获得用户服务与利润的优化。其主要内容包括采用先进的商业建模技术来评价库存策略、提前期和运输变化的准确效果;决定经济订货量时考虑供应链企业各方面的影响;在充分了解库存状态的前提下确定适当的服务水平。

一、供应链中的需求变异放大原理与库存波动

"需求变异加速放大原理"是美国著名的供应链管理专家 Hau L. Lee 教授对需求信息扭曲在供应链中传递的一种形象描述。其基本思想是:当供应链的各节点企业只根据来自其相邻的下级企业的需求信息进行生产或供应决策时,需求信息的不真实性会沿着供应链逆流而上,产生逐级放大的现象,到达最源头的供应商时,其获得的需求信息和实际消费市场中的顾客需求信息发生了很大的偏差,需求变异系数比分销商和零售商的需求变异系数大得多。由于这种需求放大效应的影响,上游供应商往往维持比下游供应商更高的库存水平。这种现象反映出供应链上需求的不同步现象,它说明供应链库存管理中的一个普遍现象:"看到的是非实际的"。图 7-4 显示了"需求放大效应"的原理和需求变异加速放大过程。

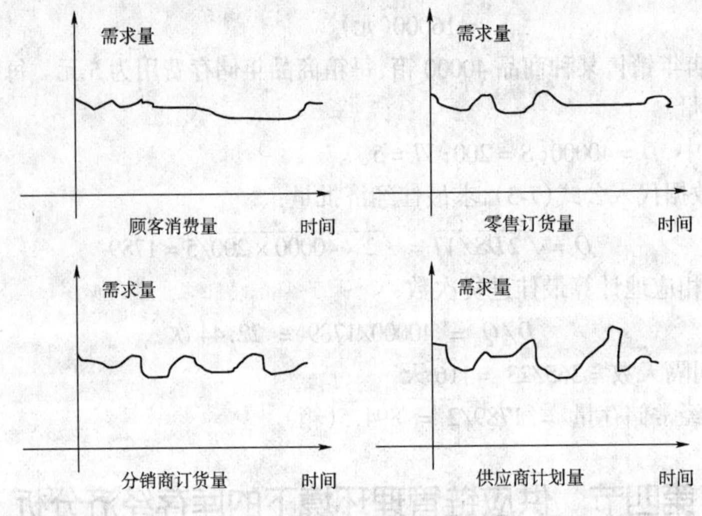

图 7-4 供应链的需求放大原理

需求放大效应最先由宝洁公司(P & G)发现。宝洁公司在一次考察该公司最畅销的产品——一次性尿布的订货规律时,发现零售商销售的波动性并不大,但当他们考察分销中心向宝洁公司的订货时,吃惊地发现波动性明显增大了。有趣的是,他们进一步考察宝洁公司向其供应商,如 3 M 公司的订货时,他们发现其订货的变化更大。除了宝洁公司,其他公司如惠普公司在考察其打印机的销售状况时也曾发现这一现象。

需求放大效应是需求信息扭曲的结果。图 7-5 显示了一个销售商实际的销售量和订货量的差异,实际的销售量与订货量不同步。在供应链中,每一个供应链的节点企业的信息都有一个信息的扭曲,这样逐级而上,即产生信息扭曲的放大。

早在 1961 年,弗雷斯特(Forrester)就通过一系列的实际案例揭示了这种工业组织的动

态学特性和时间变化行为。在库存管理的研究中,斯特曼(Sterman)在1989年通过一个“啤酒分销游戏”验证了这种现象。在实验中,有4个参与者,形成一个供应链,各自独立进行库存决策而不和其他的成员进行协商,决策仅依赖其毗邻的成员的订货信息作为唯一的信息来源。斯特曼把这种现象解释为供应链成员的系统性非理性行为的结果,或“反馈误解”。

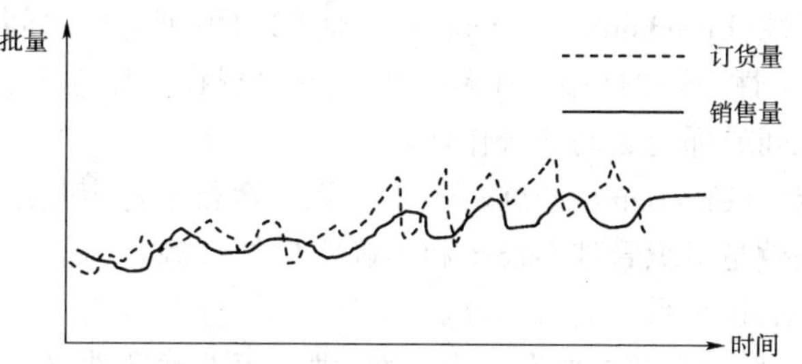

图7-5　实际需求与订货的差异需求量顾客消费量

1994、1997年美国斯坦福大学的李教授(Hau L. Lee)对需求放大现象进行了深入的研究,把其产生的原因归纳为4个方面:需求预测修正、订货批量决策、价格波动、短缺博弈。需求预测修正是指当供应链的成员采用其直接的下游订货数据作为市场需求信号时,即产生需求放大。举一个简单的例子,当你作为库存管理人员,需要决定向供应商订货量时,你可以采用一些简单的需求预测方法,如指数平滑法。在指数平滑法中,未来的需求被连续修正,这样,送到供应商的需求订单反映的是经过修正的未来库存补给量,安全库存也是这样。订货决策指两种现象,一种是周期性订货决策,另一种是订单推动。周期性订货是指当公司向供应商订货时,不是来一个需求下一个订单,而是考虑库存的原因,采用周期性分批订货,比如一周、一月订一次。分批订货在企业中普遍存在,MRP系统是分批订货,DRP也是如此。用MRP批量订货出现的需求放大现象,称为“MRP紧张”。价格波动反映了一种商业行为:“预先购买(Forward Buy)”,价格波动是由于一些促销手段造成的,如价格折扣、数量折扣、赠票等。这种商业促销行为使许多推销人员预先采购的订货量大于实际的需求量。因为如果库存成本小于由于价格折扣所获得的利益,销售人员当然愿意预先多买,这样订货没有真实反映需求的变化,从而产生需求放大现象。短缺博弈是指这样一种现象:当需求大于供应量时,理性的决策是按照用户的订货量比例分配现有的库存供应量,比如,总的供应量只有订货量的50%,合理的配给办法是所有的用户获得其订货的50%。此时,用户就为了获得更大份额的配给量,故意地夸大其订货需求,当需求降温时,订货又突然消失。这种由于个体参与的组织的完全理性经济决策导致的需求信息的扭曲最终导致需求放大。

二、供应链中的不确定性与库存

(一)供应链中的不确定性

从需求放大现象中我们看到,供应链的库存与供应链的不确定性有很密切的关系。从供应链整体的角度看,供应链上的库存无非有两种,一种是生产制造过程中的库存,一种是物流过程中的库存。库存存在的客观原因是为了应付各种各样的不确定性,保持供应链系统的正常性和稳定性,但是库存另一方面也同时产生和掩盖管理中的问题。

供应链上的不确定性表现形式有两种:

(1)衔接不确定性(Uncertainty of Interface)。企业之间(或部门之间)不确定性,可以说是供应链的衔接不确定性,这种衔接的不确定性主要表现在合作性上,为了消除衔接不确定性,需要增加企业之间或部门之间的合作性。

(2)运作不确定性(Uncertainty of Operation)。系统运行不稳定是组织内部缺乏有效的控制机制所致,控制失效是组织管理不稳定和不确定性的根源。为了消除运行中的不确定性需要增加组织的控制,提高系统的可靠性。

供应链的不确定性的来源主要有三个方面:供应商不确定性,生产者不确定性,顾客不确定性。不同的原因造成的不确定性表现形式各不相同。

供应商的不确定性表现在提前期的不确定性,订货量的不确定性等。供应不确定的原因是多方面的,供应商的生产系统发生故障延迟生产,供应商的供应商的延迟,意外的交通事故导致的运输延迟等等。

生产者不确定性主要缘于制造商本身的生产系统的可靠性、机器的故障、计划执行的偏差等。造成生产者生产过程中在制品的库存的原因也表现在其对需求的处理方式上。生产计划是一种根据当前的生产系统的状态和未来情况做出的对生产过程的模拟,用计划的形式表达模拟的结果,用计划来驱动生产的管理方法。但是生产过程的复杂性使生产计划并不能精确地反映企业的实际生产条件和预测生产环境的改变,不可避免地造成计划与实际执行的偏差。生产控制的有效措施能够对生产的偏差给以一定的修补,但是生产控制必须建立在对生产信息的实时采集与处理上,使信息及时、准确、快速地转化为生产控制的有效信息。

顾客不确定性原因主要有:需求预测的偏差,购买力的波动,从众心理和个性特征等。通常的需求预测的方法都有一定的模式或假设条件,假设需求按照一定的规律运行或表现一定的规律特征,但是任何需求预测方法都存在这样或那样的缺陷而无法确切地预测需求的波动和顾客心理性反应,在供应链中,不同的节点企业相互之间的需求预测的偏差进一步加剧了供应链的放大效应及信息的扭曲。

本质上讲,供应链上的不确定性,不管其来源出自哪方面,根本上讲是 3 个方面原因造成的:

(1)需求预测水平造成的不确定性。预测水平与预测时间的长度有关,预测时间长,预测精度则差,另外还有预测的方法对预测的影响。

(2)决策信息的可获得性、透明性、可靠性。信息的准确性对预测同样造成影响,下游企业与顾客接触的机会多,可获的有用信息多;远离顾客需求,信息可获性和准确性差,因而预测的可靠性差。

(3)决策过程的影响,特别是决策人心理的影响。需求计划的取舍与修订,对信息的要求与共享,无不反映个人的心理偏好。

(二)供应链的不确定性与库存的关系

我们来分析供应链运行中的两种不确定性对供应链库存的影响:衔接不确定性与运作不确定性对库存的影响。

1.衔接不确定性对库存的影响

传统的供应链的衔接不确定性普遍存在,集中表现在企业之间的独立信息体系(信息孤岛)现象。为了竞争,企业总是为了各自的利益而进行资源的自我封闭(包括物质资源和信息资源),企业之间的合作仅仅是贸易上的短时性合作,人为地增加了企业之间的信息壁垒和沟通的障碍,企业不得不为应付不测而建立库存,库存的存在实际就是信息的堵塞与封闭的结果。虽然企业各个部门和企业之间都有信息的交流与沟通,但这远远不够。企业的信息交流更多的是在企业内部而非企业之间进行交流。信息共享程度差是传统的供应链不确定性增加的一个主要原因。

传统的供应链中信息是逐级传递的,即上游供应链企业依据下游供应链企业的需求信息做生产或供应的决策。在集成的供应链系统中,每个供应链企业都能够共享顾客的需求信息,信息不再是线性的传递过程而是网络的传递过程和多信息源的反馈过程。建立合作伙伴关系的新型的企业合作模式,以及跨组织的信息系统为供应链的各个合作企业提供了共同的需求信息,有利于推动企业之间的信息交流与沟通。企业有了确定的需求信息,在制定生产计划时,就可以减少为了吸收需求波动而设立的库存,使生产计划更加精确、可行。对于下游企业而言,合作性伙伴关系的供应链或供应链联盟可为企业提供综合的、稳定的供应信息,无论上游企业能否按期交货,下游企业都能预先得到相关信息而采取相应的措施,这样企业无需过多设立库存。

2.运作不确定性对库存的影响

供应链企业之间的衔接不确定性通过建立战略伙伴关系的供应链联盟或供应链协作体而得以消减,同样,这种合作关系可以消除运作不确定性对库存的影响。当企业之间的合作关系得以改善时,企业的内部生产管理也大大得以改善。因为企业之间的衔接不确定性因素减少时,企业的生产控制系统就能摆脱这种不确定性因素的影响,使生产系统的控制达到实时、准确,也只有在供应链的条件下,企业才能获得对生产系统有效控制的有利条件,消除生产过程中不必要的库存现象。

在传统的企业生产决策过程中,供应商或分销商的信息是生产决策的外生变量,因而其无法预见到外在需求或供应的变化信息,至少是延迟的信息;同时,库存管理的策略也是考虑独立的库存点而不是采用共享的信息,因而库存成了维系生产正常运行的必要条件。当生产系统形成网络时，不确定性就像瘟疫一样在生产网络中传播，几乎所有的生产者都希望拥有库存来应付生产系统内外的不测变化，因为无法预测不确定性的大小和影响程度，人们只好按照保守的方法设立库存来对付不确定性。

在不确定性较大的情形下，为了维护一定的用户服务水平，企业也常常维持一定的库存，以提高服务水平。在不确定性存在的情况下，高服务水平必然带来高库存水平。

三、供应链管理环境下的库存经济

(一)供应商管理用户库存(VMI)

近年来，在库存管理上出现了一种新的供应链库存管理方法——供应商库存管理(Vendor Managed Inventory，VMI)。这种库存管理策略打破了传统的各自为政的库存管理模式，体现了供应链集成化的管理思想，适应市场变化的要求，是一种新的有代表性的库存管理思想。

1.VMI的概念

关于VMI，有人认为：VMI是一种在用户和供应商之间的合作性策略，以对双方都是最低的成本来优化产品的可得性，在一个达成共识的目标框架下由供应商来管理库存，这样的目标框架被经常性监督和修正以产生一种持续改进的环境。VMI就是供货方代替用户(需求方)管理库存，库存的管理职能转由供应商负责。

也有人认为，VMI是一种库存管理方案，是以掌握零售商销售资料和库存量作为市场需求预测和库存补货的解决方法，经由销售资料得到消费需求信息，供应商可以更有效的计划、更快速地反应市场变化和消费者的需求。因此，VMI可以用来作为降低库存量、改善库存周转，进而保持库存水平的最优化，而且供应商和用户分享重要信息，所以双方都可以改善需求预测、补货计划、促销管理和装运计划等等。VMI是由传统通路产生订单作补货，改变成以实际的或预测的消费者需求作补货。

2.VMI的原则

VMI的关键措施主要体现在如下几个原则中：

(1)合作精神。在实施该策略中，相互信任与信息通明是很重要的，供应商和用户(零售商)都要有较好的合作精神，才能够相互保持较好的合作。

(2)使双方成本最小。VMI不是关于成本如何分配或谁来支付的问题，而是通过该策略的实施减少整个供应链上的库存成本，使双方都能获益。

(3)目标一致性原则。双方都明白各自的责任，观念上达成一致的目标。如库存放在哪里，什么时候支付，是否要管理费，要花费多少等问题都通过双方达成一致。

(4)持续改进原则。使供需双方共同努力，逐渐消除浪费。

VMI的主要思想是供应商在用户的允许下设立库存,确定库存水平和补给,行使对库存的控制权。精心设计与开发的VMI系统,不仅可以降低供应链的库存水平,降低库存成本,而且用户另外还可以获得高水平的服务,改进资金流,与供应商共享需求变化的透明性和获得更好的用户信任。

(二)联合库存(JIM)

VMI是一种供应链集成化运作的决策代理模式,它把用户的库存决策权代理给供应商,由供应商代理分销商或批发商行使库存决策的权利。联合库存管理则是一种风险分担的库存管理模式。

联合库存是解决供应链系统中各节点企业的相互独立的库存运作模式导致的需求放大现象,提高供应链同步化程度的一种有效方法。联合库存管理和供应商管理用户库存不同,它强调双方同时参与,共同制定库存计划,使得供应链过程中的每一个库存管理者都从相互之间的协调性出发,保持供应链相邻的两个节点之间的库存管理者对需求的预期保持一致,从而部分地消除了需求变异放大的现象。任何相邻节点需求的确定都是供需双方协调的结果,库存管理不再是各自为政的独立运作过程,而是供应链连接的纽带和协调中心。

图7-6为基于协调中心的联合库存管理的供应链系统模型。

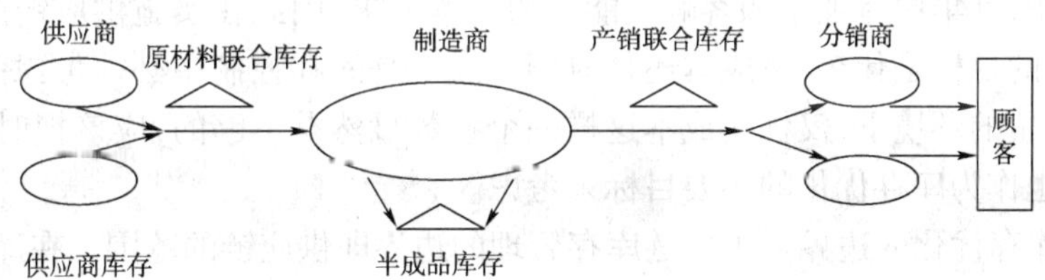

图7-6 基于协调中心的联合库存管理的供应链系统模型

基于协调中心的库存管理和传统的库存管理模式相比有如下几个方面的优点:

(1)为实现供应链的同步化运作提供了条件和保证;

(2)减少了供应链中的需求扭曲现象,降低了库存的不确定性,提高了供应链的稳定性;

(3)库存作为供需双方的信息交流和协调的纽带,可以暴露供应链管理中的缺陷,为改进供应链管理水平提供依据;

(4)为实现零库存、准时采购以及精细供应链管理创造了条件;

(5)进一步体现了供应链管理的资源共享和风险分担的原则。

联合库存管理系统把供应链系统管理进一步集成为上游和下游两个协调管理中心,从而部分的消除了由于供应链环节之间的不确定性和需求信息扭曲现象导致的供应链的库存波动,降低了供应链成本。

(三)多级库存控制

1.基本概念

供应链管理的目的是使整个供应链各个阶段的库存最小,但是,现行的企业库存管理模式是从单一企业内部的角度去考虑库存问题,因而并不能使供应链整体达到最优。

多级库存优化与控制是供应链资源的全局性优化,是在单级库存控制的基础上形成的。多级库存系统根据不同的配置方式,有串行系统、并行系统、纯组装系统、树形系统、无回路系统和一般系统。

多级库存控制的方法有两种:非中心化(分布式)策略和中心化(集中式)策略。非中心化策略是各个库存点独立地采取各自的库存策略,这种策略在管理上比较简单,但是并不能保证产生整体的供应链优化,如果信息的共享度低,多数情况产生的是次优的结果,因此非中心化策略需要更多信息共享。用中心化策略,所有库存点的控制参数是同时决定的,考虑了各个库存点的相互关系,通过协调的办法获得库存的优化。

供应链的多级库存控制应考虑以下几个问题。

(1)库存优化的目标。传统的库存优化问题无不例外地进行库存成本优化,在强调敏捷制造、基于时间的竞争条件下,这种成本优化策略是否适宜?供应链管理的两个基本策略——ECR 和 QR,都集中体现了顾客响应能力的基本要求,因此在实施供应链库存优化时要明确库存优化的目标是什么,是成本还是时间?成本是库存控制中必须考虑的因素,但是,在现代市场竞争的环境下,仅优化成本这样一个参数显然是不够的,应该把时间(库存周转时间)的优化也作为库存优化的主要目标来考虑。

(2)明确库存优化的边界。供应链库存管理的边界即供应链的范围。在库存优化中,一定要明确所优化的库存范围是什么。供应链的结构有各种各样的形式,有全局的供应链,包括供应商、制造商、分销商和零售商各个部门;有局部的供应链,分为上游供应链和下游供应链。在传统的所谓多级库存优化模型中,绝大多数的库存优化模型是下游供应链,即关于制造商(产品供应商)—分销中心(批发商)—零售商的三级库存优化。很少有关于零部件供应商—制造商之间的库存优化模型,在上游供应链中,主要考虑的问题是关于供应商的选择问题。

(3)多级库存优化的效率问题。理论上讲,如果所有的相关信息都是可获的,并把所有的管理策略都考虑到目标函数中去,中心化的多级库存优化要比基于单级库存优化的策略(非中心化策略)要好。但是,现实情况未必如此,当把组织与管理问题考虑进去时,管理控制的幅度常常是下放给各个供应链的部门独立进行,因此多级库存控制策略的好处也许会被组织与管理的考虑所抵消。因此简单的多级库存优化并不能真正产生优化的效果,需要对供应链的组织、管理进行优化,否则,多级库存优化策略效率是低下的。

(4)明确采用的库存控制策略。在单库存点的控制策略中,一般采用的是周期性检查与连续性检查策略。在周期性检查库存策略中主要有(nQ, s, R)、(S, R)、(s, S, R)等策略,连续库存控制策略主要有(s, Q)和(s, S)两种策略。这些库存控制策略对于多级库存控制仍然适用。但是,到目前为止,关于多级库存控制,都是基于无限能力假设的单一产品的多级库存,对于有限能力的多产品的库存控制是供应链多级库存控制的难点和有待解决的问题。

2.基于成本优化的多级库存优化

基于成本优化的多级库存控制实际上就是确定库存控制的有关参数:库存检查期、订货点、订货量。

在传统的多级库存优化方法中,主要考虑的供应链模式是生产—分销模式。也就是供应链的下游部分。进一步把问题推广到整个供应链的一般性情形,如图 7-7 所示的供应链模型。在库存控制中,考虑集中式(中心化)和分布式(非中心化)两种库存控制策略情形。在分析之前,首先确定库存成本结构。

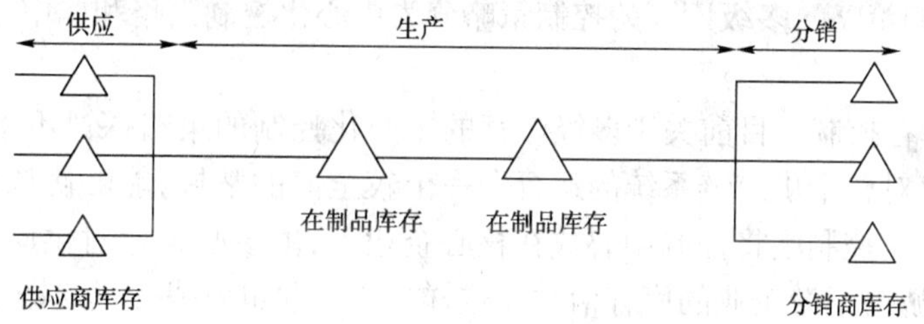

图 7-7 多级供应链库存模型

(1)供应链的库存成本结构

a.维持库存费用(Holding Cost)C_h。在供应链的每个阶段都维持一定的库存,以保证生产、供应的连续性。这些库存维持费用包括资金成本、仓库及设备折旧费、税收、保险金等。维持库存费用与库存价值和库存量的大小有关,其沿着供应链从上游到下游有一个累积的过程,如图 7-8 所示。

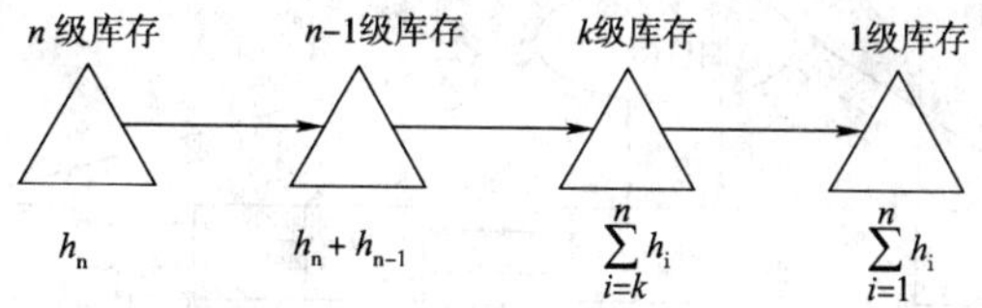

图 7-8 供应链维持库存费用的累积过程

h_i 为单位周期内单位产品(零件)的维持库存费用。如果 v_i 表示 i 级库存量,那么,整个供应链的库存维持费用为:

$$C_h = \sum_{i=1}^{n} h_i v_i$$

如果是上游供应链，则维持库存费用是一个汇合的过程，而在下游供应链，则是分散的过程。

b.交易成本(Transaction Cost) C_t。即在供应链企业之间的交易合作过程中产生的各种费用，包括谈判要价、准备订单、商品检验费用、佣金等。交易成本随交易量的增加而减少。交易成本与供应链企业之间的合作关系有关。通过建立一种长期的互惠合作关系有利于降低交易成本，战略伙伴关系的供应链企业之间交易成本是最低的。

c.缺货损失成本(Shortage Cost)Cs。缺货损失成本是由于供不应求，即库存 v_i 小于零的时候，造成市场机会损失以及用户罚款等。

缺货损失成本与库存大小有关。库存量大，缺货损失成本小，反之，缺货损失成本高。为了减少缺货损失成本，维持一定量的库存是必要的，但是库存过多将增加维持库存费用。在多级供应链中，提高信息的共享程度、增加供需双方的协调与沟通有利于减少缺货带来的损失。

总的库存成本为： $C = C_h + C_t + C_s$

多级库存控制的目标就是优化总的库存成本 C，使其达到最小。

(2)库存控制策略。多级库存的控制策略分为中心化控制策略和非中心化策略，以下分别加以说明。

a.中心化库存控制。目前关于多级库存的中心化控制的策略探讨不多，采用中心控制的优势在于能够对整个供应链系统的运行有一个较全面的掌握，能够协调各个节点企业的库存活动。中心化控制是将控制中心放在核心企业上，由核心企业对供应链系统的库存进行控制，协调上游与下游企业的库存活动。这样核心企业也就成了供应链上的数据中心(数据仓库)，担负着数据的集成、协调功能，如图 7-9 所示。

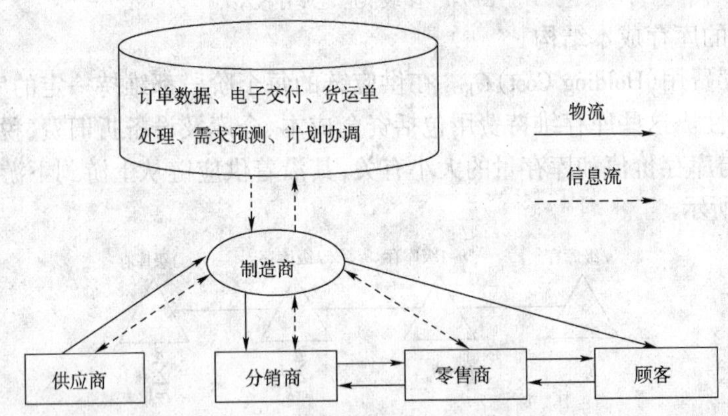

图 7-9 供应链中心化库存控制模型

中心化库存优化控制的目标是使供应链上总的库存成本最低，即：

$$\min TC = \sum_{i=1}^{m} \{ C_{hi} + C_{ti} + C_{si} \}$$

理论上讲，供应链的层次是可以无限的，即从用户到原材料供应商，整个供应链是 n 个层次的供应链网络模型，分一级供应商、二级供应商、… 、k 级供应商，然后到核心企业(组装厂);分销商也可以是多层次的,分一级分销商、二级分销商、三级分销商等,最后才到用户。但是,现实的供应链的层次并不是越多越好,而是越少越好,因此实际供应链的层次并不很长,采用供应—生产—分销这样的典型三层模型足够说明供应链的运作问题。

各个零售商的需求 D_{it}是独立的,根据需求的变化做出的订货量为 Q_{it},各个零售商总的订货汇总到分销中心,分销中心产生一个订货单给制造商,制造商根据产品决定生产计划,同时对上游供应商产生物料需求。整个供应链在制造商、分销商、零售商三个地方存在三个库存,这就是三级库存。这里假设各零售商的需求为独立需求,需求率 d_t 与提前期 LT_i 为同一分布的随机变量,同时系统销售同一产品,即为单一产品供应链。这样一个三级库存控制系统是一个串行与并行相结合的混合型供应链模型,建立如下的控制模型:

$$\min\{C_{mfg}+C_{cd}+C_{rd}\}$$

这里,第一项为制造商的库存成本,第二项为分销商的库存成本,第三项为零售商的库存成本。

关于订货策略采用连续检查还是周期性检查的问题,原则上讲两者都是适用的,但各有特点。问题在于采用传统的订货策略是有关参数的确定和供应链环境下的库存参数应有所不同,否则不能反映多级库存控制的思想。因此,不能按照传统的单点库存控制策略进行库存优化,必须寻找新的方法。

按照传统的固定量订货系统,其经济订货量为:

$$Q_i^*=\sqrt{\frac{2D_iC_{si}}{h_i}}$$

如果我们把这个算法作为多级库存的各个阶段的供应商或分销商的订货策略,那么就没有体现供应链的中心化控制的思想。为什么呢?因为这样计算实际的库存信息是单点库存信息,没有考虑供应链的整体库存状态,因此采用这样的计算方法实际上是优化单一库存点的成本,而不是整体供应链的成本。

那么,如何体现供应链这种集成的控制思想呢?可以采用级库存取代点库存解决这个问题。因为点库存控制没有考虑多级供应链中相邻的节点的库存信息,因此容易造成需求放大现象。采用级库存控制策略后,每个库存点不再是仅检查本库存点的库存数据,而是检查处于供应链整体环境下的某一级库存状态。这个级库存和点库存不同,我们重新定义供应链上节点企业的库存数据,采用“级库存”这个概念:

供应链的级库存=某一库存节点现有库存+转移到或正在转移给其后续节点的库存

这样检查库存状态时不但要检查本库存点的库存数据,而且还要检查其下游需求方的库存数据。级库存策略的库存决策是基于完全对其下游企业的库存状态掌握的基础上,因此避免了信息扭曲现象。建立在 Internet 和 EDI 技术基础上的全球供应链信息系统,为企业之间的快速信息传递提供了保证,因此,实现供应链的多级库存控制是有技术保证的。

b.非中心化的控制策略。非中心化库存控制是把供应链的库存控制分为三个成本归结中心,即制造商成本中心、分销商成本中心和零售商成本中心,各自根据自己的库存成本优化做出优化的控制策略。非中心化的库存控制要取得整体的供应链优化效果,需要增加供应链的信息共享程度,使供应链的各个部门都共享统一的市场信息。非中心化多级库存控制策略能够使企业根据自己的实际情况独立做出快速决策,有利于发挥企业自己的独立自主性和灵活机动性。

非中心化库存订货点的确定,可完全按照单点库存的订货策略进行,即每个库存点根据库存的变化,独立地决定库存控制策略。非中心化的多级库存优化策略,需要企业之间的协调性比较好,如果协调性差,有可能导致各自为政的局面。

3.基于时间优化的多级库存控制

前面我们探讨了基于成本优化的多级库存优化方法,这是传统的做法。随着市场变化,市场竞争已从传统的、简单的成本优先的竞争模式转为时间优先的竞争模式,这就是敏捷制造的思想。因此供应链的库存优化不能简单地仅优化成本。在供应链管理环境下,库存优化还应该考虑对时间的优化,比如库存周转率的优化、供应提前期优化、平均上市时间的优化等。库存时间过长对于产品的竞争力不利,因此供应链系统应从提高用户响应速度的角度提高供应链的库存管理水平。

(四)协同计划、预测和补货技术(CPFR)

协同计划、预测和补给(Collaborative Planning, Forecasting and Replenishing, CPFR)是一种协同式的供应链库存管理技术。它能同时降低销售商的库存量,增加供应商的销售量。CPFR 最大的优势在于能够及时准确的预测由各项促销措施或异常变化带来的销售高峰和波动,从而使销售商和供应商都能做好充分的准备,赢得主动。同时,CPFR 采取了一种双赢的原则,始终从全局的观点出发,制定统一的管理目标以及方案实施办法,以库存管理为核心兼顾供应链上其他方面的管理。因此,CPFR 能实现伙伴间更广泛深入的合作,它体现了以下思想:

(1)合作伙伴构成的框架及其运作规则主要基于消费者的需求和整个价值链的增值。由于供应链上各企业的运作过程、竞争能力、信息来源等不一致,在 CPFR 中就设计了若干运作方案供合作各方选择,一个企业可选择多个方案,各方案都确定了核心企业来承担产品的主要生产任务。

(2)供应链上企业的生产计划基于同一个销售预测报告。销售商和制造商对市场有不同的认识。销售商直接和最终客户见面,他们可以根据 POS 数据来推测消费者的需求,同时零售商业和若干制造商有联系,并可知道他们的市场销售计划。制造商和若干零售商联系并了解他们的商业计划。根据这些不同,在没有泄露各自商业机密的前提下,零售商和制造商可交换他们的信息和数据,来改善他们的市场预测能力,使最终的市场预测报告更为准确、可信。供应链上的各公司根据这个预测报告来制定各自的生产计划,从而使供应链的管理得到集成。

(3)消除供应过程的约束限制。这个限制主要就是企业的市场柔性不够。一般来说,零售商的订单所规定的交货日期比制造商生产这些产品的时间要短。在这种情况下,制造商不得不保持一定的产品库存。但是能延长订单周期使之与制造商的生产周期相一致,那么生产商就可真正做到按订单生产及零库存管理。这样制造商就可以减少甚至去掉库存,大大提高企业的经济效益。另一个有望解决的限制是贯穿于产品制造、运输及分销等过程的企业间资源的优化调度问题。

思考题

1.名词解释

库存、周围库存、运输库存、安全库存、沉淀库存、季节性库存、投机性库存、供应商管理库存。

2.简答题

(1)简述库存的作用。
(2)库存控制必须解决哪些问题?
(3)简述库存控制的目的。
(4)简述库存成本的构成。
(5)供应链管理环境下的库存问题有哪些?
(6)简述供应链的不确定性与库存的关系。

3.论述题

(1)论述库存控制的重要性。
(2)论述库存周转对物流系统成本的影响。
(3)论述供应链管理环境下的库存成本控制。

4.计算题

(1)某加工企业对某种原材料的年需求量为10000吨,每次的订货费用1800元,每吨原材料的单价为120元,存贮费用为8%(即每吨原材料储存一年所需要的存储费用为原材料单价的8%)。求经济订货批量、年订货次数、订货时间间隔及总库存成本。

(2)某商店年销售某种商品60000箱,每箱商品年储存费用为5元。每次进货费用220元,求平均储存量。

5.案例分析

【案例】　通过库存来降低物流成本

无论从哪个角度来看,戴尔都与整个 IT 发展的大潮流相去甚远。一方面,它只进入已经标准化的通用市场,比如 PC、服务器以及打印机,而且它从不将制造环节外包到远东市场——戴尔最新投产的工厂位于美国本土。另一方面,财务数据显示它是近 10 年来投资回报最好的 IT 公司,超过 IBM、微软、思科等明星公司。一个值得关注的数字是戴尔每年的研发投入不到 5 亿美元,这只是业界领先水平的 1/10,但是戴尔却拥有 500 多项管理和流程方面的专利。对于生产和流程的精益追求,是戴尔决胜千里的唯一秘诀,而非秘密,因为这个秘诀早已经外化到整个供应链的各个环节。

(1)虚拟车间

事实上,戴尔的运作模式并不神秘。通常情况下,客户通过 800 电话,也可以通过戴尔的网站下单,“这有点儿像给病人看病,开处方。”戴尔(中国)有限公司副总裁兼中国客户中心总经理李元钧这样解释,“销售人员依据客户的个性需求提供的配置就是配方,这些信息会被存储到戴尔的数据中心。”戴尔在厦门的客户中心永远是一片繁忙的景象,除了 1000 多台 24 小时运转的服务器外,看起来和其他工厂并无太大的区别。每隔 1.5 个小时生产区的进货门会打开一次,物料进入后被分配到生产笔记本、PC 和服务器的生产线上,流水线前端的工人根据配方抓药——通过系统自动生成的配置清单选料,放进一个长方形的塑料盒子里,每一件物料再经过条形码的扫描确认后,传送到装配工人那里。“戴尔并不是流水线生产,而是单元制生产。”戴尔中国的公关总监张飒英介绍说。而在生产区的楼上,就是销售中心,销售人员通过 800 电话不停地接电话,并不断地输入新的信息,这就是戴尔的销售生产流程图。数据中心每隔 1.5 个小时会运行一次,统计这段时间内的清单,并列出所需零部件的清单,采购部门会根据这张清单进行采购,同时,这张清单会直接转到一个由独立第三方物流公司管理的公共仓库,第三方物流公司会在一个小时之内把货配好,20 分钟后,所需的全部零配件将运抵戴尔的工厂。从理论上来说,在客户没有下单之前,戴尔工厂的车间里是没有工料的,而每个能被拉进来的零部件早就已经确定了买主,一旦整机组装完成后,马上可以发货运走。这就解释了戴尔为什么能做到成品零库存之外,零部件几乎也达到了零库存的水平。对于戴尔来说,如果非要找出库存的话,那只能是在公路上高速行驶的大型货车。“我们,包括我们的供应商和市场的需求只有一个半小时的差异,而传统的按计划生产的差异是几个星期,甚至是几个月。”从供应零部件的角度来看,供应商的工厂就相当于戴尔的车间,只不过这些车间并不存在于戴尔工厂的高墙之内,“对于这些车间的管理,戴尔有一个交易引擎的概念。”李元钧说,而所谓交易引擎其实就是一个戴尔和供应商最大限度共享信息的沟通平台。“这好像一个大的 ERP 系统,不局限在戴尔内部,而且一直管到供应商,供应商通过一个专属的 ID 密码,也可以登陆这个信息平台,看到和他相关的所有信息。”而这样做对于戴尔来说还有一个好处,“订单一进入系统就会被自动分解,也就是说任何一台机器的生产其所需的零部件信息都是公开的,我们完全可以跟踪到一台机器的一个零部件是由哪个供应商提供的,甚至是由哪个工人生产出来的,这些信息同时会进入售后服务系统。”张飒英说。但是戴尔并非完全不做预测,事实上,当戴尔每隔 1.5 个小时把零配件清单发送给公共仓库的时候，也会发送给供应商的总部，供应商的总部会对公共仓库及时补货，同时也会做出相应的生产调整。而对于大多数的供应商来说，他们定期（每个星期）都会受到更新的下3个月的生产预测，但是对于那些需求变化比较大的零部件，戴尔一天就要更新一次数据。这保证了戴尔在无限接近零库存的同时，也能拥有足够的产能应付突发事件。

(2)组合市场最优元素

曾经在通用汽车服务过的李元钧比较了戴尔供应链更加精益的特征。"传统上，汽车行业是肥水不流外人田，汽车工厂围墙内有很长的加工深度，大部分配件都是由自己的子公司提供，形成整车的元素并不是最优的。"但是戴尔的理想却是要让每个环节精益求精。交易引擎作为一个工具，首先帮助戴尔和供应商组合成了一个虚拟的企业。"所以，有时供应商的供应商也会涵盖进来，比如一些关键的元器件，像LCD面板等。戴尔在中国的几十位采购员基于这个交易引擎平台管理各自对口的供应商，从订单、生产、运输直到进入公共仓库。"事实上，戴尔快速反应的供应链中，零库存并不是终极目标，生产出零缺陷的产品才是戴尔和所有供应商的理想所在。而这要求，戴尔与它的供应商彼此忠诚。"戴尔会派出驻厂工程师进驻供应商的工厂，此外戴尔还有一个专门的团队负责全球供应商的质量监督报告，而当戴尔每开始研发一个新品时，戴尔会要求自己的供应商从实验室阶段就介入相关工作。"李元钧这样解释，"因为无论供应商有任何库存或是不精益的地方，最终影响的是整个供应链。"戴尔管理供应商有一个重要原则，就是"少数及密切配合供应商"，它把整体供应商的数量控制在一定范围内，并且在商品管理、质量和工艺管理等方面为供应商提供培训，帮他们改善内部流程。戴尔还把品质管理等工具分享给供应商，使其自身采购的管理水平也得到提高。每个季度戴尔会对供应商进行考核，优胜劣汰实现良性循环。这种模式的固化成果很明显，在最近3年中，戴尔遍布全球的400多家供应商中，最大的供应商只变动了两三家。而这样的初衷也可以解释戴尔为什么把链条上的一些环节（如物流）外包给独立第三方管理。"戴尔通过供应链的管理，组合到最优性价比的元素提供给客户。这里面其实是一个大组装、大集成的概念，软件、硬件还有服务都是被考察的对象。"是客户中心而不是工厂。"我们围绕客户需求构架企业，而传统电脑公司则是围绕供货商和分销商构建企业。我们叫客户中心而不叫工厂，是因为戴尔从一开始就与传统工厂不一样。传统工厂努力完成工艺，客户中心的最终目的则是把符合客户的配置和质量要求并带有服务的产品及时送到客户那里。我们在全球市场上组织和配置资源，在产品和服务上选择全球最具竞争力的资源，而不在乎是否是戴尔自己做的。"李元钧举例说，"比如客户需要一台主机、一个显示器、一个照相机还有一个打印机。我不生产相机，但是我可以给客户提供一连串的名单，告诉他怎样和戴尔的产品相互匹配。如果客户在上海，显示器的供应商也在上海附近，我就没必要把显示器调到厦门再一起打包给客户。我会告诉我的物流商顾客的订单号，由它负责一起Pick Up后运输给顾客。"在这个以认识顾客需求为起点，满足顾客需求为终点的闭环中，戴尔始终站在市场的最前沿，"所以戴尔是整个产业中最了解顾客的人。我们和顾客之间没有任何隔膜。在许多技术确定过程中，戴尔往往会成为行业标准的主席机构，就是这个原因。"张飒英说。

资料来源:http://www.nfzyg.com/LogisticsService/343/2006-08/410908.shtml

问题:

(1)结合本案例,说明什么是精益物流。

(2)戴尔在降低库存成本上采取了哪些措施?

(3)戴尔的经验给了你哪些启示?

第八章 装卸搬运、流通加工与包装经济

装卸搬运、包装及流通加工是物流活动的重要环节，我们在研究这些物流的经济性问题时，对这个物流环节的经济性进行研究是非常重要的，本章中我们分别从装卸搬运经济、包装经济、流通加工经济等几个方面加以研究。

第一节　装卸搬运经济

装卸搬运渗透到物流的储多环节，具有联系物流各子系统的功能，是物流得以顺利进行的关键，因而对其进行相关的经济分析，对降低物流成本，提高物流效率具有十分重要的意义。由于在装卸搬运的过程中，涉及到装卸搬运的机械、组织方法等内容，我们从这几个方面进行经济性分析。

一、装卸搬运的概念

装卸(Loading and Unloading)是指物流在指定地点进行的垂直移动为主物流作业；搬运(Handing /Carrying)是指在同一场所内将物品进行水平移动为主的物流作业。那么搬运装卸就是指在某一物流节点范围内进行的，以改变物料存放状态和空间位置为主要内容和目的的活动。

“装卸”作用的结果是物资从一种支承状态转变为另一种支承状态，前后两种支承状态无论是否存在垂直距离的差别，但总是以一定空间垂直位移的变化而得以实现的。“搬运”使物品在区域范围内(通常是指在某一物流结点，如仓库、车站、码头等)物资所发生的短距离，以水平方向为主的位移。

显然，物流各个环节的前后和同一环节的不同活动之间都必须进行装卸搬运作业，装卸搬运作业既是物流环节联系的桥梁，又不附属于其他环节，要清楚地认识装卸搬运在整个物流活动中的经济性，就有必要对这个环节进行深入的剖析。

二、装卸搬运的作用与分类

(一)装卸搬运在物流过程中的地位

装卸搬运是连接生产与流通、储存与运输、不同运输方式的重要技术手段。完整的装卸搬运过程一般包括卸下、搬运、入库、堆垛或出库、装入、加固等技术环节。

针对一定的物品,在物流过程中,装卸搬运活动以较高的频率在不同的地方出现。由于装卸搬运活动要花费一定的时间,因而对物流速度有着一定的影响。由于这一过程反复出现,而且由于场地及设备的限制,通常要消耗较多的劳动,使其在物流成本中占据较高的比重。

在装卸搬运过程中,装卸搬运过程是造成货损货差的重要环节。

(二)装卸搬运在物流过程中的功能

1.装货和卸货

装货和卸货通常是运输或储存环节一系列工作的最初和最后环节。货物抵达仓库后需要从运输工具上卸下来。一般地,卸货及其后的搬运、堆码等被看作是一个完整的操作。当然,也存在另外的一些情况,尤其是货物在卸下来后,运输到仓库之前需要进行分类整理、检验和分级时。

2.物品入库

在仓储设施的装货点和卸货点之间,货物可能被移动多次。如从卸货地点转移到存储区而后运到拣货区、码头等处。

3.订单履行

订单履行指根据销售订单从储存区拣选物品,它通常是装卸搬运活动的关键部分,因为处理大量小批量订单通常是劳动密集型活动,费用较高。

(三)装卸搬运的分类

按不同的标准,可以对装卸搬运进行不同的分类。

(1)按照装卸搬运针对的运输工具,可以分为:船舶装卸;铁路装卸;汽车装卸;飞机装卸。

(2)按照货物的物理特点:可以分为:液体货物装卸;吊车装卸;叉车装卸;拖车装卸;输送机装卸等。

三、物资装卸搬运设备

一般地，装卸搬运设备包括叉车、起重机、堆垛机、跨车、牵引车、传送带、非动力装卸搬运设备等。

(1)叉车是指具有各种叉具，能够对货物进行升降和移动以及装卸作业的搬运车辆。广泛用于港口、车站、机场、货场、工厂车间、仓库、流通中心和配送中心等，并可进入船舱、车厢和集装箱内进行托盘货物的装卸、搬运作业，是托盘运输、集装箱运输必不可少的设备。叉车的主要技术性能指标包括起重量、起重高度、行驶速度、最小转弯半径、稳定性等。

(2)起重机是指提起或移动重物的机器。种类很多，广泛用于仓库、码头、车站、矿山和建筑工地。通常称为吊车。起重机适合于装卸大件、笨重物品，借助于各种吊具也可用于装卸其他货物。最常见的起重机有龙门起重机、汽车起重机和桥式起重机等。起重机的主要技术性能包括起重量、跨度、起升高度和工作速度等。

(3)堆垛机是指专门用于堆码或提升货物的机械。普通仓库使用的堆垛机是一种结构简单、用于辅助人工堆垛、可移动的小型货物垂直提升设备。主要有桥式堆垛机、巷道式堆垛机等。

(4)跨车是一种机动车辆，它可以跨过物品上部、通过液压的各种夹具或吊具提起货物。跨车装有减震装置和悬挂型起升装置，能在一般路面上快速行驶而不是损坏货物。跨车为四轮转向，转弯半径小。主要用于跨运长而重的货物和集装箱等。

(5)牵引车是用来牵引仓库平板拖车的电动或机动车辆。输送机是指对物品进行连续运送的机械。自动导引车是指能够自动行驶到指定地点的无轨搬运车辆。非动力搬运设备主要包括杠杆式手推车、手推台车、登高式手推台车、手动托盘搬运车、手动液压升降平台车、手推液压堆高车等。

(6)托盘。托盘与叉车结合使用，大大提高了装卸机械化水平与装卸系统能力。托盘的出现与发展，也促进了其他集装化运输的发展。

托盘运输的特点：

(1)便于实现装卸搬运作业机械化和管理现代化，减少货损货差。利用托盘，物品出入库可进行机械化作业，减少货物堆码作业、缩短装卸搬运作业时间；以托盘为集装单元，物品可以进行集结，便于点数、理货等交接作业，并减少货损货差。

(2)投资小。与集装箱相比，托盘的投资小，对设备要求也较低。

(3)回收组织工作难度大。

(4)托盘适合装载的物品范围有限。一般来说，托盘比较适合装载有合适包装的物品。体积过大、形状不规范和散装冷冻物品一般不适合采用托盘装载。

(5)会占用一定的运输空间。

(6)托盘的标准化工作有待加强。

四、装卸搬运的经济性分析

(一)机械选择要与物流量相吻合

要实现较好经济效果,这是进行装卸搬运时最基本的要求。在选择装卸搬运机械时,由于生产发展水平的制约及现场物流量的需要,应该做到机械的作业能力与物流作业量之间形成良好的配合状态。这就是说,当机械的作业能力达不到或超过这一状态点都可能形成不良后果。当机械作业能力达不到现场作业要求时,物流受阻;当超过现场作业要求时,表现为机械能力得不到充分发挥,这样也可以造成较大的损失。

影响物流现场作业量的因素有很多,通常有以下几个方面:

1.吞吐量

无论是车站、码头、仓库等各种物流作业现场,吞吐量都是装卸作业量核定的最基本的因素。

2.堆码、搬倒的作业量

在装卸搬运的程中,物资无非都是经过一次装卸作业就能完成入港、离港、出库、入库、入站、出站等作业的。由于货场的调整、保管的需要、发运变化等因素,必须对物资进行必要的搬倒、堆码作业。堆码、搬倒的次数越多,装卸作业量也越大,反之,越少。

3.装卸作业的高峰期

由于装卸作业受到物资活动时的不均衡影响,这就导致了装卸作业机械在使用上可能发生忙闲不均的情况,为了适应装卸作业现场可能再现的高峰量,机械作业能力对此要有必要、充分的准备。

(二)装卸机械作业发生的主要费用

1.设备的投资额

装卸机械设备投资额,是平均每年机械设备投资的总和与相应的每台机械在 1 年内完成装卸作业量之比。

$$C_{设} = C_{投}/365G \qquad (元/吨)$$

式中:$C_{设}$——平均每年单位装卸作业量机械设备投资额;

$C_{投}$——平均每年机械设备投资总额;

G——装卸机械平均每日装卸作业量。

平均每年机械设备的总投资额,包括装卸机械的购置费用、机械安装费用以及设备有关的附属费用。即：

$$C_{投} = (C_{机} + C_{装})K_{折} + C_{附}K_{折}$$

式中：$C_{机}$——装卸机械的购置费；

$C_{装}$——机械的安装费用；

$K_{折}$——各项设备的基本折旧率；

$C_{附}$——附属设备费用，此项费用包括车库、充电设备、电网、起重运行轨道等费用。

2.装卸机械的运行费用

运营费用是指在某一种装卸机械的作业现场，1年内运营总支出和机械完成的装卸量之比。

$$C_{运} = C/G_{年} \quad (元/吨)$$

式中：$C_{运}$——装卸每吨货物支出的运营费用；

$G_{年}$——装卸机械年作业量；

C——1年内运营投资总费用。此项费用包括设备维修、动力消耗、劳动工资、照明等费用。

3.装卸作业成本

装卸作业成本是指某一物流作业现场，装卸机械每装卸1吨货物所支出的费用。即每年平均设备投资支出和运营费用的总和与每年装卸机械作业现场完成的装卸总吨数之比：

$$C_{本} = (C_{支} + C_{运})/G_{年}$$

式中：$C_{本}$——装卸1吨的支出费用；

$C_{支}$——每年设备投资支出的费用；

$C_{运}$——每年运营总支出费用；

$G_{年}$——装卸机械每年完成的总吨数。

五、装卸搬运作业合理化措施

(一)防止和消除无效作业

所谓无效作业是在装卸作业活动中超出必要的装卸、搬运量的作业。显然，防止和消除无效作业对装卸作业的经济效益有重要作用。为了防止和消除无效作业，可从以下几个方面入手。

1.尽量减少装卸次数

物资进入物流领域之后，常常要经过多次装卸作业。要使装卸作业次数降低到最小，尤其要避免没有物流效果的装卸作业。

2.提高被装卸物资的纯度

物资的纯度,指物资中含有水分、杂质与物质本身使用无关的物质的多少。物质纯度越高则装卸作业有效程度越高,反之,则无效作业就会增加。

3.包装要适宜

包装要适宜,包装要实现轻型化、简单化、实用化,以不同程度地减少作用于包装上的无效劳动。

(二)选择适宜的搬运路线

1.提高物资装卸搬运的灵活性

所谓物质装卸搬运的灵活性是指对装卸作业过程中的物资进行装卸作业的难易程度。所以,在堆放货物时,事先要考虑到物资装卸作业的方便性。

2.实现装卸作业的省力化

在物资装卸过程中应尽可能消除重力的不利影响。在有条件的情况下利用重力进行装卸,可减轻劳动强度和能量的消耗。将设有动力的小型运输带斜放在货车、卡车或站台上进行装卸作业,可减轻劳动强度和能量消耗。

3.装卸作业的机械化

在整个物流过程中,装卸是实现机械化较为困难的环节。装卸与其他物流环节相比机械化程度较低。在我国依靠人工装卸还占有很大的比例。

机械化程度一般可分为三个阶段。第一个阶段是用简单的装卸器具的阶段。第二个阶段是用专用高效的装卸机具阶段。第三个阶段是依靠电子计算机实现自动化的阶段。以哪个阶段为目标实现装卸作业的机械化,涉及经济条件、生产力发展、社会需要等许多方面。

(三)选择合适的设备,并对设备进行合理的组织与调度

比如,在集装箱装卸时,选用不同的工具生产率差别很大。在作业量大的车站,应选用高效率设备;而在作业量较小的车站,一般都选用门式起重机加专用吊具。设备并不是越现代化越好,要进行技术经济分析。有时,人力作业可能是最好的选择。

为了方便地对件杂货进行管理,有的仓库系统选用利用重力作用的货架系统,大大方便了货物上下货架的作业。

(四)成组化装运

一般地,单件货物的规模越大,集装程度较高,物品装卸搬运次数所需的次数就越少,运作就越经济。搬运次数直接关系到搬运货物所需要的时间及搬运设备使用的时间,影响到物流效率。因此,为了降低物流成本,加速物流过程,在物流运作中,常常将多个较小的包装集结成一个较大的包装,直到流通过程中所允许的最大限度或货物的性质允许的最大限度或技术经济达到合理的程度为止。这种技术处理,通常称为成组化装运。而其中最普遍的做法就是托盘化和集装化。

托盘化有助于使用标准化、机械化的装卸搬运设备作业,有助于提高工作效率。使用托盘,货物在仓库内可堆码得更高、更稳固,从而提高仓容利用率。使用托盘必须以实现成本节约为原则。集装化,是指用集装器具或采用捆扎方法,把物品组成标准规格的单元货件,以加快装卸、搬运、储存、运输等物流活动。当前,集装化的最高阶段集装箱化。

(五)充分利用货物的特征

例如,在铁路运输中,利用跨线漏斗式高站台可以高效率地装载散粒状货物;利用低站台可以方便快速下载散粒状货物。

与集装化相对应,在物品的装卸搬运过程中实行散装化也是当前物流发展的一个重要趋势。散装化是指利用专门机械、器具进行运输、装卸的散装物品在某个物流范围内,不用任何包装,长期固定采用吸扬、抓斗等机械、器具进行装卸、运输、储存的作业方式。它可以大大降低包装费用,加快物流速度。

第二节　流通加工经济

目前,在世界上许多国家和地区的物流中心或仓库经营中都大量存在着物资流通加工业务,这一活动在日本、美国等物流发达的国家更为普便。对其经济性进行分析,对提高物流活动的经济性具有重要的意义。

流通加工在现代物流中的地位虽不能与运输、仓储等功能要素相比拟,但它能起到运输、仓储等主要要素无法起到的作用。流通加工是一种低投入高产出的加工方式,往往通过这种简单的加工解决了大问题。实践证明,有的流通加工通过改变装潢便使商品档次跃升而充分实现其价值,有的流通加工可使产品利用率提高20%~50%。所以它在物流中的地位是必不可少的,属于增值服务范围。

一、流通加工的概念及产生的原因

为了提高物流速度和物资的利用率,在物资进入流通领域后,还需按用户的要求进行一定的加工活动,即在物品从生产者向消费者活动的过程中,为了促进销售,维护产品的质量,实现物流的高效率所采取的使物品发生物理和化学变化的功能,这就是流通加工。

流通加工产生的原因主要有:

1.流通加工是社会化分工的产物

流通加工本来是属于生产领域,我国至今尚未改变这种状况,但国外经济发达的国家,早已把流通加工从生产领域中剥离出来,作为社会化分工的产物而备受推崇。因为企业为了增强核心竞争力,将非核心业务分离出去,以便发挥自己最优势的生产技能,消除臃肿,减轻负担,集中人力、物力、财力和精力,最大限度地创造企业附加值。在消费者对产品质量、功能、款式、便得性等标准要求越来越多样化的当今时代,企业不得不专注于核心业务,无暇顾及辅助性生产和加工活动。

2.流通加工创造了附加价值,提高了用户服务水平

生产商品的目的是创造价值,流通加工是在此基础上完善商品的使用价值,增加商品的价值。集中、大批量的生产与分散、小批量的消费者之间,存在着一定的空间,形成大规模化生产与千家万户之间的场所价值和时间价值的空白,使商品的内在价值和使用价值要通过流通加工来实现。在生产者和消费者之间,流通加工起到了承上启下的作用。它把分散的用户需求集中起来,使零星的作业集中化,作为广大终端用户的集结点发挥作用。生产者几乎无法直接满足用户的要求,也达不到服务标准,只有利用流通加工业者来弥补。

3.流通加工可节约材料,降低物流成本

节约材料是流通加工十分重要的特点之一。流通加工属于深加工性质,它直接面对终端用户,综合多家需求,集中下料,合理套裁,充分利用边角余料,减少废钢、角铁、碎块的浪费,做到最大限度的“物尽其用”,节约了大量的原材料。流通加工一般都在干线运输和支线运输的结点进行,这样能使大量运输合理分散,有效地缓解长距离、大批量、少品种的物流与短距离、小批量、多品种物流的矛盾,实现物流的合理流向和物流网络的最佳配置,从而避免了不合理的重复、交叉、迂回运输,大幅度节约运输、装卸搬运和保管等费用,降低物流总成本。

4.流通加工为配送创造了条件

物资配送是流通加工、整理、检选、分类、配货、末端运输等一系列活动的集合。物资配送活动的开始,依赖于流通加工,流通加工表现为配送的前沿。从开展配送活动的配送中心看,它们把加工设备的种类,加工能力看作对物资配送影响最大的因素。

二、流通加工的地位及作用

(一)流通加工在物流中的地位

1.流通加工有效地完善了流通

流通加工在实现时间场所两个重要效用方面,确实不能与运输与储存相比,但这绝不能说流通加工不甚重要,实际上它也是不可轻视的起着补充、完善、提高增强作用的功能要素,它能起到运输、储存等功能要素无法起到的作用。所以流通加工的地位可以描述为是提高物流水平,促进流通向现代化发展必不可少的形态。

2.流通加工是物流中的重要利润来源

流通加工是一种低投入高产出的加工方式,往往以简单加工解决大问题。实践证明,有的流通加工通过装潢使商品档次跃升而充分实现其价值,有的流通加工将产品利用率提高20%~50%,这是采取一般方法提高企业生产率难以企及的。根据我国近几年的实践,仅就流通加工向流通企业提供利润而言,其成效不亚于从运输和储存中挖掘的利润,是物流中的重要利润源。

3.流通加工在国民经济中也是重要的加工形式

在整个国民经济的组织和运行方面,流通加工是其中一种重要的加工的形态,对推动国民经济的发展和完善国民经济结构和生产分工有一定的意义。

(二)流通加工在物流中的地位

1.提高原材料利用率

利用加工环节进行集中下料,是将生产厂运来的简单规格产品,按使用部门的要求进行下料。集中下料可以优材优用、小材大用、合理套裁,有很好技术经济效果。北京、济南等城市对平板玻璃进行流通加工,玻璃利用率从60%左右提高到85%~95%。

2.进行初级加工,方便用户

用量小或临时需要的使用单位,缺乏进行高效率初级加工的能力,依靠流通加工可使使用单位省去进行初级加工的投资、设备及人力,从而搞活供应,方便了用户。

3.提高加工效率及设备利用率

由于建立集中加工点,可以采用效率高、技术先进、加工量大的专门机具和设备。

三、流通加工的类型

按流通加工对物流服务增强的不同表现,流通加工的种类也分为很多品种。

1.弥补生产领域加工不足的深加工

有许多产品在生产领域的加工只能达到一定程度,这是由于存在许多因素限制了生产领域不能完全实现终极的加工。例如钢铁厂的大规模生产只能按标准规定的规格生产,以使产品有较强的通用性,使生产能有较高的效率和效益;木材如果在产地完成成材木制品的话,就会造成运输的极大的困难,所以原生产领域只能加工到圆木、板材这种程度,进一步下料、切裁、处理等加工则由流通加工完成。这种流通加工实际是生产的延续,是生产加工的深化,对弥补生产领域加工不足有重要意义。

2.为满足需求多样化而进行的服务性加工

从需求角度看,需求存在着多样化和变化两个特点,为满足这种需求,经常是用户自己设置加工环节,例如,生产消费型的用户的再生产往往从原材料初级处理开始。现代生产的要求,是生产型用户能尽量减少流程,集中力量从事技术较强的劳动,而不愿意将大量初级加工包揽下来。这种初级加工具有服务性,由流通加工来完成,生产型用户便可以缩短自己的生产流程,使生产技术密集程度提高。对一般消费者而言,则可省去繁琐的预处置工作,而集中精力从事较高级能直接满足需求的劳动。

3.为保护产品所进行的加工

在物流过程中,在用户投入使用前都存在对产品的保护问题,流通加工能防止产品在运输、储存、装卸、搬运、包装等过程中遭到损失,使使用价值能顺利实现。和前两种加工不同,这种加工并不改变进入流通加工的"物"的外形及性质,主要采取稳固、改装、冷冻、保鲜、涂油等方式。

4.为提高物流效率、方便物流的加工

有一些货物本身的形状难以进行物流操作。如鲜鱼的装卸,储存操作困难;过大设备搬运和气体货物运输,装卸困难等。进行流通加工,可以使物流各环节易于操作,如鲜鱼冷冻、过大设备解体、气体液化等。这种加工往往改变"物"的物理状态,但并不改变其化学性质,并最终能恢复原来的物理状态。

5.为提高加工效率的流通加工

许多生产企业的初级加工由于数量有限加工效率不高也难以投入先进科学技术。流通加工以集中加工形式,解决了单个企业加工效率不高的弊端,以一家流通加工企业取代若干

生产企业的初级加工工序,使生产水平的提高。

6.为提高原材料利用率的流通加工

流通加工利用其综合性强、用户多的特点,可以实行合理规划、集中下料的办法,这就能更有效提高原材料的利用率,减少损失费用。

7.衔接不同运输方式,使物流合理化的流通加工

在干线运输及支线运输的结合点,设置流通加工环节,以有效解决大批量、低成本、长距离的干线运输和多品种、小批量、多批次末端运输和集货运输之间的衔接问题,在流通加工点与大企业间形成大批量、定点运输的渠道,以流通加工中心为核心,组织对多用户的配送,也可在流通加工点将包装转换为销售包装,从而有效衔接不同目的的运输方式。

8.以提高经济效益,追求企业利润为目标的流通加工

流通加工的一系列优点,可以形成一种"利润中心"的经营形态,这种类型的流通加工是经营的一环,在满足生产和消费要求的基础上取得利润,同时在市场和利润引导下使流通加工在各个领域中能有效地发展。

9.生产—流通一体化的流通加工形式

依靠生产企业与流通企业联合,或者生产企业涉及流通,或者流通企业涉足生产,形成对生产与流通加工进行合理分工、合理规划、合理组织、统筹进行生产与流通加工的安排,这就是生产—流通一体化的流通加工的形式。这种形式可以促进产品结构及产业结构的升级,充分发挥企业集团的经济技术优势,是目前流通加工领域的新形式。

四、选择流通加工形式的可行性

(一)流通加工形式的可行性分析

我国流通加工的历史经验告诉我们可否开展流通加工,选择何种流通加工的形式,必须进行可行性分析。流通加工的目的可能有正、反两个方面的作用,即一方面可能有效地起到弥补未加工产品与消费衔接不足的作用,但是,也必须估计到另一种可能性,即对整个过程的负效应。各种不合理的流通加工都会产生抵消效益的负效应。

几种不合理的流通加工如下:

1.流通加工地点设置不合理

流通加工地点设置(即布局状况)是整个流通加工是否有效的重要因素。一般而言,为衔接单品种大批量的生产与多样化需求的流通加工,加工地设置在需求地区,才能实现大批

量的干线运输与多品种末端配送的物流优势。

如果将流通加工设置在生产地区,其不合理有:

(1)多样化需求所要求的产品多品种、小批量生产由产地向需求地长距离运输会出现不合理。

(2)在生产地增加了一个加工环节,同时增加了近距离运输、装卸、储存等一系列物流活动。

所以,在这种情况下,不如上原生产单位完成这种加工而无需设置专门的流通加工环节。

另一方面,为方便物流的流通环节则应设在产出地,设置在进入社会物流之前。如果将其设置在物流之后,即设置在消费地,不但不能解决物流问题,又在流通中增加了一个中转环节,因而是不合理的。

2.流通加工方式选择不当

流通加工方式包括流通加工对象、流通加工工艺、流通加工技术、流通加工程度等。流通加工方式的确定实际上是与生产加工的合理分工。分工的不合理,本来应由生产加工完成的,却错误地由流通加工完成,本来应由流通加工完成的,却错误地由生产过程去完成,都会造成不合理性。

流通加工不是对生产加工的代替,而是一种补充和完善。所以,一般而言,如果工艺复杂,技术设备要求较高,或加工可以由生产过程延续或轻易解决者都不宜再设置流通加工,尤其不宜与生产过程争夺技术要求较高、效益较高的最终的生产环节,更不宜利用一个时期市场的压力使生产者变成初级加工或前期加工,而流通企业完成装配或最终形成的产品的装配或最终形成产品的加工。如果流通加工方式选择不当,就会出现与生产夺利的恶果。

3.流通加工作用不大,形成多余环节

有的流通加工过于简单,或对消费者作用不大,甚至有时流通加工的盲目性,同样未能解决品种、规格、质量、包装等问题,相反却实际增加了环节,这也是流通加工不合理的重要形式。

4.流通加工成本过高,效益不好

流通加工之所以能够有完善生生命力,重要的优势之一是有较大产出投入比,因而有效地起着补充完善的作用。如果流通成本过高。则不能实现以较低投入实现更高使用价值的目的。除了一些必需的、按政策要求即使不亏损也应进行的加工外,都应看成是不合理的。

(二)流通加工的合理化

流通加工的合理化的含义是实现流通加工的最优配置,使流通加工存在价值,而且做到优化选择。实现流通加工的合理化主要考虑以下几个方面:

1.加工与配送结合

这是将流通加工设置在配送节点中,一方面按配送的需要进行加工,另一方面流通加工又是配送业务流程中分货、拣货、配货之一环节,加工后的产品直接投入配货作业。这就无需单独设置一个加工环节,使流通加工有别于独立的生产,而使流通加工与中转巧妙的结合在一起。同时,由于配送之前有加工,可使配送服务水平大大提高。这是当前对流通加工做合理选择的重要形式。

2.加工与配套结合

对配套要求较高的流通中,配套的主体来自各个生产单位。但是,完全配套有时无法全部依靠现有的生产单位,进行适当的流通加工,可以有效促进配套,大大提高流通的桥梁与纽带的能力。

3.加工与运输的结合

前文已提到过流通加工能有效衔接干线运输与支线运输,促进两种运输形式的合理化。利用流通加工,在支线运输转干线运输或干线运输转支线运输这本来就必须停顿的环节,不进行一般的支转干或干转支,而是按干线或支线运输合理要求进行适当的加工,从而提高运输及运载水平。

4.加工与商流的结合

通过加工有效促进销售,使商流合理化,也是流通加工合理化的考虑方向之一。流通加工和配送的结合,通过加工,提高了配送水平,强化了销售,是加工与合理商流相结合的一个成功的例证。

5.加工和节约相结合

节约能源、节约设备、节约人力、节约耗费是流通加工合理化重要的考虑因素,也是目前设置流通加工,考虑其合理化的较普遍的形式。对于流通加工合理化最终判断,是看其能否实现社会和企业两个效益。

五、流通加工的经济效益

流通加工的经济效益可以表述为流通加工的劳动投入与效益产出的对比关系。在具体的加工部门可表现为流通加工的数量和实现的价值与劳动消耗和劳动占用的对比关系。

(一)流通加工的直接经济效益

1.流通加工劳动生产率高

流通加工是集中加工,其加工的劳动生产率比分散加工要高很多。

2.流通加工可提高原材料的利用率

流通加工集中下料可以优材优用、小材大用、合理套裁,具有明显提高原材料利用率的效果。例如,钢材的集中下料,可减少边角余料,从而达到加工效率高,加工费用低的目的。

3.流通加工可以提高设备的利用率

加工设备在分散的情况下,由于生产周期和生产节奏的限制,设备利用时松时紧,表现为加工过程的不均衡,从而导致了设备的加工能力不能有效充分发挥。而在流通加工领域,流通加工面向全社会,加工的数量、加工的对象的范围都得到大幅度的提高,加工设备更有利于发挥它们潜力,设备利用率从而得到充分提高。

(二)流通加工的间接经济效益

(1)流通加工能为许多生产者缩短生产时间,使他们可以腾出更多时间来进行创造性的生产,为社会提供更多的物质财富。

(2)流通加工部门可以用表现为一定数量的货币的加工设备为更多生产和消费部门服务。这样可以相对地减少全社会的加工费用支出。

(3)流通加工能对生产的分工和专业化起中介作用。它可以使生产部门按更大的规模进行生产,有助于生产部门劳动生产率的提高。

(4)流通加工可以在加工活动中更为集中、有效地使用人力、物力,比生产加工更能提高经济效益。

(5)流通加工为流通企业增加了收益,体现了物流“第三利润源泉”。流通加工部门为了获得更多的利润,流通加工是一项创造价值的理想选择。对加工企业而言,采用相对简单、投入相对较少的流通加工,可以获得较为理想的经济效益;对社会而言,流通企业获利的同时,社会效益也会提高。

六、主要流通加工的经济效益

以剪板加工和商品混凝土加工为例分析流通加工的经济效益。

(一)剪板加工

剪板加工把成卷的和大规格的钢板,加工成半成品,因此加工企业降低了商品的销售起点,扩大销售数量,增加了企业的收益。剪板加工精度高,这样可大大减少边角余料和废品,也可减少再加工的切削量。一般来说,钢材集中加工的材料利用率比分散加工可提高20%。

剪板加工的切割方式与企业通常使用的气割方法相比,除了在材料利用率上具有优势,对加工后的产品质量也具有高度的保证。

(二)商品混凝土流通加工

在许多工业发达国家,因直接采用混凝土加工的形式,在技术经济效果上优于直接供应工地并现场制作混凝土的方法,因此被广泛采用。商品混凝土的流通加工形态,可大量减少水泥流通过程中破袋、遗洒、飞散等损失。

商品混凝土的集中搅拌,可以采取准确的计量手段的选择最佳的工艺;可以综合考虑外加剂及混合材料搅拌制不同的混凝土,可以在提高混凝土质量的同时,节省水泥,提高生产率。例如,制造1平方米混凝土的水泥使用量,采用集中搅拌比分散搅拌少使用20~30公斤。

采用商品混凝土流通加工与分散加工相比较,在相同生产能力下,集中搅拌的设备投资、人力和电力消耗等方面,都能得到大幅度降低。由于集中搅拌的设备固定不动,可以避免因经常拆建所造成的设备损坏,而延长设备的使用寿命。

采用商品混凝土流通加工,可以使水泥物流更加合理。这是因为集中搅拌站与水泥厂之间可以形成固定的供应渠道。这样流通路线的数目大大少于分散使用水泥的路线数目。在相应减少供应路线中,水泥较容易采用高效率、大批量输送形态,有利于提高水泥的散装率。

采用商品混凝土流通加工的方式,还有利于新技术推广应用,简化工地管理手续,节约施工用地,减少加工费用。

第三节　包装经济分析

一、包装的概念、分类和功能

(一)包装的概念

在我国国家标准《包装通用术语》(GB 4122—83)中对包装明确定义为:“所谓包装是指

在流通过程中保护产品、方便储存,按一定技术方法而采用的容器、材料及辅助物等的总体名称",包括为了达到上述目的而进行的操作活动。

(二)包装的分类

1.按包装层次分类

(1)单件包装:指直接对单个商品进行包装。它是为提高商品的价值,或者为保护商品,把适当的材料、容器等添加在商品上的状态或为此实施的技术。单件包装还能够在商品上起到表示特色等作用。

(2)内包装:指对包装商品的内部进行包装。它是为避免商品受水分、湿气、光、热、撞击等因素的影响,把适当的材料、容器等添加在商品上的状态或为此实施的技术。若不需要再将被包装商品放入箱子、袋子、桶等容器里,则包装作业就此结束。

(3)外包装:指对包装商品的外部进行包装。它是把商品放到箱子、袋子、桶等容器里而进行的再一层包装,并在容器上添加记号、指示箭头,或为此实施的技术。

2.按包装所起的主要作用分类

(1)销售包装:销售包装又称为商业包装、消费包装,是为了满足销售的需要而做的包装。前述的单件包装基本相当于销售包装。销售包装通常随同商品卖给消费者,也有很多销售包装参与商品消费。销售包装一般具有商品直接保护,美化、宣传商品的作用,方便商品陈列展销及消费者识别选购的促进销售作用,便于消费者携带、使用、保存和识别的作用。

(2)物流包装:物流包装又称为工业包装,是在物流过程中为保护商品、方便储运而做的包装。内包装和外包装基本属于物流包装。它通常不随商品卖给消费者,一般不与商品直接接触,是由许多小包装集装而成。物流包装往往需要内包装和外包装的共同作用,其外部结构与尺寸要与储存、装卸、运输等作业所用的设备、工具有很好的配合性;具有较强的抵御外界因素(如常见的侵害、碰撞、损坏等)的能力;必须有按规定标准印刷的标识,指导包装物件的装卸搬运;还要注明商品名称、货号、规格、重量、数量、颜色、生产厂家、生产日期,以及发货单位与收货单位等标识,这样才能发挥其保障商品安全、方便储存、运输、装卸、加速交接、点验等作用。

(三)包装的功能

1.保护功能

包装的保护功能,即保护物品不受损伤的功能,它体现了包装的主要目的。

2.提高物流作业效率

包装构成物流操作单位,精心设计包装,实现包装的标准化和模块化,便于采用科学合理且成本低廉的方式完成各项物流作业,有利于采用科学的物流设备、物流作业方式,有利于选择合理的物流链管理方法,有利于降低物流损耗,节约储存与运输费用。

3.销售功能

销售功能是促进物资销售的包装功能。在商业交易中物资销售的手段很多,其中包括的装潢设计。优美的外观设计能唤起人们的购买欲望。

总的来说,包装的保护功能和方便功能是与物流密切相关的两大功能。销售功能与商流密切相关的。改进包装的不合理性,发挥包装的作用,是促使物流合理化的重要方面,是日益被物流工作者重视的一个十分重要领域。

4.提高客户服务水平

在包装设计时,考虑与客户使用搬运、储存设备相适应,尽管可能导致成本有所增加,但却有利于提高服务水平,从而吸引并留住大批客户。

(四)包装是物流配送中心的重要作业活动

人们一直把包装作为整个商品生产过程最后一道工序、物流起始环节来看,因而对物流过程中的包装作业关注、研究得较少。其实,在物流网络中的主要结点——配送中心的各项作业中,包装是其中重要的一项。实现合理包装,将会大大提高配送中心的综合效益与效率。

配送中心集集货、分货中心、加工中心诸功能于一身。在集货时,配送中心要对已破损坏的包装进行修补或更换,要进行适当的集装以便于储存;在分货后,配送中心要按用户要求形成新的组合或新的装运形态;配送中心要对加工后的商品进行包装;有销售包装,更多的是物流包装。因此,包装作业是物流配送中心的重要作业活动,合理选择包装技法,提高包装效益是各配送中心的重要任务。

二、合理选择包装技法应遵循的原则

包装技法是指在包装作业时所采用的技法和方法。只有采用合理的包装技法,才能使包装商品(包括小包装)形成一个有机的整体。

由于种类繁多,性能与包装要求各异,因此,在包装设计与作业中,必须根据商品类别、性能及其形态,选择与其相适应的技术和方法,从而以最适宜的包装方式,保障商品在物流作业中的安全性,能以最低消耗、费用将商品完好送到客户手中。具体而言,合理选择包装应遵循经济、牢固、美观、适用的原则。

1.保护性原则

包装的首要功能是保护内装商品,使其质量不受损伤。合理的包装应使内装物能够承受在装卸、运输、储存、堆码等过程的各种冲击、振动、颠簸、压缩、摩擦等外力的作用,使内装物能够免受到水气、光线以及空气各种有害气体的作用,使内装物避免受到有害生物的破坏,能够有效防止异物污染、内装物丢失,等等。

2.方便性原则

对包装的规格尺寸、重量、形态、标志等设计,应综合考虑到商品的储存、装卸搬运、运输、出入库、保管、验收等作业的要求,使包装能够起到方便流通、方便消费、提高效率的作用。特别是在运输过程中,如果包装的尺寸与运输车辆、船、飞机等运输工具的箱、仓容积相适应,就可以提高运输工具的装载率,从而提高运输效率。

3.标准化原则

包装的标准化是指对商品包装的类型、规格、容量、使用的原材料、包装容器的结构造型、印刷标志及商品盛放、衬垫、封装方式、名词术语、检验要求等加以统一规定,并贯彻实施相关政策和技术措施。包装标准包括基础标准和方法标准、工业品包装标准、包装工业的产品标准等三类。

包装与物流的各个方面都存在密切的联系。包装标准化是适应运输、保管、装卸搬运等作业的要求,提高效率、减少商品损失的有效手段,还是运输器具和运输机械标准的基础。在机械化、自动化、系列化的社会化的大生产中,只有包装的标准化才能适应大规模、大批量的生产要求。包装标准化正日益成为各国共同关注的话题。

4.经济性原则

选择包装技术时,要辩证地看待经济性问题。包装与物流的其他各项物流活动之间存在“效益背反”。简化包装,直接在包装费用方面是降低了,但因包装强度降低,仓库里的商品就不能堆放过高,这就降低了保管效率,而且在装卸和运输过程中容易出现破损,以致搬运效率下降,破损率增多。这样,用于其他方面的费用就会增加。就物流全过程来看,费用反而可能增加了。为了降低装卸、保管、运输等方面的费用,就要增加用于包装的直接费用。在选择技法时,要综合考虑物流全过程的费用,选择能够过程费用最低的包装技法。

三、物流包装成本及控制的基本思考

1.包装成本的构成

包装在物流中占有重要地位,其所发生的耗费约占流通成本的10%,有的商品包装费用甚至达到物流成本的50%。因此加强和提高包装的经济性，意义重大，包装成本构成一般包括如下几个方面：

(1)包装材料费用。常见的包装材料有多种，由于包装材料功能不同，成本差别也较大。

(2)包装机械费用。包装机械费用不仅可以提高包装的劳动效率，也可以提高包装水平。包装的机械的费用主要包括设备的折旧费用、低值易耗摊销、维修费等。

(3)包装技术费用。为了使包装功能能够充分发挥其作用，达到最佳的包装效果，需要采取一定的包装的包装技术，如缓冲包装、防潮包装、防伪包装等。这些技术的设计、实施所支出的费用就是包装技术费用。

(4)包装辅助费用。这些费用包括包装标记、标志的设计费用、印刷费用、辅助材料费用、赠品费用及相关的能源消耗费用等。

(5)包装的人工费用。指从事包装工作的工人与其他有关人员的工资、奖金、福利费等。

2.包装成本的控制

用户使用时才有使用价值，为了确保使用价值不受影响并吸引用户购买，需要对产品进行包装和对外观进行必要的装潢，但是必须讲求经济性，要适用，不能华而不实，造成浪费。一般来说，应采取几项措施来控制包装成本：

(1)所有包装物品购入时，主管部门必须登账掌握，根据领用凭证发料，并严格控制使用数量，以免损失浪费；

(2)各使用部门应按需要的时间提出使用的数量计划，交主管部门据以加工、购置，如逾期没计划或数字庞大造成浪费或供应不及时，均应追究责任；

(3)要加强包装用品规格质量的验收和管理，注意搞好包装用品的回收利用；

(4)在保证商品在运输、装卸、保管、销售过程中质量、数量不受损失的前提下，适当地采用一些包装替代品，选择好质好价廉的包装材料，节约费用开支。

(5)要加速包装物的周转，延长使用年限和使用的次数，克服损失浪费现象；

(6)根据产品的特点、运输的远近，研究包装物的要求，改善包装的方法；

(7)了解用户情况，改进不必要的装潢，力求包装简单化、朴素化。

3.包装成本控制的新视角——以物流成本形成过程为对象的包装经济性

现在社会出现的重要趋势之一就是产品的形态的多样化，特别是家用电器制品。例如，如果将电炉和电风扇设计成折叠形式，在包装过程中，就能实现低成本的包装。所以针对这种趋势，我们在包装时，应从供应链的视点来考查这个问题，运用系统化的方法来考虑这个问题，即包装的合理与否，是否影响到整个物流的效率。具体的做法是产品包装的标准化。

各种产品形状是多种多样，大小不一的，大多数都在工厂进行包装，包装时通常需要结合产品进行捆包，这样做才不会浪费。但是，多种多样的包装形态在卡车装载和仓库保管时，就容易浪费空间。从降低物流成本角度看，这种做法不一定合理。根据物流系统化的观点，应该是包装尺寸规格化，形状统一化。有时即使需要增加包装材料用量，或者另外需要填充物，但总的物流成本可能会降低。

从上述情况看，包装的经济性不仅是包装阶段的事情，本质上看，由产品设计阶段决定物流的效率、物流成本的高低。这就要求在设计阶段就必须扎实地掌握和分析本企业由上（零部件、原材料供应商）到下（产品销售对象、最终需要者）的整个流程，弄清产品设计对整个物流各个环节成本的影响，从整体最优的原则出发，搞好产品设计，实施物流成本的控制。

思考题

1.名词解释

装卸搬运、包装、流通加工。

2.简答题

(1)装卸搬运的作用有哪些？
(2)装卸搬运的合理化措施有哪些？
(3)装卸搬运的经济性表现在哪些方面？
(4)流通加工产生的原因有哪些？
(5)流通加工在物流中的地位表现在哪些方面？
(6)对包装如何进行分类？
(7)选择合理包装技法应遵循的原则有哪些？
(8)包装成本构成包括哪几个方面？

3.案例分析

【案例】 上海联华生鲜食品加工配送中心

联华生鲜食品加工配送中心是我国目前设备最为先进、规模最大的生鲜食品加工配送中心，总投资额 6000 万元，建筑面积 3500 平方米，年生产能力 20000 吨，其中肉制品 15000 吨，生鲜蔬菜、调制半成品 3000 吨，西式熟食制品 2000 吨，产品结构分为 15 大类，约 1200 种生鲜食品。

加工型物流运作：生鲜的加工按原材料和成品的对应关系可分为两种类型：组合和分割。两种类型在 BOM（主生产计划）设置和原材料计算以及成本核算方面都存在很大的差异。在 BOM 中每个产品设定一个加工车间，只属于唯一的车间，在产品上区分最终产品、半成品和配送产品，商品的包装分为定量和不定量的加工，对于称重的产品/半成品需要设定加工产品的换算率（单位产品的标准重量），原料的类型区分为最终原料和中间原料，设定各原料相对于单位成品的耗电量。

生产计划/任务中需要对多级产品链计算嵌套的生产计划/任务，并生成各种包装生产设备的加工指令。对于生产管理，在计划完成后，系统按计划内容生产标准领料清单，指导生产人员从仓库取原料以及生产进的投料。在生产计划中考虑产品链中前道与后道工序的衔接，各种加工指令、商品加工指令、商品资料、门店资料、成分资料等下发到各生产自动化设备。加工车间人员根据加工批次加强调度，协调不同量商品间的加工关系，满足配送要求。

资源来源：锦程物流网，2005 年 3 月 6 日。

问题：

根据本案例，分析联华生鲜加工配送中心生鲜加工的作用和地位。

第九章 配送经济

配送这个物流环节在现代物流中变得越来越重要,其深刻的原因在于市场需求的多品种化、小批量化,而要使这类需求经济地得到满足,配送发挥了至关重要的作用。所以在现代物流中研究配送的经济性,具有举足轻重的作用。

本章主要介绍配送概述、配送成本、配送经济分析、配送优化的基本方法。

第一节 配送概述

一、配送的概念

我国早期引进配送概念时认为:"配送"一词是日本引进美国物流时,根据美国配送的原词"delivery"音译。"delivery"如果译为中文,是"提交"、"递交"、"交付"、"交货"的意思。有些学者认为"delivery"只是的最后一个环节,而不是全部,因此把"配送"翻译成"delivery"是不准确的。英文"Distribution"中有"销售"、"流通"、"分配"、"分销"的多层含义,虽在英文词典中没有"配送"的解释,但是像 Wal-Mart 连锁店使用的"Distribution"包括进货、拣选、组配、送货等作业环节,可见"Distribution"一词则更接近我们讨论的"配送"。

中华人民共和国国家标准物流术语(GB/T 18354—2001)对"配送"定义为:"在经济合理区域范围内,根据用户要求,对物品进行拣选、加工、包装、分割、组配等作业,并按时送达指定地点的物流活动"。

配送一般包括备货、储存、拣选及配货、包装、加工、配装、配送、运输等功能要素。并不是所有的配送都按上述流程进行。不同产品的配送可能有独特之处,如燃料配送就不存在配货、拣选、配装工序;生鲜食品往往又增多了流通加工程序,而流通加工又可能在不同环节出现等。

上述配送的定义主要包括所有下述含义:

(1)配送是按用户的要求进行的。用户对物资配送的要求包括数量、品种、规格、供货周期、供货时间等。

(2)配送是由物流据点完成的。物流据点可以是物流配送中心、物资仓库,也可以是商店或其他物资集疏地。

(3)物资配送是流通加工、整理、拣选、分类、配货、配装、末端运输等一系列活动的集合。

(4)配送在将货物送交给收货人后即告完成。

与配送相关的定义:

共同配送(joint distribution):由多个企业联合起来组织实施的配送活动。

配送中心(distribution center):从事配送业务的物流场所或组织,应基本符合下列要求:①主要为特定的客户服务;②配送功能齐全;③完善的信息网络;④辐射的范围小;⑤多品种、小批量;⑥以配送为主,储存为辅。

分拣(sorting):将物品按品种、出入先后顺序进行分门别类的作业。

二、配送的分类

配送作为一种现代流通组织形式,具有集商流、物流于一身的职能。但由于配送者、主体、配送对象、服务对象,以及流通环境的不同等,配送可以按不同的标志进行不同的分类。

(一)按实施配送的节点不同进行分类

1.配送中心配送

配送中心配送的组织者是配送中心,规模大,有一套配套的实施配送的设施、设备和装备等。配送中心配送专业性较强,和用户一般有固定的配送关系,配送设施及工艺是按用户专门设计的。所以,配送中心配送具有能力强、配送品种多、数量大等特点。但由于服务对象固定,其灵活机动性较差,而且由于规模大,要有一套配套设施、设备,使其投资较高,这就决定了配送中心的建设和发展受到一定的限制。

2.仓库配送

仓库配送一般是以仓库为据点进行的配送,也可以是以原仓库在保持储存保管功能前提下,增加一部分配送职能,或经对原仓库的改造,使其成为专业的配送中心。

3.商店配送

商店配送的组织者是商业或物资的门市网点。商店配送形式是除自身日常的零售业务外,按用户的要求将商店经营的品种配齐,或代用户外订外购一部分本店平时不经营的商品,和本店经营的品种配齐后送达用户,因此,在某种意义上讲,它是一种销售配送形式。连锁商店配送也是商店配送中的一种形式,分为两种情况:

(1)独立成立专门从事为连锁商店服务的配送企业,这种形式除主要承担连锁商店配送任务外,还兼有为其他用户服务的职能;

(2)存在于连锁商店内的配送,它不承担其他用户的配送,其任务是服务于连锁经营。

4.生产企业配送

配送业务的组织者是生产企业。一般认为这类生产企业是具有生产地方性较强的产品的特点,如食品、饮料、百货等。

(二)按配送商品的种类和数量的多少进行分类

1.单(少)品种大批量配送

单(少)品种大批量配送适应于那些需要量大、品种单一或少品种的生产企业。由于这种配送品种单一、数量多,可以实行整车运输,有利于车辆满载和采用大吨位车辆运送。

2.多品种少批量配送

由于这种配送的特点是用户所需的物品数量不大、品种多,因此在配送时,要按用户的要求,将所需的各种物品配备齐全,凑整装车后送达用户。

3.配套成套配送

配套成套配送的特点是用户所需的物品是成套性的。例如,装配性的生产企业,为生产某种整机产品,需要许多零部件,需要将所需的全部零部件配齐,按生产节奏定时送达生产企业,生产企业随即将此成套零部件送入生产线装配产品。

(三)按配送时间和数量的多少进行分类

1.定时配送

定时配送配送是按规定的时间间隔进行配送,每次配送的品种、数量可按计划执行,也可以在配送之前以商定的联络方式通知配送时间和数量。它可以区分为日配送和准时—看板方式配送。

2.定量配送

定量配送指按规定的批量在一个指定的时间范围内进行配送。这种配送方式由于配送数量固定,备货较为简单,可以通过与用户的协商,按托盘、集装箱及车辆的装载能力确定配送数量,这样可以提高配送效率。

3.定时定量配送

定时定量配送方式是按照规定的配送时间和配送数量进行配送，兼有定时配送和定量配送的特点，要求配送管理水平较高。

4.定时定路线配送

定时定路线配送是在规定的运行路线上制定到达时间表，按运行时间表进行配送，用户可按规定路线站和规定时间接货，或提出其他配送要求。

5.即时配送

即时配送是完全按用户提出的配送时间和数量随即进行配送，它是一种灵活性很高的应急配送方式。采用这种方式的物品，用户可以实现保险储备为零的零库存，即以即时配送代替了保险储备。

(四)按经营形式不同进行分类

1.销售配送

销售配送主体是销售企业，或销售企业作为销售战略措施，即所谓的促销配送型。这种配送的对象一般是不固定的，用户也不固定，配送对象和用户取决于市场的占有情况，因此，配送的随机性较强，大部分商店配送就属于这一类。

2.供应配送

用户为了自己的供应需要采取的配送方式，它往往是由用户或用户集团组建的配送据点，集中组织大批量进货，然后向本企业或企业集团内若干企业配送。商业中的连锁商店广泛采用这种方式。这种方式可以提高供应水平和供应能力，可以通过大批量进货取得价格折扣的优惠，达到降低供应成本的目的。

3.销售—供应一体化配送

销售—供应一体化配送方式是销售企业对于那些基本固定的用户及其所需的物品，在进行销售的同时还承担着用户有计划的供应职能，既是销售者，同时又是用户的供应代理人。这种配送有利于形成稳定的供需关系，有利于采取先进的计划手段和技术，有利于保持流通渠道的稳定等。

4.代存代供配送

代存代供配送是用户把属于自己的货物委托配送企业代存、代供，或委托代订，然后组织对本身的配送。这种配送的特点是货物所有权不发生变化,所发生的只是货物的位置转移,配送企业仅从代存、代供中获取收益,而不能获得商业利润。

(五)按加工程度的不同进行分类

1.加工配送

加工配送是与流通加工相结合,在配送据点设置流通加工,或是流通加工与配送据点组建一体实施配送业务。流通加工与配送的结合,可以使流通加工更具有针对性,并且配送企业不但可以依靠送货服务、销售经营取得收益,还可以通过流通加工增值取得收益。

2.集疏配送

集疏配送只改变产品数量组成形式,而不改变产品本身的物理、化学性质并与干线运输相配合的配送方式,如大批量进货后小批量多批次发货,或零星集货后形成一定批量再送货等。

(六)按配送企业专业化程度进行分类

1.综合配送

综合配送的特点是配送的商品种类较多,且来源渠道不同,但在一个配送据点中组织对用户的配送,因此综合性强。同时,由于综合性配送的特点,决定了它可以减少用户为组织所需全部商品进货的负担,只需和少数配送企业联系,便可以解决多种需求。

2.专业配送

专业配送是按产品性质和状态划分专业领域的配送方式。这种配送方式由于自身的特点,可以优化配送设施,合理配备配送机械、车辆,并能制定适用合理的工艺流程,以提高配送效率。诸如中、小件杂货配送,金属材料配送,燃料煤、水泥、木材、平板玻璃、化工产品、生鲜食品等的配送,都属于专业配送。

(七)共同配送

共同配送是为了提高物流效益,对许多用户一起配送,以追求配送合理化为目的的一种配送形式。共同配送可分为以下几种形式:

(1)由一个配送企业综合各用户的要求,在配送时间、数量、次数、路线等方面的安排上,在用户可以接受的前提下,做出全面规划和合理计划,以便实现配送的优化。

(2)由一辆配送车辆混载多货主货物的配送,是一种较为简单易行的共同配送方式。

(3)在用户集中的地区,由于交通拥挤,各用户单独配置按货场或处置场有困难;而设置的多用户联合配送的接收点或处置点。

(4)在同一城市或同一地区中有数个不同的配送企业,各配送企业可以共同利用配送中心、配送机械装备或设施,对不同配送企业的用户共同实行配送。

三、配送的意义和作用

商品运输和储存,作为商业物流的两大支柱,在物流活动中占有重要地位,但商品储运不是物流的最终目的,物流的最终目的是为满足消费者对商品的需求。而配送正好体现了物流的最终目的,它直接为用户服务,满足用户的各种需要。因此,配送是物流成果最重要体现方式。从物流功能看,配送活动几乎包括了所有物流功能要素,如运输、储存、包装、装卸、搬运等,是物流的一个缩影或在较小范围内物流全部活动的体现。配送以运输及分拣配货为主。分拣配货是配送的独特要求,也是配送中有特点的活动。

物流配送具有十分重要意义作用,概括说有以下几点:

1.配送完善了输送及整个物流系统

配送环节处于支线运输,灵活性、适应性、服务性都较强,能将支线运输与小搬运统一起来,使运输过程得以优化和完善。

2.配送降低了末端物流成本,采取配送方式可以使需求方做到经济地进货

采用将各种商品配装起来向用户发货和将多个用户小批量商品集中在一起进行发货等方式,可以提高物流经济效益。

3.通过集中库存,可使企业实现低库存或零库存

通过配送中心集中库存,生产企业可以解放大量的储备资金,改善财务状态,降低了成本。

4.简化手续,方便了用户

用户只需要向配送中心一处订购,就能达到向多处采购的目的,减少了订货等一系列费用开支。

5.提高供应保证程度

用户因缺货而影响生产的风险减少了。

由于配送在物流系统中占有重要地位,在发达国家中,目前十分重视配送业务的发展。

四、配送的现代化趋势

配送是由一般送货形态发展而来的，通过现代物流技术的应用来实现商品的集中、储存、分拣、运送，因此配送过程集成了多种现代物流技术。建立现代化的高效的配送系统，必须以信息技术和自动化技术等先进技术为手段，以良好的交通设施为基础，不断优化配送方式，而配送又必然推动物流新技术的应用和开发，促进科学技术的不断进步。

1.现代配送的集约化、共同化发展趋势

配送的集约化、共同化突破了单个企业个别化配送模式，出现了整个产业、整个行业的组团式配送活动或配送企业。这对于克服不同企业之间的重复配送或交错配送，提高车辆使用效益，减少城市交通拥挤，都将带来良好的社会效益和经济效益。

2.现代配送的区域化优势

配送的区域化趋势突破了一个城市的范围，发展为区间、省间，甚至是跨国、跨洲的更大范围的配送，即配送范围向周边地区、全国乃至全世界辐射。配送区域化趋势将进一步带动国际物流，使配送业务向国际化方向发展。

3.现代配送的产地直达化趋势

配送产地直达化将有效地缩短流通渠道，优化物流过程，大幅度降低物流成本。特别是对批量大、需要量稳定的货物，产地直送的优势将更加明显。

4.现代配送的信息化趋势

配送信息化就是直接利用计算机网络技术重新构筑配送系统。例如建立 EDI 系统，以快速、准确、高效传递、加工和处理大量的配送信息；利用计算机技术，建立计算机辅助进 货系统、辅助配货系统、辅助分拣系统、辅助调度系统、辅助选址系统等。信息化是其他先进物流技术在配送领域应用的基础。

5.现代配送的自动化、机械化趋势

配送作业的自动化与机械化突破了体力劳动和手工劳动的传统模式，出现了大量自动化程度相当高的所谓无人立体仓库，采用了如自动装卸机、自动分拣机、无人取货系统和搬运系统等自动化物流设施，为高效、快速、优质的配送服务提供了技术基础。

6.现代配送的条码化、数字化以及组合化趋势

为适应配送信息化和自动化的要求，条码技术在配送过程中得到了广泛应用，将所有的配送货物上贴上标准条码，同时尽可能归为易于自动机械装卸的组合化货物单元，利用这些

技术可以使分拣、配送的速度大大加快。

7.现代配送的多种配送方式组合最优化趋势

多种配送方式和手段的最优化组合,将有效地解决配送过程、配送对象、配送手段的复杂化问题,从而寻求到配送的最佳效益和最高效率。小批量快递配送、准时配送、分包配送、托盘配送、分销配送、柔性配送、往复式配送、巡回服务式配送、按日(时)配送、定时定线路配送、厂家到家门的配送、产地直达等配送方式正随着现代物流业的发展在实践中不断优化。

第二节 配送成本分析

一、配送成本的构成

配送成本是集货、分拣、配载、包装、组装及加工等一系列活动的集合。通过配送,物流活动才能得以最终实现。但完成配送活动是需要付出代价的,即需配送成本。配送成本是配送过程中所付的费用总和。

配送是与市场经济相适应的一种先进的物流方式,是物流企业按用户订单或配送协议进行配货,经过科学统筹规划,在用户指定的时间,将货物送达用户的指定地点的一种供应方式。从整个物流系统来讲,配送几乎包括了所有的物流功能要素,是物流活动的一个缩影或在小范围内物流全部活动的体现。一般的配送集装卸搬运、包装、保管、运输于一体,通过一系列物流活动将货物送达目的地。

特殊的配送活动还要以流通加工活动为支撑。严格来讲,整个物流活动中,没有配送环节就不能成为完整的物流活动。

配送的主体活动是配送运输、分拣、配货及配载。分拣配货是配送的独特要求,也是配送中有特点的活动。

根据配送流程及配送环节,配送成本实际上是由配送运输费用、分拣费用、配装及流通加工费用等构成。其成本应由下列费用构成:

(一)配送运输费用

1.车辆费用

车辆费用指从事配送运输生产而发生的各项费用。具体包括驾驶员及助手等工资及福利费,燃料、轮胎费用,修理费,折旧费,养路费,车船使用费等项目。

2.营运间接费用

营运间接费用指营运过程中发生的不能直接计入各成本计算对象的站、队经费。包括站、队人员工资及福利费,办公费,水电费,折旧费等内容,但不包括管理费用。

(二)分拣费用

1.分拣人工费用

从事分拣的工作人员及有关人员的工资、奖金、补贴等费用的总和。

2.分拣设备费用

分拣设备的折旧费用及修理费用。

3.配装费用

(1)配装材料的费用。常见的配装材料有木材、纸、自然纤维和合成纤维、塑料等。这些包装材料功能不同,成本相差很大。

(2)配装辅助费用。除上述费用外,还有一些辅助费用,如包装标记、标志的印刷,拴挂物费用等支出。

(3)配装人工费用。从事包装工作的工人及有关人员的工资、资金、补贴等费用总和,即配装人工费用。

(三)仓储费

仓储费专指物资储存、保管业务所发生的费用。仓储费主要包括:仓库管理人员的工资,物资在保管保养过程中的毡垫、防腐、倒垛等维护保养费,固定资产折旧费,以及低值易耗品的摊销、修理费、劳动保护费、动力照明费等。

(四)进出库费

商品进出库过程中所发生的费用,主要包括:进出库过程中装卸搬运和验收等所开支的工人工资、劳动保护费等,固定资产折旧费,以及照明费、材料费、燃料费、管理费等。

(五)服务费用

配送中心在保管商品过程中所消耗的物化劳动和活劳动的货币表现。

(六)流通加工费用

为了提高配送效率,便于销售,在物资进入配送中心后,配送必须按照用户的要求进行一定的加工活动,这便是流通加工。由此而支付的费用称为流通加工费用。

1.通流加工设备费用

流通加工设备因流通加工的形式不同而不同。比如剪板加工需要剪板机,木材加工需要电锯等，购置这些设备所支出的费用，以流通加工费的形式转移到被加工的产品中去。

2.流通加工材料费用

在流通加工过程中，投入到加工过程中的一些材料消耗所需要的费用，即流通加工材料费用。

3.流通加工劳务费用

在流通加工过程中从事加工活动的管理人员、工人及有关人员工资、奖金等费用的总和，即流通加工劳务费用。应当说明，流通加工劳务费用的大小与加工的机械化程度和加工形式存在着密切关系。一般来说，加工机械化程度越高，则劳务费用越低，反之则劳务费用越高。

4.流通加工其他费用

除上述费用外，在流通加工中耗用的电力、燃料、油料等费用，也应加到流通加工费用之中去。

在实际应用中，应该根据配送的具体流程进行成本核算，不同的配送模式，其成本构成差异较大。相同的配送模式下，由于配送物品的性质不同，其成本构成差异也很大。

二、配送成本控制的原则

(一)节约的原则

节约就是对人力、物力和财力的节省，它是提高经济效益的核心，是按照客观规律办事的要求，也是控制配送成本的一项基本原则。在这个原则的指导下，我们必须对成本控制树立新的观念：它绝不是消极的限制和监督，而应是积极的指导和干预。过去的成本控制，最早只强调事后的分析和检查，主要侧重于严格执行成本开支范围和各项规章制度，这实际上属于“亡羊补牢”性质的防护控制，后来发展到侧重于日常的成本控制，当发现实际脱离标准或预算时，立即反馈给有关部门进行干预或调节，纠正缺点，巩固成绩，这实质上属于反馈控制。今后为了深入地贯彻节约原则，成本控制的重点必须转移到成本发生前的事前控制，做好经济预测，充分挖掘仓储与配送企业内部的节约潜力，处处精打细算，在双增双节方面狠下工夫。只有这样，才能把损失和浪费消灭在事前，做到“防患于未然”，有效地发挥事前控制的作用。

(二)全面性的原则

在成本控制中实行全面性原则，通常有以下涵义：

1.全员的成本控制

成本是综合性指标,它涉及企业的所有部门和全体职工的工作实绩。要想降低成本,提高效益,必须充分发挥调动每个部门和每位职工关心成本、控制成本的主动性和积极性。当然,发动群众参加成本控制,并不是要取消或削弱控制成本的专职机构和专业人员;而是在加强专业成本管理的基础上,要求人人、事事、时时按照定额、标准或预算进行成本控制。只有这样,才能从各方面堵塞漏洞,杜绝浪费。

2.全过程的成本控制

在现代社会中,应充分发挥物流的整合作用,在涉及配送及其他环节中要充分加强成本控制。换句话说,成本控制的范围应贯彻成本的形成的全过程。实践证明:只有当产品的整个寿命周期成本得到有效控制,成本才会显著降低;而且从整个社会的角度来说,只有这样才是真正的节约之本。

3.责、权、利相结合的原则

要使成本控制真正发挥效益,必须严格按照经济责任的要求,贯彻责、权、利相结合的原则。应该指出的是,在经济责任制中,控制成本是每个成本责任中心应尽的职责,同时也是一种权力。很明显,如果责任单位没有这种权力,就无法进行控制。譬如任何一个成本责任中心都制订有一定的标准或预算,若要求他们完成控制成本的职责,必须赋予他们在规定范围内有权决定某项费用是否能开支的权力。如果没有这个权力,那当然谈不上什么成本控制了。此外,为了充分调动各个成本责任中心在成本控制方面的主动性和积极性,还必须定期对他们的实绩进行评价与考核,并同职工本身的经济利益紧密挂钩,做到奖惩分明。

4.按目标管理的原则

目标管理是20世纪50年代在美国产生的,它是指企业管理层以规定的目标作为管理人力、物力、财力和各项重要经济指标的基础。成本控制是目标管理的一项重要内容,它必须以目标成本为根据,作为对企业经济活动进行限制和指导的准绳,力求做到以最小的成本开支,获得最佳的经济效益和社会效益。

既然目标成本是作为奋斗目标所要努力实现的成本,因此,制订目标成本既要根据本企业的具体情况(如现有设备条件、业务能力、技术水平、历史资料等),也要考虑到企业的外部条件(如国家的财政政策、市场供需情况、国内外同行业同类部门的成本信息等)。然后采用成本控制的专门方法与策略,制订出最佳的目标成本。

5.按例外管理的原则

“例外管理”是西方国家在企业经营管理中,进行日常控制所采用的一种专门方法。特别是在对成本指标的日常控制方面应用得更多。

日常成本控制主要是通过对各种成本差异进行分析研究，从而发现问题，挖掘降低成本的潜力，提出改进工作或纠正缺点的具体措施。但实际上，每个物流企业日常出现的成本差异，往往是头绪纷繁，管不胜管。为了提高成本控制的工作效率，管理人员不应该把精力和时间分散在全部成本差异上，而应该是重点突出，把注意力集中用在那些不正常的、不符合常规的关键性差异上，对它们要追根求源，查明发生的原因，并及时反馈给有关成本责任中心，迅速采取有效措施把它们很好地管理起来，其他的则放弃不问。所有这些不正常的、不符合常规的关键性差异，就叫“例外”。确定“例外”标准，通常有下列4条：

(1)重要性。根据差异金额的大小来决定。一般来说，只有在金额上具有重要意义的差异，才能获得管理人员的重视。例如有的企业规定凡与预算金额相差10%的，应为重要差异。

(2)一贯性。如果某项差异虽然从未超过规定的百分率或最低金额，但却持续相当一段时间在这限度附近徘徊，则应视为“例外”，需要引起管理人员的充分注意。因为这种“例外”可能反映原来的预算或标准已经过时失效，应及时加以调整；也可能由于成本控制不严而产生，必须迅速纠正。

(3)可控性。凡属管理人员无法控制的成本项目，即使发生重要差异，也不要视为“例外”。例如由于公共仓库收费标准、保险费或国家税率等的变化而发生金额较大的差异，管理人员无需采取任何追查行动。

(4)特殊性。凡是对配送中心的长期获利能力有重要影响的成本项目，即使差异没有达到重要性的程度，也应受到管理人员的密切注意，甚至凡有差异均应视为“例外”，需要追查原因，迅速作出补救措施。

三、控制配送成本的措施

1.实施目标成本管理

配送总目标是要以更高的质量与最低的成本向各个顾客实施配送。具体的实施应从财务会计的角度引入目标成本管理。实现这些目标时，要以总目标“经济效益”为基准。降低库存成本、流通成本和运输成本，通常是用牺牲对顾客的服务水平和提高供应商的库存成本、运输成本为代价的。可能会出现配送成本、费用在减少，商品周转率、资金的周转率在加快，但与此同时供应商对所提供的商品的价格在上升，来自顾客的埋怨越来越多，顾客的需求量似乎在萎缩，接着配送中心经营甚至面临困境。

因此配送中心在运营中，应在成本与服务之间做出权衡，结合自身的能力对先进的技术加以引进，同时在设计目标时，利用有利资源使目标成本和服务共同迈上一个平台。

2.优化配送作业

优化配送作业其手段主要有实行混合配送、差异化配送、共同配送、延迟配送及标准化配送等作业。

混合配送作业是指配送业务一部分由企业自身完成,一部分外包给第三方。即采用混合策略作业,合理安排企业自身完成的配送和外包给第三方完成的配送作业,能使配送成本最低。

差异化配送作业是按产品的特点、销售水平,设置不同的配送作业,即设备不同的库存、不同的配送方式以及不同的储存地点。如果采用同样的配送作业则会增加不必要的配送成本。

共同配送,也称集中协作配送,是一种战略层次上的共享。它是企业联合,集小量为大量,共同利用同一配送设施的配送方式。共同配送不仅可减少企业的配送费用,配送能力得到互补,而且有利于缓和城市交通拥挤,提高配送车辆的利用率。

传统的配送作业安排中,大多数的库存是按照对未来市场需求的预测量设置的,这样就存在着预测风险,当预测量与实际量不符合时,就出现库存过多或过少的情况,从而增加了配送成本。延迟策略是对产品的外观、形状及其生产、组装、配送应尽可能推迟到接到顾客订单后再确定。一旦接到订单后就要快速响应,因此采取延迟策略的一个最基本前提是信息传递要非常快。

标准化配送作业就是尽量减少因品种多变而导致附加配送成本,尽可能多地配送标准零部件、模块化产品。

3.搭建通畅的信息平台

其实配送中心内成本降低的各种方法策略,物流成本管理的主要手段都是借助于信息渠道、导入自动化仪器、构筑信息系统等,力图做到配送中心内作业的机械化、节省人力资源、简化订发货作业,最终降低物流成本,缩短商品在途时间,进而真正做到提高经营业绩。而建立通畅的信息系统与降低物流成本的关系可以从场所管理的信息构筑来说明。

配送中心内场所管理分为两种形态:一种是利用信息系统事先将货架进行分类、编号,并贴付货架代码,各货架内装置的商品事先加以确定,这是一种固定型的场所管理;另一种是流动型的场所管理,即所有商品按顺序排放在空货架内,事先不确定各类商品专用的货架。在固定型管理方式下,各货架内装载的商品长期也是一致的,这样从事商品备货作业较为容易,同时信息管理系统的建立也较为方便。这是因为只要第一次将货架编号以及商品代码输入计算机,就能很容易掌握商品出入库动态;从而省去了不断进行在库商品统计的繁琐业务,同时,在商品发货后,利用信息系统能很方便掌握账目以及实际商品的剩余量,及时补充。相反,流动型管理方式由于各货架内装载的商品是不断变化的,在商品变更登录时出差错的可能性较高。

固定型场所管理方式尽管具有准确性和便利性等优点,但是,它也有某些局限性,也就是说,固定型管理和流动型管理各有一定的适用范围。一般来讲,固定型适用于非季节性商品,而季节性商品或流行性变化剧烈的商品,由于周转较快,出入库频繁,更适用于流动型管理。无论固定型场所管理方式还是流动型场所管理都通过信息的传输对成本进行有效的控制。

此外,提高配送作业效率来相应降低成本,提高仓储与配送作业的经济效益也是对配送作业进行控制的有效策略。而配送作业效率具体细化为入、发货时商品检验效率;保管、装卸作业效率;备货作业效率;分拣作业效率等。

需要说明的是,在研究配送环节的合理化问题是离不开对各个环节优化问题的关注,在配送这个环节里,分拣及配装输送是其特有环节,由于分拣优化涉及到分拣作业布局等问题,可参照有关设施布局的书籍;至于配装输送这个环节中,由于配装主要用动态规划的方法,可参照运筹学的有关内容;配送路线主要用到节约法等方法,可参考相关书籍,在此不作一一阐述了。

第三节　配送经济分析

在研究配送合理化的问题时,不是一个孤立的问题,要更多地从系统化的角度来思考其经济性,因而我们在探讨这个问题从配送的设施——配送中心选址开始,到具体的业务环节逐一研究。

一、配送中心的相关经济分析

(一)配送中心自建与外包的经济性分析

涉及配送业务时,企业是自建配送中心还是外包配送业务,必须在两者之间进行选择。

企业自建配送中心、租赁公共配送中心和合同制配送中心各有优势,企业决策的依据是在满足公司战略需求和服务水平的情况下使物流成本最低。

租赁公共配送中心和合同制配送中心的成本只包含可变成本,随着存储总量的增加,租赁的空间就会增加,由于公共配送中心一般按所占空间来收费,这样成本就与总周转量成正比。其成本函数是线性的。而在自有配送中心的成本构成时存在着固定成本。由于公共配送中心具有盈利性质,因此自有配送中心可变成本的增长速率通常低于公共配送中心成本的增长速率。当周转量达到一定的规模时,两条成本线相交,即成本相等。这表明在周转量较低时,公共配送中心是最佳选择。随着周转量的增加,由于可以把固定成本均摊到大量存货中,因此使用自有配送中心更经济。

一个企业自建配送中心的固定成本相对较高,而且与使用程度无关,因此必须有大量存货来分摊这些成本,使自有配送中心的平均成本低于公共配送中心的平均成本。因此,如果存货周转量较高,自有配送中心更经济。相反,当周转量相对较低时,选择公共配送中心更为明智。

需求的稳定性是自建配送中心的一个关键因素。许多厂商具有许多多种产品线,使配送中心具有稳定的周转,因此自有配送中心的运作更为经济。

市场密度较大或供应商相对集中,有利于修建自有配送中心。这是因为零担运输费率相对较高,经自有配送中心拼箱后,整车装载的运费率大大降低。相反,市场密度较低,则在不同地方使用几个公共配送中心要比一个自有配送中心服务一个很大的地区更经济。

(二)配送中心选址的经济性分析

有关配送中心位置的选择,将显著影响实际营运的效率与成本,以及日后仓储规模的扩充与发展。因此企业在决定配送中心设置方案时,必须谨慎参考相关因素。

1.选址的决策

选址包括两个方面的含义:地理区域的选择和具体地址的选择。

配送中心选址首先要考虑合适的区域,如华南地区、华北地区等,同时还必须配合配送中心物品特性、服务范围及企业运营策略而定。

配送中心地理区域确定后,还需要确定具体的地点,如果是制造商型的配送中心,应以接近上游生产厂家或进口港为宜;如果是日常消费品的配送,则宜接近居民生活社区。一般应以进货与出货产品类型特征及交通运输的复杂度,来确定接近上游点或下游点的选址策略。

2.选址的主要因素的经济分析

配送中心选址时应该考虑的主要因素有:客户的分布、供应商的分布、交通条件、土地条件、自然条件、行政的条件等。

(1)客户的分布。客户中心选址时首要考虑的是所服务的客户。对于零售商型的配送中心,其主要客户是超市和零售店,这些客户分布在人口密集的地方或大城市,配送中心为了降低配送成本及提高服务水准,配送中心多建在城市边缘接近客户的地区。

(2)供应商的分布。配送中心的选址时还应该考虑的因素是供应商的分布地区,交通不便将直接影响车辆配送的进行。因此必须考虑对外交通的运输通路,以及未来交通与邻近地区的发展状况等因素。地址宜紧靠重要的运输路线以便运输作业进行,以利于充分降低成本。

(3)土地条件。尽量选在物流园区或经济开发区。需考虑土地大小与地价,在考虑现有地价及未来增值状况下,配合未来可能扩充的需求程度,决定最合适的面积大小。

(4)人力资源条件。在仓储配送作业中,最主要的资源需求为人力资源,因此在考虑人力资源的技术水准时,必须考虑工资水平。

(5)政策环境。政策环境包括优惠措施(土地提供、减税)等,这有助于降低物流业者的营运成本。

二、配送环节的经济分析

(一)不合理配送的表现形式

总的来说,配送内部的各个因素之间存在着互动关系,在全局合理的范围内存在局部的不合理的现象,这决定配送决策的优劣很难有一个明显、绝对的标准。所以,在决策时要避免局部的不合理现象所造成的损失。

1.资源筹措不合理

配送是利用较大批量筹措资源,通过筹措资源的规模效益来降低资源筹措成本,使配送资源筹措成本低于用户自己筹措资源的成本,从而取得优势。如果不是集中多个用户需要进行批量筹措资源,而仅仅是为某一两户代购代筹,对用户来讲,就不仅不能降低资源筹措费,相反却要付一笔配送企业的代筹代办费,因而是不合理的。资源筹措不合理还有其他表现形式,如配送量计划不准,资源筹措过多或过少,在资源筹措不考虑建立与资源供应者之间长期稳定供需关系等。

2.库存决策不合理

配送应充分利用集中库存总量低于各用户分散库存总量的优势,从而大大节约社会财富,同时降低用户平均分摊库存负担。因此,配送企业必须依靠科学管理来实现降低库存的总量,否则就会出现库存转移,而未解决库存降低的不合理。此外,配送企业库存不合理还表现在储存量不足,不能保证随机需求,失去了应有的市场。

3.价格不合理

总的来说,配送价格应低于不实行配送、用户自己进货时产品购买价格加上自己的提货、运输、进货之成本总和,这样才会使用户有利可图。有时,由于配送有较高服务水平,价格稍高用户也是可以接受的,但这不是普遍的原则。如果配送价格普遍高于用户的进货价格,损伤了用户利益,就是一种不合理表现。价格制定过低,使配送企业处于无利或亏损状态下运行,会损害销售者,也是不合理的。

4.配送与直达的决策不合理

一般的配送总是增加了环节,但是这个环节的增加,可降低用户平均库存水平,不但抵消了增加环节的支出,而且还能取得剩余效益。但是如果用户使用批量大,可以直接通过社会物流系统均衡批量进货,较之通过配送中转送货则可能更节约费用,所以,在这种情况下,不直接进货而通过配送,就属于不合理范畴。

(二)配送合理化的表现形式

对于配送合理化与否的判断,是配送决策系统的重要内容,目前尚未一定的技术经济指标体系和判断方法,但通常,以下若干标志应当被纳入的。

1.库存标志

库存是判断配送合理与否的重要标志。具体指标有以下两个方面:

(1)库存总量。库存总量在一个配送系统中,从分散于各个客户转移给配送中心,配送中心库存数量加上各客户在实行配送后库存量之和应低于实行配送客户库存量之和。

此外,从各个客户角度判断,各客户在实行配送前后库存量比较,是判断合理与否的标准,某个客户上升而总量下降,也属于一种不合理。

库存总量是一个动态的量,上述比较应当是在一定的经营量前提下。在用户生产经营增长之后,库存总量的上升若是随着经营的增长出现的,则必须扣除这一因素,才能对总量是否下降做出正确判断。

(2)库存周转。由于配送企业调剂作用,以低库存保持高的供应能力,库存周转一般取决于原来各企业库存周转。此外,从各个角度进行判断,各客户在实行配送前后库存周转比较,也是判断合理与否的标志。为取得共同比较基准,以上库存标志,都以库存储备资金计算,而不以实际物资数量计算。

2.资金标志

总的来讲,实行配送应有利于资金占用降低及资金运用的科学化。具体的判断标志如下:

(1)资金总量。用于资源筹措所占用的流动资金总量,随着备货量的下降及供应方式的改变必然有一个较大的降低。

(2)资金周转。从资金运用来讲,由于整个节奏加快,资金充分发挥作用,同样数量资金,过去需要较长时期才能满足一个供应要求,配送之后,在较短时期内就能达此目的。所以资金周转是否加快,是衡量配送合理与否的标志。

(3)资金投向的改变。资金分散投入还是集中投入,是资金调控能力的重要标志。对于不同的配送方式,可以有不同的判断侧重点。

3.成本和效益

总效益、宏观效益、微观效益、资源筹措成本都是判断配送是否合理的重要标志。对于不同的配送中心,可以有不同的判断侧重点。例如,配送企业、客户都是各自独立以利润为中心的企业,则不但要看配送的总效益,而且还要看对社会的宏观效益及两个企业的微观效益,不顾及任何一方,都必然出现不合理。又如,如果配送是由客户集团自己组织的，配送主要强调保证能力和服务性，那么，效益主要从总效益、宏观效益和用户集团的微观效益来判断，不必过多顾及配送企业的微观效益。由于总效益及宏观效益难以计量，在实际判断时，常以按国家政策进行经营、完成国家税收和配送企业及客户的微观效益来判断。

对于配送企业而言(投入确定的情况)，企业利润可反映配送合理化程度。对于客户企业而言，在保证供应水平或提高供应水平(产出一定)的前提下，供应成本的降低，反映了配送的合理化程度。成本及效益对合理化的衡量，还可以具体到储存、运输环节，使判断更为精细。

4.供应保证标志

实行配送，各客户的最大担心是供应保证程度降低，这是个心态的问题，也是承担风险的实际问题。

配送的一个重点是必须提高而不是降低对用户的供应保证能力。供应保证能力可以从以下方面判断：

(1)缺货次数。实行配送后，对一些用户来讲，货物没有及时到来以致影响用户生产及经营次数，必须下降。

(2)配送企业集中库存量。对每一个用户来讲，配送企业集中库存量所形成的保证能力应高于配送前单个企业保证程度。

(3)即时配送能力及速度。是用户出现特殊情况的特殊供应保障方式，这一能力必须高于未实行配送前客户紧急进货能力及速度。特别需要强调一点，配送企业的供应保障能力，是一个科学合理的概念，而不是无限的概念。具体来讲，如果供应保障能力过高，超过了实际的需要，属于不合理。所以追求供应保障能力的合理化也是有限度的。

5.社会运力节约标志

末端运输是目前运能、运力使用不合理，浪费较大的领域，因而人们寄希望于配送来解决这个问题。这也是配送合理化的重要标志。

运力使用的合理化是依靠送货运力的规划和整个配送系统的合理流程及与社会运输系统合理衔接实现的。送货运力的规划是任何配送中心都需要花力气解决的问题，而其他问题有赖于配送及物流系统的合理化，判断起来比较复杂。可以简化判断如下：

(1)社会车辆总数减少，而承运量增加为合理；

(2)社会车辆空驶减少为合理；

(3)一家一户自提自运减少，社会化运输增加为合理。

6.客户的仓库、供应、进货等人力物力节约标志

以实行配送后，各客户库存量、仓库面积、仓库管理人员减少为合理；用于订货、接货、负

责供应的人应该减少才为合理。真正解除了用户的后顾之忧,则可以说是一个高水平了。

7.物流合理化标志

物流合理化的问题是配送要解决的大问题,也是衡量配送本身的重要标志。这可以从以下几方面判断:

(1)是否降低了物流费用;

(2)是否减少了物流损失;

(3)是否加快了物流速度;

(4)是否发挥了各种物流方式的最优效果;

(5)是否有效衔接了干线运输和末端运输;

(6)是否不增加实际的物流中转次数;

(7)是否采用了先进的技术手段。

(三)配送合理化措施

1)加强配送的计划性:配送计划是根据配送的要求,事先做好全局筹划并对有关职能部门的任务进行安排和布置,全局筹划主要包括:制订配送中心计划;规划配送区域;规定配送的服务水平等。制订具体的配送计划应考虑以下几个要素:客户的远近及订货要求,如品种、规格、数量和送货时间、地点等;配送性质和特点以及由此决定的运输方式、车辆的种类;现有库存的保证能力;现有的交通条件,从而决定配送时间、选定配送车辆,规定装车货物的比例和最佳配送线路、配送频率。加强在配送活动中计划性,因为临时配送、紧急配送都会大幅度增加配送成本。临时配送计划由于事先计划不善,未能考虑正确的装配方式和恰当的运输路线,到了临近配送截止日期前,不得不安排专车,单线进行配送,从而造成车辆不满载,运行里程增多。紧急配送往往只按客户的要求送货,来不及认真安排车辆配装及配送路线,从而造成载重和里程的浪费。而为了保持服务水平,又不能拒绝紧急配送。但是如果有调剂准备的余地,紧急配送也可纳入计划。

为了加强配送的计划性,需要制定配送申报制度。所谓配送申报制度,就是零售店订货申请制度。解决这个问题的基本原则是:在尽量减少零售店存货、尽量减少缺货损失的前提下,相对集中各零售店的订货。应针对商品的特性,制定相应的配送申报制度。

(1)对鲜活商品,应实行定时定量申报、定时定量配送。为保证商品的鲜活,零售店一般一天申报一次,商品的申报量应控制在当天能全部销售完。

(2)对普通商品,应实行定期申报、定期配送。定期申报是指零售店定期向配送中心订货,订货量为两次订货间的预计需求量。实行定期申报的优点是:一是各零售店的要货相对集中。零售店同时发出订货申请,配送中心将订货单按商品分类、汇总,统一完成配送。二是零售店不必经常清点每种产品的盘存量,减少了工作量。三是降低了经营风险。零售店只需订货周期较短时间内的需求量。零售店定期发出订货申请,配送中心定期送货。送货的时间间隔与订货时间间隔一致,例如,每 7 天订一次、每 7 天送一次。问题的关键是如何确定合理的时间间隔。时间太长,每次的发货量必定很多,这会将配送中心的存货分散到各零售店储备;时间太短,每次发的货物零星,既增加了配送难度,也增加了配送次数。一个合理的时间间隔应该是零售店保持较少的库存而又较少缺货。在实际操作中应根据数据分析和经验确定。

2)确定合理的配送频率的时机。

3)确定合理的配送路线。配送路线合理与否对配送速度、成本、效益影响很大,因此,采用科学方法确定合理的配送路线是配送的一项重要工作。确定配送路线可以采用各种数学方法和在数学方法上发展和演变出来的经验方法。无论采用何种方法都必须满足一定的约束条件。

4)进行合理的车辆配载。

5)采用合适的拣选设备、运输设备。

6)完善配送作业流程,加强作业管理。

7)加强信息化建设,提高配送内部管理效率和效益。

国外推行配送合理化,有一些方法可供借鉴:

(1)推行一定程度的专业化配送

通过采用专业设备、设施及操作程序,取得较好的配送效果并且降低了配送的复杂强度,从而实现了配送合理化的目的。

(2)推行加工配送

通过加工和配送结合,充分利用本来应有的这次中转,而不增加新的中转求得合理化。同时借助于配送,加工目的更明确,与用户的联系更紧密,避免盲目性。这两者有机结合,投入不太多却可追求两个优势、两个效益,是配送合理化的重要经验。显然加工配送模式要求配送中心必须有较强的流通加工能力。流通加工的内容包括分割、包装、计量、检验、贴标签等。由于加工的对象和目的不同,流通加工的内容是多种多样的。流通加工一般在配送之前进行。从提高物流效率的角度来看,流通加工是进行合理化配送的重要条件,其作用主要表现在如下几个方面:

第一,通过分割,可实现小批量、多批次配送,有利于降低用户库存或实现零库存配送。

第二,包装、贴标签是实现分拣自动化的重要手段。

第三,流通加工有利于提高运输工具的配载和装载效率。

第四,流通加工可增强配送增值服务的功能,增强配送的附加值。

(3)推行共同配送

通过共同配送,能以最近的路程、最低的成本完成配送,从而达到合理化。

(4)实行送取结合

配送企业与客户应建立稳定、密切的协作关系。配送企业仅成了客户供应代理人,而且成为客户产品储存据点,甚至成为产品代销人。在配送时,将用户所需的物资送到,再将该用户生产的产品用同一车运回,这种产品也成了配送中心的配送产品之一,或者代为储存,免去了生产企业库存包袱。这种送取结合,使运力充分利用,也使配送企业功能有了更大的发挥,从而达到合理化。

(5)推行准时配送系统

准时配送系统是配送合理化的重要内容。配送做到准时,用户才可以放心实施零库存或低库存,可以有效地安排接货的人力、物力,以追求最高的工作效率。另外,供应能力的保证程度也取决于准时供应。从国外的经验看,准时供应配送系统是现在许多配送企业追求配送合理化的重要手段。

第四节　配送优化的基本方法

从前面我们可以看出,配送环节包括集货、储存、流通加工、分拣与拣选、配装与输送(配送)等环节,结合配送的具体情况,我们就配装输送这个环节作一些讨论。

一、配装输送的概述

(一)配装输送概念

配装输送是指将被订购的货物使用汽车或其他运输工具从供应点送至顾客手中的活动。期间可能是从工厂等生产仓库直接送至客户,也可能通过批发商、经销商或配送中心、物流中心转送至顾客手中。配送运输通常是一种短距离、小批量、高频率的运输形式。如果单从运输角度看,它是对于干线运输的一种补充和完善,属于末端运输、支线运输。它以服务为目标,以尽可能满足客户要求为优先。从日本配送运输实践来看,配送的有效距离最好在50公里半径以内,国内配送中心、物流中心,其配送经济里程大约在30公里以内。

(二)影响配装输送的因素

影响配装输送效果的因素有很多。动态因素,如车流量变化、道路施工、配送客户的变化、可供调度车辆变化等;静态因素,如配送客户的分布因素、道路交通网络、车辆运行限制等。各种因素互相影响,很容易造成送货不及时、配送路径选择不当、贻误交货时间等问题。因此,对配送运输的有效管理极为重要,否则不仅影响配送效率和效率和信誉,而且将直接导致配送成本的上升。

(三)配装输送的特点

1.时效性

快速或及时,即确保在客户指定的时间内交货,是客户最重要的因素,也是配装输送服务性的充分体现。配装输送是从客户订货到交货的最后环节，也是最容易引起时间延误的环节。影响时效性的因素有很多，除配送车辆故障外，所选择的配送路线不当、中途客户卸货不及时等均会造成时间上延误，因此，必须在认真分析各种因素的前提下，用系统化的思想和原则，有效协调，综合管理，选择配送路线、配送车辆、送货人员，使每位客户在其期望的时间能收到所期望的货物。

2.安全性

配装输送的宗旨是将货物完好无损地送到目的地。影响安全性的因素有货物的装卸作业、运送过程中的机械振动及其他意外事故、客户地点及作业环境、配送人员的素质等，这些都会影响配送运输安全性，因此，在配送运输管理中必须坚持安全性的原则。

3.沟通性

配装输送是配送的末端服务，它通过送货上门服务直接与客户接触，是与客户沟通最直接的桥梁，代表着公司的形象和信誉，它在沟通中起着非常重要的作用，所以，必须充分利用配送运输活动中与客户沟通的机会，巩固和发展公司的信誉，为客户提供更优质的服务。

4.方便性

配送以服务为目标，以最大限度地满足客户要求为优先，因此应尽可能地让顾客享受到便捷的服务。通过采用高弹性的送货系统，如紧急送货等，为客户提供真正意义上的便利服务。

5.经济性

实现一定的经济利益是企业运作的基本目标，因此，对合作双方来说，以较低的费用，完成配送作业是企业建立双赢机制，加强合作的基础。所以客户的要求不仅是高质量、及时方便的配送服务，还必须提高配送运输的效率，加强成本控制与管理，为客户提供优质、经济的配送服务。

二、配装输送的线路优化

（一）直送式配装输送

直送式配装输送，是指由一个供应点对一个客户的专门送货。从物流优化的角度看，直送式客户的基本条件是其需求量接近于或大于可用车辆的额定载重量，需专门派一辆或多辆车一次或多次送货。因此，在直送的情况下，货物的配送追求的是多装快跑，选择最短配送线路，以节约时间、费用，提高配送效率。即直送问题的物流优化，主要是寻找物流网络中的最短线路问题。

对于此类问题,可采用运筹学的位势法等方法来求解,详细的情况参照运筹学的有关内容。

(二)分送式配装输送

分送式配装输送是指由一个供应点对多个客户的共同配送。其基本条件是同一条线路上所有客户的需求量总和不大于一辆车额定载重量。送货时,由这一辆车装着所有客户的货物,沿着一条精心选择的最佳线路依次将货物送到各个客户手中,这样既保证按时按量将用户需要的货物及时送到,又节约了车辆,节省了费用,缓解了交通紧张的压力,并减少了运输对环境造成的污染。

利用里程节约法确定配送线路的主要出发点是,根据配送方的运输能力及其到客户之间的距离和各客户之间的相对距离来制定使配送车辆总的周转量达到或接近最小的配送方案。

为方便介绍,我们假设:

(1)配送的是同一种或类似的货物;

(2)各用户的位置及需求量已知;

(3)配送方有足够的运输能力;

(4)设状态参数 t_{ij}, t_{ij}是这样定义的:

t_{ij} = {1 表示客户 i、j 在一条线路上;0 表示客户 i、j 不在同一线路上。}

$t_{0j}=2$,表示配送中心 P_0 向客户 j 中单独派车送货。且所有的状态参数应满足下式:

$$\sum_{i=1}^{j-1} t_{ij} + \sum_{i=j+1}^{N} t_{ij} = 2 \qquad (j=1,2,\cdots,N)$$

式中:N——客户数。

利用节约法制定出配送方案除了使总的周转量最小外,还应满足:

(1)方案能满足所有用户的到货时间要求;

(2)不使车辆超载;

(3)每辆每天的总运行时间及里程满足规定的要求。

至于求解过程,我们不做过多叙述,可参照相关书目。

有关配送路线的优化,请参阅本书第六章。

思考题

1.名词解释

配送的基本含义、配装输送。

2.简答题

(1)配送的意义和作用有哪些?

(2)配送的特点有哪些?

(3)配送组织的形式有哪些?

(4)配送中心选址应考虑的主要因素有哪些?

(5)物流合理化的标志有哪些?

(6)配送成本的构成包括哪几部分?

(7)配装输送的特点有哪些?

(8)共同配送的经济性表现在哪些方面?

3.案例分析

【案例】 美国的沃尔玛配送系统

沃尔玛之所以能够迅速发展成为世界零售业之最,其中一个重要原因是重视配送系统的建设和完善。自从1962年第一家商场开业以来到目前为止,沃尔玛在美国有1800家商场,在英国、墨西哥、德国及中国等国家及世界各地有1000多家商场,其中有721个超级商业中心。沃尔玛在世界各地共计有110万职工,其中在美国约有88.5万名。

沃尔玛1970年在美国建起第一个配送中心,现在这个中心为4个州32家商场配送。沃尔玛在2000年仅配送系统投资达1600亿美元,在美国利用自己的配送系统为连锁商场配送商品。在其他国家沃尔玛利用第三方物流。沃尔玛的企业理念是:“最低的成本,提供最高质量的服务”。配送系统必须为商店和顾客提供最迅速的服务,整个供应链“无缝”链接,顺畅运转,顾客在商场无论买走什么商品都会得到及时的补充。

沃尔玛的配送系统的成功,其中一个原因就是它那完美的补货系统。在总部及配送中心,任何时间都可以知道,每一个商店现在货架上有多少货物,配送中心存有多少货物,还有多少货物在运输途中等等。同时还可以了解到某种货物上周卖了多少,去年卖了多少,而且还可以预测将来能够卖多少。这是因为商场中所有的商品都是利用标准的条形码来管理的,只要对某种商品进行扫描,就可以对它进行阅读。在沃尔玛商场不需要用纸张处理订单。自动补货系统使商场可以自动向配送中心订货,在商场,任选一种商品扫描一下,就能得到销售、库存、运输等方面的信息。这些信息都是利用计算机与条形码获取的,经理根本不需要听汇报。

另外,沃尔玛的供货可以直接进入配送信息系统,任何一个供货商都可以了解今天、昨天、上周、上个月和去年的销售情况,根据这些信息来决定生产,并预测未来,及时供应,降低产品的成本。

非常重要的一点是沃尔玛配送中心在上游的供货及下游的商场这个供应链中,确保进货产品与订货单发货单完全一致,整卡车的商品卸到商店不需检验,因为他们确信没有失误,这样就节省了验货的时间及劳力,降低了成本;这些商品可以直接放到货架上,特别是配送中心,不管在美国还是世界上其他地方都是一致和完整的。

沃尔玛的配送中心都非常大,平均面积约 11 万平方米,每个月的产值约两亿美元。供货商送货到配送中心。当然,供货商非常清楚,为一家配送中心送货同为数十家商场送同样的货成本要低得多。供货商和配送中心之间建立伙伴关系,供货商拿出节省的部分利润让利于消费者,大家最终都能获得最佳利益。

沃尔玛配送中心全部是自动化立体仓库形式,商品从一个门进从另一个门出,没有任何阻力地在中心流动,他们使用输送机有效地搬运商品。沃尔玛配送中心每周处理商品 120 万箱。配送中心根据不同商场所需要的不同商品,对商品进行分类、分拣,然后放入不同的货箱,分拣员根据信号灯所提供的信息取货,所有商品都按顾客的订单配货,放入不同的货箱中,在发货区装配送车。沃尔玛配送中心有各种各样的类型,例如服装配送中心、蔬菜水果配送中心等。

其实在整个配送系统中,送货运输费用最高,为了节省送货费用,降低运输成本,沃尔玛的配送车辆全部是加长的大型货柜型车辆,在长度和高度上超过了集装箱卡车。车辆是沃尔玛自有的,司机也是沃尔玛的职员,约有 3700 多名正式司机,还有 3700 多名非正式司机,每辆车每周行驶 7000 ~ 8000 公里,而且保证 300 万公里无事故。沃尔玛采用全球卫星定位系统,任何时候在调度室都能够知道某一车辆在什么地方,离商场还有多远,知道车辆在哪里,产品在哪里,何时到达商场,这样就可以提高整个系统的效率。沃尔玛的配送车辆一般都是在高速公路上行驶,保证安全是最重要的,他们认为:不出事就是节约费用,降低成本。

沃尔玛在送货方面的另一个运营和策略就是把车装满,从底部到顶部整个车厢填得满满的。在供货商和商场之间,什么时间车辆到达配送中心都是事先约好的,按照运行时间表进行供货运输或配送运输。沃尔玛对运输的时间进行很好的管理,同时可以节省时间提高效率。另外,供货商的供货运输也可以采用沃尔玛的运输系统,因为沃尔玛的运输系统效率高,成本低,对商场需求批量大的货物可以从供货商直接运抵商场。

总之,沃尔玛的配送系统是高效的、合理的,低成本,而且服务水平高,由于沃尔玛的配送中心的高效率运营,使它在零售业更加成功。

问题:

(1)配送模式有哪些,本案例属于何种模式?

(2)你认为配送合理化的标志有哪些方面?

(3)结合本案例,说明降低配送成本的途径。

第十章 物流信息经济

物流是一项系统性较强的活动,必须制定周密的物流计划。这些计划的制定,需要大量的、及时的信息支持,同时对物流活动的每个环节进行控制,也都需要详细、准确、直接的信息,充分、准确的物流信息是制定物流计划和实施有效物流控制等管理工作的保障。物流信息伴随物流活动的产生而产生,反映了各物流活动的运作情况,是实现物流功能必不可少的条件。而物流管理在很大程度上就是对这些物流信息的处理,因此,各种类型的企业和物流管理者应把握物流信息的真实特征和经济性,充分利用现代物流信息技术、重视物流信息技术的标准化问题和完善物流信息管理系统的建设,加强物流信息的协调和共享,整合供应链中各物流功能环节,提高物流系统的信息化水平,从而提高物流系统的效率和效益,降低物流系统的总成本,并提升企业物流系统的竞争力和企业整体竞争力。本章主要介绍物流信息的经济分析、物流信息技术及物流信息系统的经济性分析。

第一节　物流信息概述

一、物流信息的概述

1.信息概念

数据和信息是普遍存在于人类社会的现象,是物质形态及其运动规律的体现。数据和信息是在各个领域发挥独特作用的情报,是事务及其运动规律的反映和体现,并且随着事务的发展和变化而不断发展和变化。

通常所说的数据是指可以用数值、文字、语言、图形图像、声音等多种方式来描述的客观事件,或者说是人们用来反映客观世界而记录下来的符号,它具备一定的含义,可以进行传递、存储、处理和利用。数据是一种原始记录,没有经过加工的数据是粗糙的、杂乱的,但是它是真实的、可靠的,有积累价值。

信息论的创始人香农对信息的定义是:信息是一种对不确定性的消除。事物的不确定性被消除得越大,信息量就越大。对信息的定义,有的从使用者的视角进行定义,有的从纯技术的角度来进行概括。一般说来,信息总是通过数据形式来表示,加载在数据之上并对数据的具体含义进行解释。信息本身不是物质,也不是能量,它是客观世界的反映,提供了有关现实世界某些事物的知识,这种知识对信息的接受者来说是有意义的、有价值的。

信息与数据是两个不同的概念,两者既有联系又有区别的概念。数据不能直接满足接收者的需要,需要经过加工处理后才能成为信息;同时,信息也需要通过数据来去表示,是一种已经被加工或者被提炼的数据。

2.物流信息

物流信息是指与物流活动(如运输、仓储、装卸、搬运、包装、流通加工和配送)有关的信息,是反映物流各种活动内容的知识、资料、图像、数据、文件的总称。物流信息的产生与物流活动的开展密不可分,一般是随着从生产到消费的物流活动的产生而产生,与物流过程中的运输、保管、装卸、包装、配送各种职能有机结合在一起,是整个物流活动顺利进行所不可少的重要部分。

物流信息包含的内容可以从狭义和广义两方面来考察。

(1)狭义的物流信息。从狭义范围来看,物流信息是指与物流活动(如运输、保管、包装、装卸、流通加工等)有关的信息。在物流活动的管理与决策中,如运输工具的选择,运输路线的确定,每次运送批量的确定,在途货物的跟踪,仓库库存的有效利用,最佳库存数量的确定,订单管理,如何提高顾客服务水平等,都需要详细和准确的物流信息,因为物流信息对运输管理、库存管理、订单管理、仓库作业管理等物流活动具有支持保证的功能。

(2)广义的物流信息。从广义的范围来看,物流信息不仅指与物流活动有关的信息,而且包括与其他流通活动有关的信息,如商品交易信息和市场信息。商品交易信息是指与买卖双方的交易过程有关的信息,如销售和购买信息,订货和接受订货信息,发出贷款和收到货款信息等。市场信息是指与市场活动有关的信息,如消费者的需求信息、竞争者或竞争性商品的信息、销售促进活动有关的信息、交通通信等基础设施信息等。在现代经营管理活动中,物流信息与商品交易信息、市场信息相互交叉、融合,有着密切的联系。如零售商根据对消费者需求的预测及库存状况制订订货计划,向批发商或直接向生产商发出订货信息。批发商或生产商在接到零售商的订货信息后,在确认现有库存水平能满足订单要求的基础上,向物流部门发出发货配货信息;如果发现现有库存不能满足订单要求则马上组织生产,再按订单上的数量和时间要求向物流部门发出发货配送信息。由于物流信息与商品交易信息和市场信息相互交融,密切联系,所以广义的物流信息还包括与其他流通活动有关的信息。广义的物流信息不仅能起到连接整合生产厂家、经过批发商和零售商最后到消费者的整个供应链作用,而且在应用现代信息技术(如 EDI,EOS,POS,互联网,电子商务等)的基础上能实现整个供应链活动的高效运转，具体地说就是利用物流信息对供应链各个企业的计划、协调、顾客服务和控制活动进行有效管理。

3.信息流

物流过程是一个多环节组成（子系统）的复杂系统。物流系统中的各个子系统通过物资实体的运动将各子系统联系在一起，一个子系统的输出就是另一个子系统的输入。合理组织物流活动，就是使各个环节相互协调，根据总目标的需要适时、适量地调度系统内的基本资源。物流系统中的相互衔接是通过信息予以沟通的，基本资源的调度也是通过信息的传递来实现的。例如，物资调运是根据供需数量和运输条件来进行的，装卸活动的组织是按运送货物的数量、种类、到货方式及包装情况来决定的。因此，物流内控必须以信息为基础，一刻也不能离开信息。为了使物流活动正常而有规律地进行，必须保证物流信息畅通。物流信息流动如图 10-1 所示。

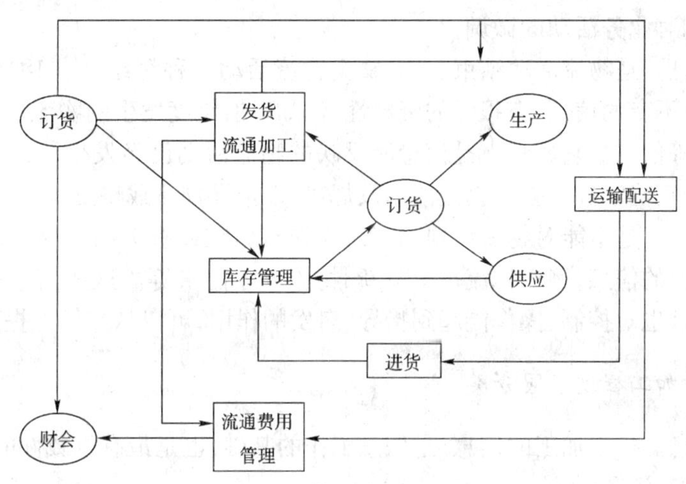

图 10-1　物流信息流动

二、物流信息的分类与特征

（一）物流信息的分类

物流信息通常可以按以下方法进行分类：

1.按信息领域分类

(1)物流系统内信息。它是伴随着物流活动而发生的信息，包括物料流转信息、物料作业层信息、物流控制层信息和物流管理层信息四个部分。

(2)物流系统外信息。它是在物流活动以外发生，但提供给物流活动使用的信息，包括供货人信息、顾客信息、订货合同信息、交通运输信息、市场信息、政策信息，还有来自企业内生产、财务等部门的与物流相关的信息。

2.按信息的作用不同分类

(1)计划信息。指的是尚未实现的但已当作目标确认的一类信息，如物流量计划、仓库吞吐量计划、车皮计划等。只要尚未进入具体业务操作的，都可以归入计划信息之中。它的特点是带有相对稳定性，信息更新速度较慢。计划信息对物流活动有非常重要的战略指导意义。

(2)控制及作业信息。是物流活动过程中发生的信息，带有很强的动态性，是掌握物流现实活动状况不可缺少的信息，如库存种类、库存量、在运量、运输工具状况、物价、运费、投资在建情况、港口发到情况等。它的特点是，动态性非常强，更新速度很快，信息的时效性很强。主要作用是用以控制和调整正在发生的物流活动和指导即将发生的物流活动，以实现对过程的控制和对业务活动的微调。

(3)统计信息。是物流活动结束后，对整个物流活动一种终结性、归纳性的信息。这种信息是一种恒定不变的信息，有很强的资料性，例如以前年度发生的物流量、物流种类、运输方式、运输工具等信息。它的特点是信息所反映的物流活动已经发生了，再也不能改变了。主要作用是用于正确掌握过去的物流活动及规律，以指导物流战略发展和制定计划。

(4)支持信息。是指能对物流计划、业务、操作有影响或有关的文化、科技、产品、法律、教育、民俗等方面的信息，例如物流技术革新、物流人才需求等。这些信息不仅对物流战略发展有价值，而且也对控制、操作能起到指导、启发的作用，可以从整体上提高物流水平。

3.按信息的加工程度不同分类

(1)原始信息。指未加工的信息，是信息工作的基础，也是最有权威性的凭证性的信息，它是加工信息的来源和保障。

(2)加工信息。指对原始信息进行处理之后的信息。它是原始信息的提炼、简化和综合，可大大缩小信息量，并将信息梳理成规律性的东西，便于使用。加工信息需要各种加工手段，如分类、汇编、汇总、精选、制档、制表、制音像资料、制文献资料、制数据库等，同时还要制成各种指导使用的资料。加工信息按加工程度的不同可以进一步分为一次信息、二次信息和三次信息等。

4.按物流活动领域分类

物流的各个不同应用领域的信息是具体指导物流各个领域活动，是物流管理细化必不可少的信息。由于物流活动性质存在差异，所以物流各个分系统、各不同功能要素领域的信息也有所不同。按物流活动领域分类，有运输信息、仓储信息、装卸信息、配送信息等，甚至更可细化分成集装箱信息、托盘交换信息、库存量信息、汽车运输信息等。

(二)物流信息的特征

物流信息是随企业的物流活动而同时发生的,是实现物流功能必不可少的条件,因此,物流系统对信息的质量有很高的要求。通常物流信息具有以下几个方面的特征。

1.物流信息量大、分布广

物流信息随着物流活动及商品交易活动展开而大量产生。多品种少批量生产和多频度小数量配送,使库存、运输等物流活动的信息大量增加。零售商广泛使用销售时点系统(POS)读取销售时点的商品品种、价格、数量等即时销售信息,并对这些销售信息加工整理,通过电子数据自动交换(EDI)向相关企业传递。同时为了使库存补充作业合理化,许多企业采用电子自动订货系统(EOS)。随着企业间合作倾向的增强和信息技术的发展,物流信息的信息量在今后将会越来越大。

2.物流信息更新快,具有很强的时效性

信息虽然是环境事实的属性,但事实与信息两者毕竟是不同的。从时间上讲,信息总是落后于事实,同时,信息是有寿命的,而且随着时间推移,信息的衰老性越来越强,可利用的价值也就越来越低。而目前物流信息的更新速度快、多品种少批量生产、多频度小数量配送与利用 POS 系统的即时销售使得各种作业活动频繁发生,从而要求物流信息不断更新,而且更新的速度越来越快。因此,人们要求物流信息的传递越来越好,否则,会使具有一定实用价值的物流信息变成毫无价值的消息。绝大多数物流信息动态性强,信息的价值衰减速度快,这对信息管理的及时性要求就比较高。

3.物流信息多样化

物流信息不仅包括企业内部的物流信息(如生产信息与库存信息等),而且包括企业间的物流信息和与物流活动有关的基础设施的信息,这就使物流信息的分类、研究、筛选等工作的难度增加。企业竞争优势的获得需要供应链各参与企业之间相互的协调合作。协调合作的手段之一是信息即时交换和共享。许多企业把物流信息标准化和格式化,利用 EDI 在相关企业间进行传送,实现信息分享。另外,物流活动往往利用道路、港口、机场等基础设施。因此为了高效率地完成物流活动,必须掌握与基础设施有关的信息,如在国际物流过程中必须掌握报关所需信息、港口作业信息。

4.物流信息具有明确的衡量标准

为了保证物流信息的科学性,要求物流信息具有准确性、完整性、实用性、共享性、安全性以及低成本性。准确性是指物流信息能够正确地反映物流及其相关活动的实际,且须便于用户理解和使用;完整性是指信息没有冗余或不确切的含义,数据完整、统一;实用性是指信息要满足用户的使用，便于专业和非专业人员的访问；共享性是指物流活动的各个作业组成部分必须能够充分地利用和共享收集到的信息；安全性要求信息在系统中必须安全地传送，随着信息技术的迅猛发展，出现多种信息安全措施，如防火墙技术、安全传输协议以及增强的用户验证系统等；低成本性则要求信息的搜集、处理、存储必须考虑成本问题，只有在收益大于成本的前提下，才能开展相应的信息工作。

5.物流信息自动化、网络化

物流自动化设施非常多，如条码、语言、射频自动识别系统，自动分拣系统，自动存取系统，自动导向车、货物自动跟踪系统等。这些设施在发达国家已普遍用于物流管理中，它们扩大了物流作业的能力，提高了劳动生产率，减少了物流中的差错。这些自动化设备所采集和处理的信息能被转化成用于管理的信息，比人工输入的信息更准确，更及时，更便于监督和控制。

随着物流活动中的计算机网络系统的建立和电子商务的发展，物流信息的处理越来越体现出网络化的特点。物流配送中心与供应商、制造商及顾客之间的联系是通过物流配送系统的计算机通信网络实现的。如物流配送中心向供应商提出的订单，就是使用计算机通信方式，借助于增值网(VAN)上的电子订货系统和 EDI 技术来自动实现的。物流配送中心还可以通过计算机网络处理下游客户的订单。

互联网的应用和电子商务的产生使虚拟企业得以实现。它的运作模式是按照客户订单组织生产，生产方式采取分散的形式，即采取外包的形式，将产品所需的零部件外包给世界各地的制造商，然后通过物流网络将这些零件发送配送中心，按客户的需求进行组装，最后由配送中心将最终产品送给用户。这一过程需要高效的信息网络支持。

6.物流信息智能化、可再生化

物流管理过程中有大量运筹与决策工作，比如库存水平的确定、运输或搬运路径的选择、向前导向车的运行轨迹、自动仓库中出入库库位的选择等。物流配送中心经营管理的决策支持也需要大量的知识才能解决。在物流管理自动化过程中，物流信息的智能化是一个技术难题，为了提高物流管理现代化的水平，必须运用专家系统、机器人等相关技术。物流管理的智能化是物流信息发展的新趋势。

物流信息在物流管理过程中可以被不断地扩充和再生。整个物流过程中的数据经过整理、分析、加工得到的信息，再经过联想、推理、演绎得出一些有用的结论，从而产生二次信息。同时，通过对物流信息的分析，将历史信息与现状结合起来，可以预测未来的物流动向，产生出三次信息。不断利用物流信息的再生性，可以帮助物流管理者提高物流管理的效率与物流管理的决策水平。

三、物流信息的作用

物流信息是物流系统的功能要素之一。物流信息的功能，如同人们对一般的信息功能的认识一样,可以从不同的角度进行描述。物流信息在发挥物流系统整体效能上的功能,体现在以下两个方面。

1.物流信息是物流系统整体的中枢神经,是提高物流企业经济效益和生产效率的重要条件

物流管理需要大量精确、及时的信息和用以协调物流系统运作的反馈信息。任何信息的遗漏和错误都将直接影响物流系统运转的效率和效果,进而影响企业的经济效益,物流系统产生的效益来自整个物流服务水平的提高和物流成本的下降,而物流服务水平与物流信息的畅通在物流过程中的协调作用密不可分。

物流管理活动也是一个系统工程,采购、运输、库存以及销售等活动在企业内部相互作用,形成一个有机的整体系统。物流系统通过物质的流动、所有权的转移和信息的收发与外界的不断的作用,实现对物流控制。整个系统的协调性越好,内部的损耗越低,物流管理水平就越高,企业就能从中受益。所以物流信息在其中充当着桥梁和纽带作用。例如,企业在收到商品的订货信息后,要检查商品库存中是否有商品存在,如果有发出配送指示信息,通知配送部门进行配送活动;如果没有库存,则发出订购采购或生产信息,通知采购部门进行采购活动,或由生产部门安排生产,以满足顾客要求;在配送部门得到配送指示信息之后,就会按照配送配送指示信息的要求的商品进行个性化包装,并反馈包装完成信息;这时,物流配送部门则开始设计运输方案,进而产生运输指示信息,对商品实施运输。在商品运输前后,配送中心还会发出装卸指示信息,指导商品装卸过程。当商品运输前后,还要传递配送成功的信息。这样信息的传达连着物流活动的各个环节,并指导着各个环节的工作,起着桥梁和纽带的作用。

2.物流信息是物流系统变革的决定因素和支持保障

物流信息可以帮助企业对物流行动的各个环节进行有效的计划、协调、控制,以达到系统整体优化的目标。每一步物流行动都会产生大量的物流信息,而物流系统则可以通过合理应用现代信息技术,对这些信息进行挖掘和分析,从而得到对于各环节的下一步活动的指示信息,并通过这些信息的反馈,对各个环节活动进行协调与控制。

物流信息系统是把各种物流活动与某个一体化过程连接在一起的通道。一体化过程建立在4个层次上:业务促进、管理控制、决策分析及制订战略计划系统。物流信息对业务促进、管理控制、决策分析及战略计划起强大的支持作用,如图10-2所示。

(1)支持交易系统。交易系统是用于启动和记录个别的物流活动的最基本的层次。交易活动包括记录订货内容、安排存货任务、作业程序选择、装船、定价、开发票,以及消费者咨询等。例如,当收到消费者订单进人信息系统时,就开始了第一笔交易。按订单安排存货,记录订货内容意味着开始了第二笔交易。随后产生的一笔交易是打印和传送付款发票。在整个过程中,当消费者需要而且必须获得订货状况信息时,通过一系列信息交易,就完成了

消费者订货功能的循环。

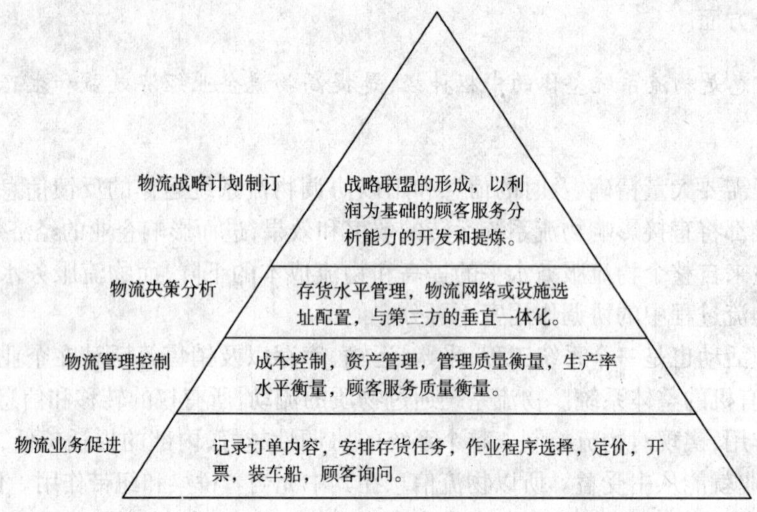

图 10-2 物流信息的支持功能

(2)支持管理控制。管理控制要求把主要精力集中在功能衡量和报告上。功能衡量对于提供有关服务水平和资源利用等管理反馈来说是必要的。因此,管理控制以可估价的、策略上的、中期的焦点问题为特征,它涉及评价过去的功能和鉴别各种可选方案。普通衡量包括每吨的运输和仓储成本(成本衡量)、存货周转(资产衡量)、供应比率(顾客服务衡量)、每工时生产量(生产率衡量)及顾客的感觉(质量衡量)等。

(3)支持决策分析。决策分析主要是集中精力在决策应用上,协助管理人鉴别、评估经比较物流战略和策略后的可选方案。典型分析包括车辆日常工作和计划、存货管理、设施选址,以及有关作业比较和安排的成本—受益分析。对于决策分析,物流信息系统必须包括数据库维护、建模和分析,以及范围很广的潜在可选方案的报告构件。与管理控制层次相同的是,决策分析也以策略上的和可估计的焦点问题为特征。决策分析的主要精力集中评估未来策略上的可选方案,并且它需要相对松散的结构和灵活性,以便作更大范围的选择。因此,用户需要有更多的专业知识和培训去利用它的能力。既然决策分析的应用要比交易应用少,那么,物流信息系统的决策分析趋向于更多地强调有效(针对无利可图的账户,鉴别出有利可图的品目),而不是强调效率(利用更少的人力资源实现更快的处理或增加交易量)。

(4)支持制定战略计划。制定战略计划主要精力集中在信息支持上,以期开发和提炼物流战略。这类决策往往是决策分析层次的延伸,但通常更加抽象、松散,并且注重于长期。作为战略计划的例子,决策中包括通过战略联盟使协作成为可能、厂商的能力和市场机会的开发和提炼,以及顾客对改进所作的反应。物流信息系统的制定和战略层次,必须把较低层次的数据结合到范围很广的交易计划中去,以及结合到有助于评估各种战略的损益的决策模型中去。

第二节　物流信息的经济分析

物流活动要取得良好的经济效果，需要组织好物流各个环节之间的关系，而信息在其中扮演了桥梁和纽带的角色。从供应链的视角来看，需求信息影响着企业的库存及货物配送等过程，进而影响企业的经营水平。显然如果能有效运用物流信息，对提高物流系统的经济效益和效率有着举足轻重的作用。那么如何有效运用信息，发挥其经济性，我们认为重要的手段是信息共享，下面就这个问题进行分析。

一、“牛鞭”效应的启示

1.“牛鞭”效应（the Bullwhip Effect）的概念

在整条供应链中，顺着供应商一端，即供应链的上游方向，存在客户需求的变动程度逐级扩增的现象，零售商为达到一定的客户响应水平，其订单变动大于客户需求的变动，批发商为了达到与零售商同样的服务水平，被迫持有比零售商更多的安全库存（一定商品可得性下的库存水平），或者保持比零售商更高的供货能力。伴随需求变动的累加，安全库存由零售商到供应商逐级增加，订交货提前期逐级延长，大大延缓了客户响应，导致整个供应链产生巨量库存冗余，造成系统运行低效。这种现象被称为供应链的“牛鞭”效应，分析过程如图10-3所示。

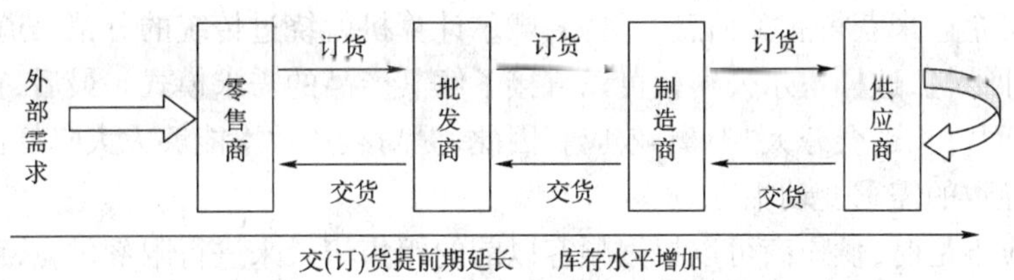

图10-3　“牛鞭”效应的产生机制

2.“牛鞭”效应的产生原因

“牛鞭”效应产生的原因是需求信息在沿着供应链向上传递的过程中被不断曲解。企业的产品配送成为被零售商所夸大的订单的牺牲品，反过来它又进一步夸大了对供应商的订单。造成“牛鞭”效应现象的原因是：

(1)需求预测变动。为了安排生产进度，计划产量，控制库存和计划物料需求，供应链中的企业通常都会预测产品需求。而预测通常是基于企业直接接触的顾客的购买历史进行的。当下游企业订购时，上游企业的经理就会把这条信息作为将来产品需求的信号来处理。基于这个信号，上游经理会调整需求预测，同时上游企业也会向其供应商增加订购，使其作出相应的调整。

(2)限量供给与短缺博弈。当需求大于供给时,制造商常常会对消费者实行定量供货,即制造商按订单定量分配产品。这种配给制,往往使消费者在订货时就夸大了其真正需求,消费者预期短缺的订货行为,产生了博弈效应。它使供应商不能得到准确、真实的需求信息。

此外,批量订购和价格波动也是造成"牛鞭"效应现象的原因。

3."牛鞭"效应的解决方法

了解"牛鞭"效应产生的原因能帮助经理人员制定有效的策略来减少它的影响。在不同行业中,某些富有革新精神的企业发现他们可以通过与供应链中的供应商共享信息、相互协调和调整计划来控制"牛鞭"效应。解决"牛鞭"效应基本方法是供应链上需求信息的共享。

避免重复处理供应链上的有关数据的一个方法是使上游企业可以获得其下游企业的需求信息。这样,上下游企业都可以根据相同的原始资料来更新他们的预测。例如,计算机制造商会要求分销商将零售商中央仓库里产品的出库情况反馈回去。虽然这些数据没有零售商销售点的数据那么全面,但这总比把货物发送出去以后就失去对货物的信息要好得多。现在 IBM、惠普和苹果等公司在合同中都会要求其零售商将这些数据反馈回去。

供应链上的合作伙伴可以使用电子数据交换系统(EDI)来进行预测。由于使用的预测方法和购买习惯的不同,他们在向上游企业订购时,仍会导致订单的一些不必要的波动。使用电子交换系统能使上游企业了解下游企业的需求和库存信息,并对下游企业进行再供应。相应地,下游企业就成为供应链中积极的一员。

绕过下游企业来获得有关信息。例如,戴尔计算机就绕过传统的分销渠道,直接面向消费者销售其计算机,这样戴尔公司就可以直接了解其产品的需求模式。最后,正如前面所提到的,供应时间过长也会夸大"牛鞭"效应。因此,提高经营效率能够大大降低由于更新多种预测数据所导致的需求变动幅度。

面临供应不足时,供应商可以根据顾客以前的销售记录来进行限额供应,而不是根据订购的数量,这样就可以防止顾客为了获得更多的供应而夸大订购量。通用汽车长期以来都是这样做的,现在很多大公司,如惠普等也开始采用这种方法。

在供不应求时,客户对制造商的供应情况缺乏了解,博弈行为很容易出现。与顾客共享生产能力和库存状况的有关信息能减轻顾客的忧虑,从而减少他们参与博弈。但是,共享这些信息并不能完全解决问题。某些制造商会在销售旺季来临之前帮助顾客做好订购工作,这样他们就能更好地设计生产能力和安排生产进度以满足产品的需求。

二、物流信息共享的经济价值

(一)实现物流信息共享的基本方法

在这里我们从供应链物流的角度来观察这个问题,为了共享物流信息,减少信息的不对称性，提高物流运作效率，我们可以采用图 10-4 模式来实现物流信息的共享。

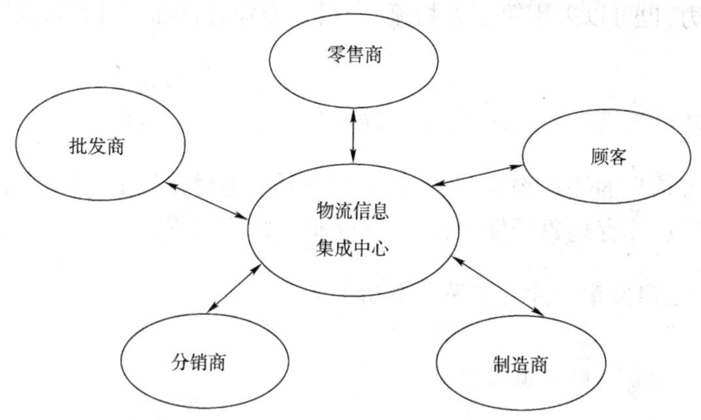

图 10-4 物流信息共享与集成示意图

在这种物流信息的集成模式中，实现了物流信息共享，这些信息反映的是各个参与主体原始的物流信息，避免了信息逐级传递所导致的信息失真和延误。

(二)实现物流信息共享的经济意义

1.准确把握企业的需求动态

我们知道零售商为了节约订货成本将会采取批量订货的模型，批量订货模型策略的采用使得上游的供应商必须面对具有很大变异性的订单。为了应对零售商的订单，供应商势必要维持一定量的安全库存，零售商的订单变异性越大，供应商要维持的安全库存就越大。因此，供应商通过信息共享实现对零售商销售和库存状况的控制，了解供应商的安全库存水平，做到对零售商订单种类和数量的提前预判，从而大大降低了为了应对突如其来的大订单所维持的安全库存。

2.采用供应商管理库存或联合库存的方式，合理协调与分担库存

如果供应商在掌握顾客真实需求信息的基础上，负责地为零售商制定进货计划，就可以协调各个供应商的需求计划，从而实现整个物流活动的最优化。

供应商、分销商和零售商也可以采用联合库存的方式合理地分担库存，一旦某处出现库存短缺，可立即从其他地点调拨转运来保证供货。这既可以防止需求变异的放大，又可实现风险共担，降低整体库存，提高物流总体的运作水平。

3.缩短订货的提前期

一般来说，订货提前期越短，订货量越准确。据沃尔玛的调查，如果提前 26 周进货，需求的误差率为 40%；提前 16 周进货，需求预测的误差为 20%；而在销售时进货，则需求预测

误差为10%。因此,缩短提前期能够显著地提高物流运作的总体水平。缩短提前期需要供需双方的共同努力,也可以采用第三方物流,利用其专业化的服务来缩短提前期,减少运输中的风险。

4.供需双方及时沟通信息,协调整个物流过程

通过供需双方信息的经常沟通,双方都能够及时了解对方的供需情况和能力,避免短缺的情况下的大量囤积库存现象的发生,从而优化整个物流过程。

三、基于物流信息共享的库存决策及其价值体现

(一)实现物流信息共享的基本方法

通过分析,我们知道物流信息的共享可以使制造商获益,如果把这种分析推广到整个供应链中,我们不难发现,物流信息的共享将给供应链的上游带来更大的利益。而在我们所考虑的供应链物流中,供应链下游,也就是信息发布者却不会因为信息共享获得额外的利益,反而要承担实施成本,这种情况会阻碍各个企业对物流信息的共享。那么如何解决这个问题呢?

1.建立有效的激励机制

为了实现物流信息共享,这就存在着一个风险共担以及利益共享的问题。由于物流信息的共享为各个企业节约了成本,这时上游客户就应该和下游客户达成某些共识,他们可以通过协商制定协议,通过卖方管理存货的方式来降低保管货物的费用,从而建立一种良好的合作方式,形成一种激励机制,促进共同发展。

2.利用信息技术实现信息共享

利用信息技术(如 Internet,EDI,电子商务等)以后,需求信息的传递由原来的线性结构变成网状结构,从而避免企业间物流信息的失真,采用信息技术虽然可以有效提高物流运作水平,但产品生产过程中的物流延迟以及运输、配送过程中的物流延迟总是存在的,而采用先进的生产技术和物流技术虽然可以将物流延迟降至较低的水平,也还是不能完全消除。

(二)物流信息共享的经济价值

1.顾客需求信息以及下游零售商的营销信息的共享

如果物流信息不共享,那么供应商及零售商会采用使自身的物流成本达到最低的"理性订货决策"的思路与方法,但是从物流系统化的角度来看,这种做法并不经济。通过共

享物流信息，可以有效地减少整个供应链上的库存，实现以信息代替库存的目的，并且有效降低物流成本。

2.库存状况的共享

共享库存状况指的是各成员企业间通过协作方式，了解相互之间的库存状况，从而达到降低库存水准的目的。供应链的上游可以对下游的库存实行实时监控，从而根据下游的库存状况进行物流活动和生产活动。

3.销售信息以及销售结果的共享

我们知道，原来各企业间的物流活动是通过订单来传递需求信息，其后果是产品的库存水平高、物流成本高等后果，以至于影响到产品的成本和对顾客的服务水平。通过共享销售数据来对销售趋势、市场需求进行综合分析，从而决定了库存水平、货架的布置等物流活动的合理性。

4.生产与配送计划的共享

通过生产和配送计划的共享，可以实现企业间物流活动的合理化。

四、案例

1945年，萨姆·沃尔顿在美国小镇维尔顿开设了第一家杂货店，1962年正式启用“沃尔玛”作为企业名称。在经历了40年的风风雨雨以后，1996年公司的销售额超过1060亿美元，成长为世界上最大的连锁零售商。在2003年，《财富》杂志公布了当年全美500强企业排名，沃尔玛公司再拔头筹，连续两年夺冠。该公司的营业收入较上年增加12%，达到2465亿美元。沃尔玛是如何在激烈竞争中立于不败之地的呢？

探究沃尔玛成功的原因，我们会发现沃尔玛在公司的成长过程中始终注重建设自己的信息系统，将高质量、高效率的物流信息管理视为自己核心竞争力，先进的理念通过高效的自动化计算机网络加以实施，在整个供应链中充分进行信息共享。

20世纪90年代，沃尔玛与其主要的供应商之间建立一种叫“零售链接”的系统，通过这个系统供应商可以进入沃尔玛的系统，供应商和沃尔玛能够分享各自产品在65周内的销售情况。通过销售信息的共享与库存信息的共享，一方面使供应商对沃尔玛未来的销售进行准确预测，另一方面沃尔玛也不必再向它的供应商提供订单，逐步实现了“供应商管理库存”（VMI）。

在沃尔玛与宝洁合作的产品中，如“帮宝适”等妇幼产品，有保质期要求，体积又大，如果进货过少就会造成供不应求，造成相当大的缺货成本。如果存货过多就会造成不必要的积压给库存管理带来困难，不仅消耗了大量的库存空间，同时也占用了相当的流动资金。为了解决这一问题，沃尔玛将自己的销售信息通过网络及时传递到宝洁公司，宝洁公司通过掌握沃尔玛的存货状况，将自己的产品在适当的时间以适当的数量送到沃尔玛的配送中心，然后直接运送到各个商场的货架上。这样简化了库存管理，每年可以节约数百万美元的费用。沃尔玛1992年配送成本低于其销售额的3%，而其竞争对手则高达其销售额的4.5%~5%，这意味着公司每年比对手节省了7.5亿美元的配送支出。

沃尔玛公司通过与供应商的信息共享，实现了跨企业的供应链管理，通过供应商管理库存大大降低了商品的存货，甚至接近了零库存的状态。此外，沃尔玛与供应商之间的信息共享给沃尔玛公司节省了采购人员的工资，而且由于采用无纸化订货管理，加速了订单的处理过程，大大提高了效率，节省了订单成本。沃尔玛与供应商的信息共享，不仅给沃尔玛带来了可观的利润，同时沃尔玛公司提供给供应商的信息，对供应商的生产、物流活动起着重要的指导意义。由于掌握客户(沃尔玛)的需求信息，供应商可以根据掌握的客户(沃尔玛)的销售信息以及自己的存货信息组织生产，供应商已经不需要维持较高的存货水平，就能够生产出客户所需求的产品。当沃尔玛和其供应商实现信息共享后，供应商面对的需求信息的变异性降低(相对于订单而言)，所需要的安全库存水准就会必然降低，库存成本下降。所以我们看到沃尔玛与供应商的信息共享不仅造就了沃尔玛的辉煌，同时也降低了供应商的成本与风险，达到了共赢。

第三节　物流信息技术与物流信息系统的经济性分析

一、物流信息技术的经济性

(一)信息技术

信息技术(Information Technology，简称IT)泛指能拓展人的信息处理能力的技术。从目前来看信息技术主要包括传感技术、计算机技术、通信技术、控制技术等，它替代或辅助人们完成了对信息的检测、识别、变换、存储、传递、计算、提取、控制和利用。

传感技术扩展了人的感觉器官能力，主要完成对信息的识别、收集等。例如企业物资管理中，物资入库时，将入库的物资搬到磅秤上，保管员读出磅秤数，然后将数据输入计算机中已经成为历史，现在有了汽车磅，当装载入库物资的汽车上了汽车磅后，入库数量一次被采集、输入进计算机，从而既提高数据的准确性、及时性，又减轻了工人的劳动强度。

计算机技术以高速的计算能力以及“海量”的存储能力扩展人的大脑能力，包括计算、记忆能力，完成信息的加工、存储、检索、分析等。由于计算机的特点，使以前难以甚至无法解决的问题得以解决。如在库存信息处理方面，对经常需要的库存数据、图表，计算机很快绘出结果，使在及时补充库存、调整库存商品种类、减少冗余库存、合理安排运输路线和装运量、节约资源等方面都能得以有效的改进和提高。

通信技术则扩展人的神经系统能力，实现信息的传递。过去人们传递信息主要依靠口头、书信、电话电报等方式。目前,国际互联网数据传输率最大的光纤主干网,其传输率可高达2,500MB/s,相当于每秒传送110,000页文本的信息量。例如以资金周转为例,在我国使用传统方法进行资金流通结算,国内一般需要一个星期,国际一般需要半个月左右,实现网络化后,国内国际的资金流通结算均可在24小时内完成。

信息技术发展和应用的一个重要标志是国际互联网(Internet)的形成、发展和应用。它能使各地互联的计算机充分共享资源(硬件、软件和数据),其商业化应用为拓展人的信息处理能力创造了一个世界范围内的虚拟空间。在企业内部,通过局域网的建设,企业的人、财、物、产、供、销等各部门之间都可以实现信息共享。这样可以降低企业内部沟通的时间和成本,使决策者能做出相对于全盘的统筹规划;在外部环境,网络技术把整个世界都展现在人们眼前,对整个企业工作流程进行全程动态实时跟踪,随时掌握最新的业务情况,所需的物资产品信息、客户情况、对手动态、行业动态、最新的政策法规及其他各方面的信息。这使整个企业运营快速高效、信息全面详尽,增加了企业对突发事件的反应能力。

(二)物流信息技术

物流信息技术被视为提高生产率和竞争能力的主要来源,与其他资源不同,信息技术正在不断地提高速度和能力,同时又在降低成本。有许多信息技术已经显示其在物流方面的广泛应用。因此,物流信息技术已成为现代物流的基础和灵魂。

根据物流的功能以及特点,物流信息技术主要包括:条形码及射频技术、计算机网络技术、多媒体技术、地理信息技术、全球卫星定位技术、自动化仓库管理技术、智能标签技术、电子数据交换技术(EDI)、数据库技术、数据仓库技术、数据挖掘技术、web技术、电子自动订货(EOS)和销售时点系统(POS)等。

(三)物流信息技术的经济性分析

多种物流信息技术需在物流系统中综合应用,相互协调配合,才能提高物流系统整体信息化的层次和效率。物流信息技术在物流系统应用的关键是物流信息数据库管理、物流信息传输网络化和标准化、物流业务处理电子化。物流信息技术可以显著增强企业物流系统的竞争力,其在物流系统中应用的经济性主要体现在整合物流各功能环节、使供应链各环节协调运行、改善物流系统的时空效应、提高物流系统的效率和快速反应能力等方面。

1.物流信息技术整合物流各功能环节

物流系统是由运输、储存、包装、装卸、搬运、加工、配送等多个作业环节(或称为物流功能)构成的,这些环节相互联系形成物流系统整体。在物流信息化之前,即使从观念上考虑了系统整体优化,但由于信息管理手段落后,信息传递速度慢、准确性差,而且缺乏共享性,使得各功能之间的衔接不协调或相互脱节。运输规模与库存成本之间的矛盾、配送成本与顾客服务水平之间的矛盾、中转运输与装卸搬运之间的矛盾等,都是现代物流系统经常需要平衡的问题。解决这些矛盾,需要利用现代物流信息技术对上述物流环节进行功能整合,联合运输、共同配送、延迟物流、加工—配送一体化等都是物流功能整合的有效形式。

2.物流信息技术协调供应链各环节之间的运行

物流信息技术通过物流信息网络,使物流各环节上的成员能实现信息的实时共享。处在销售终端的零售商直接面对消费者,他们充分了解消费者的需求,能详尽地记录客户的信息,制造商与分销商借助物流信息网络,几乎可以同时共享零售商所获取的市场信息以及零售商的经营状况,从而迅速调整各自的生产和运营计划;同样,物流信息网络也使制造商的产品调整和销售政策能及时被其他物流成员了解有利于他们及时调整经营策略。在这种物流信息实时反应的网络条件下,物流各环节成员能够相互支持,互相配合,以适应激烈竞争的市场环境。

"牛鞭"效应就是由于缺乏集中控制的信息所致,使得在供应链较长的情况下,生产与最终需求之间差异增大。通过信息的集中控制和信息共享,可以减少随机性和缩短提前期,从而削弱"牛鞭"效应的影响。

3.物流信息技术改善了物流系统的时空效应

时间效应和空间效应是物流系统的两个主要功能。时间效应指通过商品库存消除商品生产与消耗在时间上的矛盾,使生产与消耗在时间空间上达到一致;空间效应指通过运输、配送等活动消除商品生产与消耗在空间位置上的矛盾,达到生产与消耗位置空间上的一致。物流信息化通过快速、准确地传递物流信息,使生产厂商和物流提供商能随时掌握商品需求者的需求状况,生产厂商实行准时制(Just In Time)生产,物流提供商实行准时制配送,让信息尽可能代替库存,从而将生产地和流通过程中的库存减少到最低程度,供应商与生产厂商或消费者之间的距离被拉近,甚至达到"零库存"或"零距离",由此降低物流费用。如华联超市在配送中心的物流管理中采用无线通信的电脑终端,开发了条形码技术,从收货验货、入库到拆零、配货,全面实现条码化、无纸化,从而大大提高了商品处理速度,减轻作业强度,大幅度降低差错率,提高了配送的准时性。

4.物流信息技术提高了物流系统的快速反应能力

现代生产系统是以订单为依据,即采用定制化生产方式,以满足消费者的个性化需求。而且,满足消费者的个性化需求必须快速反应,这既是消费者的要求,也是生产者降低成本、形成竞争优势的需要。生产系统的快速反应必然要求物流系统与之匹配,即也要快速反应。只有现代物流信息技术在物流系统中取得应用,才能实现物流系统的快速反应。如海尔以现代物流技术和信息管理技术为依托,通过海尔电子商务平台在网上接受用户订货。用户根据网上提供的模块,设计自己需要的产品。海尔采取 JIT 采购、JIT 配送、JIT 分拨来与生产流程同步。海尔的采购周期只有 3 天。产品下线后,中心城市在 8 小时以内、辐射区域在 24 小时内、全国在 4 天内即可送达,完成客户订单的全过程仅为 10 天时间。

二、物流信息系统及其经济性

(一)物流信息系统的定义

物流信息系统是根据物流管理运作的需要,在管理信息系统(MIS)基础上形成的物流系统信息资源管理、协调系统。它来源于物流系统,反过来作用于物流系统,使物流系统高效率化、高效益化运作。物流信息系统是利用系统的观念、思想和方法建立起来的,以计算机系统为基本信息处理手段,以现代通信设备为基本传输工具,并能够为决策提供信息服务的联机系统。物流信息系统,是物流系统中进行物流信息处理的管理系统。它通过对系统内外信息收集、存储、加工处理,获得物流管理中有用的信息,并以表格、文件、报告、图形等形式输入计算机,整理成数据库,以便管理人员和领导者有效地利用这些信息组织物流活动,协调和控制各作业于系统的正常运行。它具有预测、控制和辅助决策功能。

从根本上说,物流信息系统是利用信息技术,通过信息流将各种物流活动与某个一体化过程联结在一起的通道。物流系统中的相互衔接是通过信息共享来实现的,因此组织物流活动必须以信息为基础。为了使物流活动正常而有规律地进行,必须保证物流信息畅通。物流信息的网络化就是要将物流信息通过现代信息技术,使其在企业内、企业间甚至全球达到共享的一种方式。

(二)主要的物流信息系统

物流信息系统是由人员、设备和程序组成的、为物流管理者执行计划、实施、控制等职能提供相关信息的交互系统。物流信息系统的信息来源于物流的环境,典型的综合物流信息系统有决策支持系统,运输、库存、配送信息系统以及订单处理系统。

1.决策支持系统

信息科学应用于制造业、服务管理的领域就是决策支持系统(Decision Support System, DSS)。DSS是管理信息系统(Management Information System, MIS)的一种逻辑推广,在模型化与决策制定过程中起到辅助作用,它并不仅仅提供信息,一个决策支持系统允许管理者在给定资金或管理参数的情况下进行“如果怎么样,就……”的分析。一个决策支持系统也能联合多种多样的管理科学模型和图解。

2.运输信息系统

主要是处理各种运输问题,例如日本开发的直达运输系统,目的在于选择最接近用户的仓库,然后对用户实行快速直达运输。我国广东省水泥合理分配调运系统利用线性规划以最低流通费用为目标,用计算机作数据处理,取得了宏观及微观双重效益。

3.库存信息系统

库存信息系统主要有以下几个目的:

掌握各分散地点的库存量及生产企业库存量、具体于某一仓库中进行库存管理系统、在高层货架仓库中建立库存信息分系统等。

库存信息系统是应用较为广泛的系统,也可以说是各种类型物资及物流管理信息系统的基础系统。无论进行哪种管理,库存都是首先要掌握和收集。所以,这种系统在国外建立颇为广泛。

4.配送信息系统

配送信息系统有一定的综合性,主要目的有向各营业点提供配送物资的信息,根据订货查询库存及配送能力,发出配送指示,发出结算指示及发货通知;汇总及反馈配送信息。配送系统也是国外开发较多、成效较大的物流信息系统,配送的成败决定着企业和经营部门对市场的占有和控制。美国通用电气公司的综合信息及销售管理系统是配送系统中较有名的例子。该公司利用计算机网络将分布于49个州的65个销售部门、分布于11个州18个产品仓库及分布于21个州53个制造厂联结起来,及时掌握和分析库存情况,一有订货,就由中央先行集中信息处理,在15秒内即可处理完毕,通过计算机将发货信息传递到距用户最近(或运费最低)的配送点,指令发货。

5.订单处理系统

一个企业从发出订单到收到货物的时间,称为订货提前期;而对于供货方,这段时间称为订货周期。这不过是购销双方对同一时间的不同称呼。在订货周期中,要相继完成4项重要活动:订单传递、订单处理、订货准备、订货运输。这就是订单处理系统的流程。

(三)物流信息系统的功能结构模型

通过信息系统管理物流,可以有效地提高整个物流的灵活性。物流的灵活性是指一个企业的物流运行可以适应多种内部及外部环境的变化,如企业重组或兼并及各种形式的客户需求变化。国际上多数先进的企业(集团)都采用了第三方物流服务,也正是为了提高物流的灵活性。假如是第三方物流服务企业,那么应该能够帮助客户实现新的经营策略,包括配送网络的构建等。在诸多客户当中,有很多的企业,需要不同类型的配送服务,作为专业性的物流公司,应当有比较全的服务(产品)种类,这时,企业的价值就显示出来了。

基于互联网和信息技术的物流信息系统(LIS),由于其投入相对少,又能显著提高企业物流的运营效率和管理水平,越来越多的企业(如3PL公司)愿意采纳这项集管理和信息技术为一体的系统。要实现前述的各种物流价值,信息系统应包括以下几个主要方面,其总体功能结构如图10-5所示。

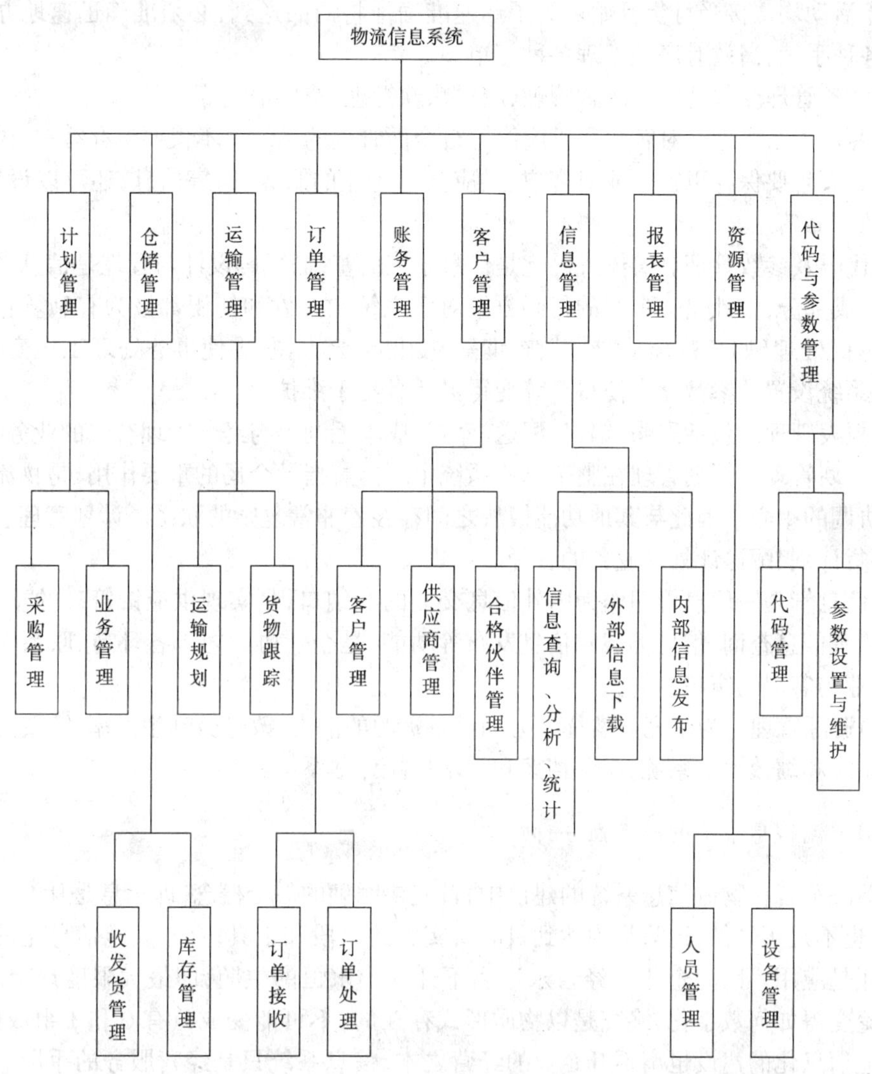

图 10-5 物流信息系统的功能结构

(1)仓储管理。使用仓储管理系统(WMS)管理仓库的收发、分拣、摆放、补货、移库、盘点等,同时 WMS 可以进行库存分析,与财务系统集成。更加先进的 WMS 还能帮助企业实现“逆向物流”(返修、回收等),并适应企业产品“推迟”策略对配送中心的管理需求。

(2)运输管理。使用运输管理系统(TMS)优化运输模式组合,如空运、陆运或水运等,寻求最佳的运输路线。TMS 还可实现在途物品的跟踪,并在必要时调整运输模式,实现车队管理、运输计划、调度与跟踪、与运输商的电子数据交换(信息集成)等。

(3)订单管理。订单管理系统是办理从客户(用料单位)处接受订单、准备货物、明确交货时间、交货期限、剩余货物管理等作业的系统。办理接受订货手续是交易活动的始发点,所有物流活动均从接受订货开始。为了迅速准确地将商品送到,必须准确迅速地办理接受订货的各种手续,高效有序地处理各种订单。

(4)账务管理。包括应收账款管理、应付账款管理、费用稽核等。

(5)客户关系管理。对客户和供应商进行全面管理的系统。不仅要保存客户、供应商的基本信息,而且要保存以往企业对客户、供应商对企业的服务、销售信息,还可以设置客户、供应商的商品信息。

(6)代码及参数管理。实体代码化是信息系统的基础,代码设计与管理是信息系统的一个重要组成部分,设计出一个好的代码方案对于系统的开发和使用都极为有利。它可以使许多计算机处理(如某些统计、校对、查询等)变得十分方便,也使事务处理工作变得简单。同样的,系统设置的参数化会使得系统变得灵活且易于维护。

(7)报表管理。包括采购、销售、配送、库存、成本毛利等与经营管理有关的业务报表。

(8)计划管理。计划管理在整个物流系统中承担着指导全局的重要作用,是物流业务的控制与协调的中心。因此与其他功能模块之间存在着非常复杂的联系。计划管理包括采购计划、补货计划、配送计划等业务的管理。

(9)信息管理。信息管理作为内外信息交流的吐纳口,是实现供应链管理的重要途径,主要承担着信息查询、信息下载和信息发布等功能,是企业协调内部各环节、联系企业与供应商、企业与客户的窗口。

(10)资源管理。为了充分发挥人力和设备资源的潜力,改进劳动生产率,需要建立员工的培训系统和绩效评估系统,设备档案和技术性能评估系统。

(四)物流信息系统的经济性分析

企业决策者在物流信息系统的建设中,首先要明确的一个概念,即信息是什么。既不是买软件,也不是买硬件,这只是为达到目的所实施的手段和工具,企业实施信息化的最终目的应该还是应用。因为企业的经营永远离不开一个永恒的主题,即最大限度地追求利润。世界无论变得如何数字化,终究是以物质形式存在的,不可能变成只有 0 和 1 组成的世界。一个企业信息化的建设也离不开企业的经营之本,信息系统只是经营服务的手段。只有根据先进的理念,选用正确的技术,使技术应用在有效产品的开发上才可以称为是一个成功的企业物流信息系统。

具体到物流信息系统本身,它是由多个子系统组成的,它们通过物资实体的运动联系在一起,一个子系统的输出是另一个子系统的输入。合理组织物流活动,就是使各个环节相互协调,根据总目标的需求,适时、适量地调度系统内的基本资源。物流系统中的相互衔接是通过信息予以沟通的,而且基本资源的调度也是通过信息的查询来实现的。例如:物流系统和各个物流环节的优化所采取的方法、措施,以及选用合适的设备、设计合理的路线、决定最佳库存量等,都要切合系统实际,即依靠能够准确反映物流活动的信息。所以,物流信息系统对提高企业物流系统的效率,以至于提高企业的经济效益起着重要的作用。

1.物流信息系统的基本作用

(1)收集物流信息。物流信息的收集是信息系统运行的起点,也是重要的一步。收集信息的质量(即真实性、可靠性、准确性、及时性)决定着信息时效价值的大小,是信息系统运行的基础。信息收集过程要求遵循一定的原则。首先,要有针对性。重点围绕物流活动进行,针对不同信息需求及不同经营管理层次、不同目的的要求。其次,要有系统性和连续性。系统的、连续的信息是对一定时期经济活动变化概况的客观描述,它对预测未来经济发展具有很高的使用和研究价值。再次,要求信息收集过程的管理工作具有计划性,使信息收集过程成为有组织、有目的的活动。

(2)物流信息处理。收集到的物流信息大多是零散的、相互孤立的、形式各异的信息,对于这些不规范信息,要存储和检索,必须经过一定的整理加工程序。采用科学方法对收集到的信息进行筛选、分类、比较、计算、存储,使之条理化、有序化、系统化、规范化,才能成为能综合反映某一现象特征的真实、可靠、适用而有较高使用价值的信息。

(3)物流信息传递。物流信息传递是指从信息源出发,经过一定的媒介和信息通道输送给接收者的过程。信息传递最基本的要求是迅速、准确和经济。信息传递方式有如下几种:从信息传递方向看,有单向信息传递方式和双向信息传递方式;从信息传递层次看,有直接传递方式和间接传递方式;从信息传递时空来看,有时间传递方式和空间传递方式;从信息传递媒介看,有人工传递和非人工的其他媒体传递方式。

(4)物流信息应用。物流信息的应用是指对经过收集、加工处理后的信息的使用,以实现信息使用价值和价值的过程。信息的使用价值是指信息这一商品所具有的知识性、增值性、效用性等特征决定其能满足人类某种特定的需要,给人类带来一定的效益。信息的价值是指信息在收集、处理、传递、存储等过程中,需要一定的知识、特殊的工具和方式,要耗费一定的社会劳动,是人类一种创造性劳动的结晶。这种凝结在信息最终产品中的一般人类劳动即为信息的价值。

2.物流信息系统在企业中的经济价值

基于互联网和现代信息技术的物流信息系统,与其他信息系统一样,能够显著提高企业物流的运营效率和管理水平,越来越多的企业愿意采纳这项集管理和信息技术为一体的信息系统。一个典型的物流信息系统对企业的现实经济价值体现在如下几个方面。

(1)物流信息系统是物流企业及企业物流的神经中枢。如果没有先进的信息系统来支持,物流企业的功能就不能体现。物流企业面向社会服务,为企业提供功能健全的物流服务,面对众多的企业和零售商甚至是客户,如此庞杂的服务,只有在一个完善的信息系统基础上才可能实现。

(2)通过物流信息系统,企业可以及时地了解产品市场销售信息和产品的销售渠道,有利于企业开拓市场和收集信息。

(3)通过物流信息系统,企业可以完成对货物的跟踪和监控,从而可以提供个性化服务,最终提高服务水平。

(4)通过物流信息系统,企业可以及时掌握商品的库存流通情况,进而达到企业产销平衡。

(5)物流信息系统的建立,可以有效地节约企业的运营成本。可以通过规模化、少品种、业务统一管理,节约企业的物流运作成本,也可以通过信息系统完成企业一系列的业务处理、控制和决策等活动,如报关、订单处理、库存管理、采购管理、需求计划、销售预测、战略决策等。

(6)物流信息系统的建立使得物流的服务功能大大拓展。一个完善的物流信息系统使得企业能够把物流过程与企业内部管理系统有机地结合起来,如与ERP系统结合,可以使企业管理更加有效。

(7)加快供应链的物流响应速度。通过建立物流信息系统,达到供应链系统库存、订单和运输状态的共享和可见性,以降低供应链中的需求订单信息畸变现象。

如在北京现代的物流管理中随处可见信息系统的影子,信息系统被普遍使用,它在显著提高企业物流的运营效率和管理水平、有效降低成本等方面功不可没。销售物流管理所应用的ASS400信息系统模块,有两个作用,一是接受订单,对订单进行分配;另一个是自动结算,打入了多少钱,提了多少车,它能够自动结算出来;而排产所用的AST模块,可深入到每一种车型每一种颜色,并将其按比例在系统中确立下来,由于各模块间信息是相互关联的,一旦数据确定,会自动转到生产部门系统,生产部门可直接看到,从而知道如何排产。而在生产物流管理过程中,一套被称之为"伙伴系统"的信息管理系统软件,则保证了厂方与供应商之间的沟通协调。北京现代与供货商之间的信息沟通每天都在进行,他们把计划提供给供货商,供货商根据计划按时按量供货,在这个过程中,北京现代强调准时化、序列化生产。序列化包括厂家直序列,是指从厂家出发一直到生产线,供货过程完全由供货商来完成;另一种是出库序列,是指将零部件在库房排好顺序,这些工作北京现代都是包给供货商来完成的。这样做的好处是一方面节省了本企业的人力资本,另一方面则是分工协作带来的高效率。目前在北京现代,直序列方式占20%,出库序列方式占15%。北京现代与供货商的联系都是通过伙伴系统完成的,今后打算把直序列和出库序列均扩展到40%,剩下的20%的零部件可暂存在库里,由物流厂商负责上线。用这种方法可以增加北京现代的物流量,配合企业产量的不断增长。这些信息化手段的运用极大降低了劳动力成本,缩短了工作时间,利润也就隐含其中了。

思考题

1.简答题

(1)物流信息有什么功能?

(2)实行物流信息共享的经济意义有哪些?

(3)实行物流信息共享的基本方法有哪些?

(4)物流信息技术的经济性具体表现在哪些方面?

(5)简述物流信息系统的功能结构。

(6)物流信息系统的经济性表现在哪些方面?

2.案例分析

根据案例“沃尔玛与供应商的信息共享与收益分析”,分析物流信息的经济性。

第十一章 第三方物流经济

随着市场竞争的日趋激烈,每个企业都面临着缩短交货期、控制库存、降低成本和改进服务的压力,第三方物流以其独立化、专业化、规模化的特征改变了传统的物流模式,并为企业加强 JIT 管理、提高竞争力创造了条件。在我国,第三方物流是一个新兴行业,其发展的历程更短,处于刚刚起步的阶段。但社会各界,无论是学术界、企业界还是政府,都对第三方物流给予了热切关注,这种关注,从东南沿海城市逐步蔓延到全国,直到现在形成了一股"第三方物流热"。

本章将从多个角度对第三方物流产生发展的必然性、经济性及其供求状况进行分析。

第一节 第三方物流概述

一、第三方物流的概念

现代物流是以满足顾客的需求为目标,把制造、运输、销售等市场情况统一起来考虑的一种战略措施,追求的是降低成本、提高效率与服务水平进而增强企业竞争力。随着社会大生产的扩大和专业化分工的深化,专业化的第三方物流应运而生。

国家标准(GB/T 18354—2001)物流术语给出的第三方物流的概念是:"第三方物流是指由供方与需方以外的物流企业提供物流服务的业务模式。"第三方就是指提供物流交易双方的部分或全部物流功能的外部服务提供者。在某种意义上可以说,它是物流专业化的一种形式。

对第三方物流有广义与狭义的理解。广义的第三方物流是相对于自营物流而言,凡是由社会化的专业物流企业按照货主的要求,所从事的物流活动都可以包含在第三方物流范围之内。狭义的第三方物流主要是指能够提供现代的、系统的物流服务的第三方的物流活动,具体标志:①有提供现代化的、系统物流服务的企业素质;②可以向货主提供包括供应链物流在内的全程物流服务和特定的、定制化服务的物流活动；③不仅是向货主提供的一般性物流服务，而是提供增值物流服务的现代化物流活动。

由于第三方物流系统提供的是一种集成的物流服务模式，使供应链的小批量库存补给变得更为经济。因为在一般情况下，小批量的货物运输（非满载运输）显然是不经济的，但是多品种小批量生产的供应链环境必须小批量采购、小批量运输，这就提高了货物的供应频率，运输频率的增加就要增加运输费用，显然不经济。第三方物流系统是一种为大多数企业提高运输服务的实体，它为多条供应链提供运输服务，比如，当多家供应商彼此位置相邻时，就可以采用混装运输的办法，把各家供应商的货物依次装在同一辆货车上，实现小批量交货的经济性，这就是第三方物流系统提供联合运输（集成运输模式）所带来的经济性。

第三方物流系统还可以提供其他形式的物流服务功能，如顾客订单处理等。采用第三方物流系统，企业可以获得的优势：降低成本；使企业更加集中于核心业务的发展；改进服务质量；快速进入国际市场；获得信息咨询；获得物流经验；减少风险等。

伴随着国内企业对“第三方物流”这一新生事物认识的不断加深，第三方物流业务在国内已经形成了一个巨大的市场。传统的运输企业如何把握好时机，瞄准生产和加工企业的物流活动，开发介于生产者和消费者之间的第三方物流业务，已成为迫在眉睫的课题。

二、第三方物流的服务内容

第三方物流所提供的服务内容范围很广：它可以简单到只是帮助客户安排一批货物的运输，也可以复杂到设计、实施和运作一个公司的整个分销和物流系统。第三方物流企业与传统运输、仓储企业的最大区别就在于传统企业所能提供的仅是单一、脱节的物流要素，而第三方物流企业则能够将各个物流要素有机整合起来，提供系统化、系列化的增值服务。从具体的服务内容来看，第三方物流服务可以分为常规服务和增值服务。

常规服务就是提供物流的几大基本功能要素，即提供仓储、运输、装卸搬运、包装、配送等服务，它们提供了空间、时间效用以及品种调剂效用。常规服务大多是与完成货物交付有关的服务，主要依靠现代物流设施、设备等硬件来完成，是资产和劳动密集型的服务，具有标准化的特征。

增值服务是根据客户的需要，为客户提供的超出常规的服务，或者是采用超出常规的服务方法提供的服务。创新、超常规、满足客户需要是增值性物流服务的本质特征。增值服务主要是借助完善的信息系统和网络，通过发挥专业物流管理人才的经验和技能来实现的，依托的主要是第三方物流企业的软件基础，因此是技术和知识密集型的服务，可以提供信息效用和风险效用。这样的服务融入了更多的精神劳动，能够创造出新的价值，因而是增值的物流服务。

从增值服务产生的情况来看，又可分为两部分。一是从仓储、运输等常规服务的基础上延伸出来的增值服务。这种增值服务主要是将物流的各项基本功能进行延伸，伴随着物流运作过程实施，从而物流将各环节有机衔接起来，实现便利、高效的物流运作。如仓储的延伸服务有原料质检、库存查询、库存补充及各种形式的流通加工服务等，运输的延伸服务如选择国际、国内运输方式、运输路线，安排货运计划，为客户选择承运人，确定配载方法，货物运输过程中的监控、跟踪，门到门综合运输、报关、代垫运费、运费谈判、货款回收与结算等。配送服务的延伸有集货、分拣包装、配套装配、条码生成、贴标签、自动补货等。这种增值服务需要有协调和利用其他物流企业的资源的能力，以确保企业所承担的货物交付任务能以最合理的方式、尽可能小的成本来完成。二是更高级的、实现一体化物流和供应链集成的增值服务。

第一个层次的增值服务实际上是物流功能的自身延伸，而物流一体化的增值服务则是向客户端延伸的服务，通过参与、介入客户的供应链管理及物流系统来提供服务，这种服务能够帮助客户提高其物流管理水平和控制能力，优化客户自身的物流系统，加快响应速度，为企业提供制造、销售及决策等方面的支持。如库存管理与控制、采购与订单处理、市场调研与预测、产品回收、构建物流信息系统、物流系统的规划与设计、物流系统诊断与优化、物流咨询及教育培训等。这类服务往往是第三方物流企业发挥更大的主动性去挖掘客户的潜在需求而开发出来的，需要更多的专业技能及经验，具有更大的创新性和增值性，是高技术、高素质的服务。这种高层次的增值服务需要建立在双方充分合作信任的基础上。

此外，还可以根据服务所带来的效果，还可将增值服务分为给客户带来便利的服务，加快反应速度，使流通过程变快的服务；降低成本发掘第三利润源的服务以及将供应链集成在一起的服务等四类。

三、国外第三方物流的发展状况

欧洲第三方物流发展非常快。目前，主要欧盟国家的“第三方物流”市场总规模约为300亿欧元，约占全欧洲物流总量的30%。其中德国99%的运输业务和50%以上的仓储业务交给了第三方物流，在商业领域已从货物配送发展到店内物流，零售店已将从开门到关门，从清扫店堂到补货上架等原先由商店营业员负责的一系列服务工作，全部交给第三方物流商完成。德国总的物流市场是300多亿美元，交给第三方的是80多亿美元，占到德国总的物流市场份额的24%，法国的比例比德国稍微高一点，为27%，英国达到35%。在美国，大型制造企业使用第三方物流的比例占到69%，欧洲的大型企业特别是制造业，全部或部分使用第三方物流的比重高达76%，这种以为生产企业提供集成化、专业化、个性化全方位服务的物流模式，在欧美国家仍在快速发展之中。

例如：以制造飞机闻名的英国宇航公司，以前是一个大而全的企业，拥有6家生产基地，16个零部件加工点，有350家原材料供应企业为其服务。现在他们把采购、加工、配送剥离出来，交给了以采购、加工、配送为主要业务的阿波罗有限公司，从而使自己的人员、产品、库存、资金占用大幅度减少，经济效益大幅提高。阿波罗公司也以供应的75000件零部件，件件有卡片登记、件件可以质量追踪溯源的优质服务，赢得了英国宇航公司的信赖。

西班牙巴塞罗那大众汽车物流中心承担着为大众、奥迪、斯亚特等大众系统4个品牌的汽车配送零部件的任务。在7万平方米的物流中心分别存放着4个品牌来自不同生产基地的汽车零部件，通过加工再配送给西班牙附近的组装厂。整个中心，由进货区、加工区、出货区、全自动立体仓库以及先进的质量检测手段，电子数据交换临近系统构成。中心各环节全部采用条形码扫描确认和自动传输，实现了真正的货畅其流。4个品牌的汽车所需的8.8万种零配件在这里可以全部找到，而且可以在24小时内把装配厂及产品客户所需的零配件送到客户手中。

目前，国外第三方物流的发展趋势呈现以下几个方面特点：

第一，市场特别需要物流集成商，它提供的是一个计算机接口，一个接触点，一份合同，一份集单，买卖双方把所有的与物流有关的业务交给这一个公司全权代理，不管它是自己运作，还是再去转包给别人，反正这个第三方是与货主联系的唯一的接触点。

第二，第三方物流的利润空间很大。第三方物流除了给第一方、第二方带来利润以外，自己也能赚到钱，如果利用更加严格的内部成本控制和更好的使用信息技术，提供一些增值服务，第三方物流就能赚取更多的利润。随着经济全球化，越来越多的厂商到国外去办厂，第三方也要跟着走，这样随着他的市场扩大，第三方的市场也跟着扩大。

第三，客户将更加依赖于第三方物流。因为第三方有现成的比客户自己做要好得多的物流解决方案，所以，客户都非常愿意把这个东西外包出去，从而，第三方物流和客户之间就构成一种不可以分割的供应链关系。

全球前十强第三方物流企业简介：

1.UPS

业务概况：UPS是全球最大的速递机构，全球最大的包裹递送公司，同时也是世界上一家主要的专业运输和物流服务提供商。每个工作日，该公司为180万家客户送邮包，收件人数目高达600万。该公司的主要业务是在美国国内并遍及其他200多个国家和地区。该公司已经建立规模庞大、可信度高的全球运输基础设施，开发出全面、富有竞争力并且有担保的服务组合，并不断利用先进技术支持这些服务。该公司提供物流服务，其中包括一体化的供应链管理。

业务分布：UPS的业务收入按照地区和运输方式来划分呈现出不同的分布特点。从地区来看，美国国内业务占总收入的89%，欧洲及亚洲业务占11%。从运输方式来看，国内陆上运输占54%，国内空运占19%，国内延迟运输占10%，对外运输占9%，非包裹业务占4%。

2.FedEX

业务概况：FedEX公司的前身为FDX公司，是一家环球运输、物流、电子商务和供应链管理服务供应商。该公司通过各子公司的独立网络，向客户提供一体化的业务解决方案。

其子公司包括 FedEX Express(经营速递业务)、FedEX Ground(经营包装与地面送货服务)、FedEX Custom Critical(经营高速运输投递服务)、FedEX Global(经营综合性的物流、技术和运输服务)以及 Viking Freight(美国西部的小型运输公司)。

业务分布:从地区来看,美国业务占总收入的 76%,国际业务占 24%。从运输方式来看,空运业务占总收入的 83%,公路占 11%,其他占 6%。

3.德国邮政世界网(Deutsche Post World Net)

业务概况:德国邮政是德国的国家邮政局,是欧洲地区领先的物流公司,并着眼于成为世界第一。近期更换了品牌(改名为 Dertsche Post World Net,简称 DPWN)。一方面为挂牌买卖做准备,另一方面也是意识到了其业务的全球化特点以及电子商务日益重要的影响。DPWN 划分为四个自主运营的部门,即邮政、物流、速递和金融服务。

业务构成及分布:从净收入来看,DPWN 的四大业务邮政、速递、物流和金融分别占 49%、21%、18%和 12%。特别是对于物流业务在地域上的分布来说(从净收入看),德国、法国、意大利和欧洲其他国家分别占 23%、17%、8%和 23%,斯堪的纳维亚、美洲、远东及澳洲分别占 12%、11%和 6%。

2001 年 1 月,德国政府为邮政部门制定新的立法,新法律将允许国家出售其在德国邮政持有的多数股权。2000 年 11 月,德国经济部长称政府将不会按照原计划在 2002 年年底结束 Deutsche Post 的完全垄断。同时德国邮政有意将其在 DHL International 的持股比例从 50%提高到 75%。

4.Maersk/A.P. Moeller

Maersk Sealand 是世界上最大的航运公司,拥有 250 艘船舶,其中包括集装箱船舶、散货船舶、供给和特殊用途船舶、油轮等,该集团还拥有大量的装卸码头,并提供物流服务。Moeller 的附属公司同时还在挪威、委内瑞拉和其他国家进行石油和天然气的钻探。另外,该集团还从事船舶和联运集装箱的制造,药品生产,并经营一家国内航空公司 Maersk Air 和提供信息服务。另外,该公司还拥有丹麦第二大连锁超级市场。

5.Nippon Express(日通)

日本通运的业务主要分为汽车运输、空运、仓库及其他,分别占 44%、16%、5%及 25%。从地域上看,其经营收入有 93%来自于日本。其客户主要分布在电子、化学、汽车、零售和科技行业。

6.Ryder

业务概况:Ryder 系统公司在全球范围内提供一系列的技术领先的物流、供应链和运输管理服务。该公司提供的产品范围包括全面服务租赁、商业租赁、机动车的维修以及一体化服务。此外还提供全面性的供应链方案、前沿的物流管理服务和电子商务解决方案，从输入原材料供应到产品的配送，致力于支援客户的整条供应链。

业务分布：从地区来看，美国业务占总收入的82%，国际业务占18%。从业务板块来看，运输服务占57%，物流占32%，其他占11%。

7. TNT Post Group

业务概况：TPG在全球超过200个国家和地区提供邮递、速递及物流服务，并拥有Postkantoren（经营荷兰各邮局的机构）50%的股权。TPG利用TNT品牌提供速递发送及物流服务（TNT的物流业务主要集中在汽车、高科技以及泛欧洲领域），其物流领域现有137间仓库，共占地155万平方米。

业务划分及分布：按业务类型来看，TPG的三大业务邮递、速递和物流（净收入）分别占42%、41%和17%，而从地域表现来看（净收入），欧洲占85%，澳洲、北美、亚洲及其他地区分别占6%、4%、2%和3%。如果从运营利润来看，邮递、速递和物流分别占76%、15%和9%。

8. Expeditors

业务概况：该公司注册地为美国，是一家提供全球物流服务的公司，向客户提供了一个无缝的国际性网络，以支持商品的运输及策略性安置。公司的服务内容包括空运、海运（拼货服务）及货代业务。在美国的每个办事处以及许多海外办事处都提供报关服务，另外还提供包括配送管理、拼货、货物保险、订单管理以及客户为中心的物流信息服务。

业务分布：从业务类型来看，主要集中在空运、海运和货代方面，按照收入划分分别占63%、25%和12%。而从地区分布来看，主要集中在远东，占56%，在美国、欧洲和中东、南美、澳大利亚的收入分别占25%、15%、2%和1%。

9. Panalpina

业务概况：Panalpina是世界上最大的货运和物流集团之一，在65个国家地区拥有312个分支机构。Panalpina的核心业务是综合运输业务，所提供的服务是一体化、适合客户的解决方案。通过一体化货运服务，将自身定位于标准化运输解决方案和传统托运公司之间。除了处理传统货运以外，该集团还专长于提供物流服务给跨国公司，尤其是汽车、电子、电信、石油及能源、化学制品等领域的公司。

业务划分及分布：从总利润来看，Panalpina的四大业务即空运、海运、物流及其他分别占44.9%、31.3%、20.3%和3.5%。而在地域上又分别为欧洲/非洲占52.7%，美洲占33.9%，亚太占13.4%。

2000年12月，开创了一个以客户为中心的“电子商务”平台，该平台旨在连接其货运和物流作业所有运营阶段。这种“电子网络”提供了一个“综合系统”，该系统既连接了

Panalpina 公司内部设备,又连接了为客户提供的外部电子平台。

10. Exel

业务概况:2000 年 7 月 26 日,Ocean Group 与 NFC 公司合并后更名为“Exel”。Exel 分为 5 大业务部门:欧洲部(消费品/零售/医疗)、美洲部(消费品/零售/医疗)、开发和自动化部、技术和全球管理部以及亚太部。该公司全球网点达到 1300 个,50000 多名员工。目前该公司三家主要运营子公司为 Exel(旧的 NFC)、Msas 全球物流公司和 Cory Environmental 。Msas 是世界上规模最大的货代之一,在全球范围内提供多式联运、地区配送、库存控制、增值物流、信息技术和供应链解决方案等各项服务。Cory Environmental 是英国规模最大的废品处理公司之一。Exel 在地面运输供应链服务方面占有很强的市场地位,所提供的服务包括仓储和配送、运输管理服务、以客户为中心的服务、JIT 服务和全球售后市场物流服务。

业务分布:从业务种类来看,Exel 主要集中在配送、运输管理和环境服务三个方面,按照净收入划分分别占 58%、39%和 3%,如果按照运营利润划分分别占 62%、28%和 10%。从地理分布来看,业务主要集中在英国与爱尔兰,同时遍及美洲、欧洲大陆和非洲以及亚太地区,按照净收入划分分别占 39%、30%、21%和 10%,如果按照运营利润划分则分别占 54%、27%、10%和 9%。

全球前十强第三方物流企业发展给我们的启示是:

(1)专业化。如 UPS 主要是陆运,FedEX 主要是空运,德国邮政主要是邮政运输,Maersk 主要是海运。

(2)都有自己的核心竞争力。如像 Exel 做废品处理,有自己独特的一套。成功在于走专业化的道路。

四、我国第三方物流发展现状

相比之下,我国的第三方物流发展缓慢。我国现有的运输企业或仓储企业无论规模有多大,都体现不出应有的规模效应,相反,这些企业经营效率低下、利润空间窄小。原因就在于企业都在单兵作战,无序竞争,不能整合力量,为客户提供规范的、全程的、一整套的物流管理和服务。

主要表现在:一是真正的第三物流企业还不多,即使有一些,服务的范围也很窄;二是传统的物流企业更像是流通企业、运输企业或仓储企业,功能单一,欠缺按现代物流企业的标准进行改造;三是物流企业的科技含量还较低,现代化信息手段的采用和先进的物流机械设备还很少;四是具有专业知识的物流供应链人才十分紧缺,导致物流企业的经营管理和服务理念落后;五是观念还没有意识到,特别是一些大企业固定产、供、销一条龙的传统观念,认为越大越多就越好,不愿把非核心竞争力的资源交给他人来做。

据 2000 年第二次全国物流市场供求状况调查分析报告显示,生产企业原材料物流的执行主体主要是供货方,占 46%,其次是公司身自提货占 36%,第三方仅占 18%,生产企业产成品销售物流中，24.1%的执行主体是公司，16.1 %是第三方；商业企业物流挂靠主体，76.5%为公司自身，17.6%的企业由供货方承担，交第三方运作的比例仅为5.9%，说明商业企业物流社会化程度不高，同时也说明以批量少、品种多、频次高、紧急性强为特色的零售企业物流目前的现状。

调查表明，原材料库存期、生产企业成品库存期、商业企业商品销售库存期分别为28.5天、44.8天和33.8天。说明我国商品进库时间长、周转慢的现状。

调查还显示，生产企业原料供应物流费用占采购成本的平均比例为5.4%，生产企业成品销售物流费用占销售额的比例为7.74%，商业企业物流费用占销售额比例为1.96%。生产企业汽车空驶率平均为34.7%，商业企业为38.5%，说明汽车资源利用效率较低。

一系列的调查与研究均表明，我国第三方物流的发展还处于起步阶段，现有物流服务还不能满足客户的紧迫需求，同时在合作关系上还普遍存在着信任问题。这个问题的解决依赖于双方物流观念上的转变和合作方式的创新。对于非物流企业来讲，需要以一种全新的角度来看待第三方物流服务。

第三方物流是客户的战略同盟者，而非一般的买卖对象。第三方物流企业在物流领域扮演的是客户战略同盟的角色。在服务内容上，它为客户提供的不仅仅是一次性的运输或配送服务，而是一种具有长期契约性质的综合性物流服务，最终职能是保证客户物流体系的高效运作和不断优化供应链管理。从这个角度来看，第三方物流企业与其说是一个专业物流公司，不如说是客户的一个专职物流部门，只是这个"物流部门"更具有专业优势和管理经验。

与传统运输企业相比，第三方物流的服务范围不仅仅限于运输、仓储业务，它更加注重客户物流体系的整体运作效率与效益，供应链的管理与不断优化是它的核心服务内容，它的业务深深地触及到客户企业销售计划、库存管理、订货计划、生产计划等整个生产经营过程，远远超越了与客户一般意义上的买卖关系，而是紧密地结合成一体，形成了一种战略合作伙伴关系。

从长远看，第三方物流的服务领域还将进一步扩展，甚至会成为客户销售体系的一部分，它的生存与发展必将与客户企业的命运紧密联系在一起。一个企业的迅速发展光靠自身的资源、力量是远远不够的，必须寻找战略合作伙伴，通过同盟的力量获取竞争优势。而第三方物流扮演的就是这种同盟者的角色，与客户形成的是相互依赖的市场共生关系。

第二节　第三方物流产生与发展的必然性

在某种意义上，可以说第三方物流是物流专业化的一种形式，是社会生产力发展到一定阶段的必然产物。对第三方物流产生与发展的必然性与合理性，可以由相关理论从不同角度予以阐释。

一、基于交易费用理论的第三方物流

交易费用是由信息的不对称、有限理论、机会主义和交易的不确定性等原因引起的。物流交易费用与交易的不确定性、物流服务的复杂性以及资产专用性程度和交易频率等交易特性因素有关。

所谓资产专用性程度是指投资于支持某项特定交易的资产,如果不牺牲该项资产的一些生产率或增加使该资产适用于新交易的费用,专用性资产就不可能用于另一交易中。它主要包括场地资产专用性、物质资产专用性、人力资产专用性及专项资产。它们的共同特征是,一旦形成很难再作他用,因此,交易双方具有很强的依赖性,一方违约将使另一方产生巨大的交易风险。所需要的物质资产的专用性越低,企业就越容易在市场上找到物流服务供应商,相反,如果所需物流资产的专用性很高,甚至需要外部的物流供应商进行投资(不管是有形的还是无形的),此时物流供应商行使机会主义的可能性就较大,外包总成本就会大大提高。

物流服务的复杂性决定了鉴定和监控交易的难度。复杂性越高,合同的不确定性就越高,谈判费用也会随之上升;复杂性越高,往往信息的不对称性越突出,越容易引起机会主义行为;复杂性越高,外部物流企业一旦终止服务或降低服务质量,就会对企业的业务产生巨大影响,从而增加了企业对第三方物流企业的依赖,进而导致交易费用增加,包括合同谈判和执行费用。

从交易频率看,交易频率越高,一般说交易量也越大,工业企业对第三方物流供应商越重要,物流供应商为了获得大量频繁的业务和保持长期的合作关系,会积极地为企业提供高水平的一致性服务,并主动与企业保持沟通并接受企业的监控。这样谈判费用和机会主义成本也会大大降低。

综上所述,在交易频率较高而资产专用性和市场不确定性较低情况下,将物流外包给第三方不仅可以降低生产成本,而且其交易费用也低于自营的管理费用,因而是一种经济的选择。这是因为,当资产的专用性较低时,企业很容易在市场上找到物流供应商,这样由第三方物流企业从机会主义所带来的要挟就不存在,市场交易的效率就会高于纵向一体化的代理效率。另一方面,长时间将物流外包给第三方物流企业,双方会时常保持沟通,因此,可使搜寻交易对象的信息费用大为降低,此外,基于物流伙伴提供的个性化服务建立起来的合作关系,也可减少各种履约风险。

二、基于委托代理理论的第三方物流

委托代理理论包括一系列关于人类行为、组织和信息的性质方面的假设:

(1)委托人与代理人是自利的;

(2)委托人与代理人的效用函数的不一致性;

(3)在委托人与代理人之间存在信息的不对称性,所以很容易引发代理人的机会主义行为。

委托代理理论的目标是研究选择有效的契约来处理委托人与代理人的委托代理关系。

委托代理的均衡合同,必须满足两个条件,即个人理性约束和激励相容约束。个人理性约束是指代理人参与接受委托人设置的机制时,代理人在该机制下得到的期望效益不低于他不接受这个机制时得到的最大期望效用。代理人"不接受合同时能得到的最大期望效用",由他面临的市场机会决定。激励相容是指代理人有积极性来选择委托人希望他选择的行为,即他这样做所得到的期望效用不小于他那样做所得到的期望效用。

只有在满足个人理性约束和激励相容的条件下,委托人也能获得期望收益的最大化,才称其为均衡合同。然而由于信息的不对称性,委托人对代理人的能力,努力水平以及决策问题的情况了解不深,使得激励约束代理人的合同安排难以成为最优激励的最佳方案。为了更好地设计出促进双方目标相一致的契约,除了满足上述两个条件外,委托代理理论还引入了激励机制。Kumar(1996)认为,有效的信息交流所形成的信任的力量是外包等合作成功的决定因素。这样,委托人在契约的设计中,通常还引入各种显性激励和隐性激励机制以尽可能消除信息的不对称性,促使双方目标相一致。

显性激励是指委托人为诱使代理人选择委托人所希望的行为,而根据观测到的行动结果来奖励代理人,如报酬机制。隐性激励指在多次的委托代理关系下,委托人可以相对准确地从观测到的变量中推断代理人的努力水平,并用长期合同给予代理人激励以免除代理人的风险,如声誉机制就属于隐性激励。

从第三方物流企业角度看,接受物流需求企业的委托,成为物流需求企业稳定伙伴,意味着第三方物流企业有了稳定的业务,在日益激烈的市场竞争中,稳定的业务是企业生存和发展的重要因素。

同时,作为第三方物流企业为了获得持续的物流服务业务,有积极性提高物流服务质量和降低物流成本,不仅提高自己的获利能力,同时还可以满足物流需求企业的要求,并使工业企业从第三方物流企业的服务中获得第三利润源泉。所以,第三方物流外包关系也满足激励相容约束。

另外,第三方物流外包关系的建立还会起到其他激励作用。物流外包的合同期限一般为1~3年,与基于单个交易的物流供需关系相比,显然,工业企业给予了第三方物流企业以显性激励。较长期的合作关系能促使第三方物流企业放弃短期行为,着眼于长期利益。同时,第三方物流企业为了持续地赢得物流服务业务,会不断地向需求企业提供服务能力和服务水平等相应信息,并不断提高为工业企业提供创新服务或增值服务的能力,以赢得物流需求企业的声誉激励(隐性激励),即合同到期后,双方还继续签署新合同,保持和发展合作关系。这样,就可以减少因第三方物流企业的信息的不对称性而引发的第三方物流企业的机会主义行为,最大限度地减低第三方物流公司的自利风险,促进第三方物流服务企业在最大限度地赚取利润的同时,提高顾客服务水平,进而使双方的目标趋于一致性。这样,对工业企业等物流需求企业来说,可以更好地专注于核心能力,并可以从整个供应链的竞争力上更好地赢得竞争优势。

从代理费用的角度看，物流需求企业通过与第三方物流企业建立长期的合作关系，也有助于代理费用的降低。因为，外包合同是基于互惠互利、相互信任的基础而达成的，这样，供需的不确定性会得到很好的抑制，各种风险会得到很好的规避，第三方物流企业会尽可能提供更好的服务水平和质量而付诸行动。这样，代理的担保费用就会降低。

所以，以委托代理理论的相关假设以及代理费用看，物流外包给第三方物流服务商有着明显的优势。现实中，工业企业在实施物流外包时，除了上文得到的激励措施外，往往还会强化其他激励措施，以实现最优激励和获得费用效率。如有尽可能减少第三方物流企业的数目，并与主要的表现好的第三方供应商保持长期稳定的合作关系；委托人还会开创激励的支付机制，当供应商给委托人带来更多价值时，委托人给予供应商更多的支付。在这一机制下，双方的价值和收入都可得到提高，这也有助于减少供应商的机会主义行为。

三、基于资源基础理论的第三方物流

竞争战略理论认为，企业的获利能力主要归因于两个方面：所在行业的吸引力以及与竞争对手相比所拥有的竞争优势。在这一理论指导下，企业战略分析的目标是先确定具有有利环境的行业，再将自己置于此行业，然后确定有效方法应对竞争。然而竞争战略理论没有对行业的特征和行业中单个企业的获利能力之间的重要关系作出解释。即，竞争战略难以对同一行业中不同企业的绩效存在差异，以及竞争力的持久性存在差异的现象作出深刻解释，这恰是资源基础理论关注的问题。

企业是资源的集合体，企业资源集合的异质性决定了企业的异质性。有价值的异质性资源是企业成功的关键因素，是企业获得竞争优势的重要源泉，其评判标准是稀缺性、非完美模仿性和非替代性。企业资源即包括有形资源，也包括无形资源。专利、商标、专有技术、学习能力等无形资源都可以成为企业的比较优势。

由于任何企业都无法掌管和拥有所有所需的资源，资源的稀缺性会促使企业发展与外部组织之间的关系，以充分利用外部组织的资源和力量。为了更好地利用现有的资源和能力并提高竞争优势，从外部采购互补资源和能力是十分必要的。因此，将物流业务外包给第三方物流商是企业出于对战略资源的需要，意欲利用社会资源的产物；外包可以使企业弥补战略管理中在资源和能力上的差距。

一般认为，如果企业在时间上或成本上无法获得或开发关键职能领域所需的知识，则合作是一种强化知识的有用方法。企业的核心能力也是一种资源，而且是企业所有的资源中最重要的。核心能力决定了其他资源的使用效率。当企业内部能力难以胜任某项活动或任务时，企业要么外包给外部组织，要么与外部组织合作投资所需资源以执行相关活动或任务。

总之，企业只有发展那些有价值的、稀缺的、不易被模仿和不可替代的异质性资源和能力，不断开发和利用外部的互补性资源（更好的替代资源），才有可能持续地保持竞争优势。这样企业要想获得产品或服务的差异性或以最低成本提供一致的产品/服务或强化企业价

值，在自身不具备相应资源或不想在所需资源上付出更多投资的情况下，充分利用外部资源和能力，实现外包与外部企业缔结战略联盟就成了企业的战略选择之一。实施业务外包可以利用第三方物流资源和能力，弥补企业在物流资源和能力上的不足、缺陷。企业实施物流外包，还可以减少在物流设备、管理、运作上的资本投入，从而把有限资源投在核心能力和业务上，在降低机会成本和投资风险的同时，强化企业的核心能力和业务。此外，企业可以充分利用第三方物流企业的经营网络，信息技术及专门知识和经验等资源，大大降低成本并提高物流运作效率和顾客服务水平，进而增强企业的获利能力及竞争优势。

因此，基于对企业资源性的分析，如果物流资源不是对企业竞争优势至关重要的异质性资源，企业自身的物流资源和能力又难以满足自身和顾客的要求，则将物流外包给专业的第三方物流企业，可以更好地实现价值最大化目标。

四、基于核心能力理论的第三方物流

波特的价值链管理理论认为，企业的全部生活活动体现在物质的价值上就是不断增值的过程，其中增值最大的环节是企业的核心业务，也是竞争优势所在。因此，企业内部管理的完善和优化体现在价值链管理上就是加强企业内优势环节，减少不增值的环节，即将企业有限的资源集中在实现高附加值的核心业务的运作上，而规模经济的发展往往要求企业经营不擅长的非核心业务，投入大量的资源以维持全方位的专业化运作。

第三方物流业的出现解决了规模经济和企业的柔性要求的矛盾，企业通过与第三方物流提供者实现资源共享的方式，将非核心业务外包出去，实现其专业化的服务，将有限的资源投入到核心业务的专业化运作上，实现总体运行的高效率。进入 20 世纪 90 年代后，信息技术特别是计算机技术的高速发展和社会分工的进一步细化，推动着管理技术和管理思想的迅速更新，由此产生了供应链、虚拟企业等一系列强调外部协调和合作的新型管理观念，增加了物流活动的复杂性，又对物流活动提出了零库存、准时制、快速反应、有效的顾客反应等更高的要求，使一般企业很难承担此类业务，由此产生了专业化物流服务的需求。第三方物流思想正是为满足这种需求而产生的物流思想。

核心能力理论认为，企业的竞争力来源于能够比竞争对手以更低的成本和更快的速度建立核心能力；核心能力是多因素的复合体，它是技术治理结构和集体学习的结合。企业的核心能力是一种稀缺的、难以模仿的、有价值的、可延展的能力。检验核心能力的标准是：第一，是否为通往多种市场提供潜在的渠道。第二，是否为消费者带来显著的价值。第三，是否使竞争对手难以模仿。公司所拥有的核心能力组合与价值创造体系对企业的竞争力起决定性的作用，构建核心能力与相关技术的未来路线图，通过战略构造，可以保持企业内部资源的一致性。

根据核心能力理论，企业应持续地在具有核心能力的业务上进行投资，而将不具备核心能力的业务进行外包。依据核心能力理论，企业在经济组织中，只有物流资源可用于多种用途，是企业所具有的，有价值的，可延长的核心能力，而且物流资源在公司范围能够得到保

持,才不应外包,否则应外包。

第三节　第三方物流的经济性分析

现代企业生产社会化的发展趋势要求社会化的大物流与之相适应,同时为社会化的大物流创造条件。社会化的大物流已拓展到包装、配货、加工、配送、信息处理等多项增值服务,从而涉及到生产、流通和消费的全过程。应当承认,随着大机器工业的到来,工业时代精细的分工相对于早期农业、手工业式的粗放经营,是一种历史性的进步。亚当·斯密以来的许多经济学家的各种经济理论与各国经济发展的实践都证明了精细分工在提高生产效率方面所体现出的巨大优势。然而,现代生产企业却又在时效性受到制约的另一面反映这种精细分工所存在的问题。在这种分工体系下,每一组织或职能部门只是完整流程的一部分,各组织部门被限定在从事专门业务活动的特定单元之中,各单元间的联系与沟通受到各种条件的限制,其结果是各组织部门“只顾自扫门前雪,不管他人瓦上霜”。表面上看这种分工在各业务单元中是合理而高效的,但事实上一个原本应为完整的业务流程却被若干个职能部门分割得支离破碎,高额的物流成本使得企业的生产与流通存在着巨大的浪费。这些问题的存在迫使人们在社会化大生产的总体框架下,重新考虑新的物流模式的建设问题。

第三方物流之所以应运而生并越来越受到工商企业的青睐,正在于它具有显著的经济性,在于它能使企业获得比原来更大的竞争优势。

一、第三方物流的专业化能带来规模经济

第三方物流企业拥有专门的物流管理人才、先进的物流设施、设备,具备高度系统化、集成化和信息化的管理体系,能够对物流资源快速整合,具有规模经济的基本特点,主要表现在以下三个方面:

1.第三方物流是规模化的组织

第三方物流业务要使用专门的物流设施,快速反应的信息系统,一般需要很高的固定资金投入,固定成本在总成本中占有很大的比例。这种状况决定只有随着规模的扩大,物流平均成本才会呈现出下降的趋势,具有规模经济性。从市场竞争的要求看,第三方物流也只有拥有一定的规模,才能确保价格大于其平均成本,才可能赢利。因而,一定的规模是它生存的必要条件。第三方物流由于规模大,现代化水平高,加之契约制度的完善,因而它能够有效地协调生产、流通和消费之间的物流活动,通过和企业的契约关系,利用信息化高科技手段、专业化的设备、人才把物流活动的各环节,从点到面有机地串联起来,快速完成物流过程。而自营物流企业,物流资源整合和一体化仅仅局限在企业层面上,也许从局部来看,物流运作是高效的,但生产和流通产业之间以及产业内部之间缺乏有效的协作,很难进行物流的整合优化,因而从整个物流过程来看,是支离破碎,缺乏效率的。不可否认一些大型的企

业，例如，美国的商业巨头沃尔玛，中国的家电大鳄海尔，能够建立自己的物流配送中心，实现了自营物流的规模经济。但前提条件是它们的市场规模巨大，资金雄厚，具备强大的物流整合能力。对于大多数中小企业来说，在竞争日益激烈，消费日益个性化、多元化的市场环境下，很难具备这样的能力。即使一些跨国企业也不是完全由自己来经营物流。2000年对财富500强企业调查表明：从1997年到2000年，企业利用第三方物流的比例从40%增长到56%。可见，从发展趋势考察，规模经济不是自营物流所能体现的特点。

2.第三方物流是契约代理多个企业的组织

第三方物流与生产、销售企业的联系是通过契约或合同建立稳定、明确的合作关系实现的。由于契约把双方的费用、价格固定化、风险平均化，双方实际上结成了一个利益共同体。这就从利益机制上为物流业务正常开展提供了保障。第三方物流企业作业效率的提高会加快物流速度，降低单位物流成本，节约双方的交易费用；货主企业规模扩大，则有利于提高市场占有率，增加利润，同时也扩大了第三方物流的需求规模，可以说规模对双方具有利益一致性。而传统的专业物流企业与货主企业的合作是松散的，缺乏严格的制度约束，因而，在商品市场需求不稳定的情况下，双方都面临着极大的风险。需求增加，价格上涨，企业外包物流费用就会上升，反之，就会下降。在双方损失或收益不对称的情况下，传统物流企业和货主企业都存在着不断选择和机会主义，从而难免会加大交易费用，不利于物流费用的降低和物流规模的扩大，很难具有规模经济。

3.第三方物流企业是专业化的组织

所谓专业化指随着规模的扩大，所投入资源专业化使用的可能性增大。当物流活动分散在不同企业和不同部门时，各种物流要素很难充分发挥其应有的作用，例如，仓储设施的闲置等。随着物流活动从生产和流通领域中分化出来，各种物流要素也逐渐成为市场资源，第三方物流企业利用其专业优势和系统最优化原理，就可以根据各种物流活动的要求在全社会范围对各种物流要素进行整体的优化组合和合理配置，迅速扩大物流规模，从而可以最大限度地发挥各种物流要素的作用，提高物流效率。

二、第三方物流企业通过物流功能创新，创造新价值

一般来说，传统物流企业的收益基本上来自储运业本身，是完全被动的。但第三方物流不再满足于此，而是积极主动地参与价值创新以求更大利润。因为第三方物流企业和货主企业之间存在着契约关系，具有利益一致性，扩大规模降低成本是双方的共同目标，为争取足够的物流规模，第三方物流企业有着不断创造需求的内在冲动。创新包括新的思想观念、技术、产品、市场和组织形式，对于第三方物流企业而言，创新物流就是要对物流活动进行创新整合、创造新的物流服务理念，创造新的物流功能。马克思说："物品的使用价值只是在物品的消费中实现，而物品的消费可以使物品的位置变化成为必要，从而使运输业的追加生产

过程成为必要。因此投在运输业上的生产资本会部分地由于运输工具的转移,部分地由于运输劳动的价值追加,把价值追加到运输的产品中去。后一种价值追加,就像在一切资本主义生产下一样,分为工资和剩余价值。”显然,第三方物流不再是一个简单的成本因素,而成为一个为生产、交易和消费提供服务的价值增值因素,它创新的重点就是创造新的追加价值。第三方物流突破对传统物流的服务内容、物流功能的理解,认为在物流过程中,虽然物流实体、物流信息、物流管理活动这些有形无形的活动是不可分割的整体,但是,却可以把这些活动进行分别的运作。第三方物流企业通过物流功能创新,创造了商品的新价值。从第三方物流企业的功能分类看,它不但包括物流实体公司,而且包括物流管理公司和物流技术公司这些价值创新型企业。它们的主要功能是:

1.提供基本的仓储和运输服务

如公共仓库和普通货运的公司,以资产密集和标准化服务为标志。这些功能通过对货主企业物流的优化整合,降低物流成本费用,增加商品价值。

2.提供仓储和货运管理等增值服务

为客户提供集配货配送、分拣包装、配套装配、条码生成、挂标刷标等,可为客户选择承运、协议价格,安排货运计划、优选货运路线和货运监测。这些功能通过对物流过程中的追加劳动投入,增加了商品的价值,创造了第三方物流企业和货主企业新的利润来源。

3.提供一体化物流和供应链管理服务

为客户提供需求预测、自动订单处理、客户关系管理、存货控制和返回物流支持等。这种创新型物流活动已经深入到货主企业供应链的内部,通过对客户的无形服务,不但创造了物流企业的需求,而且还巩固了货主企业和消费者的密切关系,扩大了商品的市场需求,创新了物流的服务价值。

第三方物流的创新价值呈现出渐长性,竞争和技术进步是第三方物流创新的动力。在第三方物流发展的初期,市场竞争度低,市场规模小,物流的专业化程度和物流的信息化程度还没有得到充分的发挥和加强,它主要进行物流实体服务,较少进行物流价值创新。随着物流市场的扩大,市场竞争的加剧,物流技术水平的提高,第三方物流企业的专业化、信息化程度增强,许多先进的第三方物流企业更多地涉足物流的创新型增值服务。随着物流功能扩展,第三方物流企业越来越深入到货主企业物流管理,参与到价值链的创造过程,和货主企业的利益共同体关系更加紧密,第三方物流企业创新价值的贡献越来越大。可以预见,在经济全球化和技术信息化、网络化、竞争日益激烈的环境中,第三方物流创新价值的经济性会愈发突出。

三、第三方物流具有外部经济性

第三方物流的外部经济性可以从三方面来考察,即对货主企业产生的收益、专业化分工产生的社会效益和对消费者福利产生的正面影响。

（一）第三方物流有利于生产经营企业集中搞好主业

从生产经营企业角度来看，第三方物流的产生是生产经营企业为了集中搞好主业，把原来属于自己处理的物流活动，以合同的方式委托给专业物流服务企业，同时通过信息系统与物流服务企业保持密切联系，以达到对物流全程的管理和控制的一种物流运作与管理方式。

生产经营企业选择物流外包的动机是出于节省物流成本和提高市场竞争力。生产经营企业和第三方物流企业是一种优势互补的战略联盟关系，第三方物流企业利用其规模优势和专业优势对物流系统进行整合，以达到整体最优和物流成本最低。生产经营企业一方面减小了物流成本，另一方面由于物流外包，由此节省的资金、人力和物力可以集中到企业核心竞争力的投入上。而核心竞争力的提高又能使生产经营企业扩大市场占有率、增强市场控制力，从而提高生产经营企业的利润。由于物流费用的节约或者核心竞争力的增强而增加的利润不需要货主企业付出额外的费用，因而，第三方物流对货主企业来说意味着较强的外部经济性。随着第三方物流企业的发展，物流能力的提高，货主企业将更多地使用物流外包，第三方物流带来的外部经济性也会更大，并由此给企业带来竞争优势，其主要表现为：

1.归核优势

随着社会化分工的加剧和社会专业化程度的提高，一些企业纷纷将非核心业务外包，集中于核心业务上，这样可以充分发挥专业化分工的优势。从核心能力理论可知，企业能力包括核心能力和辅助能力，对于非物流企业来说，物流服务是非核心业务，对于物流企业而言，其核心能力是物流服务。外包物流可以使非物流企业集中十核心业务，将有限的资源用于核心业务上，企业资源得到了更有效的利用，同时也可以获益于第三方物流提供者的核心经营能力，使企业拥有了更强的竞争优势。在我国，上海通用汽车公司将全部物流外包给第三方，而自身集中于汽车的设计、生产和制造，第三方物流公司负责上千种零件两小时以上的库存和零部件的包装转换，按照通用公司发出的要货令向公司零部件中转地交货，甚至在通用公司生产现场设置办公室，解决物流现场问题，使通用汽车公司的物流系统高效有序地运转，能更加集中于核心业务。

2.业务优势

（1）使生产企业获得自己本身不能提供的物流服务。由于客户所从事的行业不同，由此带来的客户服务要求也是千差万别，例如生鲜产品对快速、及时、冷藏的要求，危险化工品对安全、仓储设备的要求。这些要求的差异往往是生产企业内部的物流系统所不能满足的，但却是第三方物流市场细分的基础。生产企业通过物流业务的外包就可以将这些任务转交给第三方物流公司，由他们来提供具有针对性的定制化物流服务。

（2）降低物流设施和信息网络滞后对企业的影响。小企业的物流部门缺乏与外部资源的协调,当企业的核心业务迅猛发展时,需要企业物流系统快速跟上,这时企业原来的自营物流系统往往由于硬件设施和信息网络的局限而滞后,而物流第三方恰好可以突破这种资源限制的瓶颈。

3.成本优势

(1)第三方物流可降低生产企业运作成本。随着制造技术和工艺的进步,企业降低生产成本的空间已很小,而降低产品流通费用却存在很大余地。专业的第三方物流提供商利用规模生产的专业优势和成本优势,通过提高各环节资源的利用率实现费用节省,使企业能从分离费用结构中获益,从而降低成本。长期以来,企业应对不确定性情况的常见措施便是增加库存,但持有存货的成本和仓储活动的投资成本等越来越让企业难以承受,TPL供应者能够利用其精心策划的物流计划和适时装运手段,最大限度地减少企业库存,甚至实现"零库存",从而大大降低成本。对季节性生产而言,TPL不仅能够减少仓储活动的投资,还能增强对市场的反应能力。另一方面,TPL企业能够根据用户的特别要求进行"顾客化定制",提供个性化的解决方案,利用现代物流技术如EDI、BarCode、GIS等以及现代物流设施如立体仓库等,并采用先进的物流管理经验来帮助用户增强顾客服务。在UPS全球物流公司和Fender国际公司——吉他制造巨人的合作中,UPS全球物流公司管理Fender国际公司来自世界各地制造厂的海陆进货,用第三方物流公司管理其在欧洲配送中心(EDCS)的库存,检查产品质量,检视库存,满足配送商和零售商的订货,管理多方承运人的交付订货。通过UPS的配送中心,Fender公司大大降低了库存和配送成本,能更好地监控质量和交付订货;同时UPS在完成配送等服务之外,还根据Fender公司特别需求提供相应的物流增值服务,在将吉他运往销售商之前,完成每把吉他的调音,以保证零售商从箱子中取出吉他时即可弹奏,从而大大提高了Fender公司的顾客服务水平。

(2)第三方物流可以减少固定资产投资。现代物流领域的设施、设备与信息系统的投入是相当大的,企业通过物流外包可以减少对此类项目的建设和投资,变固定成本为可变成本,并且可以将由物流需求的不确定性和复杂性所带来的财务风险转嫁给第三方。尤其是那些业务量呈现季节性变化的公司,外包对公司资产投入的影响更为明显。

4.客服优势

(1)第三方物流的信息网络优势。第三方物流企业所具有的信息网络优势使得他们在提高顾客满意度上具有独特的优势。他们可以利用强大便捷的信息网络来加大订单的处理能力,缩短对客户需求的反应时间,进行直接到户的点对点的配送,实现商品的快速交付,提高顾客的满意度。

(2)第三方物流的服务优势。第三方物流企业所具有的专业服务可以为顾客提供更多、更周到的服务,加强企业的市场感召力。另外,设施先进的第三方物流企业还具有对物流全程监控的能力,通过其先进的信息技术和通信技术对在途货物的实施监控,及时发现、处理配送过程中出现的意外事故,保证订货及时、安全送到目的地。

5.时基优势

时基竞争是指产品被生产出来,运到市场,并提供给顾客的速度上的竞争。虽然新的制造方法 JIT、柔性制造系统、计算机辅助制造等大大提高了企业生产效率,但是进一步提高企业时基竞争力必须加强组织信息流,提高如仓储、运送等物流活动的速度,减少交货、发送时间和响应时间,特别是物流成为获得时基竞争优势的关键。第三方物流提供者是企业的战略同盟,它能够利用先进的现代物流技术。信息技术、管理特长、规模化经营为企业成功起到巨大作用,减少企业生产前置时间,及时将产品运送到各个分销网络,甚至可以利用其物流网络扩大产品市场覆盖率。以上所提及 UPS 全球物流公司和 Fender 国际公司的合作中,Fender 国际公司不仅可以降低成本,提高顾客满意水平,而且还可大量减少生产前置时间,缩短交货时间,通过 UPS 全球物流的配送中心迅速将产品送到各个分销网络,从而获得时基竞争的优势。

6.应变优势

使用第三方物流可增强企业对市场变化的应变能力,包括地理跨度的灵活性(设点及撤销)和根据环境变化进行其他调整的灵活性。在企业经营中,由于市场需求的变化或企业经营战略的调整,企业物流设施设备有时不能适应经营的需要,如果重新改建,投入大、时间长,企业对市场的反应速度也要受到影响。若是将物流活动外包给第三方物流提供者,企业就可以根据市场需求灵活变动与第三方物流提供者的合作内容,减少了投资,增强了企业对市场的灵敏度,并可利用第三方物流的物流网络到达依靠企业自身能力难以到达的市场,扩大产品市场占有率。对于季节性生产而言,灵活性显得更为重要。因为需求的季节性,生产往往提前于消费季节,并要求根据市场反馈能及时进行生产调整,生产计划具有很大灵活性,这样对仓储等物流活动的需求也是季节性的,所以使用第三方物流可以及时调整企业生产和销售,具有季节方面的灵活性。

(二)第三方物流有利于提高社会效益

从专业化分工的角度看,第三方物流有利于提高社会效益。在商品经济发展初期,随着生产销售规模的扩大,为了提高物流效率,产生了商流和物流的分离,解决了企业内部运输费用和生产规模“二律背反”的矛盾,促进了运输、仓储业的发展,也使生产经营企业内部职能专门化,节省了企业的物流费用,提高了企业的生产效率。社会分工发展的规律表明,内部分工协作的发展必然会扩展到外部,形成新的社会分工。从发达国家物流产业的发展看,当第三方物流规模达到物流市场的一半时将形成物流产业。第三方物流的发展带来整个物流产业生产效率的提高,带来巨大的社会效益。它一方面对经济增长和社会就业机会产生了直接贡献。例如,日本在近 20 年内,物流业每增长 26 个百分点,经济总量就增加 1%;而在美国,物流产业的规模已达到9000亿美元,几乎是高新技术产业的2倍,去年,美国前20名第三方物流服务企业净收入达934亿美元;在欧洲,20世纪80年代末期物流业每年提供的新就业机会年增长35%,进入90年代基本保持在年平均20%的水平上。另一方面,通过发展第三方物流,可以大大提高运输效率、减少车流量,从而减少运输能源消耗、减轻环境污染,促进社会持续发展。例如,在物流发达的德国,通过第三方物流,运输效率提高80%,车流量减少60%。

(三)第三方物流的发展会给消费者带来福利的增加

从消费者的角度看,第三方物流的发展会给消费者带来福利的增加。物流是连接生产、销售和消费的桥梁,物流服务要求在合适的时间、地点把合适的产品以合适的方式和合适的成本提供给消费者。它一方面要满足生产销售企业的需求,另一方面要满足消费者的需求。由于第三方物流降低了货主的物流成本,使商品总成本降低,货主企业就可以以较低的商品价格出售给消费者,从而使消者用较低的支出获得和原来一样的商品,提高了消费者的福利水平。国外调查表明,第三方物流降低商品成本的效果相当可观,在欧洲,1987年物流成本占产品最终销售价格的143%,1993年为101%,1998年下降到77%,2003年进一步下降到68%。据研究,在美国,当不通过第三方物流而采用自营物流时,物流平均成本将占到商品总成本的30%~50%,在采用第三方物流时,实际物流平均成本仅占商品总成本的148%,可见消费者的福利水平得到了极大的提高。再者,由于第三方物流能够提供及时高效的客户关系管理服务,加深了与消费者良好的沟通,因而能为消费者提供更多的便利,协助快速解决消费者的商品问题,提高消费者的消费质量。

四、第三方物流经济性的启示

从第三方物流的发展可以看出,第三方物流的经济性潜力大、增长率高。生产经营企业只要及时做出正确的决策,就能尽早获得收益。发达国家较早采用第三方物流,已经获得了很大的收益。在欧洲,43%的企业实现了采用外部物流资源和服务的模式,大大降低了企业在物流方面的投入,使企业固定成本趋于最小化,增强了企业的核心竞争力。

我国目前已具备了发展第三方物流的条件:

(1)中国综合经济实力明显增强,围绕物流信息交流、管理和控制的技术得到了广泛的应用;

(2)随着我国加入WTO,外资的大量进入,一方面,外资企业有强烈的物流需求,另一方面,国有企业降低物流成本以提高竞争力已提到议事日程,同样也形成了巨大的物流需求;

(3)已有一个庞大的物流设施系统,特别是交通运输与仓储。

我国第三方物流的发展仍相当缓慢,第三方物流在物流市场中的比重仅为18%;生产经营企业物流成本长期居高不下。出现这种状况固然与我国第三方物流的规模小、物流能力差有关，更深层的原因是长期以来企业受“大而全”、“小而全”的经营理念和条块分割的物流管理体制的束缚，对第三方物流缺乏正确的认识。企业的观念仅仅停留在对第一、二方物流的狭隘意识上，把原应由第三方物流企业承担的物流业务进行自营，致使第三方物流的市场规模太小，经济性得不到应有的发挥。要改变目前这种现状，必须对以下几个方面的问题有一个清醒的认识。

（一）第三方物流顺应经济全球化、信息化和企业竞争战略的要求

在市场竞争日益激烈的情况下，核心竞争能力已成为企业生存和发展的关键。这就要求企业将资源和能力集中在掌握关键技术、核心业务和市场控制能力方面，而在物流管理等非核心业务和技术方面采取利用外部资源和服务的方式，通过利用第三方物流，使企业的组织结构得到优化，企业能够集中资源和能力提高自身的核心竞争力。为适应经济全球化的潮流，中国企业的竞争战略也应该朝核心竞争力方向转移。对于许多企业来说，物流资源和物流整合能力较差，物流业务属非核心能力，应该采用外包形式。企业要摒弃过去那种“大而全，小而全”的经营理念，尽早采用第三方物流企业来运作。

目前，我国第三方物流业的发展与世界上发达国家的企业相比，尚有很大差距。据统计，德国的物流成本占国民生产总值的10%左右，日本则下降到6.5%，而我国的物流成本仍占国民生产总值比重30%以上。在我国企业的全部物流中，第三方物流所占比重又明显偏低。这一方面说明许多工商企业仍受“大而全，小而全”思想及纵向一体化模式的约束，从“肥水不流外人田”的角度思考问题，宁愿自己设置仓储库房、运输车队、包装和加工车间从事物流活动，宁愿承担高额费用和各种风险，也不愿将业务转包给第三方；另一方面，说明第三方物流在我国还远不成熟，尚缺乏将物流管理单项功能进行集成化、专业化管理的经验，存在着信息不灵准、运输不快捷、仓储设备不完善、服务质量不过关等问题，还没有将制造商与购买方信息集合在一起并快速有效处理的能力。此外，目前第三方物流无论依托的是下游的零售商业企业还是上游的生产企业，是成为众多零售店铺的配送、加工中心，还是立足于生产企业的物流代理，都会面对许多复杂的问题，如合作伙伴为保守经营秘密，不愿将其有关生产及销售的资料、经营中的困难、未来的发展计划、预计生产或销售量等关键信息提供给物流代理方，使物流代理方难以设计出合理的方案。

要解决这些问题，需从两方面着手：

（1）第三方物流组织必须加强自身建设，应拓宽业务范围，充分运用电子商务技术，建成跨区域甚至跨国界的信息网、储运网，使商流、信息流、存货流、货币流的流向和流速符合国际标准，更符合客户的要求。这就要求第三方物流必须从合作伙伴生产经营中各环节的各种利益角度思考问题，以即时、准确、高效取信于协作对象，使之在物流时间、质量成本、服务等各种因素的对比中，得出有必要与第三方物流合作的结论。

（2）生产企业必须转变观念，重新认识第三方物流存在的特殊意义。即时（JIT）管理是当今世界物流管理的极为重要的理念。生产企业 JIT 的核心内容就体现在 JIT 采购、JIT 送

料、JIT 制造和 JIT 配送四个方面。JIT 管理的目的就在于实现零库存、零距离和零运营资本。而第三方物流恰恰能为企业的 JIT 管理创造条件,通过第三方物流,企业可在更广阔的视角范围内了解各地市场趋势及销售状况,调整生产、经营计划,使自己与第三方物流的关系亲如同一企业,成为相互支持、相互信任、利润均沾的双赢共同体。

(二)传统物流是第三方物流发展的基础

现代第三方物流大多由传统的运输、仓储企业转化而来,传统物流是第三方物流发展的基础。在中国,第三方物流还处在传统物流阶段,因而对传统物流的改造极为重要。传统物流转化为符合现代物流要求的第三方物流存在着障碍:一是观念障碍。对物流理论、增值服务不甚了解或了解甚少,满足于提供分割的功能服务;二是物流信息服务障碍。在传统物流企业中使用信息管理系统的为数不多,许多企业内部的信息处理还是手工操作,无法提供物流信息增值服务;三是专业化的人员和设备障碍。具有专门物流知识、经营管理及营销管理的人才严重缺乏,物流设施不符合服务要求。因此,传统物流向第三方物流转变必须克服这些矛盾。首先,要根据第三方物流的基本要求,制定相应的战略,在战略的指导下,通过内部资源的整合运作,加强内部培训,促进现代物流观念的形成;加强基础设施的投入,特别是信息系统的建设,创造开展增值服务的条件。其次,借助外部资源、外部力量带动传统物流向现代第三方物流转变。利用现有从事某环节物流功能性服务的条件,与有经验、有实力的第三方物流企业联盟开展物流服务。通过学习,提高物流整合能力,不断超越实现转化。再者是根据转化的不同阶段、不同内部障碍及不同的目标,分别采取内部自主转化和外部带动相结合的方式实现传统物流向第三方物流的转化。

(三)第三方物流的经济性是一个整体的观念

第三方物流的经济性是一个整体的观念,并不是说对每个企业都是经济适用的,在实际运作中,对于选择第一、二方物流或是第三方物流取决于企业的决策标准和自身的物流能力。

(1)从竞争战略的角度看,最重要的决策标准是对渠道的控制力要求。对于一些知名品牌,如国外知名的耐克、沃尔玛、戴尔和麦当劳以及中国的海尔、美的等企业,具有极强的渠道控制能力,企业内部物流管理体系先进,物流整合能力较强,物流能力已成为核心竞争力的一部分,往往倾向于选择自营物流。

(2)从企业竞争战术的角度来考虑,最重要的决策变量有两个:一是看能否提高企业运营效率,二是看能否降低企业运营成本。因而选择第三方物流的前提是看它能否达到企业要求的服务标准。

(3)看物流在企业供应链中的位置及产品自身的物流特点。一般来说,最终产品制造商对渠道或供应链过程的控制力比较强,往往倾向于选择自营物流。而大宗工业品原料的回运或鲜活产品的分销,全球市场的分销等宜采用第三方物流。

(四)第三方物流的风险

尽管第三方物流确实能给企业带来多方面的利益,但必须看到第三方物流也不可避免地存在以下负面效应和风险。

1.生产企业对物流的控制能力降低

由于第三方的介入,使得企业自身对物流的控制能力下降,在双方协调出现问题的情况下,可能会出现物流失控的风险,从而使企业的客服水平降低。另外,由于外部服务商的存在,企业内部更容易出现相互推诿的局面,影响效率。

2.在客户关系管理方面可能给企业带来一定风险

(1)企业与客户的关系被削弱。由于生产企业是通过第三方来完成产品的配送与售后服务,同客户的直接接触少了,这对建立稳定密切的客户管理非常不利。

(2)客户信息泄露风险。客户信息对企业而言是非常重要的资源,信息共享可以使企业能够及时了解市场需求,更好地安排生产作业,及时配送产品,在降低成本地同时提高顾客的满意度,但信息共享意味着企业信息传递范围的扩大,第三方物流公司并不只面对一个客户,在为企业竞争对手提供服务的时候,无疑使得信息更易外泄,企业的商业机密被泄露的可能性将增大,增加了企业的风险成本。

3.第三方物流企业可能的败德行为

这是指签订物流服务合同后,第三方物流企业为了自身利益而不惜损害用户企业利益的行为,如不按合同规定的时间配送,装卸搬运过程中故意要挟,或因一方违约而使服务中断等等;在双方不对称信息的前提下履约就极易产生冲突和纠纷,增加风险。

4.来自企业内部的反对

业务外包会使原来的职能型组织结构转变为流程型的网络结构,这个过程如果处理不当,可能会导致企业内部员工的阻挠和反对,从而影响企业正常的生产经营活动。

5.可能面临的连带经营风险

第三方物流是一种长期的合作关系,如果服务商自身经营不善,则可能影响企业的经营,解除合作关系又会产生较高的成本,因为稳定的合作关系是建立在较长时间的磨合期上的。

第四节　第三方物流供需分析

一、我国第三方物流需求分析

（一）我国第三方物流需求现状

目前我国工商企业对第三方物流服务的需求层次还比较低，主要仍集中在对基本常规项目的需求上。生产企业外包的服务第一是干线运输，第二是市内配送，第三是储存保管。商业企业需求的服务第一是市内配送，第二是储存保管，第三是干线运输。这表明生产企业和商业企业对物流服务内容的侧重点有所不同。企业对增值性高、综合的物流服务如库存管理、物流系统设计、物流总代理等的需求还很少。与发达国家相比，显出了较大差距。

由于我国企业总体的管理水平与发达国家相比还比较低，现代管理意识还不是太强，而且企业很多时候也受到体制等诸多因素的限制，对采用高水平的物流服务还不能马上接受。即使从发达国家对第三方物流服务的需求来看，需求最多的也是仓储管理和运输管理，只不过这两项服务已被赋予了新的内涵，服务内容已经扩展，不再是单纯的储存保管和运输，但都是从基本的物流功能中延伸出来的。增值性高的服务如订单处理、库存补充、物流系统规划等也没有被发达国家的企业所普遍采用。这一方面是因为基本的常规服务不仅操作比较简单，而且协作也比较容易。另一方面是因为高层次的增值服务需求是合作双方长期互动协作才形成的，在确立第三方物流联盟关系之前往往要经过必要的磨合期。而且企业的物流运作优化也是根据市场的变化分阶段实施的。因此，我国的物流企业在推进第三方物流服务时，要充分考虑到企业的现实需求，从基本的服务功能入手，从简单的服务开始，在不断巩固自身提供常规服务的能力的前提下扩展延伸服务。一开始就定位在高级形态的第三方物流运作上并不现实。不应一味追求时髦的理念与模式，舍本逐末，放弃对常规服务质量的重视。

总的来说，我国第三方物流需求大致可概括为：

(1)目前第三方物流的有效需求还不足，企业由于拥有物流设施，自营物流的比例很大，有待我们的物流企业去主动开发，挖掘潜在的客户需求。

(2)目前第三方物流需求存在着明显的地域和行业分布特点。需求主要来自东部沿海经济发达地区，来自市场发育较成熟的几大行业，而且不同行业有着不同的个性化需求。因此，物流企业要做好市场定位，合理确定业务重点、配置资源，同时兼顾今后第三方物流需求地域扩大的趋势，做好进入新市场的准备。

(3)企业目前对第三方物流服务需求的层次还不高，外包的主要是销售物流业务，服务需求仍集中在传统仓储、运输等基本服务上。物流企业应做好顾客目前及潜在需求的调查，从最基本的服务入手，贴近顾客需求，塑造自身的核心能力，避免盲目追求时髦理念与高层次服务。

(4)企业正逐渐向按需生产和零库存过渡，对成本和服务越来越重视，加上入世后跨国经营将增多，需要快速响应的物流系统和全球化的物流系统来支持。而物流企业要做到这两点，实现信息化运作是关键。要求物流企业一方面要加快自身的信息化建设步伐，另一方面要能够为客户开发出合适的物流信息系统，以实现系统的无缝链接，达到物流运作的高效率。

综上所述，从第三方物流服务需求方的角度来看，可以认为企业物流服务社会化的基本压力已经形成。越来越多的企业从成本的节约、服务的改进与增加灵活性等方面来考虑，已经决定或准备接受第三方物流。

(二)我国第三方物流需求趋势

有关调查显示，我国许多生产企业期望新的物流服务商提供的服务内容主要以物流总代理、市内配送、干线运输、仓储保管为主；商业企业期望新的物流服务内容为物流系统设计、条码采集和仓储保管服务。可见，生产企业的物流需求以物流运作为主，受地域跨距和管理幅度的影响，更强调集成化的物流服务。而商业企业对物流的信息服务要求更强烈，物流决策、数据采集等增值信息服务越来越受企业重视。这也表明，我国企业对增值物流服务的需求将增多，需求水平将进一步提高，今后能够提供更多信息增值服务的第三方物流企业将具有更大的竞争优势。

尽管当前对第三方物流的需求不是很大，制造企业对第三方物流需求的层次还很低，但我们不能仅仅把目光停留在眼前，而要用发展的、长远的眼光来看待问题。必须看到随着我国经济的进一步发展，企业市场化的进一步提高，随着经济全球化的深入，第三方物流需求量一定会大幅增长，而且潜在的市场需求巨大。

1.WTO与经济全球化对我国第三方物流的需求

据预测，我国GDP年均增长率可望保持7%以上，从而将推动第三方物流需求的大幅上升。首先，我国加入WTO后对第三方物流需求量正在大幅增加。入世以来，一大批跨国生产、零售企业在我国建立生产基地或销售网点，跨国公司对我国的投资进一步增加，而跨国企业一般在规划建设之时就会考虑专注于自己的核心生产能力，不会规划太多物流设施，而准备将物流业务外包给第三方物流企业，这必然会带来更多的第三方物流服务需求。同时，我国将成为世界制造基地，原材料采购、成品销售会快速增长，我国的进出口贸易也会有较大增长，从而使物流量大大增加，需要强大的第三方物流服务作为支撑。而且随着大量跨国公司的进入，市场竞争的加剧，我国的生产企业和商业企业也将更多地开拓国际市场，进行跨国经营，需要改善或重新打造自己的物流系统，其物流总量将有超过10%的增长，这无疑又将大大促进第三方物流的需求量。其次，入世后企业对第三方物流服务需求层次将提高，需求内容更趋复杂、多样化。大量外资投入我国市场,同时也会带来先进的管理理念和生产方式,不少外资会投到制造领域,对准时化物流和精益物流的需求将增多,以支持配合企业先进的生产方式。

尽管入世后随着跨国生产企业的进入,也会有一批国际物流企业进入我国市场,它们会分去部分物流服务需求量,但总的来看,跨国生产、零售企业带来的需求量的增加会大大多于国际物流公司在我国的服务供应量,而这部分需求空间便会由我国的第三方物流企业来满足,当然,前提必须是我们的第三方物流企业已发展到一定水平,有能力满足跨国公司的需求。

2.西部大开发对第三方物流的需求

西部大开发将促使西部地区物流量增长,第三方物流需求的地域分布将扩大。2010年国民经济发展的远景目标中,已经把缩小中西部与东部地区的差距,促进地区经济协调发展纳入国民经济和社会持续发展的重要内容和战略重点,随着西部大开发战略的实施,国家要将大量资金投入到西部基础设施建设中,从第十个五年计划开始,我国交通运输发展重点已经向西部地区转移,已在西部12个省区规划了35万公里公路和1万公里铁路以及重要的干线和支线民用机场的建设目标,西部基础设施对经济制约的瓶颈将得到极大缓解;国家对西部地区企业给予优惠政策,加上西部地区本身的资源优势和劳动力价格相对较低,将会吸引大量东部资金和外资流向西部,东部沿海发达地区以及部分跨国公司将在西部建立生产基地。西部地区拥有丰富的农作物资源和农畜土特产,随着西部大开发,资源优势将转化为经济优势特色农业、生态农业、畜牧业、矿产资源和加工工业都将得到合理开发,西部产业结构得到调整和优化。这些都将促使西部地区从而促进西部地区经济的快速增长,物流量的增加,货物流动的频繁,从而带动第三方物流服务需求的增加。东西部差距的缩小将使第三方物流需求的地域将不仅集中在东部沿海地区,而将扩大到广大的西部地区。物流企业也可以有针对性的在西部地区发展网点,根据西部地区企业的需求来提供第三方物流服务。

3.两个经济热点将创造新的市场需求机会

近几年,随着我国经济的快速增长、人民生活水平的提高,出现了假日经济和会展经济等经济热点。由于我国法定假日的延长,“五一”、“十一”长假形成了假日经济现象。大城市在长假期间出现了购物热潮,市场销售额大幅增长,假日经济使厂家和商家的销售大幅增长的同时,也产生了对快速响应的物流服务的需求。由于厂家和商家在假期期间都推出多种促销手段来扩大产品的销售,假日期间部分商品会出现脱销的现象。提供及时、快速的商品补货、促销品的包装、搭配、贴标签等流通加工服务及辅助的市场需求预测增值服务的需求会给物流企业带来新的机会。近年来另一大热点展会经济也产生了相应的专业化物流服务需求。像北京、上海、广州等各大城市每年都会相继举办各种产品的展览会、博览会和洽谈会，如IT产品、机械设备、医疗器械、纺织品展销会等，相应会产生展品的物流服务需求。由于展品具有很强的时效性，要求在很短的时间内要送达指定地点，而且参展的展品很多都是新开发的高技术含量的产品，对包装、运输等条件要求严格，一般数量很少，但往往价值很高，一般不计较成本，对安全可靠、快速高效的快运服务有很大需求，此外可能还会产生展品的包装、展台的布置及信息收集等附加服务的需求。两个经济热点对于能够做出快速响应的物流企业来说将是一个市场机会。虽然假日经济和展会经济所产生的是即时性、短期的物流服务需求，但很可能就是第三方物流的潜在客户，如果服务得到客户的认可，有可能建立起较长的合作关系，甚至成功地开拓客户，将其日常物流业务承担下来，建立真正的联盟关系。因此我们的物流企业一定要注意这方面的信息收集，尤其是各种展会中就蕴藏着大量的潜在客户。

总之，我们的物流企业应把眼光放远一点，具有一定的超前意识，未雨绸缪，现在开始就要提高自身的服务水平与能力，着手准备迎接不久的将来的物流服务需求。而不应等到需求非常强烈，供不应求了，才匆匆忙忙应对。企业如果没有准备，便会失去市场的先机。而要以后来者的身份打入这个市场，将要付出比先行者更大的代价。第三方物流本来就应具有创新性和开发性的，因此，中国第三方物流市场的潜在需求还有待我们的物流企业来努力挖掘和开拓。

二、我国第三方物流供给分析

（一）我国第三方物流供应商结构

社会化、专业化的第三方物流服务的承担者是物流企业，是构成第三方物流市场竞争的主体。目前我国对于第三方物流企业并没有明确的界定，在此有必要进行一下说明。从定义来看，第三方是在供方和需方以外承担物流活动的专业组织，从这个意义上来说，一个企业，不管是从事物流某一环节的功能活动还是提供几个环节或是综合性的物流服务，都可以视为物流企业，像传统的仓储、运输、流通加工、货代等从事单一物流活动的企业都是物流市场服务的提供者，都应算是第三方物流企业中的一类。但从第三方物流的特征来看，又显然无论是硬件还是软件上都与现代第三方物流的要求不符，不是严格意义的第三方物流企业，最多只能算是第三方仓储、第三方运输、第三方货代等类物流企业。但从发展方向来看，它们已具备了一些发展成为第三方物流的条件，如网点设施、专业人才和技能、渠道关系等，要在竞争日益激烈的市场环境中求得生存和发展，向第三方物流企业发展转型是其必由之路，而且很多传统储运企业已经开始了转型的实践。因此我们将传统仓储、运输、货代、邮政等某一物流领域的企业统称为准第三方物流企业，并纳入第三方物流市场竞争者和供应商进行研究。

基于上述界定，目前我国参与第三方物流服务和市场竞争的供应商大致有以下几种类型：

1.由传统运输公司或仓储公司演变的区域性物流企业

主要是指地区的商业储运公司,他们一般依托原来的仓储系统,并拥有自己的车队,在本地区提供基本物流务和部分增值服务。虽然与其他地区的原兄弟公司有联系,但还不够紧密,尚不能成为网络。这类企业的仓库结构和设施比较旧,很多地方还采用的是楼库(4~5层)。这对于租用楼上库房的企业的进出库速度有所影响。由于历史遗留的体制问题,多数企业负担沉重。在管理方法和对物流服务的认识上,多数企业还局限于传统、分离、单一的基本业务。但其收取的服务费用比较低。随着市场竞争的加剧,它们也开始不断提高自己的能力,以适应客户的需求。个别的企业,随着不断的积累,也能做得比较出色。如成都的商业储运公司已成为多家外资企业(宝洁、飞利浦、纳贝斯克)在西南地区的第三方物流合作伙伴。上海的商业储运公司近期还参与了联合利华在中国的投标。

2.由某一传统领域全国性的国有企业演变成的物流企业

如中外运(Sino-Trans)、中国邮政、铁路系统、中远(COSCO)、中储等。它们在各自的行业、领域处于垄断或领先地位,规模都比较大,资金实力较雄厚,且物流设施比商业储运公司要好。虽然它们是全国性的公司,但地方的子公司都是独立核算,因此,除非是很大的客户,多数客户很难享受到较为全面的配合和统一的协调。这类物流企业一般都能提供全部的基本物流业务和部分的增值服务,但价格较商业储运公司稍高。除了像中外运、中远这样的已有多年的涉外经营经验的企业,其他的服务商在观念上还是比较落后,且效率也不是很高。部分企业还残留着有行业老大的痕迹,对客户需求不够重视,灵活性也较差。

3.大型外资跨区域物流企业

虽然由于政策法规的限制,目前这类外资物流企业在绝对数量上不多,但它们在物流行业中还是有着相当的影响力。在新设备投资(特别是IT方面)、资金实力、人才、观念、经验和管理方法上,这些企业都有着较大的优势。它们往往能够提供较为全面的、跨地区的服务。但这类企业主要集中在东部沿海的大城市,而且其服务对象主要是三资企业。个别的企业已渗透到内地,如宝隆洋行的物流网络,已可覆盖全国50多个城市。另外,由于要负担它们的投资以及大量的人力成本(特别是外籍员工),它们的收费水平也是较高的。

值得注意的是,部分物流企业并不拥有运输车辆、仓库等物流设施,它们主要是提供代理服务,通过转租、联营等方式寻求中方物流企业的合作。这样,一方面可以充分利用国内的闲置资源,降低其固定资产的投入,从而可以大大降低运营成本;但另一方面,其中方合作伙伴的能力、收费以及双方的沟通,也会给外资物流企业的服务质量和收费水平造成影响。这类具有代表性的企业有宝隆洋行(EAC)、英之杰(Inchape)、海陆(Sea-Land)、新科安达、马士基、华商、大通等。

4.新兴内资跨区域的物流企业

作为后进入市场者,多是顺应市场需求和物流发展的趋势而建立的,而且要想在市场中立足并求得发展,必须有优于传统企业之处,因此,新兴物流企业的定位一般都是成为专业化的第三方物流服务提供者,要在短期内打入市场,规避物流设施投资大、回收期长的风险,很多新进物流企业都采取了非资产型的第三方物流代理模式。这类服务商的典型代表是宝供。其服务能力和水平与大型的外资物流服务商相近,但服务地域要广些,不仅仅限于大城市和沿海地区。无论在业务规模、设备投资,还是在价格上,这些新兴的内资物流企业,已开始具备与大型的外资物流服务商相竞争的能力。特别是在当地市场的物流运作上,这些公司更具有适应性和灵活性。但在服务或管理方法以及现代信息处理技术的应用方面还略显不足。同时,由于资金实力的限制,这些服务商在许多当地的物流作业也并不完全依靠自身的资源。同样,它们在当地的合作伙伴的能力和收费也影响着它们的服务和收费。

除了上述几种具有代表性的物流服务供应商以外,目前在中国市场上还有大量的、在某些方面具有特色,专业性更强的第三方物流服务供应商。

(二)我国第三方物流供给现状

应该说,目前我国的物流企业整体水平还不高,很多是由传统的仓储、运输企业转型而来,在管理水平、技术力量及服务范围上还没有质的提高,真正实力超群、竞争力强的物流企业为数不多。“多、小、少、弱、散、慢”是目前我国绝大多数物流企业存在的主要问题。“多”,是指功能单一的运输企业、仓储企业多。从表面上看,中国的运力、仓储能力都过剩,供大于求,但这种供给能力是相对过剩,真正能满足企业较高水平需求的供给还较少;“小”指企业大多孤军作战,经营规模小,综合化程度较低,营业额上亿的企业很少;“少”是指市场份额少、服务功能少、运作经验少、高素质人才少。大多数企业还只是被动地按照用户的指令和要求,从事单一功能的运输和仓储,很少能提供物流策划、组织及深入到企业生产领域进行供应链的全过程管理,增值性的物流服务很少。更重要的是,企业缺乏通晓现代物流运作和物流管理的复合型专业人才,员工素质不高,服务意识、经营意识与市场要求相距甚远,缺少市场开拓的主动性;“弱”是指管理能力弱、信息能力弱、融资能力弱、竞争能力弱。很多企业没有建立起较为完善的现代企业制度,大多数物流企业技术装备和管理手段仍比较落后,服务网络和信息系统不健全,大大影响了物流服务的准确性与及时性;“散”是指货源不稳定且结构单一、网络分散、经营秩序不规范。虽然国内企业占有土地、仓库、车辆等物流资源,网点布局较广且基本合理,但这些资源实际上都处于分散的结点状态,没有得到有效整合利用,形不成网络,不能构成企业的核心竞争力。“慢”是指响应速度慢。传统储运是静态运作,不适应现代物流追求动态运作,快速响应的要求。这些问题造成我国物流企业服务成本居高不下,难以通过自身成本的降低来优化客户的物流成本,运作管理低水平重复,难以形成特色、打出品牌。总的来看,我国大部分物流企业处于起步或转型阶段,与现代意义上的第三方物流还有一定差距,还不具备应对跨国竞争的能力。

(三)我国第三方物流供给趋势

我国成功加入 WTO 后,物流领域与运输服务和分销领域一样,将进一步对外开放。国外物流企业纷纷看好中国物流市场的发展空间,面对庞大的物流市场需求和弱小的供应能力,国外物流企业早已跃跃欲试。其中已有部分世界著名的物流企业先期进入了中国市场,参与国内物流市场的竞争,如快递业巨头 UPS、FedEx、DHL 和 TNT,运输物流公司马士基、美国总统班轮等。目前还没有进入中国市场的国际著名物流企业也已经做好了一切准备,即将进军中国物流市场。众多已经进入国内市场的国际物流企业或与国内物流企业结成联盟,或并购股权,组成专业化的物流企业,为客户提供涉及全国配送、国际物流服务、多式联运和邮件快递等方面的专业化服务,它们凭借雄厚的资金、丰富的经验、优质的服务、一流的管理和优秀的人才,占据了"三资"企业物流供给的大部分市场。据一些专家介绍,在中国企业一些大型的物流中心建设项目中,往往有 10 多甚至 20 多家企业参与投标,其中大部分都是国际著名的物流企业,这些企业已经在国内开始了激烈的市场竞争。而国内目前还没有一个完全意义上的物流企业,一般仅能承担某一物流功能,与国外物流企业的差距非常大。入世后,对外国服务业的市场准入政策非常宽松,物流业将基本没有入世宽限期的保护,因此,我国的物流企业将要面临着国外物流企业的巨大挑战。

从未来发展趋势看,我国传统的运输、仓储、货代等企业,因为行业竞争的加剧,利润率的降低,正在纷纷改造或准备向综合物流服务供应商转型。如一些大型传统储运企业中远、中外运、中储以及邮政等近年来通过改变发展战略、重新定位,得到了迅速发展,部分大型制造企业如海尔、一汽、青啤等的物流部门也有向专业物流企业转型的趋势,此外,随着中国物流热的掀起,大大小小的运输、仓储企业甚至小型送货、送报企业都纷纷打起了物流的牌子,进入物流市场,使国内物流市场的供给竞争更加激烈。在未来几年里,我国物流市场将要进行一轮"洗盘",大量没有竞争力的企业将在竞争中被淘汰,或与别的企业合并、整合。有几个因素会驱动第三方物流行业的集中与整合趋势:第一,大的公司有意将供应链的主要环节外包给尽可能少的几家物流公司;第二,建立一个高效的全球第三方物流企业所需资本的投入日益增加;第三,很多物流企业都有通过兼并和联合的方式来扩大它们服务能力的愿望。

目前面临的问题是许多物流企业(或准备进入物流市场的企业)在服务水平及物流专业技术与管理能力等方面,与第三方物流的需求还有一定差距,并在一定程度上限制了企业对第三方物流服务的需求。因此我国的物流企业应加紧提升自身的水平与能力,跟上第三方物流市场需求的步伐。

第五节　第三方物流的发展——第四方物流

信息技术以及电子商务的飞速发展,带来了物流模式的不断变革,当第三方物流(3PL)

刚刚被世界物流界普遍认同时，一种全新的物流理念——第四方物流(4PL)又在物流界备受瞩目。目前，在我国蓬勃发展的物流领域，也有人提出要发展4PL，甚至国内个别企业已声称自己要做4PL(国内第一家第四方物流公司——广州安得供应链技术有限公司已于2002年11月1日正式成立；另据《大众日报》2002年12月12日报道，海尔集团物流有限公司与寰宇空港物流签订北京首都机场的物流合作项目协议，也标志着海尔物流已进入第四方物流领域)。由于"第四方物流"是个舶来词，加之国内学术界与企业对其理解上的见仁见智，说法不一，造成许多从事或准备开展物流的企业感到无所适从，到底什么是4PL，有无必要提倡和发展4PL，谁能成为4PL提供商。本章将针对这些问题进行分析。

一、第四方物流的定义及特点

第四方物流(4PL)的概念首先是由安德森咨询公司提出的，它甚至注册了该术语的商标，并定义为"一个调配和管理组织自身的及具有互补性的服务提供商的资源、能力与技术，来提供全面的供应链解决方案的供应链集成商"。

从概念上来看，第四方物流是有领导力量的物流提供商，它可以通过整个供应链的影响力，提供综合的供应链解决方案，也为其顾客带来更大的价值；它不仅控制和管理特定的物流服务，而且对整个物流过程提出解决方案，并通过电子商务将这个过程集成起来。第四方物流正日益成为一种帮助企业实现持续运作成本降低和区别于传统的外包业务的真正的资产转移。它实际上是一种虚拟物流，是依靠业内最优秀的第三方物流供应商、技术供应商、管理咨询顾问和其他增值服务商，整合社会资源，为用户提供独特的和广泛的供应链解决方案。这是任何一家公司所不能单独提供的。

因此，第四方物流的特点之一是其提供了一整套完善的供应链解决方案，以有效地适应需方多样化和复杂的需求，集中所有的资源为客户完善地解决问题。它不仅集成了管理咨询和第三方物流(3PL)服务商的能力，更重要的是，一个前所未有的、使客户价值最大化的统一的技术方案的设计、实施和运作，只有通过咨询公司、技术公司和物流公司的齐心协力才能够实现。第四方物流的特点之二是通过其对整个供应链产生影响的能力来增加价值，即其能够为整条供应链的客户带来利益。4PL充分利用了一批服务提供商的能力，包括3PL、信息技术供应商、合同物流供应商、呼叫中心、电信增值服务商等等，再加上客户的能力和4PL自身的能力。

总之，4PL通过提供一个全方位的供应链解决方案来满足今天的企业所面临的广泛而又复杂的需求。这个方案关注供应链管理的各个方面，既提供持续更新和优化的技术方案，同时又能满足客户的独特需求。

按照安德森咨询公司的说法，4PL存在3种可能的应用模式：

(1)知识密集型模式，也称"协助提高者"，即第四方物流为第三方物流工作，并提供第三方物流缺少的技术和战略技能；

(2)方案定制模式，也称"方案集成商"，即第四方物流为货主服务，是和所有第三方物流提供商及其他提供商联系的中心；

(3)整合模式，也称“产业革新者”，即第四方物流通过对同步与协作的关注，为众多的产业成员运作供应链。

事实上，第四方物流的出现是第三方物流集成的结果。过去，企业试图通过优化库存与运输、利用地区服务代理商以及第三方服务提供商，来满足客户服务需求的增长。但在今天，客户需要得到包括电子采购、订单处理能力、虚拟库存管理等服务。一些企业经常发现第三方物流提供商缺乏当前所需要的综合技能、集成技术、战略和全球扩展能力。为改变窘境，某些第三方物流提供商正采取步骤，通过与出色的服务提供商联盟，来提高它们的技能。其中最佳形式是和领先的咨询公司、技术提供商结盟。随着联盟与团队关系不断发展壮大，一种新的外包选择开始出现。企业正在向单一的组织外包其整个供应链流程，由它们评估、设计、制定及运作全面的供应链集成方案，这正是第四方物流。所以，第四方物流是中国物流业发展和提升的助力器。

二、第四方物流在我国的初步实践及其局限性

第四方物流前景诱人，其门槛非常高。要想进入第四方物流领域，企业必须在某一个或几个方面具备很强的核心能力，并且有能力通过战略合作伙伴关系很容易地进入其他领域。国内已经有这方面的实践案例。

2002 年 11 月 1 日，威尚集团旗下的安得物流公司宣告其定位物流高端的第四方物流公司——广州安得供应链技术有限公司正式成立，这是国内具有实际业务与运作实力的第三方物流公司孵化的第一家第四方物流公司。紧接着，2002 年 11 月 28 日，安得物流公司就与广州著名家电销售商东泽电器签署战略合作协议，双方在第三方物流基础上共同打造“第四方物流”，为东泽电器提供从供应商到经销商、从经销商到单一客户的一整套涉及货物运输、仓储、货物跟踪等全流程的解决方案。从而开始了第四方物流公司正式的业务运作。

在此之前，安得物流公司因为有美的集团在资金和货源方面给以保证，得以在我国众多第三方物流公司中脱颖而出。广州安得供应链技术公司背靠安得物流公司，是它成为我国第一家第四方物流公司的有利条件。安得物流现在的年营业额已经超过 3 亿元，超过一半的收入来源于美的集团以外的 30 多个客户。安得供应链技术公司前期可以利用安得物流现有的客户资源，尽管它是独立核算的，但它可以免费或以较低的价格为安得物流的客户提供第四方物流服务，积累经验，一旦有几个成功的案例，以它相对于跨国咨询公司的价格优势和本土优势，很可能领先其他对手。安得物流也可以凭借安得供应链技术公司为客户提供的免费或低价第四方物流服务吸引更多的客户，增强自己作为第三方物流供应商的竞争力。

另据《大众日报》2002 年 12 月 12 日报道，海尔集团物流有限公司与寰宇空港物流签订北京首都机场的物流合作项目协议，也标志着海尔物流已进入第四方物流领域。

创造现代经营神话的海尔集团从 1984 年 12 月，经历了三个发展战略阶段：第一阶段是

品牌战略,第二阶段是多元化战略,第三阶段是国际化战略。在第三阶段,其战略创新的核心是从海尔的国际化到国际化的海尔,是建立全球供应链网络,支撑这个网络体系的就是海尔的现代物流体系。海尔集团认为,21 世纪的竞争将不再是单个企业之间的竞争,而是供应链与供应链之间的竞争。谁所在的供应链总成本低,对市场响应速度快,谁就能赢得市场。一只手抓住用户的需求,一只手抓住可以满足用户需求的全球供应链,这就是海尔物流创造的核心竞争力。也正是基于这一经营理念,海尔才会顺理成章地走在了现代物流发展的最前沿——进入第四方物流领域。这一案例也再次证明了企业发展第四方物流所应具备的一些前提条件:

(1)世界水平的供应链策略制定、业务流程再造、技术集成和人力资源管理能力;

(2)在集成供应链技术和外包能力方面处于领先地位;

(3)在业务流程管理和外包的实施方面有一大批富有经验的供应链管理专业人员;

(4)能够同时管理多个不同的供应商,具有良好的关系管理和组织能力;

(5)全球化的地域覆盖能力和支持能力;

(6)对组织变革问题的深刻理解和管理能力。

而以上条件海尔目前都已基本具备,这也正是海尔能够进入第四方物流领域的原因所在。

另外,2002 年 12 月 19 日,深圳市首家第四方物流公司——新产业综合物流股份有限公司成立。广州港务局与新加坡港务集团合资兴建的广州鼎胜物流公司也于近日奠基。新组建的广州鼎胜物流公司首期投入 16 亿元,是目前我国现代物流功能最齐全,且能提供第四方物流服务的现代企业之一。珠海、北京、杭州等地也有一批企业开展"第四方物流"业务。

如果按照安德森咨询公司确定的 4PL 应用模式对以上四家 4PL 公司进行分类,那么广州安得供应链技术公司就应属于知识密集型模式,以低资产和供应链管理为主体的第四方物流公司作为核心加入高资产的第三方物流公司——安得物流公司,提供技术、供应链战略、专门项目管理等补充功能,为多个用户提供全面物流服务;海尔与寰宇空港物流的首都机场物流合作项目应属于方案定制模式,该第四方物流公司只为一个用户——海尔运作和管理;而深圳新产业综合物流公司和广州鼎胜物流公司则都属于整合模式,以低资产、提供供应链解决方案的第四方物流公司为主导,联合其他第三方物流公司提供运输、仓储、配送中心服务,给多个行业用户制作供应链解决方案。

这四家第四方物流公司无论采取哪一种模式,都突破了单纯发展第三方物流的局限性,能够真正地低成本运作,实现最大范围的资源整合。因为第三方物流缺乏跨越整个供应链运作以及真正整合供应链流程所需的战略专业技术,而第四方物流可以不受约束地将每一个领域的最佳物流提供商组合起来,为客户提供最佳物流服务,进而形成最优物流方案或供应链管理方案。而目前国内这四家第四方物流供应商独立生存的能力都不强,都分别以不同方式与第三方物流有着不同程度的结盟,这在很大程度上提高了其生存能力。面对着共同的服务客户,第四方物流的思想必须依靠第三方物流的实际运作来实现并得到验证;第三方物流又迫切希望得到第四方物流在优化供应链流程与方案方面的指导。因此,“共生”成为其在供应链下的“脐带”,“协同服务”才能最终实现服务的增值。从另一方面看,由于我国经济发展过程中的一些独特机遇,加之目前第三方物流公司和储运公司小而分散,全国范围内复杂的物流设施和各地迥异的交通状况以及差异化极强的地区性物流标准和立法,迫切需要几个大的第四方物流来有效整合社会物流资源。因此,前面提到的四家第四方物流公司可谓是应运而生。

然而,我国发展第四方物流还存在一定的局限性。由于第四方物流需要对客户的需求和社会的物流资源有深刻的理解,同时更重要的是具有调动社会物流资源、实现所谓最佳供应链方案的能力,而目前国内像这样的第四方物流供应商很难找到,前面提到的四家第四方物流公司也并不完全具备真正意义上第四方物流的要素。因此,就国内的第四方物流市场而言,供应方和需求方都尚未成熟。如果从我们整个社会系统来考察,不难发现,第四方物流是某个和某几个第三方物流公司是不可能的。我国目前第三方物流企业或脱胎于传统物流企业,或来源于国外独资和合资企业,而且还处于转型发展时期,短期内不能成为整合物流资源的“有领导力量的物流提供商”。而第四方物流的发展必须在第三方物流行业高度发达和企业供应链业务外包极为流行的基础之上才能够真正发展起来。因此,真正成为第四方物流企业的角色是缺位的,我国发展第四方物流任重而道远。

三、我国发展第四方物流的思路

由于第四方物流能解决整个社会物流的资源效率问题,且对物流服务有更深层次、更全面的要求,因此,发展第四方物流必须统筹规划,循序渐进。目前,可考虑从以下 7 个方面着手:

1.发展第三方物流,为第四方物流提供基础

只有大力发展第三方物流,第四方物流才有发展的基础。我国还处在发展第三方物流的初始期。国际上第三方物流公司在我国尚未被允许经营真正的第三方物流业务。国有的以物流为主体的公司也尚未完成经营机制的转换,民营的第三方物流公司虽在崛起却还没有羽毛丰满,同时制造企业把物流外包给第三方也尚未形成气候。因此,大力发展第三方物流是当前提高我国物流产业发展水平最重要的措施,也是发展第四方物流的必要前提。

2.整合物流资源,由竞争走向合作

国内物流业资源较为庞大,但传统意义上的物流各个环节(如仓储、运输、包装等)之间缺乏有效的整合,需要提供一个全面的管理方式。国内物流业目前的成本大约占总成本的1/3左右,可压缩的空间很大,提供物流服务有非常广阔的市场前景。国内干线物流资源利用率不高,物流末端配送能力不足,因此,通过现有物流资源的整合,由竞争走向合作是加速我国第四方物流进程的捷径。

3.建立有效贯通全程的新物流体系

目前,我国在物流配送方面几乎没有一个专业的服务体系,许多物流企业正在按照传统的物流模式建立自身的物流体系,包揽了“干线物流—配送—投递到户”的全过程,这样势必会造成资源配置的不合理。独家统管全程物流只是一种理想,最后只会造成浪费和失败。可以考虑将从事异地间配送的物流公司和从事物流末端投递到户的配送公司进行优势互补,建立一种贯通物流全程的新物流体系,努力形成第四方物流的理想模式。

4.做好物流服务标准化、规范化工作

将我国物流重新组合,是现代物流的一个根本性转变,而物流整合的粘合剂就是标准化和规范化。行业规范和标准,就是要对有关细节作出明确的规定。对物流行业来说,需要用标准化将“供方—干线物流—配送—送达需方”等物流环节有机连接起来,降低物流接口链接的难度和成本;对物流企业来说,标准化是提高内部管理、降低成本、提高服务质量的有效措施;而对于消费者而言,享受标准化的物流服务是消费者权益的体现。发展第四方物流的关键在于制造商能将其对物流的控制权交给物流服务商,其前提是物流服务必须标准化和规范化。因此,政府应做好物流服务标准化、规范化工作。

5.政府统筹规划,搞好物流基础建设

我国物流产业真正提升,必须通过第四方物流来完成。政府加强统筹规划,注重物流设施的投资建设,打好物流配送基础,是第四方物流成长的必要条件。第三方物流企业本身是物流业的“利润点”,可以靠企业自身发展规律就能生存,而第四方物流对整合社会资源、物流产业的提升具有极其重要的作用,它的发展状况对经济发展、商品流通和大众消费起着重要的促进或制约作用。为此,在物流产业政策上,应重点放在物流基础建设方面。

6.发展电子商务物流,建立全国物流公共信息平台

我国目前正在推进信息化进程,同时物流业在我国经济中的地位越来越突出,把当前蓬勃发展的电子商务和现代物流产业结合起来的最佳途径就是发展电子商务物流、培育第四方物流、建立全国物流行业的公共平台,通过国际互联网形式整合物流企业的资源,这样可以使我国物流产业真正有质的提高,也只有这样才能从容应对加入 WTO 后跨国物流公司的竞争。

7.革新物流企业,适应现代物流发展新趋势

第四方物流对物流企业提出了更高的要求,因此物流企业的革新势在必行。首先是观念的更新和对现代物流的正确理解。其次是应注重研究开发物流配送技术和装备,降低物流成本,提高物流配送效率。最后要重视物流理论的研究与交流,加快推动物流的合理化、

现代化进程。

第四方物流具有突破现行供应链模式的潜能,它不仅能通过优异的运营计划、技能及其实施,与制造商建立一种长期进步、互惠互利的伙伴关系,而且可以整合全社会的资源,从根本上解决当前电子商务中物流瓶颈问题,是促进我国电子商务进一步发展的关键。因此,探讨借鉴第四方物流模式开展电子商务物流配送业务就具有重要的现实意义。

从全球物流行业来看,第四方物流目前也正成为一个新兴的行业热点。据统计,2002年全球物流费用总支出已达到4万亿美元,其中物流市场份额为2810亿美元,占全球物流总支出的7%。从1996年至2002年,全球物流市场年均增长率为13%。与此同时,据中国仓储协会对全国450家大中型企业进行的调查显示,75%的企业将会选择新型的现代物流企业,并把自己的所有综合物流业务外包给这些物流企业。因此,我国第四方物流的市场需求相当可观。而另一方面,我国物流产业发展目前仍处在起步阶段,与发达国家的物流产业发展水平还有相当的差距。

针对我国物流产业发展现状和实际存在的问题,结合未来经济发展的总体要求,我国物流产业发展应遵循以市场为导向,以企业为主体,以物流服务需求为依托,最大限度地降低全社会物流总成本和提高物流效率,促进和支持中国经济健康发展的方针。在此前提下,未来5~10年内,我国物流产业发展的总体目标应当是:通过建立健全适应物流产业发展需要的相关制度规范,发展和完善包括各种基础设施在内的物流系统,建立起基本适应经济发展需要的社会化、专业化的物流服务体系。因此,符合这一发展目标的第四方物流是解决整个社会物流资源配置问题的最有力的手段,在中国必将存在广阔的发展空间,将在可预见的未来使我国物流产业真正得到质的提升。

思考题

1.简答题

(1)第三方物流具有哪些优势?
(2)第三方物流的服务内容有哪些?
(3)第三方物流产生的原因有几个方面?
(4)如何理解第三方物流的经济性?
(5)第三方物流的经济性的启示是什么?
(6)如何发展我国的第三方物流?
(7)简述第四方物流的特点。
(8)共同配送的经济性表现在哪些方面?

2.案例分析

【案例】 宝供:中国第三方物流的“璀璨之星”

宝洁、飞利浦、雀巢、沃尔玛、联想——一个为40多个跨国公司和一批国内企业提供国际性物流服务的公司,这就是国内著名的第三方物流集团——宝供物流企业集团有限公司。目前宝供已在澳洲、泰国、香港及国内主要城市设有40多个分公司或办事处,构筑起覆盖中国并已跻身于国际市场的物流运作网络,成为中国第三方物流的“璀璨之星”。

现任宝供物流企业集团总裁的刘武,17年前到汕头供销储运公司工作。这位不善言谈却好琢磨的刘武,在近10年的工作中发现,囿于计划经济的体制,传统的储运条块分割、地方保护、观念陈旧、信息不畅、效率低下,难以适应客户需求,也造成人力、物力、财力的大量浪费。

落后意味着巨大的发展空间,浪费潜藏着巨大的商机。耐不住“寂寞”的刘武下决心要在物流业干出点模样来。1992年他承包了广州的一个铁路货物转运站,很快地,一个在业内敢为人先的服务承诺送到了认识或不认识的众多客户手里,提供“门到门”的服务,独立承担风险和责任,避免或减少许多中间环节,并响亮地提出“质量第一、顾客至上、24小时服务”的诚信准则。

高效的物流、优质的服务、良好的信誉,让客户得到了实惠、速度和便利,四面八方的客户纷至沓来。1994年,进入中国6年后的美国宝洁公司把其在中国市场的物流业务交给了刘武领导的货物转运站。

全世界最大的日用消费品生产企业敢放心地把自己的物流业务送上门来,这使刘武既惊喜又不安。惊喜的是,跨国公司都成了自己的客户,不安的是,一个小小的转运站应付得了跨国公司的物流需求吗?接轨国际的GMP质量保证体系和SOP运作管理程序,很快被刘武融入到了转运站物流服务的始终,也使宝供的物流服务迅速登上了一个国际水准的高台阶。严格而高质量的服务,使宝洁的产品快速、准确、及时地送往全国各地的销售网点。用刘武的话说:“我们像照料婴儿一样细心呵护宝洁的每一件产品。”从此,宝供的冲劲一发而不可收,并在不断地尝试探索中,以惊人的速度走向成熟。

1994年10月18日,刘武注册成立了广东宝供储运有限公司,以北京、上海、广州等城市为中心构建全国性的运作网络体系,开始规模化、网络化经营。

1995年至1996年,刘武下大力气苦练内功,通过进一步加强GMP和SOP标准管理,全面提升物流质量和效率,提高宝供的服务品牌和社会形象。

1997年,刘武率先在国内建立起第一套基于Internet/Intranet的物流网络信息系统,实现物流数据的在线实时跟踪,使宝供的物流服务实现了又一次质的飞跃。

1998年至1999年,宝供加快扩张步伐,全面强化企业信息化建设,大力拓展国内外物流市场,相继在香港、曼谷、北京、上海等国际国内各大城市设立了40多个分公司或办事处。1999年10月,经国家工商总局批准,宝供物流企业集团正式成立。

2000年,刘武广泛应用现代物流管理的理论和观念,建立电子数据交换平台,进一步提升与客户的电子数据交换水平,实现数据无缝交换与连接。同年8月,宝供独家发起并出资设立我国第一个由企业设立、面向物流领域的公益性"宝供物流奖励基金",每年出资100万元用于无偿奖励科技界、企业界和新闻界对中国物流业做出重要贡献的团体和个人。

2001年,实现供应链上物流、资金流、信息三流一体化管理。同时,为迎接加入WTO对国内物流业的挑战,刘武和他的宝供集团加快抢点布阵的步伐,开始在广州、苏州两地兴建大型现代化的、高效的物流基地。

个性化服务,当好客户"现代管家"。刘武立志要以自己的创业实践和全新理念,为中国现代物流业的发展做出一个新型民营企业应有的贡献。"第三方物流就是当好客户的'管家'。"通俗的一句话,说起来容易做起来难。刘武说,宝供之所以有今天,就是从一点一滴为客户当好管家做起来的。体现在行动上,宝供严格遵循"控制运作成本,降低客户风险,全面提升物流服务质量,使客户集中精力发展主业,增强核心竞争力和可持续发展能力,成为客户最佳战略联盟伙伴"的物流服务理念,让宝供的现代物流服务与客户的需求融为一体。

客户的生产及销售模式不同,因而对物流服务的需求各异。为此,宝供全面创新物流服务模式,优化业务流程,整合物流供应链,以"量身定做、一体化运作、个性化服务"模式满足客户的个性化要求。

现代物流服务重在规范化和标准化。刘武认为,这是入世后国内物流企业参与国际竞争的前提和基础。事实上,为确保向客户提供优质高效的专业化物流服务,SOP标准操作程序及GMP标准质量保证体系一直贯穿宝供物流服务始终,使每一项业务运作都有质量控制和系统跟踪,充分做到万无一失。而这一切,都落实在每一位高素质的企业员工身上和每一个高效率的业务环节上。在宝供,质量意识、服务职责、信誉至上,深深扎根于所有员工的脑海。员工们说:"这是自己和宝供的命根子。"一项调查显示,几年来,宝供的铁路运输货物缺损率控制在万分之一左右,公路运输和仓储缺损率为零,铁路运输时间达标率在95%以上,公路运输达标率在98%以上。

早在1997年,宝供就在国内率先提出并建成基于Internet/Intranet的全国联网的物流网络信息系统,使宝供总部、六大分公司、40多个工作点实现内部办公网络化、外部业务动作信息化,并实现全国各地的运输、仓储等关键物流信息的实时网上跟踪。与此同时,客户通过与宝供信息系统的对接,可以实时管理和控制不同区域、不同仓库、不同类型、不同产品的库存,制定最佳营销策略。物流与电子商务的融合,极大地简化了商务流程,提高了业务运作效率,受到了客户的广泛欢迎。

作为宝供领头人的刘武说,随着中国成为WTO的正式一员,国内物流业将在1至3年内全线对外开放,在经历了几番热潮之后,接下来面临的将是物流市场日益增长的需求和国际国内激烈的物流竞争环境。宝供为此制定了一系列新的发展战略。

(1)观念领先战略。宝供将投入相当资金创办一流的物流学校和一流的物流研究中心,通过广泛的物流研究与学术交流,深入挖掘物流理论的深刻内涵,研究现代物流运作模式,并指导物流实践,"用一流的观念,创造一流的物流服务"。

(2)科技支持战略。"知识化和科技化物流"将成为宝供服务的主要特征。宝供提出,专业化、细致化、科学化的物流知识将成为客户物流体系改革、整合、规划和设计的重要依据,现代科学技术如各种条码技术、自动识别技术、自动分拣技术、卫星定位技术、自动化技术、信息技术、物流仿真技术、辅助决策技术等,将成为物流运作的重要工具。

(3)服务创新战略。一方面,引导物流服务朝综合化、一体化方向发展,把物流诸多环节、服务类型进行系统整合,将不同货运公司、仓储公司以及社会资源进行物流资源整合,为客户提供一种具有长期的、专业的、综合的高效物流服务。另一方面,适应21世纪个性化消费和个性化服务的需要,进一步强化宝供的物流服务特色,提高市场竞争力。人才效益战略。遵循"以人为本"的经营理念,充分发挥"人才效益"优势,广泛汇集和吸引高层次专业人才,通过不断完善激励制度,增强企业的凝聚力,建设一支灵活精干、协作高效的学习型人才队伍。

(4)联盟发展战略。物流企业的并购行为使企业规模增大,运营成本降低,业务经营范围更为广泛,更能适应客户需求多样化的趋势。宝供强调供应链的诸节点之间植入"优势互补、利益共享"的共生关系,实施企业联盟化战略。宝供将在其他第三方物流企业、客户服务群、相关行业企业之间广泛寻找战略合作伙伴,通过联盟的力量获得竞争优势。

问题:

(1)用物流经济学理论分析宝供的发展之路。

(2)结合本案例,分析如何发展第三方物流。

第十二章 物流业管理体制

在研究物流的经济性时，我们发现物流业管理体制对物流的经济性影响很大。本章主要从西方物流业管理体制的特点、西方物流业管理体制对我国物流业管理体制的启示、我国物流业管理体制的现状及对策进行分析，使我国的物流业管理体制能适应物流业的发展。

第一节 西方物流业管理体制概述

一、西方物流业管理体制的特点

(一)物流业管理体制以自由化、市场化运作为基础

现行的西方物流业管理体制同其经济管理体制一样，以物流业的自由化、市场化运作为基础。从 20 世纪 80 年代起，随着经济自由化在物流领域的推行，西方政府放松了对物流业的管制，极大地促进了物流产业的发展。以美国为例，美国 1978 年的《航空管制缓和法》、1982 年的《汽车运输法案》和《铁路法案》、1984 年的《海运法案》等一系列运输法案的实施标志着美国运输市场的全面自由化。随后，西欧各国政府也实施了放松物流业管制的政策措施，如英国铁路的私有化、意大利放松对运输价格的管制、荷兰和德国减少了对承运人资格的管制等。西方国家一般倾向于通过法律和政策实施对物流业的间接管理，并非常注意发挥市场的作用。很多国家政府对物流的微观干预并不明显，各相关部门对物流的管理也并未有特别之处。

典型的如英国的综合物流管理体制。20 世纪 60 年代末期，英国组建了物流管理中心。物流管理中心成立初期以工业高级顾客委员形式出现，协助企业制订物流人才的培训计划，举办各类专业性的会议。到 70 年代正式组织全英国的管理协会。以此为契机，英国致力于发展综合物流管理体制，全面规划物资的流通业务。

在管理体制设计上，由于物流业是由多个产业、多个行业在不同的侧面共同参与的产业，自身没有明显的产业界面，涉及的领域和范围很广，是一个复合产业，难以建立一个专门机构来统一进行管理。因此，各国政府并没有对物流业进行集中管理，而是通过物流各个环节相应的政府部门分别实施管理，物流管理各环节上也仍适用各自法规。各国物流管理的统一性主要是通过国家物流发展规划以及物流相关各部门间的协调、配合实现的。如美国的物流基础设施建设、运输组织、通关、仓储管理、安全管理等，均由相关部门统辖管理，但各部门之间也进行密切配合和协同，实现了物流管理上的分工与合作，从而形成了全国统一的物流管理体系。

与管理体制相对应，世界各国并没有制定出物流业集中管理的专门法规，各国物流业发展都沿袭以往的各种法律，从各个不同的业务环节来管理物流业。实践证明这是非常有效的。因为物流本身主要是一些传统运输服务向前、后两端延伸演化而来的，国家的原有法律对其约束并未发生本质的变化。如美国，从事铁路、公路、航空以及内河运输的物流服务提供者，必须遵守运输法，而从事海上运输的企业，则必须遵守航运法。

(二)实施促进现代物流发展的政策

世界各国主要是采取政策性措施来引导和促进本国物流业的发展。

1.政府制定物流业发展纲领

如日本政府从20世纪60年代开始就在《中期五年经济计划》中强调要实现物流现代化，在以后的几十年中，日本一直把物流改革列为经济发展中最为重要的课题之一，并相应制定了对日本物流发展具有重要影响的《综合物流施策大纲》，成为日本物流现代化发展的指南。

2.政府对物流业实行优惠、扶持政策

(1)对交通基础设施进行直接投资；
(2)扶持物流园区的发展；
(3)对物流配送中心建设提供优惠政策；
(4)鼓励发展高效率的运输方式，特别是多式联运。

3.积极发挥行业组织的作用

在放松市场管制的同时，各国政府非常重视行业组织在规范本国物流市场中的作用。行业组织在促进物流企业与政府以及企业与企业之间的有机联系、间接参与到政府对行业的管理，在加强行业协调、行业自律、规范市场行为、维护市场秩序、培育物流人才、普及物流新技术、健全物流法规等方面发挥了十分重要的作用，并由此成为政府对物流业进行管理的有力助手。

二、西方物流业管理体制对我国的借鉴作用

(一)严格界定市场经济条件下我国政府在物流管理中的职能范围

物流业管理体制的建设有赖于政府物流管理职能的界定,只有明确政府管理职能范围,物流业管理体制才能进行科学设置。根据市场经济理论,由于物流市场存在着垄断、信息不对称、不完全竞争、供求失衡等市场失灵问题,需要政府对物流市场的微观规制和调控,以提高物流市场的资源配置效率,促进市场稳健发展。与此同时,由于物流产业对一国经济存在广泛影响,是形成一国经济竞争力的一项重要内容,这决定了各国政府对物流业的管理职能必然超出市场失灵的范围,形成一国的物流产业发展政策。国外的实践也证明,发展现代物流离不开政府的推动和促进。

政府的作用主要体现在:

(1)制定全国以及区域物流总体规划、中长期和年度计划;

(2)制定和实施促进现代物流业发展的政策和措施;

(3)为物流业发展提供公共基础设施,如交通设施、公共信息服务平台等;培育现代物流市场,规范市场主体行为;

(4)协调解决现代物流发展中的有关问题等。

具体到我国来讲,市场经济下我国政府对物流业的主要管理职能应在物流产业政策制定、物流市场运行环境维护上。此外,由于现代物流业在我国刚刚起步,政府还肩负着培育物流市场的任务。实践中,要求我国政府在物流业管理上既不能缺位,也不能越位,在弥补市场失灵的同时,还必须加强政府自身建设,警惕政府失灵。

(二)建立有中国特色的、科学的物流业管理体制

由于物流业是一个复合产业,很多国家都没有设立专门机构来对物流业进行统一管理,但各国仍然存在一个整体性的物流管理模式来协调全国的物流管理活动。国外的这些经验很值得我国借鉴。

我们认为,我国物流业管理体制的建设必须遵循以下两个原则:

(1)要尊重物流业的发展规律;

(2)不能照搬国外模式,应在借鉴国外经验基础上,根据我国国情进行科学设置。

目前,我国物流市场发展尚处于起步阶段,客观上物流各环节又分属不同部门管理,现代物流发展中缺乏总体协调是一个不争的事实,严重制约了物流总体功能的发挥。物流的复合产业特征要求我国必须加强政府物流相关管理部门和企业之间的协调,对既有不适应现代物流发展的政策进行必要调整。考虑到我国的实际情况,为提高政府的管理和协调效率,有必要适当集中政府的物流管理职能。因此,建立一个全国性的物流协调机构是必要的,其职能是承担全国物流产业发展的规划、指导、组织、协调、推动,为物流业发展建立开

放、有序、公平的市场竞争环境,以从根本上改变多头领导、各自为战、缺乏整体协调的条块分割局面。但地方政府不需要设立这样的机构,物流各环节中的管理仍由各相应职能部门承担。

政府物流管理机构工作重点:

(1)加强现代物流观念的宣传、教育;

(2)做好物流发展规划,明确发展目标,并采取相应措施组织实施;

(3)整合物流资源,改造基础设施,鼓励企业通过技术改造提高专业服务能力;

(4)制定和推行物流标准化、信息化制度。

(三)大力支持物流协会等中介组织的建设并积极发挥其作用

现代物流的跨行业、跨地区经营决定了行业协调十分困难,借鉴发达国家的物流业发展经验,必须建立健全物流中介组织并充分发挥其在行业管理中的服务和桥梁作用。要通过行业管理授权,发挥行业协会在企业经营、市场监管、行业自律、行业标准制定、学术研究与交流等方面的组织协调作用。我国目前已在中国交通协会下面设立“现代物流企业分会”,部分省市也有类似组织,但这样的物流中介组织毕竟只属于交通系统内的一个分会,难以覆盖物流这样一个综合产业,因此,可以在目前基础上进一步扩大其行业覆盖面并加以健全和完善,真正建成能够协调中国现代物流业发展的行业组织。政府要加强对物流协会的支持、指导、监督、规范,为物流协会功能的发挥提供必要的条件。

(四)为现代物流业发展打造良好的环境

1.加快物流法规建设

应该尽快清理废除与现代物流发展不相适应的法律法规,并按照WTO的要求和我国的实际,制定出台物流各环节的新法规,为我国现代物流的发展提供有力的法律保障。

2.进一步制定促进现代物流发展的政策措施

要简化和规范企业登记注册前置性审批,提高政府行政效率;取消物流市场准入的歧视性行政规定,维护市场公平竞争;完善物流企业税收管理,创造公平的税负环境,提高税收效率;加快引入竞争机制,打破各类地区封锁、行业垄断、市场分割;加强收费管理,全面整顿道路收费站点;积极推进物流市场的对外开放,积极利用外资和国外先进物流技术,鼓励物流企业对外投资;改善通关环境,优化城市配送车辆交通管理。

3.引导、支持物流技术的发展和应用

政府应从战略高度重视我国物流技术以及物流管理技术的发展,为物流应用基础研究、技术开发以及物流技术尽快形成生产力提供必要的政策支持。可以考虑在各行业中确定一

批现代物流管理技术试点企业，通过帮助试点企业提高物流管理水平，产生示范带动效应，推动现代物流技术的广泛应用。

4.制定科学的综合运输发展政策

按照最大限度地发挥各种运输方式的经济、社会、环境效能的原则，论证和处理各种运输方式的发展问题，实现各种运输方式的合理发展，全面提高各种运输方式之间的协调性。要大力发展多式联运技术及装备，积极发展能使各种运输方式有机衔接的多式联运装备。要积极规范和发展运输服务代理，为多式联运人的成长创造条件。

第二节　我国物流业管理体制现状、问题及对策

一、我国物流管理体制的现状、背景及问题

（一）我国物流管理体制的现状

随着社会经济的发展，现代信息网络技术的不断提高，现代物流业已成为覆盖最广泛的产业，成为发达国家运输业的主流。我国物流业的发展一直处于上升趋势，物流管理与物流技术的广泛应用，为整个国民经济的发展做出了巨大的贡献。2004 年 8 月，国家发改委等 9 个部委共同出台了《关于促进我国现代物流业发展的意见》，为我国物流业的发展提供了政策导向，同时也推动了先进物流技术的广泛应用。我国物流市场潜力巨大，现在已成长为全球发展最快的市场之一。当然，同发达国家相比，中国目前的物流业整体水平相对较落后，物流成本高、效率低，中国物流产业对 GDP 总量的平均贡献率仅为 8.1%，这和发达国家相比相差甚远。

影响中国物流业发展的因素，包括以下几方面：物流基础设施建设滞后，运输资源缺乏，行业、地区之间发展不平衡，物流人才缺乏，并存在体制障碍、诚信欠缺、物流发展的环境有待改善等问题。在本节着重介绍制约中国物流业发展的现行管理体制方面的因素。长期的计划经济体制使中国的物流行业发展相对滞后，到目前为止，物流市场仍然显现出物流组织布局分散、物流资源和市场条块分割、地方封锁和行业垄断等局面，严重影响和制约了物流业的发展。

(1)从目前物流业的现状来看，有些地方政府对本地企业和外地企业不能一视同仁，存在地方保护主义，导致许多物流企业的分支机构在承揽业务、车辆通行等方面常出现问题，遇到困难，发生纠纷。这种地方封锁的行为制约了物流业的整体发展。

(2)在“条块划分、多头管理”的传统模式影响下，物流基础设施的规划和建设缺乏必要的协调，配套性、兼容性、系统性不强。我国现代物流发展具有很强的层次性，不同地区、不同行业物流发展的水平有很大的差距。我国物流业发展的重要性已经逐渐得到社会各阶层

的认同，于是，许多地方纷纷建立起物流中心、交易中心、配送中心等。但由于蜂拥而上，不注意配套化，规范化，同一个城市里一下子出现好几个物流中心，却各搞各的，互不相干，极大地浪费了人力、物力资源，钱花了不少，收效却不大。

(3)中国物流业处于分散、多元的管理方式，具体涉及到我国许多职能部门，包括铁道部、民航局、交通部、商务部、农业部、能源部等。由于体制没有理顺，这些部门之间的分工有交叉现象，而各职能部门对现代物流认识不足并缺乏统一协调的战略思想，造成了物流行业管理中存在条块分割、部门分割、重复建设等种种问题。由于物流业的特点是不能单独依托于任何一种方式，必须依靠系统之间的有机联结，所以条块分割的管理体制给物流业带来了严重影响。仅以运输业为例，中国的铁路、公路、水运的分割规划，对物流业的发展造成了严重的障碍，因为对企业来说，重新装卸、运输和管理会造成更多、更大的成本消耗，也包括时间成本。最终，导致的结果是，企业往往只会选择其中的某一种货运途径，从而避免消耗新的成本。比如，只选择公路运输，或是铁路运输，而这些运输方式各有优劣。

(4)由于长期受计划经济时期“大而全，小而全”经营思想的影响，许多工商企业都有相对独立的一套后勤服务系统，从产、供、销到仓储配送、装卸搬运、货运等，大多数企业不愿意把物流业务分拆外包或交给第三方。而事实上，我国现有的物流企业虽然数量多，却普遍存在技术水平低，装备落后等问题。大多数物流企业只能提供基础性的物流业务，能够集成、整合几个阶段物流业务的企业相当少，而管理技术先进且设备相对完善，能实行全方位物流业务，提供高效率服务的企业凤毛麟角。有关资料表明，中国许多商品总成本中，在物流方面的费用就占到20%～40%(而发达国家的这一比例是10%左右)。所以，这些企业“自食其力”的行为反而造成了物流资源的极度分散与浪费，并直接导致物流企业的市场供需不平衡。

(二)物流产业的国际比较

1.从世界物流发达国家看物流产业发展的整体能力

据统计，美国2000年物流产业的总规模为9500亿美元，几乎为高新技术的2倍，占国内生产总值的10%左右。

美国从1991年就开始发展国家多式联运系统，并将其作为国家经济竞争力的基础。最近，美国又提出“大运输部”的思想，作为21世纪依靠信息技术整合运输部门的指导思想。日本运输省是主管运输综合政策设计和实施的机构，其政策设计不仅涵盖了运输省辖内主要运输方式以及城市与区域运输的规划和协调，而且包括了现代物流“供应链”概念所涉及的仓储与配送等市场准入的管理工作。物流产业大部分业务环节的活动通过政策的调整得到有效整合。

2.物流产业已成为我国国民经济发展的新型服务业

物流产业作为新型服务业，是与整个经济发展密切相关的，经济发展中的其他产业既是物流产业的服务对象，又是需求基础。改革开放20多年来，我国GDP增长年均9.4%，有力带动了物流业的发展，2002年我国货运达147亿吨，比上年增长5%；货物周转量达4.9万亿公里，增长3.8%。物流产业参与了物流资料的生产和商品价值的创造。在生产领域，从生产物流到供应物流、回收物流，物流活动渗透到物流的每一个环节。在流通领域，物流是实现商品流通必不可少的重要手段。目前，我国已经具备发展现代物流的基础设施的装备条件，问题是如何把物流资源整合成新兴的物流产业。

(三)我国物流业管理体制存在的主要问题

我国物流业管理体制存在的问题主要有以下几个方面：

(1)物流业管理体制的横向分散，不利于国家对物流业统一规划。我国物流业管理体制横向分散，除交通、流通部门外，还有许多工产生产部门和生产企业都附有物流机构，自成体系，政出多门。就一个部门生产和销售来说，各有各的政策。但涉及到几个甚至几十个物流部门的物流问题，如包装标准化、托盘统一化、运输储装化以及全国物流网点的合理布局等，并非一个部门就能解决。

(2)物流业管理体制的横向分散，造成物流基础设施、物流技术及物流人才的缺乏。

(3)物流经营体制纵向集中，造成了对物流经营管理的轻视。我国物流经营管理，过去不被重视，主要是物流企业及其附属单位被视为隶属部门的附属品，没有独立的经济利益。物流经营不善造成生产部门对库存管理不严，大量积压原材料，特别是钢材；运输部门运送不及时，使物流受阻，影响市场供应；流通部门仓库管理不善，造成库存品变质，损失严重；装卸部门由于搬运不当。

二、我国物流管理体制改革及对策分析

(一)建立物流行业管理体制

要改变当前物流分散、低效的状况，首先应当在全国范围内加强对物流业的宏观管理，在市场经济环境下走计划管理的老路子显然是行不通的，适合可供选择的管理体制就是行业管理。行业管理是以同一职业范畴为管理对象的管理体制，与计划管理体制相比，是指导性的，而非指令性的；它的实施不是行政隶属关系，是管理者与被管理者之间共同遵守的行业规章制度，被管理者具有很大的自由度，行业管理组织对纳入其管理范围的企业和个人给予政策指导和保障，同时对其经营活动实施一定的监督。行业管理组织是非官方性组织，不代表政府的意志，行业管理组织也不是赢利性组织，不参与企业的经营活动。

建立全国性物流行业管理组织，其主要职责是：

(1)制定全国物流行业的规章及中、长期的物流发展战略；

(2)统一全国物流技术系列标准及发展规划；

(3)对物流活动进行宏观调控，开展国际间物流合作；

(4)引导物流企业间的联合与协作；

(5)创造良好的宏观环境，鼓励物流企业平等参与市场竞争；

(6)组织培训高级物流管理人才。

(二)建立全国物流网络，加强横向联合

1.积极发展专业性的物流经营企业

现在我国较大的物流企业除运输企业外，主要是流通部门，即内外贸部门的储运公司等，它们是物流行业的骨干企业。今后要进一步发展这类专业性的物流企业。同时要打破部门、系统、地区的界限，加强横向之间的联合，使物流企业逐步走向规范化、集团化和社会化运营，提高社会经济效益。

2.物流业务兼营企业可以走社会化的道路

流通部门专业公司、批发站附近的储运站、运输队、仓库等是兼营的物流企业，不实行独立的核算。从数量上说，这类兼营企业的很多，数量遍布全国，承担着本单位的物流业务。这些物流兼营企业，如果规模较大，并有一定的物质基础，应逐步面向社会，扩大业务，走社会化道路；规模小的，目前应加强内部管理，提高物流效率，发挥其应有的作用。

3.重视支持集体和个体企业

改革开放以来，我国出现了一批个体和集体物流企业，它们是国有物流企业的重要补充和强有力竞争者。它们的出现和发展打破了过去独家经营的状况，开创了物流业的新局面，今后对集体和个体物流企业，如运输、仓储公司和运输专业户，应重视支持其发展，优胜劣汰，共同提高，为社会提供更多、更好的物流服务。

4.建立物流中心系统网络

在大中城市建立一些物流中心，具有专业性强的、跨部门多的特点。根据具体情况，可设专业性和综合性的物流中心，一个地方可设一个或几个综合性的物流中心，为各生产、流通部门服务。这样，在全国范围内就能建立起以大、中城市和物流中心为骨架，由国有、集体、个体和专业性、兼营性的物流企业共同构成的全国物流网络，把流通业搞活。

(三)发挥政府与企业物流运作的协调统一关系

从今后物流发展的实际来看，需要政府营造宽松的市场环境和政策支持。但发展现代物流一定要坚持市场经济的改革方向，坚持以企业为市场的运作主体。市场的作用在于制订物流发展战略、规划和产业政策，消除地区和行业壁垒，建立公开、公正、公平的市场环境等。

当前,我国涉及物流的有关行业、部门、系统都自成体系,独立运作,各自进行规划设计,各建各的物流中心或基地,部门分割、行业垄断、地区封锁,相互之间毫无关联,不仅难以节约物流成本,还会造成资源的极大浪费。因此,要全面统筹,整体布局,设计出既符合现代物流要求,又能充分利用各种资源、优化全国物流产业发展规划,并按照规划构建我国运输大通道,合理设立物流中心或物流基地,协调部门以及条块关系,规范市场的流通与经营,指导、促进物流行业的进一步发展。而物流行业也要尽快适应经济体制转变的要求,加大改革力度,实现从思维方式到经营方式的转变,真正做到利润最大化。

(四)加大我国物流产业调整的力度

1.提高物流基础产业的作用

物流基础产业由不同的运输线路、运输线路的交汇中心与节点及理货终端构成,主要有铁路、公路、水运、空运、仓储等部门。这些部门运力如何布局、如何有效连接,是物流产业发展的基础,建立在这几个物流部门体制改革设计中,如何整合物流运力资源、合理设置物流设施、发挥整体合力,避免存量资产闲置、增量资源浪费。从长远看,应考虑建立运输协调部,对运输方式实行统一的综合管理。

2.提高物流装备制造业的水平

物流基础产业是用高新技术改造传统产业,提高整个物流系统装备现代化水平的重要产业。目前我国对各种物流装备进行的综合的、系统的开发能力不均衡,如集装箱的生产已居世界首位,其他行业技术含量和附加值低,没有规模优势;许多物流装备还得靠进口。必须提高对这个问题的认识,加大对物流装备制造业投入和研究,将其作为优先发展的产业,创造物流的新的生产要素。

3.提高第三方物流业的水平

第三方物流社会化分工是现代物流的发展方向。在国外,第三方物流已成为现代物流产业的主体。据调查,欧洲大型企业使用第三方物流的比例高达76%。目前,我国还没有具有国际竞争实力的第三方物流企业,没有一家物流公司跻身世界十大物流公司之列,这是当前物流发展中最薄弱的环节。据调查统计,在工业企业中,原材料交给第三方物流企业完成的占16%。从表12-1、表12-2可以看出,相当多的企业自己经营物流,这是造成整个经济运行效率低下的原因。

从第三方物流管理体制来看,目前第三方物流管理体制分散。物流功能各自独立,进行封闭式的管理,同时从中央到地方都有相应的管理部门和层次。政府设立了四个政府主管部门分别对五种运输方式进行管理。其中,铁道部主管铁路运输,交通部主管公路和水路运输,民航总局主管航空,中国石油天然气总公司下属的管道局负责管道运输。另外,城市运

工商企业的物流执行主体　　表 12-1

执行主体	生产企业原材料(%)		商业企业物流(%)		执行主体	生产企业产成品销售物流(%)	
	2002 年	2003 年	2002 年			2002 年	2003 年
供货方	46	71	76.1	13	全部自理	24.1	43
公司自身	36	8	17.6	13	全由第三方代理	16.1	21
第三方	18	21	5.9	13	部分第三方,部分代理	29.8	36
总计	100	100	100	100	总计	100	100

第三方物流代理比例分析　　表 12-2

代理比率	生产企业(%)	商业企业(%)
30%以下	29.5	500
30%~60%	26.5	0
60%以上	44.3	50
总计	100	100

输由建设部管理,涉及到运输的行业性规划协调工作归国家改革和发展委员会交通能源司负责。仓储业分散在商业、物资、粮食等流通部门,管理极为分散,没有统一的管理部门。整个物流业就是在这样一个分散和条块结合的管理体制下运作的。传统的管理体制人为地加大了第三方物流业运作的成本,各部门、各地区之间存在着有形和无形的流通壁垒,第三方物流市场呈现行业和区域分割的局面,妨碍了物流效率的提高和物流分工的进一步发展,妨碍了第三方物流有效需求的进一步扩大;在这种分散的管理体制下无法形成推进第三方物流发展的政策体系,公平竞争、运行有序的市场环境还没有形成,制度建设的落后制约了第三方物流产业的发展。为了适应第三方物流发展的需要,必须改革物流产业管理体制,以扫除第三方物流发展的体制性障碍。

企业必须打破计划经济体制观念,利用业务分拆外包的方式降低物流成本。把业务外包给专业化的第三方物流公司,这样既能够缩短商品运输过程所消耗的时间,减少商品周转过程的费用,又能够降低企业的经营成本。有条件的企业还可以采用第三方物流公司直供上线,实现零库存。

4.提高物流产业的信息化和标准化

在现代物流发展中,传统的储运功能和硬件设施优势已逐渐让位于基于信息化管理的资源整合能力,具备现代物流组织管理和实现内部信息化管理的企业将成为竞争的取胜者。

现代信息管理系统可以用来控制和降低物流成本。在传统的人工管理模式下,企业的成本控制受诸多因素的影响,难以发挥各个环节的最佳效益。而采用信息系统一方面企业可以准确、迅速地处理各种物流作业或业务;另一方面通过信息系统数据的汇总、预测、分析，可以有效地控制、降低物流成本。由于管理体制上的原因，我国至今尚未形成统一的物流信息系统。不过随着我国邮电、通信事业的迅速发展，为物流信息系统的建设与发展打下了良好基础。

信息网络技术是现代物流发展的保证，通过信息传输与客户、制造商、供应商实现资源共享，对物流各环节进行实时跟踪、有效管理和实时控制。建立组织强有力的科研团队，进行关键技术的攻关，加强物流的商品化、代码化、数据库化(数据仓库、数据挖掘技术)的研究，加强物流信息技术传递的标准化、实时化的研究，加强物流信息存储的系列化、规范化的研究，并尽快完成管理规范的操作文本，借鉴国际成熟的物流技术和服务标准，尽快制订我国相关的标准(物流标准化是指以物流为一个大系统，制定系统内部设施、机械装备、专用工具等的技术标准，包装、仓储、装卸、运输等各类作业标准，以及作为现代物流突出特征的物流信息标准，并形成与全国以及国际接轨的标准化体系)。当前，全国物流标准化技术委员会已会同有关部门统一制定《全国物流标准体系表》，这个物流标准化规划，对促进我国物流业的标准化具有重要意义。

5.重视对物流科学技术的研究工作

目前国内已有不少部门和大专院校设立了专门的物流研究机构或科研项目，但这些工作大多是分散的、独立的。物流是一个系统工程，只有在统一协调、科学规划的指导下，各有关部门分别按照系统发展的要求开展技术、经济和管理等专业化的研究，才能使我国物流业发展走上健康轨道。因此，建议由一个部门牵头，在政府部门支持帮助下，组织全国的有关科研教育单位的专业力量，研究制定物流科学的具体计划，分别对企业物流、社会物流的技术、经济、管理等问题开展系统的研究工作。

思考题

1.简答题

(1)西方物流业管理体制的特点有哪些?

(2)我国物流业管理体制存在的主要问题有哪些?

(3)影响物流业发展的主要影响因素有哪些?

2.分析题

(1)西方政府的物流业管理体制对我国有哪些借鉴作用?

(2)论述我国物流业管理体制改革及相应的对策。

第十三章　物 流 政 策

为了实现全社会经济的高效运行和健康发展，政府必须制订相应的方针或原则，对全社会的活动进行一定程度的干预。物流政策正是政府在物流产业领域进行宏观控制的体现。本章重点介绍物流政策的定义和功能，物流政策的体系分类，一些发达国家制定物流政策法规的经验，并对我国物流政策进行了有益探讨。

第一节　物流政策概述

物流产业是社会分工深化的结果。物流产业与国民经济其他各产业有关密切的产业关联，是有效实现社会再生产，提高国民经济运行质量和效率，提高国民经济综合实力和竞争力的重要基础性产业。现代物流业的发展能促进产业升级和结构优化，促进物流活动，优化资源在区域及国家层次上的配置，实现国家或区域经济发展的质量、效率和竞争力目标。

物流的发展，离不开适宜的政策环境。政府是营造环境的主体，物流政策正是国家和政府在物流产业领域进行宏观控制的体现。

一、物流政策的定义

所谓政策，一般是指为实现某种特定目的而制定的方针或原则。根据政策制定主体的不同，可将政策划分为两类：一类是国家或政府部门制定的公共政策；一类是私人部门或民间企业制定的私人政策或企业政策。本章所说的政策是指由国家或政府制定的公共政策。公共政策又可分为经济政策、社会政策、文化政策、卫生福利政策等。而经济政策则包括生产政策、流通政策、消费政策和分配政策等。显然，我们将要讨论的物流政策是一种经济政策，也是一种公共政策。

就经济政策而言，一般有两层含义：一是指国家经济发展的基本方针或原则；一是指国家或政府干预社会经济活动的各种措施。因此，物流政策就是指国家或政府为实现全社会物流的高效运行与健康发展而制定的方针或原则，以及政府对全社会物流活动的干预行为，具体包括有关物流的法律、法规、规划、计划和措施（对策），以及政府对全社会物流活动的直接指导等。

二、物流政策的功能

物流政策的基本功能可以概括为两个方面，一是减少或降低物流的外部不经济；二是扶持与促进物流产业的发展。

（一）减少物流的外部不经济

我们知道，在市场经济条件下，全社会物流活动的根本推动力量来自于众多的微观物流主体。这些微观物流主体主要包括货主、物流从业者、消费者三大类。

货主，即货物的所有者，包括发货货主与收货货主，发货货主也叫发货人，收货货主也叫收货人。货主既是物流活动的发动者，也是物流服务的需求者，包括生产企业、流通企业、各种非赢利组织和消费者等。货主的期望目标是谋求物流活动的准确、及时、快速、安全与低成本。

物流从业者是物流服务的提供者，即专业化的物流企业，包括各类运输企业、仓库企业，以及第三方物流企业等。物流从业者为了实现自身利益的最大化，也必须满足物流服务需求者的准确、及时、快速、安全与低成本的物流服务需求，从而开展高效、快速、尽可能低成本的物流活动。

消费者往往有三个层次的物流需求目标：一是作为商品购买者的消费者，希望通过效率化的物流而降低购物成本（低价格）；二是作为直接物流服务需求者的消费者，希望得到准确、及时、快速、安全与低成本物流服务；三是作为居民或生活者的消费者，希望交通畅通、安全、安静、空气清洁等等。

显然，上述微观物流主体的目标与行为既有一致性，也有不一致性，甚至是矛盾的，例如，消费者的生活环境目标（畅通与安全的交通、安静与清洁的居住环境）与货主、物流从业者的物流效率化目标就是矛盾的。也就是说，货主、物流从业者要实现效率化的物流，就不得不增加物流设施、设备与工具，而且还要开展“小批量、多频度”的物流活动，从而造成交通拥挤，产生噪声、污染、事故，挤压消费者的居住空间、增加居住成本、恶化生活环境。显然，微观物流主体的效率化物流会产生很大的外部不经济，即交通拥挤、交通事故、噪声、空气污染等。

随着经济与社会的不断发展，物流规模不断扩大，物流服务水平也不断提高，从而物流的外部不经济性也越来越明显、越来越严重，成为制约人类社会全面进步与可持续发展的重要课题。但是，各个微观物流主体是很难解决效率化物流所产生的外部不经济问题，必须依靠公共机构的力量，通过制定并实施各种物流政策，在不影响微观物流主体物流效率的前提下，尽量减少物流的外部不经济。

(二)扶持与促进物流产业的发展

从国内外的经验来看,物流政策不仅担负着减少“外部不经济”的职能,而且还担负着扶持与促进全社会物流产业健康发展的职能。这是因为,提高全社会物流效率、发展物流产业,不仅需要微观物流主体对微观物流的有效组织与管理,而且还需要全社会的共同努力。也就是说,提高微观物流效率,除取决于微观物流主体自身的投入与有效经营外,很大程度上还取决于物流基础设施是否充足与完善。这些物流基础设施不仅具有公共物品的性质或具有显著的外部经济效果,同时还需要大量的投资,是个别微观物流主体不愿意而且也无力进行投资建设的。因此,国家或政府部门应该成为全社会物流基础设施投资与建设的主体,并从制度或政策上保证物流基础设施的建设,满足全社会有效开展物流活动的需要。尽管如此,仅靠政府的投资还是无法满足全社会对物流基础设施的需要,因此,应该制定其他方面的政策,以促进民间组织投资、建设物流基础设施。有关物流基础设施投资建设政策,是各国物流政策的重要内容。显然,这种物流政策的主要功能是为了扶持与促进物流产业的发展。

不仅如此,为了促进微观物流效率的提高,进而促进整个社会物流产业的发展,还需要合理布局物流基础设施与物流网点、积极推行物流设备与工具的标准化,建立高效、畅通、便捷的公共物流信息系统等。显然,有关物流基础设施与物流网点的布局规划政策、物流设备与工具的标准化政策、公共物流信息系统的开发与应用政策等,也具有扶持与促进物流产业发展的功能。

三、物流政策体系与分类

(一)物流政策主体

物流政策主体是指物流政策的制定者与实施者,即代表社会公共利益的社会公共机构。作为物流政策主体的社会公共机构主要由三部分构成,即立法、司法与行政机构。

1.立法机构

根据物流政策的定义,有关物流的法律、法规属于物流政策的范畴,因此,作为物流法律、法规制订者的立法机构也是重要的物流政策主体。当然,立法机构的具体形式因国家政治制度和国情的不同而不同;在西方,立法机构是议会;在我国,立法机构是全国人民代表大会及其常务委员会,以及地方各级人民代表大会及其常务委员会。不论立法机构的具体形式如何,都改变不了它是国家或地方最高权力机关的属性。因此,立法机构不仅是物流政策的主体,而且是最有权威性的物流政策主体。之所以说立法机构是最有权威性的物流政策主体,是因为立法机构所制定的政策(法律)要比其他政策主体所制订的政策具有更大的适用范围与调整强度。

2.司法机构

立法机构制订的有关物流的法律、法规,旨在为全社会物流活动的相关主体规定是非标准、行为限制与行为方向,从而事先向人们宣布哪些活动或事业是可以行为的,行为到什么程度;哪些行为是不可以的,以及一旦行为则要受到何种制裁等。但是,这些标准与限制毕竟还是"纸上"的和观念上的,而要保证物流活动主体能够按照"纸上"的规定去行为,还必须有一个专门的机构按"纸上"的规定去执行。这个具体执行"纸上"规定的机构就是司法机构。在我国,司法机构是公安、检察院与法院系统,以及其他具有部分执法权的行政部门、工商行政管理、物价管理环境保护机构等。

3.行政机构

除立法与司法机构外,作为行政机构的政府,特别是中央政府也是重要的物流政策主体。政府机构虽然没有立法权,但是政府有权制定并颁布有关物流的行政命令(条例、通知等)、行政指导。这些行政命令、行政指导也是对全社会物流活动的公开介入和干预,从而也是物流政策的重要内容。事实上,从各国的物流政策实践来看,政府甚至是最重要、最具体的物流政策主体。不仅很多具体的物流政策要由政府制定并实施,而且即使是一些很基本、很重要的有关物流的法律,也往往要由政府来"立案"。从这个意义上讲,政府甚至具有实际的"立法权"。但是,政府制定的物流政策,特别是一些具体的针对某些领域、某些问题的物流政策,必须符合立法机构通过的法律,而且政府本身也必须接受并服从司法机构的司法。从这个角度来看,政府又同私人部门同处一个层次。这说明政府具有三重属性:一是物流政策的制定者;二是物流政策的执行者;三是物流政策的适用对象。当然,这里所说的政府,既包括中央政府及其所属部门,也包括地方政府及其所属部门。

(二)物流政策体系及分类

1.按物流政策主体分类

按物流政策的主体不同,可将物流政策划分为立法机构制定的政策和行政机构制定的政策。前者可称为"法律类物流政策",后者可称为"行政类物流政策"。

(1)法律类物流政策。法律类物流政策包括两个层次:一是针对整个经济社会的,同时也适用于物流领域的"法律类政策",如《反垄断法》、《反不正当竞争法》、《价格法》、《公司法》等各种经济法律;二是针对物流领域的"法律类政策",如《道路运输法》、《港口法》、《航运法》、《民用航空事业法》等。显然,"法律类政策"具有强制性和稳定性,并可通过司法机构的执法对全社会的物流活动进行强制性调整。不仅如此,"法律类政策"是在广泛吸收各方面意见的基础上,并通过一系列严格而有规则的立法程序而制定的,因此,更具有公正性、普遍性和权威性。

(2)行政类物流政策。行政类物流政策是指由政府及其所属部门制订的政策,包括有关物流的各种条例、命令、指示、指导或劝告等。对民间物流组织来说,行政类物流政策有些是强制性的,有些则是非强制性的。条例、命令、指示属于强制性行政类物流政策,指导或劝告则属于非强制性行政类物流政策。

2.按物流政策适用对象分类

按物流政策的适用对象不同,可将物流政策划分为货主物流政策、物流产业者物流政策和消费者物流政策。

(1)货主物流政策。货主主要包括生产企业、流通企业,以及其他各类非赢利组织。货主物流政策就是针对货主而制定的物流政策,如针对货主的物流网点政策、物流标准化政策、物流信息化政策等。

(2)物流从业者物流政策。物流从业者物流政策就是针对专业化物流企业而制定的政策,如车辆管理政策、交通安全政策、仓储管理政策、储运代理政策等。

(3)消费者物流政策。消费者物流政策是指针对消费者而制定的物流政策,具体包括两个方面:一是从保护消费者权益的角度而制定的政策,如消费者权益保护政策等;二是从规制消费者物流行为的角度而制定的政策,如生活废弃物的排放、回收与利用政策。

由于货主、物流从业者及消费者在物流活动中处于不同的地位,其物流活动的特点、物流运作模式也不同,从而对社会的影响也不同,因此,针对不同物流主体制定不同的物流政策是十分必要的。但是,上述物流主体的物流活动也存在很多共性问题,因此,有些物流政策适用于所有物流主体,无法分清究竟属于哪类政策。例如,很多货主不仅接受专业化物流企业提供的物流服务,同时提供自营物流业务甚至还向外部提供物流服务,因此,有关专业化物流从业者的物流政策,也适用于一部分货主企业。从这个意义上讲,我们还可以从专业化物流主体与非专业化物流主体的角度,对物流政策进行分类。

应该说明的是,以上分类是以“人”为适用对象进行的分类,实际上还可以以“物”为适用对象对物流政策进行分类。以“物”为适用对象进行分类,可以将物流政策划分为土地利用政策、道路政策、物流网点政策、车辆政策、货物政策等。例如,土地利用政策是指针对物流领域的土地利用问题而制定的有关政策(或扶持或限制),如物流用地征用政策、物流设施的布局管制政策等;道路政策是针对物流道路建设与管理而制定的政策,如疏港(站)路、环形路、高架路,以及地下物流通道的开发与建设政策等;车辆政策是针对车辆而制定的政策,如尾气排放标准、装载率管制等。

3.按物流政策功能分类

按物流政策功能不同,可将物流政策划分为减少物流“外部不经济”的政策与促进物流产业发展的政策。前者多属限制类政策,后者多属扶持类政策。

(1)减少物流外部不经济政策。这类政策的主要功能是为了减少物流的外部不经济,具体包括交通管制政策、物流设施与网点建设、布局政策、物流环境政策、物流节能政策等。

(2)促进物流产业发展政策。这类政策的主要功能是为了扶持或促进物流产业的发展，主要包括物流基础设施建设与布局政策、物流信息化政策、物流标准化政策、促进专业化物流企业发展政策、促进中小物流企业发展政策、共同化物流产业推进政策、物流人才培养与教育政策、物流设备与工具开发促进政策等。

当然，按物流政策功能不同，也可将物流政策划分为经济或效率类政策、社会类政策与环境类政策。

第二节　国外物流政策的演变

现代物流是随着经济的不断发展而逐渐发展的，物流的政策法规是在现有物流相关政策法规的基础上，针对需要不断出台新的政策、修改和完善现有法规，用以促进物流的发展。因此，总结国外物流发展经验可以发现，世界各国并没有制定出集中管理物流的专门法规，主要是采取政策性措施来引导和促进本国物流的发展。

工业化发达国家的运输法律规范经历了以下 4 个发展阶段：

第一阶段为水运时代，这一时代大致可以追溯到 19 世纪以前。由于水运是最古老的运输方式之一，所以在古代和中世纪就有了关于海上货物运输和船舶运输方面的法律规范。海上货物运输在国际贸易中的广泛使用促进了国际公约的发展。许多国家的海商法也在这一阶段产生并发展起来。

第二阶段是从 19 世纪开始至 20 世纪初期的铁路时代。英国政府在铁路出现的初期就制定了铁路运输服务的法律规范，其目的在于防止铁路部门的垄断，从而保护铁路用户的合法利益。在这一阶段，由于尚未出台铁路运输的专门法规，所以铁路运输经历了自由发展的时期。

第三阶段是数量管制时代，时间从第一次世界大战后至 20 世纪 80 年代。由于铁路时代的立法强调了对用户利益的保护，忽视了铁路运输企业的利益，加上铁路运输企业的恶性竞争，从而导致了许多运输企业的纷纷破产。因此各国政府开始考虑运输成本并出台了保护运输业的法规，在铁路运输领域的市场准入制度中采取严格的数量控制措施。

第四阶段是质量控制时代。进入 20 世纪 80 年代后，随着道路运输基础设施的建设、高速公路的联网，大大降低了运输成本，提高了运输企业的效率和效益。各国政府在如何利用市场机制和发挥政府作用问题上的认识不断深化，出台了以开放市场、鼓励公平竞争、鼓励各种运输方式的协作与配合为内容的运输法律制度，从而极大地促进了现代物流的迅速发展。下面简要介绍目前国外物流产业较为发达国家的一些物流政策法规。

一、美国的交通运输物流法规与政策

美国的立法体系是由宪法、国会的法律、司法判例、政府执行的行政法规和部颁行政规

章组成的。美国的公路交通法规体系主要包括公路法系统和运输法系统，两个系统的法规分别汇编于《美国法典：23 公路》和《联邦规章：23》，及《美国法典：49 运输》和《联邦规章：49》。美国于 1940 年制定了《运输法》，该法律全面阐述了国家对交通运输的政策；1967 年通过《运输部法》成立了专门的运输部。到 1980 年“鼓励和促进综合联运”作为国家的运输政策写进运输法。美国的水运交通法规体系包括贸易运输法系统、船舶法系统、船员法系统、航道法系统、港口法系统、海上安全法系统和海事审判法系统。继第一部比较完整的航运法规——《1916 年航运法》后，美国先后出台了《1920 年航运法》、《1936 年商船法》、《商船销售法》、《1954 年货载优先法》、《1970 年商船法》和《1998 年远洋航运改革法》等法律，这些法律都体现了美国奉行的航运保护性、扩张性政策。

从 20 世纪 80 年代起，美国的运输结构发生了根本性的变化，通过了《机动车辆运输法修正案》、《地区运输补助法》、《汽车承运人规章制度改革和现代化法案》、《斯泰格斯铁路法》，这些法规的出台形成了一种运输改革的环境。接着，在 90 年代又相继通过了《多式联运法》、《协议费率法》、《机场航空通道改善法》和《卡车运输行业规章制度改革法案》，并修改了《1984 年航运法》，推出了《1998 年航运改革法》、《1998 年航运改革法》。这些法律上的改革促进了美国综合运输的发展，在某种程度上减少了国家对运输业的约束和控制，推动运输业更接近“自由市场的体系”，从而有效地将物流业融于市场经济体系中。值得一提的是，作为物流的一项重要内容和推动运输物流发展的政府政策，美国运输部曾经提出了《美国运输部 1997 ~ 2002 年财政年度战略规划》，这个规划反映了克林顿政府一贯主张，即运输对象不再限于水泥、沥青和钢铁。最大的挑战是建立一个全球化的、多种运输方式的联合运输，以智能运输为特征，包括自然因素在内的综合运输系统。

美国尚未制定集中管理物流的专门法规，物流各环节仍适用原有的法律规范。所有货物的承运人必须遵守有关操作人员和运输工具安全的法律。如果要运输危险货物或有害货物，那么必须遵守联邦法规安全规则中关于包装和运输标志的要求。这从一个侧面反映出，美国物流服务提供者目前要依照其服务内容的不同，在不同营运范畴内分别遵守不同的法律条款。具体而言，在美国，从事铁路、公路、航空以及内河运输的必须遵守汇编在《美国法典》中 TITLE 49 的运输法和联邦法规汇编中的 TITLE 49 法案，而从事海上运输的则必须遵守《美国法典》中 TITLE 46 的航运法和联邦法规汇编中的 TITLE 46 法案。从美国物流业发展的实际情况看，沿袭以往的各种法律，从各个不同的业务环节来管制物流服务是十分有效的。这是因为物流服务的本身主要是一些传统运输方式的经营者将其业务范围向前后两端延伸而已，国家相应的原有法律对其整体约束并未发生本质的变化，所以仍可通过“分块包干”的法制方式对物流业进行管理。

二、日本的交通运输物流法规与政策

日本是大陆法系国家，其法律均为成文法。它的立法分三个层次，即国会制定的法律、内阁制定的政令、省（相当于我国的部）制定的省令。日本的法制比较健全。现代日本的法律体系主要受罗马日耳曼法系的影响，第二次世界大战后又引进吸收了英美法系的一些原则和制度，加上日本固有的行之有效的调停与和解制度，这三者的结合形成了日本法律体系的基本特点。日本的公路交通法规体系常以六法的形式汇编出版。如:《自动车六法》、《物流六法》等。每项法律都有政令和规章相配套。二次大战期间，日本国土破坏严重，道路几乎荒废。战后的日本在道路建设和道路法规制度方面，几乎从零开始，在借鉴了欧洲和北美发达国家，特别是在美国的经验基础上，重新制定了新的《道路法》及《运输组织法》等道路交通事业的基本法规，并随着客观形势的需要及时颁布了一系列与道路建设和道路运输业有关的其他专项法规，在战后的40余年时间内形成了公路交通法规体系。日本的水路交通法规体系主要包括海运法系统、船舶法系统、船舶安全法系统、船员法系统、港湾法系统、海上交通安全法系统、公海法系统、海上保安法系统和海难审判法系统。日本的水运法规门类齐全、内容详细、持久稳定，仅水路交通法律就有近150项。

日本于20世纪60年代正式引进物流概念，日本的物流产业和物流系统从初期的自然形成状态发展到今天具有世界一流水准的现代化程度。期间，日本政府制定和实施了许多物流政策法规，有力地推动了流通及物流业的发展。在日本，规范管理物流市场的法律主要来自三个方面，一是以商业为基础的商业方面的政策法规，二是以运输业为基础的交通运输的政策法规，三是以物流据点为基础的政策法规。无论何种物流政策法律，日本政府在制定时有两个基准点，一是赋予物流市场一定的秩序，实现物流市场的公平自由竞争，二是重视消费者的利益，也就是重视可持续发展的要求，如尽量减轻物流所带来的交通恶化、大气污染等影响。

综观日本的物流政策法规，具有以下几个特点：

1.日本没有专职物流管理部门，但有统辖大部分物流环节的政府部门

日本主要有通产省、运输省主管物流工作，制定各项物流政策和法令。日本的运输省成立于1949年，目前的主要职能由原来直接的行政管理和指挥，转为交通运输综合政策的设计和组织，职能不仅覆盖了运输省所辖范围内主要运输方式的政策设计、计划制定及城市与区域运输的规划与协调，而且还包括了现代物流“供应链”概念所及的仓储业与配送业的相关政策制定和市场准入等方面的管理工作。由此可见，物流业大部分业务环节的活动几乎都在运输省的行政范围调控之内。

2.针对需要及时制定新的物流产业法规

20世纪60年代，日本城市中心出现了大量的商业群体，许多新兴零售业进入到市中心和交通枢纽地区，给道路交通带来了很大的压力，所以日本于1966年制定了《流通业务市街的整治法律》，其目的就在于将市内的流通、商业设施移到郊外去，改善市内交通混乱的状况。进入20世纪90年代，面对国内外经济形势巨大的变化，日本政府对流通产业和物流产业相关的法律及法规进行了清理，废除并制定了新的法规。其中主要有《物流二法》和《中小

企业流通业务效率化促进法》(简称《物流效率化法》)。前者从物流的角度,对物流产业引进了竞争机制。后者从商流的角度,规定对现有的流通业现状进行改革,形成有效率的纵向的流通组织,把零散的小规模商业商店组织起来,统一管理。这使自发形成又落后于时代的日本流通系统开始进入了"流通现代化"的发展阶段。

3.以法的形式确定对运输业放松管制,促进物流自由发展

日本政府在制定物流相关政策法规时,不是给予物流业更多财税方面的优惠政策,而是通过逐渐放松管制,来激活物流市场,形成良好运转、公平竞争的环境。如在交通运输物流的各种法律中,其中1989年制定的《货物汽车运输事业法》和《货物运输经营事业法》就是典型的放松对物流管制的例子。《货物汽车运输事业法》中将原来汽车营运需要政府批准的方式改为许可制,只要具备物质条件的都可以经营汽车运输,对市场准入方面的限制大大放开。另外原来的运价是统一规定的,而新法实行的是运费申报制,可以采用弹性运费,原则上是自由运费。此外在新法中取消了营业区分的限制,这样能更好地为汽车运输企业在广域中进行网络性运输创造了条件。《货物运输经营事业法》是针对承接运输代理业务的企业,取消了原来法律中运输代理企业自己不能进行货物运输的规定,从而放开了联运业务。这些政策法律的出台,使更多的企业参与到运输业中,同时促进了第三方物流更快速地成长。再如,日本政府于1998年颁布了放松管制的新3年计划,并于1999年向下届国会递交了倡导自由竞争的立法提案;1997年放松了对港口运输业的行政管理,日本海运部门根据这个精神草拟了有关条文,以修正现行的港口运输事业法。这些都可以看出,日本正在通过减少国家对运输业的控制性立法,来促进物流的整体效应与自由发展。

4.政府明确物流发展纲领,总体引导本国物流业发展

由政府明确制定发展物流的政策性文件,从总体上引导本国物流业发展的政策措施,在日本得到充分的体现。最具代表性的就是在1997年4月和2001年7月从战略的高度制定了《综合物流施政大纲》和《新综合物流施政大纲》。这是日本内阁会议通过并颁布的关于日本物流产业的纲领性政策文件。前者要求在中央各有关部委的联合行动下,对物流相关的基础设施的事务,要放宽或取消不合理的政策限制,在信息化、标准化、效率化等方面起到规范和规划作用;后者总结了前者实施情况,结合新的形势变化提出了更加完善的物流系统建设目标,并对所应达到的目标做了规定。两个大纲颁布的目的和意义不仅极大地促进了日本物流系统现代化,更重要的是使日本从国家经济发展的战略高度,面对经济全球化的加速过程中日益增长和变化的物流需求,通过降低物流成本、加快物流发展速度,保持和增加日本企业的国际竞争力。今天,持续不断地制定新的奋斗目标,对物流系统进行扩充完善改造,已成为物流系统发展的明显特征。

在日本对物流影响比较大的政策法规有:《物流二法》、《中小企业流通业务效率化促进法》、《大店法》、《大店布局法》、《流通业务市街的整治法律》、《汽车站点法》、《货物汽车运输

事业法》、《货物运输经营事业法》、《仓库业法》及其他运输法律等。

三、加拿大的交通运输物流法规和政策

加拿大政府在交通运输物流管理中实行的是法制化管理，主要是担当政策制定和实施监察职能。其运输管理部门是由两个独立的交通运输管理机构组成的：加拿大运输部和加拿大运输署。两者在交通运输管理中分工明确，所担负职能完全不同，共同成为交通运输管理体系的组成部分。运输部的主要职责是制定运输法规、监督运输法规的实施。在有关交通运输政策和法律层次上，加拿大主要是联邦政府和省政府发挥管理职能作用。联邦政府的职能主要体现在综合运输的协调方面，通过制定法律、法规和实施经济制裁来进行宏观管理；各省则制定有关运输安全管制方面法规。运输署是加拿大交通运输行业独立的、半司法性质的运输管理仲裁机构，相当于加拿大准法庭，主要负责执行加拿大议会颁布的运输法规，调解或裁决交通运输中出现的各类经济纠纷和商业矛盾，实现旅客和货物的高效、便捷运输，同时还负责对联邦政府管辖的运输方式的运输经营人发放许可证。由于运输署是由具有丰富专业知识的专家(如运输专家、法律专家等)组成，所以能有效地解决有关交通运输商务问题，并对运输商务纠纷做出正确的裁决。加拿大运输管理所实行的立法与法案既相互独立又相互协作的体制，在国家交通运输行业管理中具有独到的优点。

按照加拿大联邦政府机构体系，由议会和内阁作为立法和行政部门共同制定国家的法律法规。对交通运输而言，通常是由运输部在征求各相关人士的基础上，提出有关交通运输管理方面的法规草案，交联邦议会向社会公布，经广泛征求意见并讨论、审查通过后实行。目前，涉及交通运输行业的种类法案多达 70 ~ 80 个，涵盖铁路、公路、水路和航空等各种运输方式，对运输活动的操作标准包括交通安全、环保、经济手段、保险和保障、财政等进行界定。比如，《加拿大交通运输法》主要内容包括：安全、经济效益、便捷、成本效益、不同运输方式间协调和服务范围、竞争等。此外，该法案还提出了交通运输政策取向。例如，国家运输应达到最高安全标准：尽可能利用竞争和市场作为提供经济有效的运输服务的基本手段等。

加拿大交通运输物流政策法规体系的主要构成是：

(1)加拿大交通运输法；

(2)加拿大海商法；

(3)加拿大海洋运输法；

(4)加拿大港务局法；

(5)加拿大交通事故调查和安全委员会法；

(6)领港法；

(7)航空法；

(8)货物空运法；

(9)货物水运法；

(10)机动车运输法；

(11)海洋运输安全法；
(12)机动车安全法；
(13)铁路安全法；
(14)铁路改线和交叉口；
(15)铁路运输安全法；
(16)集装箱安全常规法；
(17)危险品运输法；
(18)运输协商豁免法；
(19)机场转让法；
(20)民用航空服务商业化法；
(21)交通部法；
(22)海运保险法；
(23)国际航空服务禁律法；
(24)圣·劳伦斯水道管理局法等。

第三节　我国物流政策的探讨

近几年，我国物流业得到了迅猛发展。2001 年以来我国社会物流总额连续 4 年保持快速增长的态势。物流运行条件不断改善，社会物流总效益进一步提高，物流对经济增长的贡献越来越大，经济发展对物流的依赖程度也越来越高。物流业已经成国国民经济发展的重要产业和新的经济增长点。基于物流业的发展前景及其对我国经济发展的贡献，政府有必要制定积极的物流产业发展政策，以有效地引导和促进我国物流业的发展。

一、运输政策

政策是为实现一定时期的目标而制订的行为准则。运输政策的职能是调整运输活动所涉及的各种复杂关系。在国家运输资源配置和运输业发展、促进运输市场的有效运作以及技术进步、安全、环境、社会福利等方面，运输政策都扮演了极其重要的角色。

制订运输政策的目标虽然是多样的，但基本上很相近。如加快运输业发展以促进经济发展、提高运输效率、在使所有人都有合理流动的权利方面保障社会的平等、保护环境和有效地利用资源等。在形式上运输政策一般会包括以下几项内容：

1.政策目标

说明制订该项政策所要解决的主要问题，例如为促进运输业发展筹集充足的资金、改善运输服务水平、推广新的运输技术、提高交通安全水平、缓解交通拥挤状况、节约能源、降低交通运输造成的污染等，都可能是制订运输政策所要实现的目标。例如，国务院于 2004 年 7

月1日颁布实施的《中华人民共和国道路运输条例》(国务院令第406号),就是为了维护道路运输市场秩序,保障道路运输安全,保护道路运输有关各方当事人的合法权益,促进道路运输业的健康发展,而制定的条例。

2.制订政策的背景

对不同时期或不同经济发展阶段所面临的不同运输问题应制订不同的运输政策,为使公众和政策执行者对政策能有更好的了解并愿意配合执行,以保证其顺利实施,一般对该项政策制订的原因、时机及其他背景情况加以说明。

3.政策手段

制订运输政策要根据问题的特性,考虑当时的社会、经济、政治、技术等各种环境条件,选择实现政策目标的手段。解决不同问题所选择的途径可以是多种多样的,例如调整运价、征税、政府补贴、举办运输工程、制订运输工具的废气排放和噪声标准、实行运输管制或放松管制等。

4.实行政策的区域范围

有些运输政策是全国普遍适用的,但不同地区的运输问题各有特点,需要制订有区别的运输政策,因此有些情况下应规定实施某项运输政策的区域范围。

5.保证政策实施的法规

运输政策本身是通过一系列的交通运输法规体现出来的,而成文的运输政策有时也只是原则性的抽象的决策,必须根据该政策制订可以具体实施的交通运输法规,以便实际贯彻。

我国近几年相继出台了一系列运输法规。2001年8月,交通部颁布实施了《关于促进运输企业发展综合物流服务的若干意见》,明确提出了交通业发展物流服务的指导思想和总体目标,要求加强主枢纽建设和发展中转货运站和运输仓储设施,鼓励不同类型企业联合经营以发挥综合优势,鼓励发展多式联运和"门到门"服务,鼓励开发第三方物流服务,在坚持适度对外开放原则的前提下提高开放质量和水平。

2002年4月,国家经贸委、交通部、外经贸部、铁道部、海关部署、国家质检总局等六部委联合制定了《加快发展我国集装箱运输的若干意见》,其目的在于加强全国集装箱运输工作的综合组织与协调,改善服务环境,提高工作效率,加强基础设施建设,大力推动多式联运。

2004年12月,国务院制定了《铁路运输安全保护条件》,该文件明确了铁路运输企业的责任,说明了办理危险货物铁路运输的承运人所应具备的条件,对危险货物、特殊药品的承运人和托运人提出了要求。

二、流通政策

流通，是各种商品由生产领域进入消费领域过程中进行的所有交换及其附属活动的总和。流通在社会经济发展中具有极其重要的作用，它是扩大再生产的必要环节，是资源配置的信号区，是供求结构的"调节器"，是经济运行的"加速器"，流通的质量和效率对整体国民经济运行的质量和效率有着重要影响，已成为经济发展的先导性力量。马克思把从商品到货币的转变称为"惊险的跳跃"；恩格斯则把生产和流通称为"经济发展的横、纵坐标"。

流通领域的法制建设是物流政策法规体系中最为重要的内容。在2004年6月商务部颁布的《流通业改革发展纲要》的基础上，2005年，国家进一步出台了促进流通业发展和加强流通立法以及加快中小流通企业发展的具体指导意见，并开始实施流通商品质量检测办法。

2005年6月9日，国务院颁布的《关于促进流通业发展的若干意见》，从提高流通企业竞争能力、加强流通基础设施建设、建立调控和应急机制、积极培育统一大市场、完善政策法规等几个方面，提出了21条支持流通业发展的政策措施。这是国务院第一次针对流通业制定系统的扶持政策。

2005年8月15日，商务部出台《关于加强流通法律工作的若干意见》(商法发[2005]400号)，要求从建立和完善我国统一、开放、竞争、有序的现代市场体系出发，适应依法行政和实现对全社会流通统一管理的要求，大力推进市场流通立法工作，力争用3至5年的时间，使我国流通立法状况得到明显改善，初步建立起包括规范市场主体、市场行为、市场秩序、市场调控和管理等方面法律制度的现代市场流通法律体系。

为支持和引导中小型流通企业发展，商务部于2005年9月27日提出了《关于促进中小流通企业改革和发展的指导意见》。文件提出，到2010年，中型流通企业基本建立现代企业制度，小型流通企业健全经营管理制度，经营行为更加规范，经营管理水平显著提高，抵抗风险的能力明显增强，流通基础设施和应用现代信息技术水平显著改善。中小流通企业的数量进一步增加，销售收入年平均增长速度争取达到9%，培育一批中小企业的知名品牌。

国家工商行政管理总局出台的《流通领域商品质量检测办法》自2005年2月1日起正式实施。该文件明确指出了工商行政管理机关监测的范围及判定、监测程序、监测信息的利用和处理的各种相关规定。工商行政管理机关有计划地组织工商行政管理执法人员和法定检验机构，对流通领域的商品进行抽样检测、质量判定，公布商品质量信息，指导消费，并对销售不合格商品等违法行为依法进行处理。

三、物流技术政策

物流技术政策具有较强的发展导向性和先导性，在当前企业及各级政府部门重视物流发展的背景下，加快制定国家的物流发展技术政策将具有重要意义。20世纪80年代中期，我国颁布了《交通运输技术政策》，对推进高速公路、集装箱运输发展、大型港口建设、铁路重载运输等发挥了良好的导向性和先导性作用。为加快现代物流的发展,应在国家综合或行业管理部门的主持下,尽快制定并颁布《物流业技术政策》。

(一)研究和把握物流技术发展动向

物流业作为复合产业,其技术发展既涉及到很多产业领域,同时,许多技术在物流的供应链管理中使用,又具有交叉和融合的特征,因此,要制定科学的物流发展技术政策,必须对物流技术发展动向进行专门的研究和准确的把握。

1.运输和搬运装卸技术

在现代物流产业的发展中,运输技术和搬运装卸技术的发展动向主要体现在以下方面:

(1)运输技术。运输技术的发展主要表现为:多式联运技术广泛使用。物流业发达的西方主要经济国家,均已开发并使用了具有较高技术含量的多式联运技术,如双层铁路集装箱运输、公铁两用运输车辆、公路大型便于配送和装卸作业的帘式车辆等,我国应从解决运用先进技术的企业入手,加快运输技术的进步。

(2)搬运装卸技术。搬运装卸技术的进步是物流业发展的显著特征,技术的发展主要围绕提高仓库的作业效率和不同运输方式之间衔接的效率。从目前的发展趋势看,空间搬运设备、移载功能设备、系统控制设备和安全与维护设备是搬运装卸技术发展和改进的主要方面。

(3)智能运输及搬运装卸技术。运输及搬运装卸技术的进步,除表现在作业效率和组织方面外,更重要的是与计算机和网络技术的结合,表现在智能化方面。这些技术包括:系统控制技术、数据搭载系统、系统内部通信技术、识别技术、AGV(Automatic Guided Vehicle)技术、GPS技术等。

2.信息技术

现代物流管理活动与传统的物流管理,其重要的区别在于对计算机和网络等信息技术的应用,这些技术主要在运输、仓储控制,企业生产、销售、采购信息收集与管理,物流活动本身的信息管理等方面使用,可以说物流信息技术不单纯是信息本身的管理,而已成为企业决策的重要组成部分。

因此,我国应积极关注物流信息技术发展动向,对一些信息收集、管理、传递等的技术,要给予积极的发展,如物流管理信息系统、仓库管理信息系统、运输及配送管理系统等系统技术,以及物流数据采集技术、扫描技术、复合码技术(Composite Symbology,简称CS)和条形码技术等。

(二)明确技术政策重点

从物流业技术的发展动向可以看出,在政策上推动物流技术的发展,涉及的工作面是相当宽的，因此，要制定我国物流业发展的技术政策，必须明确技术政策的重点。

(1)积极走产、学、研一体化的路子，充分发挥研究咨询机构在理论研究及应用技术研究方面的优势，使其与物流企业紧密结合，以提高物流企业的技术开发与经营管理能力。

(2)积极开发、研制能有效提高物流效率的运输、搬运装卸、仓储、包装、条码及标志印刷、信息管理等的技术装备，并使其具有产业化发展能力。

(3)加强对适合我国企业生产、经营、管理、组织等各种物流组织技术及理论的研究，为我国物流企业的发展准备组织技术条件。

(4)重视物流标准化工作，抓紧编制既适合我国特点，又能方便与国际接轨的物流技术标准，为提高全系统的物流效率创造技术条件。

(5)高度重视物流专业人才的培养和培训，建立物流经营、管理人员和运作人员的上岗培训机制及资格认证制度，使人才成为促进物流业发展的重要推动力量。

(6)各级政府部门应积极出面组织开展国家及区域性物流发展战略、规划、政策方面的研究，以明确我国物流业发展的目标、方向，为物流技术的发展创造适宜的环境。

四、物流人才政策

现代化的物流是建立在高水平的信息技术、物流技术基础上的，信息平台、卫星定位系统、EDI、货物跟踪系统及复杂多变的供应链等，都需要有高层次和富有经验的人员来操作。发达国家的实践证明，发展现代物流业，关键是具备一支优秀的物流管理队伍。

(一)物流专业人才

专业人才是指那些在特定专业领域里非常精通和擅长某项业务和工作的人。物流业也不例外，首先，系统扎实的物流理论学习是离不了的，应通晓仓储、运输、装卸、计划调配、电子商务技术、电子数据交换系统等物流各个环节的综合知识，在今天国际化趋势下，相应的进出口贸易、海关业务、供应链管理、国际法等相关知识也应该具备；其次，大量的专业实践锻炼也必不可少。据美国一所研究机构的最新调查，美国高级物流人才 38 ~ 57 岁的占总数的 80%，其中 48 ~ 52 岁的比例最高，占总数的 28%，平均年龄在 45 岁。这组数据表明，由于实际操作和理论知识具有明显差异，在物流行业中具有多年的工作经验往往是做好物流工作的关键。

社会对物流人才的需求可分以下几类：

(1)政府和规模物流企业负责制定相关政策、规划、教育、培训、企业物流高级管理等工作的高层次管理人才，人才紧缺但需求量相对不大。

(2)制造类和零售连锁类企业负责企业内部业务流程的管理控制、协调外部物流业务的生产型物流管理人才，他们是使物流对经济发挥影响力的传播者、执行者和操作者，现实需求和潜在需求量都很大。

(3)第三方物流(专门从事物流业务的公司)、商贸等服务行业的从业者，需求量较大且随产业和经济发展呈上升趋势。

(二)我国物流人才现状

从数量上看,需求旺盛,缺口很大。根据全国各地的初步调查,物流人才是全国12种紧缺人才之一。据初步预测,到2010年我国大专以上层次物流人才的需求量为30~40万人。在职培训量约为100~200万人,而目前各类大专院校物流专业年培养规模约为5000人,在职人员年培训量约为5万人,差距明显。

从质量上看,现代物流业对专业人员的综合素质要求较高,但据有关资料显示,在我国物流业中具有中专以上文化程度的职工仅占全体物流业职工总数的7.5%,并且知识老化,创新能力不足。根据美国新奥尔良大学进行的全美物流业管理者的受教育程度的调查显示,大约92%的被调查者具有学士学位,41%的人具有硕士学位,22%的人有正式的从业资格证书。与发达国家相比,我们的差距实在太大。

从结构上看,物流规划咨询人员、物流科研人员、外向型国际物流人才等中高级人才全面紧缺,而一般操作性的人员相对饱满。

总的来说,我国目前物流人才的状况同物流业的发展是不相配套的,甚至已经成为制约现代物流业发展的瓶颈。物流人才不是天生就有,他们的成长离不开系统的专业教育和大量的专业实践。

因此要大力开发物流人才资源,重视物流人才的培养,加强物流人才队伍建设,这就需要认真搞好我们的物流教育工作。

(三)物流人才的教育及培养

现代物流是一个跨地区、跨行业、跨部门的产业,具有多学科性、交叉性、边缘性和综合性的特点。因此,对物流人才的培养要采用学历教育、职业教育和培训教育相结合,分层次进行,以满足市场对人才的多样化需求。要充分发挥学校、协会及企业在物流人才培养中的作用。

1.高校应继续发挥物流人才培养的主渠道作用

高校应根据市场需求,加大物流人才培养的规模与速度,并分层次进行。研究生层次教育重理论研究与方法;本科层次教育重素质、重基础、重知识面的协调发展;专科层次教育重操作、技能和实践。

(1)重视物流师资队伍和教材建设。对物流人才的培养,师资是关键。要努力造就一大批优秀的“双师型”教师队伍。一是应选派教师到专业物流公司挂职学习、锻炼,为其构筑一个实践的平台;二是选送教师到国内外院校进修,学习国内外的物流先进理论和教学经验;三是积极鼓励教师参加物流科研实践,在科研中提高教师的教学水平。同时选聘国内外物流专家来校进行学术讲座和短期培训或担任专兼职教师。

目前,我国物流教材种类不少,但大多是低水平重复,不能真正反映物流行业发展的前沿。因此,要加强对物流高等教育教材建设以满足对物流人才培养的需要,应组织物流领域的专家、学者共同编写物流教学教材,出版一些精品教材与课件。

(2)积极改革现有的教育模式和专业课程设置。为适应现代社会对复合型人才的需求,物流教育要侧重于对学生创新能力、系统整合能力、主动适应能力、实际动手能力及综合素质的培养。应积极改革现有的教育模式,努力采用“多品种、小批量、复合型、涉外性、保重点、出特色”的专业人才培养模式,不断加大对这一特色专业的资源投入。加大对物流仿真平台、模拟公司、物流技能实训室的建设的力度,积极鼓励教师采用案例教学和多媒体等先进的教育手段,努力为学生的成长创造条件。

(3)建立实训型教育基地,为人才的成长提供摇篮。应尽快建立校企合作进行人才培养的机制,大力推行“订单式”教育及“校企联合”办学新模式。高校应根据物流企业的需求为员工进行理论培训,帮助其改进业务流程和运营模式,提高物流效率。物流企业应积极参与学校的教育与培训活动,为其提供实训基地、实训设备,并接受师生进行见习和实习,为师生提供实际操作的机会,实现理论与实践的互动,为物流人才的成长提供摇篮。

(4)产学研结合是改变物流人才市场供需矛盾的有效途径。物流作为一门应用性极强的科学,实践性极强的产业,理论性极强的学科,离不开产学研结合。要建立现代物流的研究、开发与教育的新型机制,物流研究咨询机构、高校和社会团体,应面向市场和企业的实际需求,切实做好有关咨询、研究、培训、服务等项工作。物流企业要与研究咨询机构、高校进行资本与技术的融合,成为物流教育基地,发挥各自的特长和优势,形成利益共同体,实现物流产、学、研紧密结合,相互促进。这样,不仅可以加强物流理论的研究,促进物流科研教学人才素质的提升,而且可以推动和提高物流管理水平,加速物流业的整体发展。

2.努力加强继续教育和职业培训工作

物流人才的匮乏和人才需求快速增长的矛盾,仅靠学历教育是很难解决的。目前物流从业人员中,绝大多数没有受过系统的物流教育,应把继续教育和职业培训作为学历教育的必要延续和补充,大力倡导终身教育。并由政府、高校、物流行业协会联合组成专家小组,制订出既具有国际先进水平又切合中国实际的培训教材系列及建立培训机构,对该领域人员分批地进行高、中、低三级研修和培训。

(1)实行学历教育与职业培训相结合

物流人才的培养和培训应实行学历证书、培训证书和职业资格证书相结合,加强学历教育与职业培训的互通。根据日本和欧美的成功经验,应尽快开展职业资格认证制度。要建立学分转换等相应的机制,把学历教育中的专业能力要求与国家职业标准以及相关行业和合作企业的用人要求结合起来,提高学生的就业能力和实践能力。加速引进国际先进的物流培训体系,并结合中国企业的实际运作情况和环境差异进行适当修改,在培训中注重实际方法的研讨和国内物流实践的结合,引入一些典型的中国企业案例,使之最大限度地符合中国实情。

(2)大力倡导在职人员的继续教育

继续教育一要形式多样,具有不同层次,以适应不同的需要;二是专业划分上应更细,针对岗位需求,确定培养目标;三是教学内容上,要强调专业培训和基本理论的提高并重。

社会各界应多举办在职人员的物流专业教育,如脱产或业余的在职人员研修班,使之边学边用,边用边学,从而提升其专业素质;要特别重视从富有实践经验的管理人员中选拔一批优秀人才,通过继续教育使其掌握现代物流专业理论知识,从而加速培养出一批懂管理、会经营、善决策的高级物流人才。这是目前比较有实效的方式。

3.物流企业要注重对企业内部人才的培养

物流企业要采用内培外引的策略。在积极引进人才的同时。注重对企业内部人才的培养。根据企业发展的实际需要大胆使用一批能力强、业务精、干劲足的骨干。根据其所学专业、能力、特长为其进行职业生涯规划,充实到各部门轮换担任领导工作,对其进行有计划的培养,从而缩短成为高级物流人才的进程,为人才的成长创造条件。

五、物流标准化政策

物流是一个大系统,对这样一个大系统的管理是非常复杂的。系统的统一性、一致性和系统内部各环节的有机联系是系统能否自下而上的首要条件。因此,除了需要有一个合适的体制形式来保证统一性、一致性及各环节的有机联系外,要实现有效的指挥、决策和协调大系统的关系,还需要有许多方法、手段。标准化就是物流管理的重要手段,物流标准化对降低物流成本、提高物流效益有重要作用。

(一)物流标准化的含义

物流标准化是指以物流为一个大系统,制定系统内部设施、机械装备、专用工具等各个分系统的技术标准;制定各分领域(如包装、装卸、运输等)种类作业标准;以系统为出发点,研究各分系统与分领域中技术标准与工作标准的配合性要求,统一整个物流系统的标准;研究物流系统与其他系统的配合性,进一步谋求物流大系统的标准统一。

(二)物流标准化的特点

1.物流标准化具有广泛性

和一般标准化系统不同,物流系统的标准化涉及面较为广泛,包括了机电、建筑、工具、工作方法等。这些种类的标准虽然处于一个大系统中,但缺乏共性,从而造成标准种类繁多,标准内容复杂,给标准的统一性和配合性带来很大困难。

2.物流标准化系统属于二次系统

物流标准化系统属于二次系统,又称为后标准化系统,这是因为组成物流大系统的各个分系统在物流及物流管理思想诞生之前,在归入物流大系统之前,早已实现本系统的标准化。因此,在推行物流标准化时,必须在各个分系统标准化基础上建立物流标准化系统,这就必然要从适应及协调角度来建立新的物流标准化系统,而不可能全部创新。

3.物流标准化更要求体现科学性、民主性和经济性

科学性是指物流标准化要与物流现代化(包括现代化技术和管理)相适应,既要使用现代科技成就,又要与系统协调相适应。民主性是指由于物流标准化涉及面广,要想使各个分系统都能采纳接受标准,从而使标准更具有权威,更便于贯彻执行,就要求物流标准化必须具有民主性。经济性是标准化的主要目的之一,也是标准化生命力如何的决定因素。由于物流过程必须大量投入消耗,如不注重标准的经济性,片面强调反映现代科学水平,片面强调顺从物流习惯和现状,引起物流成本的增加,自然会使标准失去生命力。

4.物流标准化具有较强的国际性

由于经济全球化和国际贸易在加速发展,而国际物流又是实现经济全球化和国际贸易的必要手段,所以各国都很重视本国物流和国际物流的衔接,否则将会加大国际交往的技术难度,加大外贸的成本。

(三)物流标准化的内容

1.物流系统标准化

物流系统包括包装、运输、装卸搬运、流通加工、仓储及信息系统等诸子系统。物流系统标准化就是制定出在整个系统中各子系统共同使用的标准。

(1)专业计量单位标准化。指整个物流过程中统一的计量标准,包括物流工作量、产品品名及计量单位等。

(2)物流基础模数尺寸标准化。物流系统标准化的共同单位尺寸,包括仓库、托盘、货架、运输工具内、外形尺寸和内容积、作业场地等。

(3)集装模数尺寸标准化。各种运输工具、装卸作业设备等的基础尺寸。

(4)物流专业名词标准化。物流活动、作业、设施、装备、技术等物流用语的统一。

(5)物流核算、统计标准化。统一物流诸活动的统计、核算报表规格。

2.物流技术标准化

物流技术主要包括材料、装备、信息管理等技术。

(1)运输工具标准化。包括货运车辆、船、搬运车辆、装卸传输机具等的操作、性能等的标准化。

(2)仓库技术标准化。包括货架、储物装置等的性能、技术参数等的标准化。

(3)站场技术标准化。包括站台、堆场等技术规范、工艺等的标准。

(4)包装材料及技术标准化。包括材料强度、物理性能等的标准化。

(5)信息管理标准化。包括单据、信息采集、信息传输、信息处理、信息运用等的标准化。

3.管理组织工作标准化

主要指为实现物流活动所需要进行的计划、管理等组织工作。包括:对各项物流活动制定统一要求和规范化规定,明确划分各岗位的职责范围、权利和义务、工作方法、核查督导等方面的标准化。

(四)我国物流标准化的现状

1.物流标准化成为我国现代物流发展的迫切需求

我国物流业正在从传统运作方式向现代运作方式过渡。近年来,随着现代物流在我国的迅速发展,物流标准化基础薄弱、建设滞后、工作分散,物流标准总体质量不高的问题越来越突出。现代物流业的高度综合性决定了标准化和信息化是产业发展的重要基础。对物流标准化进行总体研究,建立科学的物流标准体系,制定物流标准中长期发展规划,指导物流标准化工作有计划、有重点、协调性地进行,已成为加快推进我国现代物流发展的迫切需求。

国务院领导和政府有关部门对加强物流标准化建设也高度重视,表现在:

2001年,原国家经贸委等6个部门联合印发的《关于加快我国现代物流发展的若干意见》,提出要大力加强我国的物流标准化工作;2003年12月,全国政协在《关于我国现代物流情况的调研报告》中,再次提出我国物流信息化、标准化程度不高的问题,建议加强物流标准化和信息化建设,国务院领导专门批示有关部门进行研究;2004年8月,国家发改委会同商务部等9个部门联合印发了经国务院批准的《关于促进我国现代物流业发展的意见》,将物流标准化列为国家扶持和发展现代物流业的基础性工作,明确提出要建立和完善物流技术标准体系,加快制订和推进物流基础设施、技术装备、管理流程、信息网络的技术标准,尽快形成协调统一的现代物流技术标准体系。

我国近两年还分别成立了中国物品编码中心、全国物流信息技术委员会和全国物流标准化技术委员会,具体负责制定现代物流标准体系。目前,已建立了《中国物流标准化体系规范》,同时《物流术语》、《商品条码》、《物流单元格条码》等一些重要的国家标准已实施。这些标准的实施对于规范我国当前物流业中的基本概念、促进物流业迅速发展并与国际接轨起到了重要作用。但是,我国物流标准化建设还只是处于起步阶段,很多实质性问题还远未解决。

2.物流标准化工作的开展情况

随着物流产业在我国的迅速发展，近几年，各个部门、行业也从不同角度、不同程度地开展了物流标准化的工作，主要有以下几个方面：

(1)为发展物流产业提供基础性标准。国家标准《物流术语》、行业标准《物流企业类别及功能》等一批物流标准相继出台。

(2)推进物流通用技术与管理的标准化。有关物流信息技术的国家标准《储运单元条码》与《商品条码》在1997年、1998年相继公布，2000年公布了国家标准《物流单元的编码与符号标记》，以及适用于商店内商品条码的国家标准《店内条码》，2001年又公布了适用于各领域自动数据采集的《128码》。尽管这些标准的实际应用率不一定很高，但无疑为物流业的发展提供了良好的基础。有关物流通用设备的《散装水泥输送车卸料管快速接头》、有关物流管理的《货运汽车厢体规范与安全》均已列入原国家经贸委2002年行业标准项目计划，其中，《货运汽车厢体规范与安全》已完成制订。物流市场的实际运行也推动了通用技术标准化的进展。以集装箱为例，过去铁路部门有集装箱的行业标准，使用5吨箱、10吨箱，与海运行业使用的20英尺、40英尺国际标准的集装箱不一致，因而有关的资料、报道提出我国海铁集装箱标准不一致。但目前在海铁联运中使用的都是国际统一标准的集装箱，只是在国内内陆运输中还使用老式的5吨、10吨箱，而且数量在减少。可以说市场的实际运作推进了集装箱标准化的实施。

(3)探索规范高新技术在物流中的应用。2000年公布了国家标准《大宗商品电子交易规范》、《数码仓库应用系统规范》，对于提高物流的科技含量与发展水平，促进我国商品批发市场现代化和电子交易市场规范化，具有积极的促进作用。由于电子商务作为一种方兴未艾的新兴业态，如何规范，目前尚无明确的规定，这两个标准是大胆的探索。其中国家标准《大宗商品电子交易规范》是源于规范商品现货批发市场应用电子交易机制，正式公布后根据有关部门意见又作了进一步的修订，将重新予以公布。

(4)加强贸易与服务标准，进一步规范物流市场行为。贸易与服务标准一直是标准化的薄弱环节，在物流业中更为突出。在原国家经贸委立项的2002年行业标准项目计划中，有进一步提高仓储业服务水平的《库存商品退货及储运包装辅品回收管理》，进一步规范木材市场的《木材流通等级标记》。木地板装修是房屋装修中投诉与争议较多的热点问题，多年来却无任何具体标准可依。2002年国家经贸委公布了有关木地板装修施工的两个行业标准《木地板铺设面层验收规范》、《木地板保修期内面层检验规范》，解决了这一问题。

(5)物流标准化研究开始起步。2001年开始，在国家科技部主持下开展了有关物流标准化的课题研究，其中，“电子商务与现代物流标准体系及关键标准研究”，由中国标准化协会牵头承担；“物流配送系统标准体系及关键标准研究”，由中国物品编码中心牵头承担。这两个课题分别研究、提出了“物流标准体系表”，力求从总体上把握物流标准化。这些标准化课题的研究对物流标准化是一个积极的探索和有益的开端。

(6)成立全国统一的物流标准化技术组织。按照我国标准化体制,全国专业标准化技术委员会是从事全国性标准化工作的技术工作组织,负责本专业技术领域内的标准化技术归口工作,由国家标准化管理委员会批准组建。而全国物流标准化技术委员会则主要开展物流基础性、综合性、作业流程、服务规范方面的标准化工作;研究、制定物流标准化总体规划;组织制订全国物流标准化体系表并组织落实,提出物流领域制修订国家标准与行业标准年度计划;加强物流管理和服务贸易标准的制订,组织、促进物流领域各有关专业标委会的交流、配合,对相关的交叉问题进行必要的协商与协调,推动我国物流标准化协调、健康发展。

(五)我国物流标准化存在的问题

在社会化大生产条件下,物流标准化是物流产业生存和发展的基础。由于物流横跨多个行业,涉及诸多专业技术领域,物流标准化的系统性、复杂性更为突出。由于我国经济体制与经济发展的特殊性,物流标准化被看作是阻碍物流发展的一个瓶颈,受到业内各界的广泛关注;建立统一的物流标委会,也已形成共识。这是由我国物流标准化的特点所决定的,这些特点以及表现的问题主要是:

1.物流标准化在总体上表现出严重的滞后性

物流标准化滞后于经济及物流业的发展,滞后于标准化发展。我国自20世纪70年代末引进"物流"概念,至90年代上半期,主要是进行物流方面的理论研讨与试点推广工作,90年代后半期开始,物流业开始在许多行业起步,进入21世纪后成为经济发展的一个热点,近年来,才开始从系统的角度提出解决物流标准化问题。国民经济已经历了20多年的高速发展,积累了雄厚的物质基础,各主要行业的标准化建设,也已形成各自的一套体系,而这些体系的形成,并没有考虑到现代物流发展的需要。因此,现在要解决物流标准化问题,必然与以往的经济发展与标准化体系,特别是生产建设、交通运输、科学技术方面的标准化体系,产生不一致甚至矛盾。现有技术标准存在多方面的差异,制约了物流的协调运作,突出表现在托盘、包装、信息技术等通用设备与技术上面。铁路、公路、海运、民航、工业部门物流系统,都有自己的或选择不同的物流标准,形式多样,版本不一。

2.物流技术标准和物流作业标准不统一

主要表现在:运输方式间装备标准的不兼容性,影响了我国综合运输的发展,降低了物流效率,限制了成本的节约空间;物流器具标准不配套,严重影响了货物在运输、仓储、搬运过程中的机械化、自动化水平的提高,影响物流配送系统的协调运作;物流包装标准与物流设施标准间存在缺口,严重影响了运输工具的装载率、装卸设备的载荷率以及仓储设施的空间利用率。

3.物流标准化的运作缺乏协调配合机制

物流标准化的运作依然以传统的部门划分以及地域划分为基础,缺乏协调配合机制。

经过20多年的改革开放，我国已初步实现以市场调节为主的经济运行机制；但标准化工作运行，即标准的管理以及提出、制订、发布依然以传统的部门、地域为基础。物流在本质上所要求的高度系统化、协调化与标准化工作中的部门、地方分割出现了严重的矛盾。有关物流及标准化的行政管理，除了国家统一的标准化管理机构外，还有交通、铁路、民航、信息产业等代表行业的部门，以及商务部、发改委等综合经济管理部门。而众多涉及物流标准化的专业技术组织与科研机构，则分散在各个部门和行业内；在标准化运作中，行政部门之间没有建立协调机制，时常政出多门，标准化技术组织与科研机构按照传统的部门、行业分工，在各自领域推进物流标准化，相互之间没有交流、协调，更没有统一规划；部门分割、条块分割的弊病时常表现在标准化工作中。

4.物流标准化的市场基础比较薄弱，直接影响其实施

在经济发达国家，除对特殊产品采用技术法规，国家、行业协会颁布的标准都是推荐性的。标准能够得以推广应用，是企业出于市场竞争的需要而采用这些标准。正如目前我国许多参与国际市场的企业所体会到的："得标准者得天下"。因此，在市场经济条件下，标准化要以市场化为基础。物流标准化同样要以物流市场的发育与成熟为基本条件。经过多年改革开放，可以说我国企业已全面实现了市场化经营。但是，从经营方式讲，企业小而全、大而全的结构与观念还有很大影响。从生产发展水平看，企业生产的物质成本与劳动力成本(所谓的第一、第二利润源)都还有很大潜力，物流作为第三利润源，还没有普遍成为企业生存发展必须追求的主要渠道与当务之急。这两个原因造成了物流市场实际需求的不足，并与我国物流市场的潜在需求与物流业的急速膨胀，形成巨大反差，直接影响到物流标准化的进展与具体实施。以物流标识为例，国家标准《储运单元条码》颁布后，实际应用正确率不足15%，没有实现规范物流条码的预期目的。

5.物流标准化工作尚未充分发挥行业组织的作用

经济发达国家物流标准化主要是通过企业与企业间、行业与行业间在市场上的不断磨合，为了共同的利益完成的。有的发达国家也设立政府部门间的标准化协调机构，标准化在一定程度上也要依靠国家行政管理部门；但主要还是以市场化方式运作，大量的协调工作依赖于行业协会和标准技术组织。我国由于标准化运作还没有完全摆脱部门分割的框架，市场化基础比较薄弱，目前对国家行政管理力量的依靠程度比较高，行业协会和标准技术组织没有发挥应有的作用；因而许多物流标准化的具体问题被提出来，行政部门各管一段，各行业协会和标准技术组织缺乏协调机制，不能发挥更大的作用，问题难以解决。因此，打破部门、行业界限，成立由有关行业协会、专业标委会、研究机构、企业等各方面组成的、统一的物流标准化技术组织，建立物流标准化交流、协调机制，是我国推进物流标准化的实际需要和努力的方向。

(六)推进我国物流标准化的对策

1.充分发挥政府部门的组织和引导作用

我国已经成立了中国物品编码中心、全国物流信息技术委员会和全国物流标准化技术委员会等全国物流标准化组织,其委员单位包括有关的科研机构、专业技术标委会、行业协会、物流企业;涵盖交通、铁路、民航、机械、贸易、邮政、出版、粮食、医药、信息产业、军事后勤等多个行业。政府部门是国家标准的组织制定者和推广者,应切实协调好不同部门和不同行业的利益和观点,统一组织,最大限度地统一标准,结束各自为政的局面。同时,要建立专门的组织出钱、出力,负责全面推广标准。

2.制定物流产业发展政策,创造产业发展机遇

国家有关部门已从全局和战略的高度,加快了培育流通领域大公司大集团的步伐,并针对当前培育大型流通企业工作中存在的突出问题,继续认真研究和制定相应的政策措施,消除流通企业改革和发展的体制性障碍,为流通企业的改革创造良好的环境。如通过制定政策和措施,鼓励物流企业采取整合、并购、联盟、合资或上市融资等方式快速扩大企业规模和实力,鼓励物流企业发展综合业务、塑造品牌形象、参与国际竞争。由政府创造产业发展机遇,随着产业不断成熟,物流企业实力增强,集中度提高,对标准化的需求就会增加,物流标准也将会在市场推动下逐步实现。

3.了解企业需求,保证标准切实可行

许多企业确实需要标准,但起草的标准未必符合企业的需求。如果没有实际用处,企业自然不会采纳。因此,要调查企业对于标准的需求,可采用典型调查的方法,对涉及到的各类企业选取典型进行调查,然后进行综合和统一。也可以让更多的企业直接参与到标准的研究与制定中,并且把一些企业应用较好的标准加以推广,标准的应用率就会提高。

4.选择好标准化的切入点,以点带线、以线带面

标准化过程是一个渐进的过程,要选择好标准化的切入点,形成示范和连锁效应。物流标准化应在内部联系紧密、与外部联系相对松散的物流系统中实现,才能最终对系统进行优化。所以,物流标准化的单位应该是整个供应链,而不是单个的企业。由于核心企业在供应链中起主导作用,可通过市场来控制供应链上下游企业的行为,所以切入点要选在对标准化需求迫切的供应链,同时支持核心企业首先进行标准化,并依靠其主导作用在整个供应链内逐步实现标准化。目前家电、手机、医药、日化、烟草、汽车等行业,十分重视物流和供应链管理,迫切需要通过物流标准化加强行业内部企业协调,进一步优化供应链,降低物流成本,提

高物流服务水平。

5.与信息化结合,与国际化接轨

现代物流的核心技术是物流系统的信息化,即借助计算机网络和信息技术,将原本分离的采购、运输、仓储、代理、配送等物流环节,以及物流、信息流和资金流进行统一协调控制,实现完整的供应链管理。因此,软件标准中的物流信息标准尤其重要,是现代物流标准化的关键。随着信息化水平的提高,在业务流程得到合理化、标准化的基础上,要融合先进的管理理念,整合几大软件公司的技术,开发先进的、符合实际的企业资源计划、配送需求计划、供应链管理系统,在企业内推广,从而将物流的标准化固化在企业的营运管理中。

6.建立物流系统的探察机制,把握物流标准的动态性

当前,科学技术、信息技术和管理科学的发展日新月异,物流设施设备、操作流程、信息系统和管理方法也随之发生新的变革。如果物流标准保持一成不变,就会落后于物流实践,成为物流系统发展的绊脚石。因此,从观念上要把物流标准作为整个物流系统的一部分,保持物流标准和其他要素的协调性,坚持其服务定位,保证开放型和动态性:从机制上要设立物流系统的探察机制,定期发掘新动向,及时、适时地修正物流标准。

思考题

1.物流政策的功能有哪些?
2.简述物流政策体系的分类。
3.工业化发达国家的运输法律规范经历了哪几个阶段?
4.物流标准化的内容有哪些?
5.如何推进我国物流的标准化?

第十四章 物流业与可持续发展

可持续发展是一项经济和社会发展的长期战略,它的提出并不是根据某些人的主观意志(或设想),而是历史发展的必然。在世界经济全面发展的今天,人们所面对的则是资源短缺,环境恶化等严重问题,物流业也必须把"可持续发展"作为自己最大的利益原则加以对待。物流系统是一个开放的系统,既产生经济效益,也产生社会效益,当然,其效益有正也有负。我国现代物流系统的发展必须找准自己的发展方向,使有限的自然资源得以充分利用,并有利于保护生态环境,它是我国实现可持续发展的必由之路。本章将介绍物流业的发展、物流业的可持续发展、我国物流业的可持续发展。

第一节　物流业的发展

一、物流产业概述

1.物流产业的定义

在辞海中,对于"产业"的解释为"各种生产、经营的事业"。新华字典中产业是指"一切从事物质产品的行业和部门,包括工业、能源、交通运输业、通信业等"。在英语中,产业和行业的概念都可以用"Industry"来表示,强调把人力资源组织起来从事商品和服务的生产和销售。

产业经济学将提供相近商品或服务、在相同价值链上活动的企业群称作产业,提供相同商品或服务的若干企业称为行业。产业的基本构成是企业,企业是提供商品和服务的载体。企业是单体,行业是群体,产业是更大的企业群。由于生产经营的商品或服务相同或相近,又在同一价值链上活动,因此,行业、产业内的企业既是直接的竞争对手,也可能是关系密切的合作伙伴。个别企业的市场活动具有独立性,也可能因其规模大、具有某种垄断优势而能影响产业或行业市场,但从总体上说,行业与产业背景始终是制约企业行为的经济环境之一,产业市场是企业市场行为的主要舞台。

产业经济学对产业的分类一般基于理论和政策两方面的考虑。从社会分工的历史考察,所有产业因形成的时间长短不同,可分为第一、第二和第三产业,通常意义上的三大产业。这种分类对宏观经济分析和政策研究具有重要意义,但对具体厂商的市场活动缺乏实用价值。联合国《全部经济活动的国际产业分类标准》(1998 年修订,简称 ISIC)将全部产业划分为 10 类:农业、采矿业、制造业、水电等公共产品行业、建筑业、商业与服务业、运输仓储与邮电业、金融保险与不动产业、社会团体及个人服务、其他产业。显然,这种分类也是基于宏观经济分析的要求。

从企业角度看,其市场和价值链活动可能基于某一产业或更明确的行业范围,也可能同时涉及两个以上的产业市场,外部经济环境的制约既可能来自某一产业背景,也可能受多个产业因素的影响。因此,明确企业的产业或相关产业属性是非常重要的。

在英语文献中与物流产业对应的词是 Logistics Industry,但迄今并未见到对 Logistics Industry 的明确定义。在由 David Lowe(2002)编纂的《运输和物流词典》中只有一个"物流供应商"条目。对该条目的解释是:"对那些为制造商,零售商和其他货物供应商提供物流服务的道路业者和第三方分销或物流公司称谓的业界术语"。部分著名物流公司基于一体化物流服务供应商的定位,根据自己的专业特长来解释物流业,认为物流业就是"运输、物流和供应链系统服务"。结合物流科学的理论研究和实践活动,我们对物流产业的定义为:物流产业是指物流服务活动的所有企业的总称。

物流涵盖了全部社会产品在社会上与企业中的运动过程,涵盖了第一、第二、第三产业和全部社会再生产过程,因而物流业是一个非常庞大而复杂的领域。从社会再生产的角度来看,国民经济全部工农业产品生产过程和制造过程,除了在加工和在生长的时间以外,全部都是物流过程的时间。以机械产品的制造为例,生产过程中的纯加工的时间仅占 10%左右,而物流时间竟占到 90%,很大一部分产品成本是消耗在物流过程中。从社会再生产的流通角度来看,全部转化为商品的工农业产品,都需要通过物流来实现资源的配置。

2.物流产业的构成

国民经济各个领域的物流经济活动从横向构成了物流产业。这个产业由铁路、公路、水运、空运、仓储、托运等行业为主体组成,同时还包含了商业、物资业、供销、粮食、外贸等行业中的一些领域,还涉及到机械、电气化中的物流装备生产行业和国民经济所有行业的供应、生产、销售中的物流活动。物流产业的跨部门、跨行业的特点非常突出,若按国民经济现行的分类管理办法,物流业不可能作为一个独立的产业纳入国民经济管理,但是,为了对现有分类管理体制做一个补充,确定物流产业的分类还是必要的。

事实上,社会分工和国际分工的发展不断改变各国和地区的产业结构。产业的形成、发展和替代使产业结构处于变动之中,从而推动产业水平不断提高。从目前我国具体的物流

产业来考察,物流产业从广义研究应包括以下内容:

(1)物流基础业。这个产业由各种不同的运输线路、运输线路的交汇与节点以及理货终端所构成,是向各个经济系统运行所提供的物流基础设施。它的主要行业构成有:铁道、公路、水运、空运、仓储等。主要的物流设施是车站、货场、港口、码头、机场、铁路线、公路、仓库等等。

(2)物流装备制造业。这个产业是物流生产力中提供劳动手段要素的产业。大体上可以划分为集装设备生产行业、货运汽车生产行业、铁路货车生产行业、货船行业、储存与搬运设备制造业等。

(3)物流系统业。这个产业由提供物流系统软、硬件和提供系统管理等产品和服务的行业组成,是计算机系统技术和通信技术在物流领域的有机组合。

(4)第三方物流业。第三方物流产业是代理货主向货主提供物流代理服务的各种行业所组成的物流业。过去很少能由一个企业代理货主的全部环节的物流服务,所提供的服务往往局限于仓库存货代理、运输代理、托运代办、通关代理等局部的代理业务。而现代经济中,完善的第三方物流的代理作用是全部物流活动系统的全程代理。

(5)货主物流业。货主物流业是货主自办物流,也有可能是部分从事第三方物流活动的行业。货主物流产业包含生产企业和流通企业为本身的生产或商贸活动所建立的独立物流企业以及各种类型企业生产、流通经济活动的一部分。它着重于建立巨型企业内部物流系统,尤其是配送中心以及配送系统、流通加工系统。当前已经成型的行业有:连锁配送业、分销配送业、流通加工业等等。

上述物流产业的划分是从物流产业的广义角度来考察的,但是国内外大多数国家对物流产业 GDP 的分行业统计分析时只局限于后三个行业,因此物流产业也可狭义地理解为有物流系统业、第三方物流业和货主物流业构成。

二、国外物流业的发展

物流经过了 60 多年发展,国外物流发展的水平和阶段不尽一致。

1. 美国物流发展状况

美国物流发展较早,据理论界人士研究,至今世界最大的三个物流巨头(UPS、FedEX、APL)在美国的发展大约经历了以下 4 个阶段:

(1)1945 ~ 1960 年,以仓储业为主的物流阶段,储存期为半年左右。在当时的卖方市场中,企业生产的产品有很好的销路,大量生产的产品放在仓库中,仓储管理水平不断提高和缩短仓储时间是当时物流的主要特征。

(2)1960 ~ 1980 年,转为流通型为主的物流阶段。这个时期市场由推动型即卖方市场,转为拉动型即买方市场。产品竞争异常激烈,物流在降低成本中的作用呈现出来。高架仓库的兴建,各种物流大通道的形成降低了物流成本,提高了流通效率。

(3)1980 ~ 1990 年,综合物流阶段。这个时期,美国的信息水平提高很快,物流开始利用高新技术武装起来。IT技术的发展和互联网技术的成熟使美国的物流建立在现代化物流信息平台上，形成了现代物流，并且把商流、物流、信息流结合起来，形成了三流合一，又进一步提高流通效率，促进了物流的发展。

(4)1990年至今，物流一体化阶段。供应链理论的产生和应用使美国的物流企业在产品供应链上的各个企业联合起来，协调在产品供应链上各企业之间的关系，使产品在供应链中达到最低成本，最优效益，在提高产品竞争力中使供应链上的各企业达到共赢。

现今美国的物流企业向集约化、协同化、全球化方向发展。

2.日本物流的发展状况

日本的物流发展紧随美国之后，进展速度快而且又有许多新的举措，如宅急便、JIT等。学者们也将其大约分为4个阶段。

(1)前物流时期(1953~1963年)。日本物流的初级阶段：战后日本经济迅速恢复，并从美国引入物流理论并付诸实施，在日本物流需求者的推动下，孕育了许多物流企业。此阶段的物流企业主要为日本的制造企业服务。

(2)物流系统时期(1963~1973年)。此时期日本经济的飞速发展推动了日本物流的大发展，对物流的基础设施和设备提出更高的要求，日本投资于国内的物流基础设施如码头、桥梁、高速公路等。物流公司又致力于各种物流设备研制如铲车、堆垛机、高层货架、自动传送带等。他们从建立物流系统的观点出发，使物流公司和生产企业密切结合，共同发展。

(3)物流管理时期(1973~1983年)。由于社会物流的需要，日本加强了商业流通领域的物流建设如配送中心、物流中心等，并且优化管理，建立以信息技术为支撑的物流网络体系，使日本的物流迈向现代物流行列。

(4)物流社会系统时期(1983年至今)。物流与信息流结合以后进入了物流一体化阶段，即物流、商流与信息流的结合。许多日本物流企业买断产品，把产品销售和物流结合起来，既担负起商流的职责，又充分发挥物流的作用，从而大幅度降低成本、提高服务水平。

三、我国物流业的发展

1.我国物流业发展现状

“十五”以来，我国物流固定资产投资增长迅速，物流基础设施条件持续改善，物流行业可持续发展能力得到增强。“十五”期间，物流用固定资产年均增速达19.7%。增长速度比“九五”时期加快了4.2个百分点，据初步核算，“十五”期间，全国铁路营业里程年均增长2.1%，比“九五”时期的平均增速提高了0.2个百分点；全国公路里程年均增长6.7%，比“九五”时期的平均增速提高了2.8个百分点。2005年全国公路里程达192万公里，比“九五”末期增长了36.9%。“十五”期间相继建成投产集装箱、原油、矿石、煤炭等专业化码头泊位920个，其中万吨级以上泊位188个，新增港口吞吐能力5.4亿吨，分别是“九五”期间的1.3倍、1.7倍和2.1倍。

车船运力加快向大型化、专业化方向发展。截至2005年年底,全国营运汽车发展到760万辆,比“九五”末增长41.8%。目前,专用和重型货车数量比五年前翻了一番。运输船舶达22.1万艘,船舶净载重量和集装箱箱位分别比“九五”末增长84.6%和127.8%,超大型油轮、大型散货船和大型集装箱船拥有量显著增加。

国内物流行业固定资产投资继续较快增长,这充分体现了宏观调控有保有压的基本原则。2005年,投资额为9293亿元,同比增长22.8%;增幅比2004年回落4.2个百分点,但仍保持较高的增长。从投资构成看,交通运输业投资达到7750亿元,同比增长22.6%,增幅比2004年回落0.7个百分点。占物流用固定资产总投资的83.4%,这对于继续缓解交通运输紧张的局面将起到了积极作用。仓储业固定资产投资额为356亿元,同比增长4.4%;贸易业物流用固定资产投资额为1104亿元,同比增长31.6%;配送、流通加工、包装业等物流用固定资产投资额为46亿元,同比增长32.9%;邮政业固定资产投资额为38亿元,同比增长2.8%。物流业基础条件持续改善,物流业可持续发展能力得到增强。

“十五”期间,我国物流费用仍处在较高水平,但我国社会物流总费用与GDP比例呈逐渐下降的趋势,由2000年的19.4%下降到2005年的18.6%。“十五”期间由于与GDP比例下降而节约的社会物流费用合计为1090亿元,相当于2005年全国规模以上电力工业企业实现利润总额的水平。

社会物流总费用增幅回落,经济运行的质量有了提高。2005年,我国社会物流总费用为33860亿元,同比增长12.9%。这一增幅比2004年回落了3.9个百分点。社会物流总费用与GDP的比例,也呈进一步下降之势。2005年这一比例为18.6%,比2004年下降0.2个百分点。物流与GDP的比例下降0.2个百分点,就意味着增加了365亿元经济效益。

近几年,中国物流业在经济高速增长的大环境下也有了很大改善,主要体现在以下几个方面:形成了一批有一定规模的全国范围配送体系的物流企业,连锁商业和配送服务正在兴起;电子商务迅速发展,机制灵活、经营规范的第三方物流企业纷纷崛起,如阳光网、时空网等与原有的国家大中型仓储运输企业一起提供范围较广的物流服务。

2.物流业在我国国民经济发展中的作用

(1)物流规模扩大,为国民经济的发展提供了基础保障。2005年我国物流实物量增长17%,仍保持快速增长的局面。“十五”期间,按实物量统计,我国社会物流规模增幅高达15%,比“九五”时期增加了7个百分点。这是“十五”时期我国GDP年均增长9.5%,增幅比“九五”期间高0.9个百分点的一个基本保障。尤其是对工业生产、固定资产投资、进出口贸易三大需求增长的推动更为明显。其中:工业总产值年均增长比“九五”期间加快12.6个百分点。固定资产投资年均增长比“九五”期间加快11.6个百分点。进出口总额年均增长比“九五”期间加快14.4个百分点。工业生产、固定资产投资、进出口贸易三大需求的快速增长,又导致物流产业的快速发展,基本满足了物流需求的增长。

(2)现代物流发展,推进了我国流通效率的显著提高。现代物流快速发展成为推动我国流通速度加快、效率提高的重要因素。据国家统计局对规模以上工业企业统计，2005年工业企业产成品存货增长率由2004年的24.7%回落至17.9%，回落6.8个百分点。据中国物流信息中心对全国50家重点生产资料流通企业统计，2005年生产资料流通企业的流动资产周转次数由2004年的2.6次提高到2.8次，提高了0.2次，流动资产周转速度加快了7.7%；商品库存周转次数由2004年的12.4次提高到13.4次，提高了1.0次，商品库存周转速度加快了8%，增速比2004年提高了3.6个百分点。

(3)现代物流作为国民经济的重要产业，直接推动GDP的扩大与增长。物流业的发展，不仅保证了经济发展的物流需要，也直接创造了巨大的产出。2005年，国内物流业实现增加值12140亿元，同比增长12.7%(按现价计算)，占当年GDP的6.7%，占服务业全部增加值的16.5%，分别比上年提高了1.4和3.5个百分点，物流业对经济发展的作用进一步增强。

(4)通过提高物流组织协调的水平，明显缓解了运输紧张的局面。2005年，多数地区交通运输的瓶颈制约有所缓解。近两年来一直比较紧张的铁路和水运在2005年出现了明显的宽松情况。这一方面得益于物流业投资的增长，交通运输设施状况的明显改善，另一方面也说明现代物流的理念和科学方法已经充分运用到宏观调控的实践中，并发挥了积极的调控效用：一是针对经济过热，运输紧张的局面，采取适当措施，控制一些产业部门的过热增长，保证了运输与产业部门的协调发展；二是在现有运输条件下，按照现代物流优化管理的方法，组织调配运输资源，加强各地之间运输资源的组织协调，避免了过去为突击抢运粮食、煤炭等重点物资大量长距离抽调敞车、棚车，造成运输能力浪费，影响正常的运输秩序的现象，使现有的运输能力得到充分发挥，能力利用率明显提高；三是按照多式联运的科学方法，加大了向公路运输分流的力度，在一定程度上缓解了铁路运输紧张的矛盾。

3.我国物流业发展前景

“十五”期间，国民经济进入新一轮增长期，我国物流需求也出现持续高速增长的局面，社会物流总额规模持续扩大，比“九五”时期增长近1.4倍，年均增长23%。扣除价格因素，需要运输、装卸等物流服务的实物量年均增长15%左右。这一速度明显快于“十五”时期GDP增长9.5%的水平。一方面说明我国物流发展正处在高增长期；另一方面也表明社会经济发展对物流的依赖程度明显增大。根据测算，1991年单位GDP对物流需求的系数为1:1.4，到2005年已经上升到1:2.64，这说明目前我国每单位GDP产出需要2.64个单位的物流总额来支持，比1991年提高了一倍多。从发展的趋势看，社会经济发展对物流的需求不断加速。“八五”时期单位GDP对物流需求的系数平均为1:1.54，“九五”时期上升至平均1:1.58，“十五”时期更是提高到1:2.18，明显高于“八五”和“九五”时期的水平。

据推测，我国的物流需求高速增长期将继续持续10~15年的时间。特别是“十一五”时期，我国正处于工业化中期和调整经济结构、转变经济增长方式的关键时期。而现代物流作为生产性服务业向生产、建设、贸易等领域延伸，是调整经济结构，转变经济增长方式的重要内容。随着国民经济的稳定快速发展，随着进出口贸易的进一步扩大，物流需求的规模还会继续扩大。专家预测,如果“十一五”时期 GDP 年均增长 8.5%,物流总额年均增长 16.7%左右,到 2010 年社会物流总额将达到 90 万亿元,比 2005 年翻一番。

随着我国生产力水平的提高,以整合交通运输、仓储、配送等环节于一体,实现企业与社会成本最低、效益最大的物流业与互联网经济一起被人们当成“新经济”的重要内容,被广泛地称作第三利润源。2006~2010 年,中国南方国际现代物流中心的基本框架和主要功能将形成;物流成本占 GDP 的比重再下降 3%;第三方物流占物流市场的比重达到 23%。到 2010 年,全球 80%的海运出口市场,都将集中在大陆。

第二节 物流业的可持续发展

一、可持续发展的思想

(一)可持续发展思想提出的背景

可持续发展的提出并不是某些人的主观意志或设想,而是历史发展的必然。

1972 年 6 月 5 日,联合国在瑞典首都斯德哥尔摩召开了“联合国人类环境会议”。会议通过了《联合国人类环境会议宣言》(简称《人类环境宣言》),并制定了斯德哥尔摩行动计划。宣言分为两个部分:第一部分扼要叙述了人与环境的关系,规定了在保护和改善人类生存环境方面所应采取的 7 个共同原则;第二部分阐述了在保护和改善人类生存环境方面所采用的共同原则所申明的信念,就有关自然保护、生态平衡、污染防治、城市化、人口、资源、经济、环境责任及赔偿、核试验、发展中国家的需求等一系列范围广泛的人类环境问题,从环境道德、环境战略、环境法制的不同角度,表明了与会者的“共同信念”。

由于这些观点和原则并未真正被世界各国的决策层所接受,1982 年 5 月 1 日至 18 日,在内罗毕召开的人类环境特别会议,检查发现斯德哥尔摩行动计划并未收到实效。会议通过的内罗毕宣言提出:“然而应当指出,行动计划仅是部分地得到了执行,而且其结果也不能认为是令人满意的。这主要是由于对环境保护的长远利益缺乏足够的预见和理解,在方法和努力方面没有进行充分的协调,以及由于资源缺乏和分配不平均。人类的一些无控制的或无计划的活动使环境日趋恶化。森林的砍伐,土壤与水质的恶化和沙漠化已达到惊人的程度,并严重地危及世界大片土地的生活条件。有害的环境状况引起的疾病继续造成人类的痛苦。大气变化(例如臭氧层的变化、二氧化硫含量日益增加和酸雨),海洋和内陆水域的污染,滥用和随便处置有害物质,以及动植物物种的灭绝,进一步威胁人类的环境”。从斯德哥尔摩(1972)到内罗毕(1982)经历了 10 年,虽然 20 世纪 70 年代发达国家的城市环境污染状况有明显改善,但这只是局部有所改善,而整体仍在继续恶化,80 年代出现了第二次环境问题的高潮。80 年代末、90 年代初全球性的严重环境问题已威胁到人类的生存和发展。

全球性环境的不断恶化,引起了人们的深刻反思。1987 年,联合国世界环境与发展委员会(WECD)把经过长达4年研究和经充分论证的报告《我们共同的未来》(Our Common Future)提交给联合国大会,正式提出了可持续发展的模式。这种模式既包含了对传统发展模式的反思和批判,也包含了对规范的可持续发展模式的理性设计。就理性设计而言,可持续发展具体表现在:工业应当是低消耗高效益,能源应当被清洁利用,资源永续利用、粮食保障长期供给,人口与资源保持相对平衡,经济与环境协调发展等许多方面。这表明了世界各国都已意识到要从根本上解决环境与发展问题,必须转变发展战略,从传统的发展模式转变为可持续发展模式。

为了促进可持续发展战略的实施,1992年6月在巴西里约热内卢召开了联合国环境与发展大会。与相隔20年的斯德哥尔摩的人类环境会议对比,审视人类走过的足迹,可以发现经过20年的实践和反思,人们对环境与发展的辩证关系和全球环境问题的严峻形势,取得了深刻而一致的认识;并明确了责任,主要责任直接地或间接地来自工业发达国家,这是公认的历史事实。当然,明确发达国家对环境问题应负主要责任,也不能掩饰发展中国家的责任。除了历史上的原因之外,发展中国家的环境问题主要是对环境与发展的关系处置不当或管理不善造成的,而且呈发展趋势。还有非常重要的一点,这次大会找到了环境问题的根源,找到了解决环境问题的正确道路,世界各国普遍接受了"可持续发展战略"。回顾1972~1992年的发展历程,可以清楚地看出,走可持续发展道路是人类经过深刻反思后所做出的唯一正确的选择,是历史发展的必然。

(二)可持续发展思想的定义和内涵

1.可持续发展定义

世界环境和发展委员会在1987年发表的《我们共同的未来》报告中,对可持续发展定义为:"既满足当代人的需求,又不危及后代人满足其需求的发展"。

英国经济学家皮尔斯和沃福德在1993年所著的《世界无末日》一书中提出了如下的定义:"当发展能保证当代人的福利增加时,也不应使后代的福利减少"。

对可持续发展所作的定义当然不只上述两种,但概括起来不外乎以下两个要点:

(1)发展必须受到制约。人类应坚持与自然和谐的方式,追求健康而富有生产成果的生活,这是人类的基本权利;但却不应凭借手中的技术与投资,以耗竭资源、污染环境、破坏生态的方式求得发展。

(2)代际应保持公平。当代人在创造和追求今世的发展与消费时,应同时承认和努力做到使自己的机会和后代人的机会平等,所以,绝不能剥夺或破坏后代人应当合理享有的发展与消费的权利。

2.可持续发展的内涵

可持续发展观的提出,使我们能在新的更高的视点上重新审视人类发展的过去、现在和将来。可持续发展观作为一种新的发展观念,它与生态环境、资源、人口及技术等有着直接联系,更进一步从哲学层面上去思考,我们将看到在这表层下蕴含着人类对发展问题深刻的认识过程,涉及到人对自然、人对自身更本质的认识,也是人类发展过程中对人类价值观念、思维方式、未来忧患意识的反思。

可持续发展的内涵有两个最基本的方面,即:发展与持续性,发展是前提,是基础,持续性是关键,没有发展,也就没有必要去讨论是否可持续了;没有持续性,发展就行将终止。发展应理解为两方面:首先,它至少应含有人类社会物质财富的增长,因此经济增长是发展的基础。其次,发展作为一个国家或区域内部经济和社会制度的必经过程,它以所有人的利益增进为标准,以追求社会全面进步为最终目标。持续性也有两方面意思:首先,自然资源的存量和环境的承载能力是有限的,这种物质上的稀缺性和在经济上的稀缺性相结合,共同构成经济社会发展的限制条件。其次,在经济发展过程中,当代人不仅要考虑自身的利益,而且应该重视后代人的利益,既要兼顾各代人的利益,也要为后代发展留有余地。

可持续发展是发展与可持续的统一,两者相辅相成,互为因果。放弃发展,则无可持续可言,只顾发展而不考虑可持续,长远发展将丧失根基。可持续发展战略追求的是近期目标与长远目标、近期利益与长远利益的最佳兼顾,经济、社会、人口、资源、环境的全面协调发展。可持续发展涉及人类社会的方方面面。走可持续发展之路,意味着社会的整体变革,包括社会、经济、人口、资源、环境等诸领域在内的整体变革。发展的内涵主要是经济的发展、社会的进步。

(三)可持续发展的主要内容

可持续发展是一项经济和社会发展的长期战略。在具体内容方面,可持续发展主要涉及资源和生态环境可持续发展、经济可持续发展和社会可持续发展三个方面的协调统一,要求人类在发展中讲究经济效率、关注生态安全和追求社会公平,最终达到人类生活质量的提高。首先可持续发展以资源的可持续利用和良好的生态环境为基础;其次,可持续发展以经济可持续发展为前提;再次,可持续发展问题的中心是人,以谋求社会的全面进步为目标。

1.经济可持续发展

可持续发展十分强调经济增长的必要性,而不是以环境保护为名取消经济增长,因为经济发展是国家实力和社会财富的基础。但可持续发展不仅重视经济增长的数量,更关注经济发展的质量。可持续发展要求改变传统的以“高投入、高消耗、高污染”为特征的生产模式和消费模式,实施清洁生产和文明消费,以提高经济活动中的效益。对发展中国家来说,实现经济增长方式从粗放型到集约型的根本性转变是可持续发展在经济方面的必然要求。

2.生态可持续发展

可持续发展要求经济发展与自然承载能力相协调。发展的同时必须保护、改善和提高地球的资源生产能力和环境自净能力,保证以可持续的方式使用自然资源和环境成本。因此,可持续发展强调发展需要节制,没有节制的发展必然导致不可持续的结果;同时又不同于以往环境保护和经济发展相脱离的做法,而是要求保护与利用要合理地结合起来。可持续发展强调对环境资源的预防应该重于治理,要求在发展的整个过程而不是末端,从而在根本上解决环境问题。

3.社会可持续发展

可持续发展强调社会公平是发展的内在要素和环境保护得以实现的机制。鉴于地球上自然资源分配与环境代价分配的两极分化严重影响着人类的可持续发展,因此发展的本质应包括普遍改善人类生活质量,提高人类健康水平,创造一个保障人们平等、自由、教育、人权和免受暴力的地球社会环境。这就是说,在人类可持续发展系统中,经济可持续是基础,生态可持续是条件,社会可持续才是目的。人类应该追求的是以人为目标的自然—经济—社会复合系统的持续、稳定、健康发展。

作为一个具有强大综合性和交叉性的研究领域,可持续发展涉及到众多的学科,可以有不同重点的展开。例如,生态学家着重从自然方面把握可持续发展,理解可持续发展是不超越环境系统更新能力的人类社会的发展。经济学家着重从经济方面把握可持续发展,理解可持续发展是在保持自然资源质量和其持久供应能力的前提下使经济增长的净利益增加到最大限度。社会学家从社会角度把握可持续发展,理解可持续发展是在不超出维持生态系统涵容能力的情况下尽可能地改善人类的生活品质。科技工作者更多地从技术角度把握可持续发展,把可持续发展理解为是建立极少产生废料和污染物的绿色工艺或技术系统。

(四)我国可持续发展面临的问题

随着国际上可持续发展观念的提出,我国于1994年率先制定全球第一部国家级可持续发展战略规划——《中国21世纪议程——中国人口、资源、环境与发展白皮书》。国务院宣布:为在我国推行可持续发展战略而制定的《中国21世纪议程》,并将其作为我国可持续的指导性文件。这标志着可持续发展已经被郑重地确定为中国长期发展的指导原则,成为我国21世纪的既定发展战略。如今,我国政府把实施可持续发展作为国家经济、社会发展的总体战略纳入到《国民经济和社会发展"九五"计划和2010年远景目标纲要》之中。但现阶段我国实施可持续发展战略所面临的主要问题有:

(1)人口问题。我国是一个人口大国,人口基数大,增长快,也对资源环境造成巨大的负面影响。

(2)资源问题。我国资源的数量和品种居世界前列,但人均占有量很低,资源相对短缺。

(3)环境问题。随着我国经济的快速发展,环境污染日趋严重,生存环境每况愈下,主要表现为大气污染、水资源污染、噪声污染严重以及固体废弃物大量增加。

(4)经济发展问题。我国的经济增长依然是粗放型和外延型增长,这种增长不仅降低了效益,也加重了环境污染。可见,我国实施可持续发展战略牵涉到经济社会的各个方面,当然,它也同样引导着我国现代物流的发展方向。

二、物流业的可持续发展

进入21世纪,人类面临着资源短缺、环境恶化、人口膨胀等重大危机。作为大量消耗能源、燃料,也以噪声、废气严重破坏环境的物流业,在发展上必然面临很大的制约,因此,物流业必须把“可持续发展”作为自己“追求和理应承诺的主要目标”。物流是社会再生产中的重要一环,物流过程中不仅有物质循环利用、能源转化,而且有价值的转移和价值的实现,因此,物流涉及了经济与生态环境两大系统。

(一)物流与经济的可持续发展

物流与社会经济的发展是相辅相成的。在经济的高度成长期,经济的发展会产生对科技咨询总量增长的要求,物流成为社会经济发展的支柱。在经济转入成熟发展时期,特别是全球的经济石油危机以后,虽然由于产业结构从重、厚、长型转向轻、薄、短型,使得物流总量增长受到限制,但是由于当今的流通系统要求的是在适当的时间、配送适当数量的商品,因此,物流服务的范围与质量不仅没有下降,反而又有了飞跃性的发展,这样现代物流促使国民经济从粗放型向集约型发展,又在另一方面成为消费生活高度化发展的支柱。

物流产业在国际上被喻为促进经济发展的“加速器”,并将对经济的健康发展产生积极的影响。物流产业的发展之所以受到国际社会的广泛重视,其原因在于物流产业的发展对现代社会的经济发展具有重要意义,并成为促进经济发展的“加速器”。因此,物流产业的发展必将对21世纪经济的发展产生积极的影响和贡献,成为21世纪经济发展中的一个热点。

1.物流产业的发展将成为21世纪经济发展的一个重要的产业部门和新的经济增长点

虽然物流活动存在已久,但在现代经济中,物流产业及其所提供的物流服务,与传统的物流活动或者生产、流通部门从事的物流活动已经有了本质上的区别。物流产业发展的历史和国际经验表明,物流产业作为新兴的服务部门,已经进入全面快速发展阶段。

物流产业已成为国民经济中的动脉系统,它联结社会经济的各个部分并使之成为一个有机整体。在现代经济中,由于社会分工的日益深化和经济结构的日趋复杂,各个产业、部门、企业之间的交换关系和相互依赖程度也愈来愈错综复杂,物流产业是维系这些复杂交换关系的纽带和血管。因此,物流产业是经济运行中不可或缺的重要组成部分。

物流产业可以为全社会提供更为全面、多样化的物流服务,并在物流全过程及其各个环节实现价值增值。当物流活动从生产过程和交易过程中独立出来后,物流就不再是一个简单的成本因素，而成为一个为生产、交易和消费提供服务的价值增值因素，其中也蕴藏着巨大的商业潜力。专业化物流企业不仅可以提供货物运输、配送、流通加工等有形服务，而且可以提供物流方案设计、物流信息管理等无形服务，这是商业企业、运输企业、仓储企业等传统流通部门所难以企及的。相对于产品的生产过程而言，物流服务创造的是产品的空间价值和时间价值，是产品价值的重要组成部分。因此，物流产业是国民经济中创造价值的产业部门，并随着各国经济的快速发展和经济体制改革的不断深化，物流产业将出现加速发展的趋势，其在国民经济中的地位将不断提高，已成为国民经济中的一个重要组成部分和新经济增长点，并正在成为全球经济发展中的热点和新的经济增长点。

2.物流产业的发展将从整体上改善国民经济的运行效率，直接提高全社会的经济效益

(1)物流产业通过对各种物流要素的优化组合和合理配置，实现物流活动的高效率，从而从整体上改善国民经济的运行效率，直接提高全社会的经济效益。当物流活动分散在不同企业和不同部门时，各种物流要素很难充分发挥其应有的作用，例如，仓储设施的闲置等。随着物流活动从生产和流通领域中分化出来，各种物流要素也逐渐成为市场资源，专业化物流企业可以根据各种物流活动的要求在全社会范围对各种物流要素进行整体的优化组合和合理配置，从而可以最大限度地发挥各种物流要素的作用，提高全社会的物流效率和经济效益。

(2)物流产业通过对各种物流要素的优化组合和合理配置，可以实现社会物流总成本的降低。据世界银行估计，通过发展物流服务业，提高运输效率，加快商品周转与减少原材料、半成品、产成品等物品的资金占用及其利息支出，可以在相当程度上提高全社会的物流效率，降低物流成本。

3.物流产业发展将促进国民经济各产业部门的健康发展

(1)物流产业发展促进制造业降低产品成本，提高经济效益的同时，调整传统的“大而全、小而全”的经营组织形式，有助于制造业企业提高核心竞争能力。

(2)物流产业的发展能够促进新型商业企业和业态形式的发展。随着流通体制改革的深入，传统的批发企业和储运企业，已经不能适应目前市场发展的要求，都在寻求新的市场发展空间。像国际上许多大型批发和储运企业，近年来都在尝试向物流服务领域延伸，既发挥了企业原有的业务优势，又大大提高了企业物流设施的利用效率和客户服务水平，为传统企业赢得了新的发展空间和利润来源。同样，在零售企业中，特别是近年来迅速发展的连锁商业中，大型连锁商业企业内部的物流配送工作和为中小连锁企业提供服务的物流配送中心也发展十分迅速，多数连锁企业统一采购、统一配送的比例有较大幅度的提高，连锁经营的规模经济优势开始显现出来。

(3)物流产业能够促进运输服务方式的创新和传统运输企业的发展。这主要表现在如下几个方面：

①物流服务需要集成多种运输方式,从而为客户提供最合理的运输线路,最大限度地节约运输时间和成本。这将促进新型运输服务方式的发展,特别是多式联运的快速发展;

②物流服务的中心是满足市场需求,这将改变运输企业以运力为中心的经营观念,从而促进运输企业经营方式的改变;

③物流产业作为服务部门,其服务水平必须与现代经济的生产、贸易以及消费发展水平相适应,这就要求物流企业大力引入现代化管理手段和技术手段,通过提高管理水平和技术水平,获得新的发展空间。

(4)物流产业发展还会带动和促进许多相关领域的发展,如物流产业的发展已推动了物流设备制造行业、以互联网技术为基础的电子商务等行业的发展。

4.物流产业发展对提高国家国际竞争能力有极其重要的影响

(1)发达的物流产业和基础设施有助于改善投资环境,吸引更多的外国企业和国际资本,进入本国市场。目前许多跨国公司和国际先进企业在选择新的区域市场和生产基地时,都非常注重当地的物流设施和物流服务水平。例如,以直销商业模式闻名的美国戴尔计算机公司(Dell),为适应其快速发展需要,选择了田纳西州的纳什维尔市作为其新的生产基地,而没有选择其总部所在地得克萨斯澳斯汀地区,原因之一就是前者的物流基础设施及服务和当地政府给予的政策支持更具竞争力。由于戴尔公司总部所在地得克萨斯澳斯汀地区经济发展较快,当地政府对基础设施投资缓慢,使得运输等基础设施已不能适应企业发展的要求;而田纳西州的纳什维尔市,本身就是美国中部的交通枢纽,拥有快捷的配送网络,而且当地政府对戴尔公司的到来也给予极大的政策支持,主要措施包括捐赠价值650万美元的生产用地,投资改善运输和电信基础设施(仅机场改建就投资1000万美元),并给予其与创造就业机会相互结合的财产税减免政策。

(2)在各国经济融入世界经济一体化进程加快的背景下,无论是在国际市场还是在国内市场,各国企业都面临着巨大的、全方位的国际竞争压力。加快本国物流产业的发展已经不仅仅是强化物流领域的竞争能力问题,更重要的是,为所有的本国企业和整个国民经济创造一个高效的物流环境,提供高水平的物流服务,从整体上提高本国企业和整个国家的经济竞争能力。

(二)物流与环境的可持续发展

经济增长与环境保护两者之间的关系一直是人们研究的重点,无论对一个国家和社会还是对整个世界而言,两者都具有十分重要的作用和影响。在社会经济发展到21世纪之时,人们开始越来越重视环境,绿色已成为当今世界的主题之一。

1.物流与环境的关系

物流与社会经济的发展是相辅相成的,在经济的高度成长期,国民总生产与货物输送量具有很大的相关性，这种关系表现为：一方面，经济的发展会产生对物流总量增长的要求；另一方面，物流又成为经济发展的支柱。

然而，无论是大量生产—大量流通—大量消费的时代，还是多样化消费—有限生产—高效率流通的时代，都需要形成一个环境共生型的物流管理系统。特别是在当前环境污染问题越来越严重，如空气污染、污水污染、酸雨等等，使人们充分认识到环境与人类的共生性，保护环境就是保护人类本身。

近年来，我们在经济上强调“可持续发展”，也就是强调经济的发展必须建立在维护地球环境的基础上。国际环境与开发委员会发表的《我们的共同的未来》的研究报告，其中提出了当代对资源的开发和利用必须有利于下一代环境的维护以及资源的持续利用。因此，必须采取各种措施来维护我们的自然环境，以达到长期持续发展的目标。这种可持续发展政策同样也必须应用于物流管理活动，即在抑制物流对环境造成危害的同时，形成一种促进经济和消费生活健康发展的物流系统，即向绿色物流、循环型物流转变。

图 14-1 表示的是物流与经济发展、消费生活以及环境共生的关系，即在高速经济成长时期，经济发展最受重视，因而物流与经济发展具有密切的关系；近年来，物流逐渐从产业物流向产业与消费物流的双向发展，因此，物流的关联领域得到了扩大；而未来，除了从经济发展和消费生活发展的角度推动物流的深化，我们还必须站在环境共生的立场来不断推进物流业的全方位发展。

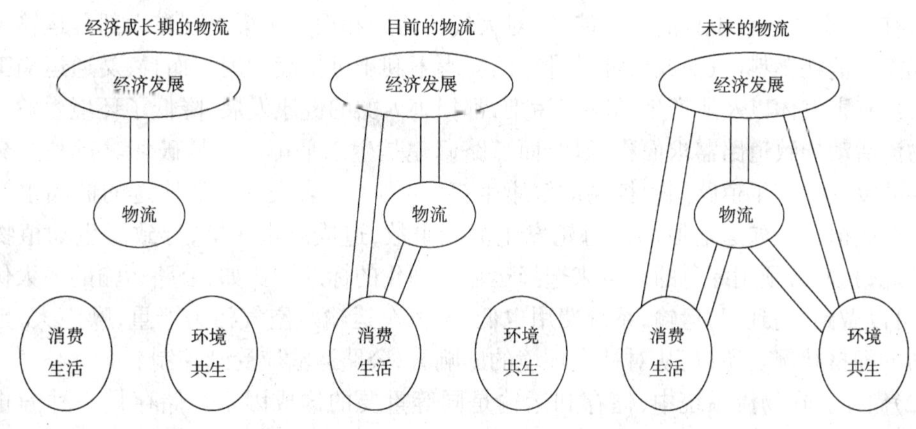

图 14-1　物流与环境的关系

在各种经济活动中，如何与环境共存，保护环境、减少污染是首要的，因为环境污染对人类的生存与发展的威胁越来越大。因此，人们对环境保护越来越重视。人们希望的绿色物流，就是要在物流活动过程中，减少环境污染，提高人类生存和发展的环境质量。

2.绿色物流

绿色物流（Green Logistics 或 Environmental Logistics）是指在物流过程中抑制物流对环境

造成危害的同时，实现对物流环境的净化，减少资源的消耗，使物流资源得到最充分利用。绿色物流其实是物流管理与环境科学交叉的一个分支。在研究社会物流和企业物流时，我们必须考虑环境问题。尤其在原材料的取得和产品的分销过程中，运输作为主要的物流活动，对环境可能会产生一系列的影响。而且，废旧物品如何合理回收、如何减少对环境的污染且最大可能地利用也是物流管理所需要考虑的内容。

物流是物品从供应地向接收地的实体流动过程，根据实际需要，将运输、储存、装卸、搬运、包装、流通加工、配送、信息处理等基本功能实施有机的结合。物流管理必须在每一个功能环节上充分体现绿色物流的理念，消除非绿色的因素，才能实现绿色物流的目的。

物流领域的资源浪费现象严重。当前许多国家的物流业仍然以传统物流方式为主，造成物流资源的闲置和浪费，规模效益低下。据统计，目前一些不发达国家商品周转率只有发达国家的30%，每平方米库存的商品量只及发达国家的25%，配送差错率为发达国家的3倍；同时仓库过剩，公路货运因缺乏合理的物流组织，空驶率高；因包装、装卸、运输、保管不善造成的损失巨大。

企业物流活动中包含许多非绿色因素。现代物流活动是由实现物质、商品空间移动的输送、时间移动的保管、流通加工、包装、装卸等元素构成。现代物流活动中的各个元素都在不同程度上因存在非绿色因素而对环境造成污染。

(1)运输。运输在整个物流系统中是最为重要的构成要素。运输过程的非绿色因素主要表现有：①交通运输工具的大量能耗、对大气的污染和噪声污染。现在大部分运输工具的运行都需要消耗燃料(汽油或柴油)，过分的耗竭不利于可持续发展。而且，交通运输工具排放出大量有害气体以及所产生的噪声污染，都损害人类的健康发展，降低了环境效益。②大量的物流活动导致道路需求面积增加，而道路修建是生态平衡的一种破坏。行驶的交通工具排放的废气损害了道路周边植物的健康生存，加剧了生态失衡。③输送的商品也有可能对环境造成损害。如运输原油的海轮发生泄漏事故，造成海水污染，导致海生动植物的死亡。因此，我们必须用绿色的观点来选择运输合理化的标准。比如，公路运输的最大优点是方便，可以做到“门到门”运输，系统费用也低，但汽车运输对空气污染严重，噪声大，也增加了交通的拥挤状况。所以，从对社会环境的影响看，公路运输应受到控制。

(2)储存。在物流系统中，储存和运输是同等重要的构成因素。储存是一种静止的状态，也可以说是时速为零的运输。储存过程中的非绿色因素主要有两个方面：①一些化学方法，如喷洒杀虫剂，对周边生态环境会造成污染；②一些商品，如易燃、易爆、化学危险品，由于保管不当，爆炸或泄漏也会对周边环境造成污染和破坏。因此，商品保管中心必须对储存的商品进行养护，必须从绿色物流的角度来加强储存管理。

(3)装卸搬运。物品由生产到消费的流动过程中，装卸搬运作业是不可缺少的，搬运的好坏影响着物流成本，搬运不好会把物品弄脏或造成破损进而影响包装成本。装卸搬运过程中的非绿色因素有：①装卸搬运不当导致商品体的损坏，造成资源浪费和废弃；②废弃物也有可能对环境造成污染，如化学液体商品的破漏，造成水体污染、土壤污染等，同样不经济，也不利环境保护。

(4)包装。包装是生产的终点，同时又是物流的起点。包装的寿命一般来说不是很长，大多到达目的地就没什么特别的作用了。随着物流量的增大，垃圾公害问题被提上了议事日程。随着社会大众对“资源有限”的认识，包装材料的回收利用和再生利用受到重视。今后，应尽可能地推行包装容器的循环利用，并尽可能地发挥废弃的包装容器的作用予以再生利用，这是非常重要的，特别是近来过大包装、过分包装、包装废弃物问题、回收再生利用等包装与社会机制协调的问题将日益突出。绿色包装是指采用节约资源、保护环境的包装。绿色包装的途径主要包括：促进生产部门采用尽量简化的以及由可降解材料制成的包装，商品流通过程中尽量采用重复使用单元式包装，实现流通部门自身经营活动用包装的减量化，主动地协助生产部门进行包装材料的回收及再利用。废弃的包装物对环境的污染已引起社会的极大关注，但还没有有效的解决办法。用降解材料做包装容器则成本高，而采用周转箱方式，一方面会增加费用，另一方面空箱回流也是难题。

(5)流通加工。流通加工品有较强的生产性，也是流通部门对环境保护大有可为的领域。流通加工不仅能够提高物流系统效率，而且对于生产的标准化和计划化，对于提高销售效率、提高商品价值和促进销售也将越来越重要。绿色流通加工的途径主要有：①变消费者分散加工为专业集中加工，以规模作业方式提高资源利用效率，以减少环境污染，如餐饮服务业对食品的集中加工可减少家庭分散烹调所造成的能源浪费和空气污染；②集中处理消费品加工中产生的边角废料，以减少消费者分散加工所造成的废弃物污染，如流通部门对蔬菜的集中加工减少了居民分散垃圾丢放及相应的环境治理问题。

(6)配送。配送是一项综合性的物流活动，它包括了物流中的运输、储存、装卸、搬运、流通加工等各个环节。绿色配送就是要消除各环节上的非绿色因素。

(7)信息。信息活动是通过收集与物流活动相关的信息，使物流活动能有效、顺利地进行。信息流对环境几乎无损害或无直接的损害，但是无用、错误的信息也会造成浪费等非环保的问题，也应该尽量避免。

3.绿色物流的发展

绿色物流是物流可持续发展的一个重要环节，它与绿色制造、绿色消费共同构成了一个节约资源、保护环境的绿色经济循环系统。绿色制造(亦称清洁制造)是制造领域的研究热点，是指以节约资源和减少污染的方式制造绿色产品，是一种生产行为；绿色消费是以消费者为主体的消费行为。绿色物流与绿色制造和绿色消费之间是相互渗透、相互作用的。绿色制造是实现绿色物流和绿色消费的前提，环保物流可以通过流通对生产的反作用来促进绿色制造，通过环保物流管理来满足和促进绿色消费。

绿色物流从环境的角度对物流体系进行改进，形成了环境共生型的物流管理系统。这种物流管理系统建立在维护地球环境和可持续发展的基础上，改变原来经济发展与物流、消费生活与物流的单向作用关系，在抑制传统直线型的物流对环境造成危害的同时，采取与环境和谐相处的态度和全新理念,设计和建立一个环型循环的物流系统,使达到传统物流末段的废旧物质能回流到正常的物流过程中来。一般称这种废旧物质的回流为逆向物流(Reverse Logistics)。绿色物流强调了全局和长远的利益,强调了全方位对环境的关注,体现了企业的绿色形象,是一种全新的物流形态。绿色物流是一个多层次的概念,既包括环保销售物流、绿色生产物流,也包括绿色供应物流;既包括企业的绿色物流活动,又包括社会对绿色物流活动的管理、规范和控制。从绿色物流活动的范围来看,它既包括各个单项的绿色物流作业(如绿色运输、绿色包装、绿色流通加工等),还包括为实现资源再利用而进行的废弃物循环物流,是物流操作和管理全程的绿色化,一般包括以下内容:

(1)绿色的储存和装运。在整个物流过程中运用最先进的保质保鲜技术,保障存货的数量和质量,在无货损的同时消除污染。周密策划运力,合理选择运输工具和运输路线,克服迂回运输和重复运输,多快好省完成装卸运输。

(2)绿色的包装和再加工。包装不仅是商品的卫士,也是产品进入市场的通行证。绿色包装要醒目、环保,还应符合 4R 要求,即少耗材(Reduction),可再用(Reuse),可回收(Reclaim)和可再循环(Recycle)。物流中的加工虽然简单,但亦应遵循绿色原则,少耗费,高环保,尤其要防止加工中的货损和二次污染。

(3)绿色的信息搜集和管理。物流不仅是商品空间的转移,也包括相关信息的搜集、整理、储存和利用。环保物流要求搜集、整理、储存的都是各种绿色信息,并及时运用到物流中,促进物流的进一步绿色化。

发展绿色物流必要性表现在以下几个方面:

(1)绿色物流适应了世界社会发展的潮流,是全球经济一体化的需要。随着全球经济一体化的发展,传统的关税和非关税壁垒逐渐淡化,环境壁垒逐渐兴起,为此,ISO 14000 成为众多企业进入国际市场的通行证。ISO 14000 的两个基本思想是预防污染和持续改进,它要求企业建立环境管理体系,使其经营活动、产品和服务的每一个环节对环境的影响最小化。ISO 14000 不仅适用于第一、二产业,也适用于第三产业。进入 WTO 后,我国在 3 年内取消大部分产品的分销限制,外国商人可以分销进口产品及我国产品,而在物流服务方面,经过合理的过渡期后,将取消大部分外国股权限制,不限制外国物流企业进入我国市场。国外物流企业起步早,物流经营管理水平相当完善,势必给国内物流企业带来巨大冲击。我国物流企业要想在国际市场上占一席之地,发展绿色物流将是其理性选择。

(2)绿色物流也是物流不断发展壮大的根本保障。物流作为现代新兴行业,有赖于社会化大生产的专业分工和经济的高速发展。而物流要发展,一定要与绿色生产、绿色营销、绿色消费紧密衔接,人类的经济活动绝不能因物流而过分的消耗资源,破坏环境,以致造成再次重复污染。可见,环保物流是物流发展的必然。

(3)绿色物流是最大限度降低经营成本的必由之路。专家分析认为,产品从投产到销出,制造加工时间仅占 10%,而几乎 90%的时间为储运、装卸、分装、二次加工、信息处理等物流活动时间。因此,物流专业化无疑为降低成本奠定了基础。但当前的物流模式是:高投入过大物流，低投入过小物流的运作模式，而环保物流强调的是：低投入大物流的方式。显而易见，环保物流不仅是一般物流地节约和降低成本，更重视的是绿色化和由此带来的节能高效少污染，对生产经营成本的节省可以说是无可估量的。

(4)环保物流的建立，更有利于全面满足人民不断提高的物质和文化生活的需要。物流作为生产和消费的中介，是满足人民物质和文化生活的基本环节。而环保物流则是伴随着人民生活需求的进一步提高，尤其是绿色消费的提出应运而生的。试想再绿色的生产和产品，如果没有绿色无污染物流的维系，绿色消费也就难以进行。

第三节　我国物流业的可持续发展

在我国，最早对物流与可持续发展问题的关注是 1997 年 6 月 9 日在北京召开的“97 亚太国际物流会议”，与会专家指出：“可持续发展是各行各业在 21 世纪需要加以解决的一个重要课题，当然，物流业也不例外”。会议认为：在世界经济全面发展的今天，人们所面对的则是资源短缺，环境恶化等严重问题，物流业必须把“可持续发展”作为自己最大的利益原则加以对待，找准自己的发展方向。

一、可持续发展背景下的我国物流业现状

1.物流领域的资源浪费现象严重

我国物流业日前仍然以传统物流方式为主，而且由于我国企业长期以来受条块分割及“大而全”、“小而全”的思想束缚，大多自建车队、仓储设施，这种企业自办物流模式投资大，但规模效益低，造成物流资源的闲置和浪费。此外，由于缺乏必要的产业引导和规划，时下许多地方正热衷于建各类物流园区、配送中心和立体仓库，这无疑会加大物流资本存量，与发展现代物流、提高整个社会效益的目的背道而驰。

2.物流活动的诸多环节造成了对环境的危害

物流活动的诸多环节对环境造成的危害主要表现在两个方面：物流系统正常运行时所产生的废弃物对环境造成的损害，这些废弃物包括物流设备如运输工具、仓储器具等在工作过程中排放的废气、废水、噪声以及物流过程产生的废弃包装材料以及物流设备报废等；物流系统在异常情况下产生的物质泄漏而造成的环境污染，特别是一些化学危险品的物流活动所产生的物质泄漏可能造成严重的环境破坏。

3.物流研究缺乏整体观念，对可持续发展背景下的物流理论与实践不够重视

虽然在北京亚太国际物流会议上提出了可持续发展与物流问题，但此后的研究工作进展不大，未能突破上述绿色物流、绿色供应链管理等概念。研究成果主要是针对物流系统某

些环节的单项技术，缺乏可持续发展的整体思想的指导。一方面研究工作着重于研究物流与环境问题，而忽视了物流与资源消耗，物流与社会发展等问题的研究；另一方面，目前研究工作大多将资源与环境作为外生变量来加以分析，以寻求一些缓解物流与环境两者之间矛盾的办法，并未将资源、环境、物流与经济发展、城市建设等问题作为一个整体来进行考虑。

事实上，物流系统是与外界环境密切联系的复杂的、动态的、开放的大系统，同时它又是联系生态系统与经济系统的重要桥梁。而我国目前的物流理论研究侧重于建立高效运行的从原材料供应到商品配送的单向物流系统，其核心思想是建立需求拉动的供应链系统及企业内部生产物流系统。由于单向物流系统运行所需要的原材料取自生态系统，而其运作过程中产生的废弃物又排放到生态系统，生态系统对这些废弃物又具有吸收、分解、再生等处理功能。因此，一个完整的物流系统应该是一个涉及生产、分配、消费三大领域，包括经济系统和生态系统的循环物流系统。目前只注重物流的经济效益而忽视了物流对社会系统及环境系统的作用与影响的研究方法，是不符合可持续发展原则的，造成了现代物流循环在理论研究上的阻塞现象。

二、我国物流业可持续发展的指导方针

基于上述分析，必须对我国物流业发展的方向进行适当的引导和调整，使其符合可持续发展的原则。未来我国物流业可持续发展的研究和实践应重视以下两个方面：

(1)物流研究应以可持续发展理论为依据，以系统论理论为手段，分析现代物流系统的运行机理，并在综合考虑物流、经济、资源、环境等因素的前提下，从政府、行业协会、企业多角度探讨我国符合可持续发展原则的现代物流发展战略和模式。在理论上，克服目前物流研究的"阻塞"现象，即改变原来由"资源—产品—废弃物排放"所构成的开环形物质单向流动模式，构建"资源—产品—再生资源"的闭环型物质流动系统，在实践上，建立高效运行的包括生产商、批发商、零售商和消费者在内的环境共生型物流系统，从而在经济系统和生态系统之间架起彼此联系的"桥"，提高物流系统及整个供应链的经济效益、社会效益和生态效益。

(2)现代物流是一个循环物流系统，这里的循环物流不仅指废弃物的循环利用，而是作为联系生态系统与经济系统桥梁的物流系统既包括正向物流系统，也包括逆向物流系统。所谓逆向物流是指在废弃物回收利用过程中产生的物流活动。广义的逆向物流应涉及到企业生产与销售、产品售后服务等各个方面，如生产加工过程中的原材料节约、废料的重新利用、包装物的重新利用、次品的改造、产品消费后的回收等。在只有正向物流时，经济活动所需的资源全部取自环境系统，而产生的废弃物又全部排放至环境系统。由于环境系统所能提供的资源是有一定限度的，即通常所说的资源的稀缺性，而且，环境对各种废弃物的承载能力也是有一定限度的，超过这两个限度，环境系统就会遭到破坏，进而制约经济系统的发展。逆向物流的构建使原来单向的企业物流变为完整循环的物流网，它能最大限度地重复

利用不可再生资源,同时尽可能少地消耗能源。对于由正向物流和逆向物流共同组成的循环物流系统,其运行指标除了传统的经济指标外,还应包含生态指标,如资源的循环利用率等。

21世纪是可持续发展的世纪,作为循环经济的核心内容,循环物流能使有限的自然资源得以充分利用,并有利于保护生态环境,是我国实现可持续发展的必由之路。

三、我国物流业可持续发展的具体措施

当前,我国在发展现代物流的宏观背景下,应制订具体措施保证物流业的可持续发展,并分步细化和付诸实践。

1.制订政策法规

物流立法势在必行,必须通过法律加强物流管理,构筑绿色物流的发展框架。我国政府应借鉴发达国家的经验,制订相应的政策法规,控制物流活动中的污染发生源,限制交通量,控制交通流。具体措施包括治理车辆废气排放,限制城区货车行驶路线;促进企业选择合适的运输方式,发展共同配送,统筹建立现代化的物流中心;通过道路与铁路的立体交叉发展建立都市中心环状道路,制订道路停车规则和实施交通管制系统的现代化措施等。

2.更新观念,加强宣传

政府应把绿色物流作为全方位绿色革命的重要组成部分,确定绿色物流的发展方向。通过推广ISO 14000认证和清洁生产,大力发展绿色产业,推进绿色营销、绿色包装和绿色物流等绿色服务。同时,加强绿色理念和经济可持续发展思想在社会上的宣传力度,支持绿色物流问题的研究。提高人们的环保意识,促进消费者进行绿色消费和绿色享用。

3.企业经营战略与环境保护结合

企业物流和物流企业必须从保护环境的角度制订其经营管理战略,将经营战略与环境保护有机联系起来,积极推进绿色物流。企业物流和物流企业必须选择绿色运输策略,通过有效利用车辆,提高配送效率,如合理规划网点及配送中心、优化配送路线、提倡共同配送、提高往返载货率等;改变运输方式,由公路运输转向铁路运输或海上运输;使用"绿色"运输工具,降低废气排放量等;提倡绿色包装,采用可降解的包装材料,设计简易包装,减少一次性包装,提高包装废弃物的回收再生利用率,加强绿色包装宣传等;开展绿色流通加工,由分散加工转向专业集中加工,以规模作业方式提高资源利用率,减少环境污染;集中处理流通加工中产生的边角废料,减少废弃物污染,提高配送效率等。

4.建立废弃物回收利用的循环物流

大量生产大量流通大量消费的结果必然导致大量的废弃物。废弃物处理困难,会引发

社会资源的枯竭及自然环境的恶化。21世纪的物流必须从系统构筑的角度,建立废弃物的回收再利用系统。企业不仅仅要考虑自身的物流效率,还必须与供应链上的其他关联者协同起来,从整个供应链的视野来组织物流,最终在整个经济社会建立起包括生产商、批发商、零售商和消费者在内的循环物流系统,由整个供应链上的企业协同建立广泛的废弃物回收利用的循环物流。考虑商品消费后的循环物流,这包括及时、便捷地将废弃物从消费地转移到处理中心,以及在产品从供应商转移到最终消费者的过程中减少容易产生垃圾的产品出现。

5.建立物流信息系统

信息活动是通过收集与物流活动相关的信息,使物流活动能有效、顺利地进行。信息活动对环境几乎无危害或无直接的损害,但是可以通过信息管理和信息网络建设,保证物流信息的准确及时,使物流活动更为合理高效,减少物流过程的消耗和事故的发生等,是实现环保物流运作管理的重要手段和技术支持。运用新技术降低物流资源耗费;通过供应链管理新概念和新技术的应用,不断创新物流发展模式,实现物流资源的可持续发展。在系统设计或物流网络的组织上充分考虑企业的经济利益(即实现最低的配送成本)和经营战略的需要。采用一些信息化的技术和设备,如电子订货系统、管理信息系统、企业资源计划系统以及识别技术、自动化机械技术、自动跟踪技术等,从而不断地提高自身的信息化程度,缩短与国际先进水平的差距。

思考题

1.名词解释

物流产业、可持续发展、绿色物流。

2.简述题

(1)简述物流产业的构成。
(2)简述可持续发展的主要内容。
(3)简述物流与经济的可持续发展的关系。
(4)简述物流与环境的关系。
(5)简述物流活动的非绿色因素及其对策。
(6)简述绿色物流发展的必要性。
(7)我国物流可持续发展的具体措施有哪些?

参考文献

[1] 郭冬乐,宋则．中国商业理论前沿[M]．北京:社会科学文献出版社,2000

[2] 丁俊发、张绪昌.跨世纪中国流通发展战略[M]．北京:中国人民大学出版社,1998

[3] 丁俊发.中国加入 WTO——流通业面临的机遇、挑战与发展.中国财经出版社出版,2000

[4] 丁俊发．中国物流[M]．北京:中国物资出版社,2002

[5] 向欣,孟扬．特许经营、商业发展的国际化潮流[M]．北京:中国商业出版社,1997

[6] 国务院发展研究中心课题组．现代物流发展的国际趋势[N]．北京:经济日报,2002-12-30

[7] 刘小群,马士华．物流能力:内涵、体系和优化．中国物流学术前沿报告(2005-2006)．2005

[8] 高鸿业.西方经济学[M].北京:中国人民大学出版社,2004

[9] 赵启兰,王稼琼,刘宏志．物流规划中的需求与潜在需求分析[J]．商贸经济,2004(7)

[10] 邓凤祥.现代物流成本管理[M].北京:经济管理出版社,2003

[11] 上海现代物流教材编写委员会.现代物流管理教程.上海:上海三联书店,2002

[12] 夏春玉.现代物流概论.北京:首都经济贸易大学出版社,2004

[13] 夏春玉.中国物流政策体系:缺失与构建.经济研究参考,2004(82)

[14] 李建成.现代物流概论.北京:中国财政经济出版社,2002

[15] 张连富.物流学.北京:人民交通出版社,2004

[16] 汪鸣,冯浩.我国物流业发展政策研究.北京:中国计划出版社,2002

[17] 刘铁军.美国的道路运输法规建设.中国道路运输,2002

[18] 中少军,陈永胜.中外道路交通安全法规体系对比研究.武汉交通管理干部管理学院学报,2003(6)

[19] 关口幸一.日本的物流政策.物流科技.2001(1)

[20] 郭小碚.加拿大的交通运输管理体制.综合运输,2002(10)

[21] 叶心梅.我国交通运输物流政策法规体制体系研究[硕士学位论文].武汉理工大学,

2004
[22] 吴君杨.流通业发展中的问题及对策思路.宏观经济管理,2003(8)
[23] 何爱平.区域经济可持续发展导论.北京:经济科学出版社,2005
[24] 骆世明.环境生态与可持续发展导论.北京:中国农业出版社,2004
[25] 冯之浚.循环经济导论.北京:人民出版社,2004
[26] 厉以宁.中国的环境与可持续发展.北京:经济科学出版社,2004
[27] 金江军,潘懋.现代物流.北京:北京大学出版社,2003
[28] 国家发展和改革委员会经济运行局.中国现代物流发展报告:竞争合作与产业成长(2006).北京:机械工业出版社,2006
[29] 林自葵.物流信息系统.北京:清华大学出版社;北京交通大学出版社,2004
[30] 靖继鹏.应用信息经济学.北京:科学出版社,2002
[31] 韩建新.信息经济学.北京:北京图书馆出版社,2000
[32] 桂学文,娄策群.信息经济学.北京:科学出版社,2006
[33] 张宗成.现代物流信息化.广州:中山大学出版社,2002
[34] 王立坤.物流管理信息系统.北京:化学工业出版社,2000
[35] 徐燕.物流信息管理.北京:对外经济贸易大学出版社,2004
[36] 蔡淑琴.物流信息系统.北京:中国物资出版社,2002
[37] 现代物流信息管理课题组.物流信息管理.广州:广东经济出版社,2002
[38] 张铎,柯新生.现代物流信息系统的建设.北京:首都经济贸易大学出版社,2004
[39] 崔介何. 物流学概论(第三版). 北京:北京大学出版社,2004.8
[40] 鲍新中. 物流成本管理与控制. 北京:电子工业出版社,2006.1
[41] 朱道立. 仓储与配送管理. 上海: 复旦大学出版社,2005.8
[42] 杜庭刚,张淑芳.配送中心运营管理.北京: 中国物资出版社,2006.6
[43] 魏际刚.物流经济分析.北京:人民交通出版社. 2005.11
[44] 俞仲文,陈代芬. 物流配送技术与实务. 北京:人民交通出版社,2001.8
[45] 何立居.西方物流管理体制及其对我国物注流的借鉴意义.商业现代化,2005(12)
[46] 汪鸣.现代物流发展的政府作用和政策问题[J].中国民用航空,2002(06)
[47] 夏文汇.我国物流管理体制现状、问题及对策. 深圳大学学报(人文社会科学版),2005(7)
[48] 黄小彪,黄曼慧.论政府对现代物流发展的干预.铁道运输与经济,2006(5)
[49] 薛浩.发展我国第三方物流的政策建议.经济师,2005(12)
[50] 宁立苗,介俊.我国当前物流产业误区与对策.世界标准化与质量管理,2006(2)
[51] 郭冬乐,宋则 .中国商业理论前沿[M]. 北京:社会科学文献出版社,2000
[52] 陈信康.中国流通业的现状与特征[J].国际商业技术,2001(1)
[53] 曼昆.经济学原理.梁小民,译.北京:北京大学出版社,1997

[54] 上海现代物流教材编写委员会.现代物流管理教程.上海:上海三联书店,2002
[55] 朱伟生、张洪革.物流成本管理.北京:机械工业出版社,2003
[56] 吴清一.物流系统工程.第二版.北京:中国物流出版社,2005
[57] 国家信息中心经济预测部.王远鸿:2002年消费形势分析与展望
[58] 帅斌.物流经济.成都:西南交通大学出版社,2005.3
[59] 吴群琪,张圣忠.物流经济.北京:人民交通出版社,2005.10
[60] 梁虹龙,欧俊松.物流金融初探.北京:物流技术,2004(9)
[61] 徐明川.物流企业开展物流金融的博弈分析.北京:商业经济,2006(35)
[62] 李金恒.物流金融的学科研究.北京城市学院学报,2006年增刊